MANUALE
DEL CASARO

D1726041

MICHELE GRASSI

MANUALE DEL CASARO

Latte e batteriologia ▪ La coagulazione e la cagliata
Maturazione, stagionatura e difetti dei formaggi
La resa casearia ▪ Ricotta e burro ▪ La scheda tecnologica

EDITORE ULRICO HOEPLI MILANO

Dedicato ai casari che hanno compreso
l'importanza di conoscere le nozioni e tecniche
di trasformazione e ai futuri casari

Copyright © Ulrico Hoepli Editore S.p.A. 2023
via Hoepli 5, 20121 Milano (Italy)
tel. +39 02 864871 – fax +39 02 8052886
e-mail hoepli@hoepli.it

www.hoeplieditore.it

ISBN 978-88-360-1394-4

Ristampa:

4   3   2   1   0   2023   2024   2025   2026   2027

Realizzazione editoriale: goWare s.r.l., Firenze
Copertina: Lucia Pellegrini

Stampa: LegoDigit Srl, Lavis (TN)

Printed in Italy

Indice

Introduzione e caratteristiche della nuova edizione

Quando mi trovo davanti a una pentola colma di latte sono consapevole che sta per avvenire un miracolo della natura, la trasformazione di una sostanza apparentemente liquida in un'altra, solida. Pensare che la nascita di un formaggio avvenga esclusivamente per opera dell'uomo è pura fantasia. L'uomo è solo una guida, tutto il resto si fa da solo.

Dopo la pubblicazione della prima edizione del Manuale del Casaro, ho potuto attivare un nuovo approccio con le aziende dedite alla trasformazione del latte. Il mandato ricevuto da molte aziende agricole o da caseifici ha, in questi anni, sempre avuto lo scopo di verificare la tecnica di trasformazione in funzione del miglioramento dei formaggi, anche nel caso gli stessi fossero già di un buon livello qualitativo.

Ciò a dimostrazione che in riferimento soprattutto alla tecnologia e alle sue infinite conseguenze, è avvenuta una buona crescita culturale.

E così, a contatto con i casari, ho intuito le loro necessità quasi sempre legate alla scoperta di ciò che avviene in ogni fase della trasformazione.

La volontà di apprendere gli sviluppi delle azioni tecnologiche non si limita solo alla conoscenza delle specifiche metodologie che si devono svolgere in caseificio, ma anche ai risvolti scientifici conseguenti.

Il casaro ha quindi assunto la consapevolezza che la trasformazione del latte non si deve limitare a una mera ripetizione di operazioni ma a una sempre maggiore conoscenza della materia casearia.

Tutto ciò ha stimolato la mia idea di intraprendere un nuovo modo di esporre la tecnologia casearia, entrare in quei dettagli che spesso sono stati oggetto di interesse da parte degli addetti ai lavori, casari, dirigenti aziendali e allevatori, ai quali devo un sincero ringraziamento, perché mi hanno permesso di comprendere le loro necessità, utili per la crescita aziendale e per il miglioramento dei loro formaggi. Ma devo ringraziare anche tutti coloro che hanno acquistato la prima edizione del libro, perché senza di loro non avrei desiderato scrivere ancora.

Il testo che segue è stato concepito affinché l'operatore del caseificio possa consultare gli argomenti che maggiormente lo interessano senza dover impiegare troppo tempo alla loro ricerca.

Gli argomenti trattati seguono lo stesso ordine delle fasi di trasformazione con cui si fa il formaggio. Si parte quindi dal latte e si arriva alla maturazione del formaggio. L'indice del libro è razionale e completo, facilmente consultabile allo scopo di consentire al lettore di trovare agevolmente e rapidamente ciò che lo interessa.

Nel testo sono state inserite molte tabelle che sono il centro focale del manuale perché mettono in risalto schematicamente le informazioni utili e rappresentative di tutta la trasformazione.

Inoltre, in questa seconda edizione, sono stati inseriti molti approfondimenti alle varie tematiche trattate e in particolare nel capitolo 20, nel quale, in allegato alle schede tecnologiche, sono stati inseriti osservazioni e suggerimenti per l'esecuzione delle fasi di trasformazione. Il volume è completato con molte immagini che ritraggono diverse fasi sia manuali sia meccaniche.

La consultazione del presente manuale è quindi immediata per i casi in cui il casaro ha la necessità di ottenere informazioni che lo possano guidare a risolvere problemi rapidamente; nello stesso tempo il volume costituisce uno strumento di studio per comprendere cosa avviene durante le fasi della caseificazione.

Il casaro consapevole

Per l'uomo, quando scoprì il formaggio, il mondo era un piccolo spazio. Mai avrebbe immaginato l'enormità del globo terrestre e di conseguenza mai avrebbe saputo se la sua scoperta fosse unica. Pastori che trovarono la loro otre piena di cagliata, invece che di latte, ve ne furono sicuramente tanti, ma a chi l'*imprimatur*?

Oggi non ha alcuna importanza. L'importante è sapere che il formaggio viene prodotto dalla comunità intercontinentale in migliaia di modi e tecnologie, con sistemi tradizionali o semplicemente come risultato della fantasia del casaro.

Nella mia esperienza, che mi vede operare nel mondo del formaggio come critico ed esperto, ho viaggiato e viaggio ancora nel territorio italiano per conoscere a fondo le caratteristiche sensoriali di questo meraviglioso prodotto e studiarne le tecnologie, in particolare quelle finalizzate alla lavorazione del latte crudo.

Ho reso pratici gli studi effettuati e le esperienze producendo formaggi tipici tradizionali e di fantasia in quattro malghe alpine di mia personale gestione. In queste difficili realtà dove il latte, per cause ambientali, è giorno dopo giorno sempre diverso, ho potuto applicare le tecniche meccaniche, provare le colture batteriche naturali e selezionate, e verificare le caratteristiche fisiche e chimiche dei formaggi; questo ha ulteriormente ampliato la mia conoscenza sull'origine, ovvero sul latte, e sulla vita del formaggio.

Ho conosciuto tante aziende che, acquistando o producendo in proprio la materia prima, il latte, lavorano in realtà diverse, dalla grande azienda che utilizza attrezzi e macchine di impostazione informatica a quella piccolissima che usa ancora attrezzature manuali di legno.

Entrare nei caseifici, i cui casari richiedono consulenze per problematiche varie o per lo studio di nuovi formaggi, mi ha concesso di condividere tecniche ed esperienze spesso tradizionali. Nello stesso tempo ho potuto rendermi conto della preparazione delle persone che si occupano della trasformazione del latte.

Spesso il casaro lavora il latte e la cagliata così come l'ha appreso dalla tradizione tramandatagli dal nonno o dal padre, che gli permette di ottenere un formaggio tipico per fare il quale le attrezzature, la manualità e l'uso di coadiuvanti biologici naturali sono gli ingredienti principali.

I casari, i pastori, gli allevatori che lavorano seguendo precise regole tradizionali senza una specifica conoscenza del latte e del formaggio spesso sono operatori inconsapevoli delle mutazioni che avvengono durante le varie fasi di caseificazione.

Dal rapporto intercorso con molti casari ho potuto capire le loro necessità, legate soprattutto alle problematiche intrinseche del latte e alla pratica di trasformazione. Molti di loro, i più attenti, hanno acquistato trattati di tecnologia casearia, grandi volumi molto accademici, completi di tutte le informazioni fisiche e chimiche relative al latte, alla cagliata, trattati di microbiologia, tecnologia di produzione, ma, proprio perché accademici, poco comprensibili per l'operatore caseario che, a causa della tipologia di lavoro, ha poco tempo da dedicare allo studio.

L'operatore caseario che si trova spesso a dover risolvere problemi nell'immediato ha la necessità d'intervenire o di modificare la tecnica, magari aiutato da una guida comprensibile e veloce da consultare, di un testo che possa essere soprattutto intuitivo. Per questo è nata l'idea di scrivere un manuale chiaro, completo, sintetico e di facile comprensione e consultazione.

Tutto ciò che viene trattato in questo libro e che è il frutto dell'esperienza di tanti anni di studio e di ricerca tecnologica in laboratorio e in caseificio, è rivolto al casaro che vuole conoscere, che intende diventare *consapevole* delle caratteristiche del latte, dei coadiuvanti biologici, delle funzioni della microbiologia, e di ciò che avviene in caldaia, durante le fasi che portano all'estrazione della pasta del formaggio, e anche oltre.

Una delle osservazioni che mi sono state fatte da alcuni, davvero pochi a dire la verità, in relazione al Manuale del Casaro, è stata che avrei trattato particolarmente il latte vaccino a discapito degli altri latti, di pecora, capra e bufala. Non è proprio così se si fa attenzione alle nozioni chimica, fisica e soprattutto batteriologia che tratto con dovizia di particolari.

I batteri lattici e il caglio non hanno un'anima, a loro basta essere inseriti con sapienza nel latte, sia esso vaccino, ovino, caprino o bufalino. L'importante è che nel latte vi siano i componenti essenziali affinché avvengano le fermentazioni a carico dei microrganismi, le caseine, in modo che il caglio possa dare azione alla coagulazione e tutti gli altri componenti capaci di dare gusto al formaggio.

Il Manuale del Casaro aiuta a comprendere le tante sfaccettature delle diverse fasi della trasformazione e dei coadiuvanti tecnologici e, con questa seconda edizione del libro, i temi trattati vengono approfonditi sia dal punto di vista tecnologico sia scientifico. Aspetti che saranno di supporto per il miglioramento qualitativo dei prodotti caseari.

La consapevolezza delle azioni e dei fatti intrinseci al caseificio è importante per capire come avviene la maturazione del formaggio, la sua stagionatura in funzione della tipologia del prodotto e degli ambienti utilizzati. Il casaro è o può essere consapevole quando ama conoscere. Ciò gli permette di effettuare le classiche "manovre" casearie con maggiore criticità verso le tradizioni per migliorare sempre più la qualità del formaggio.

Il mio desiderio è che questo manuale possa essere un valido aiuto per il casaro e che questa nuova edizione possa anche aumentare l'entusiasmo, la curiosità e la consapevolezza, motivazioni necessarie per fare un buon formaggio.

Tecnologia casearia: definizione

La tecnologia casearia è il metodo operativo che si programma in funzione del prodotto che si intende realizzare. Le mutazioni fisiche e batteriologiche che avvengono in caldaia sono guidate dal casaro tramite tecnologie diverse. L'uso delle attrezzature manuali o meccaniche, dei diversi tipi di caldaia e dei locali di maturazione influenzano il risultato. La progettazione tecnologica avviene in ogni caseificio piccolo o grande. Già l'idea di fare un determinato tipo di formaggio è la prima fase tecnologica, poi subentrano gli aspetti meccanici, che sono influenzati dalle attrezzature di riscaldamento del latte, dalla rottura della cagliata e dagli attrezzi, come lo spino, la lira ecc. Ogni caseificio è quindi padrone di esprimere il proprio progetto di caseificazione in funzione di ciò di cui è in possesso: in primo luogo l'uomo, che è sia parte della tecnologia sia colui che fruisce del prodotto finito.

Quando si parla di tecnologia, parola che spesso si associa a macchine o attrezzature, non bisogna basarsi solo sulle dotazioni impiantistiche del caseificio, al contrario bisogna partire dal risultato che ci si prefigge di ottenere. Lo schema che segue indica proprio una progettazione che solitamente si adatta a ogni situazione casearia. Il caseificio progetta la propria produzione in funzione della richiesta *in loco* o nel territorio dove il formaggio viene distribuito.

Può sembrare irrilevante, ma una buona progettazione permette al caseificio di organizzare tutta la filiera di produzione, ovvero dal ricevimento del latte alla vendita del formaggio, e di optare per quelle soluzioni che consentono anche di migliorare la resa casearia. Purtroppo spesso nei piccoli caseifici la resa casearia è l'ultimo dei pensieri del casaro e non viene considerata con la dovuta attenzione. Ciò naturalmente determina una forte perdita economica, difficilmente recuperabile.

L'importanza della progettazione delle fasi di caseificazione va incontro alle esigenze del caseificio e, se impostata sulla qualità, anche del consumatore che, oltre ad acquistare un formaggio tipico o appetibile nel territorio, lo può considerare buono. Tutto ciò è naturalmente a vantaggio della qualità e di conseguenza della richiesta del mercato.

Le denominazioni

Il formaggio è il prodotto che risulta dalla trasformazione del latte di vacca, pecora, capra e bufala.

La parola formaggio deriva dal latino *caseus* e in Italia, spesso, è sostituita da cacio, termine che ha origine dalla parola latina *formaticum* (*caseus formatus*) che indica la forma che viene data dal casaro alla pasta caseosa. Esso venne diffuso nel continente dai Romani, che divulgarono le diverse tecniche di trasformazione in tutto l'Impero e quindi in gran parte dell'Europa. Queste tecniche, apprese dagli Etruschi e dai Greci, furono migliorate proprio dai Romani, che le applicarono anche per la trasformazione del latte vaccino, fino ad allora non utilizzato. Una delle fasi, per l'epoca, innovativa fu l'introduzione del caglio di derivazione animale, che in parte sostituì l'uso dei coagulanti vegetali, come il lattice di fico o il derivato del fiore selvatico, che gli Etruschi evidentemente prediligevano. Anche la pressatura dei formaggi fu introdotta dall'antico popolo. In seguito, nel medioevo, furono i monaci a salvaguardare la diffusione del formaggio, spesso mantenendo le tecniche di trasformazione già allora antiche, e continuando a migliorarle, allo scopo di soddisfare le esigenze dei consumatori. Furono proprio i monaci, presso i propri monasteri, a trascrivere i diversi modi di fare il formaggio, che solitamente era di lunga stagionatura per l'esigenza di mantenere questo straordinario alimento per molto tempo. Ancora oggi per molti formaggi tradizionali si adottano le antiche tecniche.

Molti secoli prima dei Romani il formaggio iniziò la sua storia quando l'uomo si accorse che alcune specie di animali, come la capre e le pecore, potevano essere allevate. Da quell'importante momento, che si stima possa essere avvenuto 7000 anni prima di Cristo, ne risultò che tali animali potevano essere munti, tutttavia non si poteva conservare il latte. Questo finché un giovane pastore fece una scoperta sensazionale.

Un giorno inserì il latte nel budello essiccato, consistente nell'abomaso di un capretto, (quarto stomaco) affinché lo potesse utilizzare come bevanda. Al suo utilizzo non trovò più un liquido, ma una sostanza gelatinosa, la cagliata. Da quel momento il formaggio iniziò a diventare un importantissimo alimento, e così il latte fu conservato a lungo.

In Europa si diffuse la pratica della trasformazione e, di conseguenza, il formaggio diventò un alimento primario così come lo è oggi. Proprio per salvaguardare la tradizione furono emanate delle normative specifiche capaci di preservare quelle tipologie di alimenti, non solo i formaggi, che maggiormente rappresentano un territorio, grande o piccolo che sia.

Dal punto di vista legislativo il formaggio è definito da alcune norme, per prima quella del RD 2033/25 che recita: «*Il nome di formaggio o cacio è destinato al prodotto che si ricava dal latte intero, ovvero parzialmente o totalmente scremato, oppure dalla crema, in seguito a coagulazione acida o presamica, anche facendo uso di fermenti e di sale da cucina».*

Il Codex (Codex General Standard for cheese, CODEX STAN 283-1978) definisce così il formaggio:

«Il formaggio è il prodotto stagionato o non stagionato a pasta molle, semidura, dura o extra dura, che può essere incartato e il cui rapporto proteine/siero del latte non supera quello del latte, ottenuto da:

a) coagulazione totale o parziale delle proteinedel latte, latte scremato, latte parzialmente scremato, panna, crema di siero di latte o latticello, o qualsiasi combinazione di questi materiali, attraverso l'azione del caglio o altri idonei agenti coagulanti, e drenando parzialmente il siero di latte derivante dalla coagulazione, nel rispetto del principio secondo cui la produzione del formaggio determina una concentrazione di proteine del latte (in particolare la porzione di caseina), e di conseguenza, il contenuto proteico del formaggio sarà nettamente superiore al livello proteico della miscela dei suddetti materiali a base di latte da cui è stato prodotto il formaggio; e/o

b) tecniche di trasformazione che comportano la coagulazione delle proteinedel latte e/o dei prodotti ottenuti dal latte che danno un prodotto finale con caratteristiche fisiche, chimiche e organolettiche simili al prodotto definito in (a)».

In Italia, a causa della conformazione morfologica del territorio, le lattifere vivono in condizioni ambientali molto diverse: dagli ambienti alpini a quelli prettamente mediterranei. Queste condizioni, che naturalmente riguardano non solo cambiamenti climatici ma anche vegetativi, sono determinanti per la produzione del latte, che risulterà sempre diverso.

Questo fattore influenza molto la qualità del formaggio che, anche a causa delle varie tecniche di trasformazione del latte, assumerà caratteristiche tecnologiche e organolettiche che possiamo definire autoctone. La natura in senso globale ma in particolare l'aria, l'acqua, le erbe dei pascoli o quelle coltivate, consentono al casaro di produrre formaggi estremamente interessanti sotto tutti i punti di vista. Ciò che il consumatore cerca, oggi, è la qualità organolettica ma anche nutrizionale, per cui il formaggio deve poter contare su ingredienti buoni e sani.

Ma gli ingredienti per fare un buon formaggio non sono sufficienti, è necessario che il casaro conosca la materia prima, il latte, e la tecnologia necessaria alla trasformazione. Sono necessari quindi competenza, preparazione e sacrificio.

Ora per conoscere un formaggio è bene poterlo distinguere per le sue caratteristiche fisiche, che sono sempre determinate da una tecnica di lavorazione. Per alcuni formaggi italiani la tecnica di trasformazione è guidata da un disciplinare che determina anche le caratteristiche organolettiche che il prodotto deve assumere con la maturazione. In questo caso si parla di formaggi a Denominazione di Origine Protetta o a Indicazione Geografica Protetta o, infine, delle Specialità Tradizionali Garantite.

Formaggi DOP

I formaggi a Denominazione di Origine Protetta appartengono alla categoria dei prodotti tradizionali che si possono definire storici. Infatti, molti di loro sono descritti, anche in riferimento alla loro tecnica, in documenti spesso secolari.

Questi prodotti, che non sono solo i formaggi, sono riconosciuti dalla Comunità europea in seguito a domanda che viene formulata, quasi sempre, da un consorzio di produttori, costituito appositamente per espletare la pratica, e per tutelare e rappresentare il prodotto. La DOP, come le altre denominazioni, non rappresenta quindi un prodotto italiano bensì internazionale, ovvero di quei Paesi che appartengono alla Comunità europea.

Il regolamento CEE n. 2081/92 del Consiglio del 14 luglio 1992 della Comunità europea ha emanato disposizioni chiare relativamente al riconoscimento di quegli alimenti tradizionali quali le denominazioni di origine e le indicazioni geografiche. L'articolo 2 comma 2 recita che, ai fini del presente regolamento, per **denominazione d'origine** si intende

> il nome di una regione, di un luogo determinato o, in casi eccezionali, di un paese che serve a designare un prodotto agricolo o alimentare originario di tale regione, di tale luogo determinato o di tale paese e la cui qualità o le cui caratteristiche siano dovute essenzialmente o esclusivamente all'ambiente geografico comprensivo dei fattori naturali e umani e la cui produzione, trasformazione ed elaborazione avvengano nell'area geografica delimitata.

Da questo articolo si evince che tutto ciò che riguarda la filiera casearia, l'allevamento degli animali, la loro alimentazione e di conseguenza il latte devono risultare all'interno del territorio di origine. All'interno dello stesso territorio devono coesistere pure il caseificio e il locale di stagionatura. Ciò che regolamenta la DOP è il Disciplinare di produzione, che è il documento depositato presso la Comunità europea e del quale i produttori devono osservare le norme stabilite.

A oggi i formaggi DOP italiani risultano il gruppo più numeroso in relazione a quello dei singoli Stati europei, e conta ben 53 formaggi, così come si può desumere dalla tabella:

Nome	Product category	Application type	File number
Raschera	Class 1.3. Cheeses	Registration	PDO-IT-0023
Asiago	Class 1.3. Cheeses	Registration	PDO-IT-0001
Bra	Class 1.3. Cheeses	Registration	PDO-IT-0002
Caciocavallo Silano	Class 1.3. Cheeses	Registration	PDO-IT-0003
Canestrato Pugliese	Class 1.3. Cheeses	Registration	PDO-IT-0004
Casciotta d'Urbino	Class 1.3. Cheeses	Registration	PDO-IT-0005
Castelmagno	Class 1.3. Cheeses	Registration	PDO-IT-0006
Fiore Sardo	Class 1.3. Cheeses	Registration	PDO-IT-0007
Fontina	Class 1.3. Cheeses	Registration	PDO-IT-0008
Formai de Mut dell'Alta Valle Brembana	Class 1.3. Cheeses	Registration	PDO-IT-0009
Gorgonzola	Class 1.3. Cheeses	Registration	PDO-IT-0010
Grana Padano	Class 1.3. Cheeses	Registration	PDO-IT-0011
Montasio	Class 1.3. Cheeses	Registration	PDO-IT-0012
Monte Veronese	Class 1.3. Cheeses	Registration	PDO-IT-0013
Mozzarella di Bufala Campana	Class 1.3. Cheeses	Registration	PDO-IT-0014
Murazzano	Class 1.3. Cheeses	Registration	PDO-IT-0015
Parmigiano Reggiano	Class 1.3. Cheeses	Registration	PDO-IT-0016
Pecorino Romano	Class 1.3. Cheeses	Registration	PDO-IT-0017
Pecorino Sardo	Class 1.3. Cheeses	Registration	PDO-IT-0018
Pecorino Siciliano	Class 1.3. Cheeses	Registration	PDO-IT-0019
Pecorino Toscano	Class 1.3. Cheeses	Registration	PDO-IT-0020
Provolone Valpadana	Class 1.3. Cheeses	Registration	PDO-IT-0021
Quartirolo Lombardo	Class 1.3. Cheeses	Registration	PDO-IT-0022
Robiola di Roccaverano	Class 1.3. Cheeses	Registration	PDO-IT-0024
Taleggio	Class 1.3. Cheeses	Registration	PDO-IT-0025
Toma Piemontese	Class 1.3. Cheeses	Registration	PDO-IT-0026
Formaggio di Fossa di Sogliano	Class 1.3. Cheeses	Registration	PDO-IT-0580
Provolone del Monaco	Class 1.3. Cheeses	Registration	PDO-IT-0466
Casatella Trevigiana	Class 1.3. Cheeses	Registration	PDO-IT-0348
Provola dei Nebrodi	Class 1.3. Cheeses	Registration	PDO-IT-02394
Pecorino del Monte Poro	Class 1.3. Cheeses	Registration	PDO-IT-02420

Nome	Product category	Application type	File number
Vastedda della valle del Belìce	Class 1.3. Cheeses	Registration	PDO-IT-0661
Piacentinu Ennese	Class 1.3. Cheeses	Registration	PDO-IT-0646
Formaggella del Luinese	Class 1.3. Cheeses	Registration	PDO-IT-0524
Piave	Class 1.3. Cheeses	Registration	PDO-IT-0686
Salva Cremasco	Class 1.3. Cheeses	Registration	PDO-IT-0639
Squacquerone di Romagna	Class 1.3. Cheeses	Registration	PDO-IT-0794
Bitto	Class 1.3. Cheeses	Registration	PDO-IT-1502
Valtellina Casera	Class 1.3. Cheeses	Registration	PDO-IT-1503
Valle d'Aosta Fromadzo	Class 1.3. Cheeses	Registration	PDO-IT-1504
Ragusano	Class 1.3. Cheeses	Registration	PDO-IT-1505
Spressa delle Giudicarie	Class 1.3. Cheeses	Registration	PDO-IT-0252
Stelvio / Stilfser	Class 1.3. Cheeses	Registration	PDO-IT-0255
Pecorino di Filiano	Class 1.3. Cheeses	Registration	PDO-IT-0279
Pecorino di Picinisco	Class 1.3. Cheeses	Registration	PDO-IT-0859
Puzzone di Moena / Spretz Tzaorì	Class 1.3. Cheeses	Registration	PDO-IT-0950
Strachitunt	Class 1.3. Cheeses	Registration	PDO-IT-1047
Pecorino Crotonese	Class 1.3. Cheeses	Registration	PDO-IT-1111
Pecorino delle Balze Volterrane	Class 1.3. Cheeses	Registration	PDO-IT-1166
Silter	Class 1.3. Cheeses	Registration	PDO-IT-1252
Nostrano Valtrompia	Class 1.3. Cheeses	Registration	PDO-IT-0823
Ossolano	Class 1.3. Cheeses	Registration	PDO-IT-02093
Mozzarella di Gioia del Colle	Class 1.3. Cheeses	Registration	PDO-IT-02384

Fonte:: https://ec.europa.eu/info/food-farming-fisheries/food-safety-and-quality/certification/quality-labels/geographical-in-dications-register/

Formaggi IGP

Meno frequente nell'ambito caseario è la denominazione IGP che è sottoposta al medesimo regolamento CEE n. 2081/92 della DOP. Per **indicazione geografica** s'intende

il nome di una regione, di un luogo determinato o, in casi eccezionali, di un paese che serve a designare un prodotto agricolo o alimentare originario di tale regione, di tale luogo determinato o di tale paese e di cui una determinata qualità, la reputazione o un'altra caratteristica possa essere attribuita all'origine geografica e la cui produzione e/o trasformazione e/o elaborazione avvengano nell'area geografica determinata.

Ciò che diversifica la DOP dalla IGP è che nella prima è necessario che ogni caratteristica della produzione avvenga nella zona d'origine, per la seconda è sufficiente che lo sia una sola caratteristica. Si può quindi dedurre che la Denominazione di Origine Protetta determina possibilità produttive molto più restrittive rispetto alla IGP.

In tutti i casi esiste un Disciplinare di produzione che per le IGP deve contemplare le norme dettate dal regolamento comunitario (CEE n. 2081/92, articolo 4):

a. il nome del prodotto agricolo o alimentare che comprende la denominazione d'origine o l'indicazione geografica;

b. la descrizione del prodotto agricolo o alimentare mediante indicazione delle materie prime, se del caso, e delle principali caratteristiche fisiche, chimiche, microbiologiche e/o organolettiche del prodotto agricolo o alimentare;

c. la delimitazione della zona geografica e, se del caso, gli elementi che indicano il rispetto delle condizioni di cui all'articolo 2, paragrafo 4;

d. gli elementi che comprovano che il prodotto agricolo o alimentare è originario della zona geografica ai sensi dell'articolo 2, paragrafo 2, lettera a) o b), a seconda dei casi;

e. la descrizione del metodo di ottenimento del prodotto e, se del caso, i metodi locali, leali e costanti;

f. gli elementi che comprovano il legame con l'ambiente geografico o con l'origine geografica ai sensi dell'articolo 2, paragrafo 2, lettera a) o b), a seconda dei casi;

g i riferimenti relativi alle strutture di controllo previste all'articolo 10;

h. gli elementi specifici dell'etichettatura connessi alla dicitura DOP o IGP, a seconda dei casi, o le diciture tradizionali nazionali equivalenti;

i. le eventuali condizioni da rispettare in forza di disposizioni comunitarie e/o nazionali.

I consorzi di tutela, che sono garanti della produzione delle Denominazioni, hanno il compito di incaricare un ente certificatore che, in base al Disciplinare, controlli che tutto avvenga nel rispetto delle norme che regolamentano l'allevamento e tutte le fasi della filiera fino alla stagionatura del formaggio.

Questi controlli, molto severi, garantiscono al consumatore che il formaggio a Denominazione venga prodotto in modo serio e sicuro sotto ogni punto di vista.

Oggi, in Italia, i formaggi IGP sono il Canestrato di Moliterno registrato il 22 maggio 2010, la più recente Burrata di Andria registrata il 2 dicembre 2016 e, con domanda presentata in data 19 ottobre 2021, il Caciottone di Norcia.

Formaggi STG

Il regolamento CEE n. 2081/92 disciplina anche la terza denominazione della CE, la STG (Specificità Tradizionale Garantita o Attestazione di Specificità).

> Riconoscimento del carattere di specificità di un prodotto agro-alimentare, inteso come elemento o insieme di elementi che, per le loro caratteristiche qualitative e di tradizionalità, distinguono nettamente un prodotto da altri simili. Ci si riferisce, quindi, a prodotti ottenuti secondo un metodo di produzione tipico tradizionale di una particolare zona geografica, al fine di tutelarne la specificità. Sono esclusi i prodotti il cui carattere specifico sia legato alla provenienza geografica; questo aspetto distingue le STG dalle DOP e dalle IGP.

In Italia, oggi, l'unico formaggio STG è la Mozzarella tradizionale di latte vaccino.

Formaggi PAT

I formaggi italiani che non vengono protetti da leggi europee ma che rappresentano la maggioranza delle tipicità sono i PAT (Produzioni Agroalimentari Tradizionali) elencati in liste regionali depositate presso il ministero delle Politiche agricole. Alcuni di questi sono provvisti di Disciplinare di produzione, ma molti sono solo tradizionalmente prodotti tramite passaggi generazionali. Le produzioni dei PAT sono generalmente molto limitate a causa della piccolissima area in cui vengono prodotti e venduti.

A differenza dei "grandi formaggi", ovvero quelli che sono stati regolamentati da Denominazioni per le quali si è riusciti a consorziare i produttori, per i PAT non è stato finora possibile istituire consorzi per la valorizzazione del prodotto a causa delle piccolissime realtà produttive esistenti, ma anche per le difficoltà economiche e burocratiche che si incontrano nei vari scalini di risalita verso una qualsiasi denominazione.

I formaggi PAT depositati sono oltre 500, e ogni anno se ne aggiungono, ma analizzando i parametri delle tabelle MFFB si potrebbe stimare un numero decisamente inferiore di tipologie, ovvero circa 125. Tali numeri sono però da prendere con le pinze se si considera che la grande diversità dei formaggi italiani porta davvero a numeri molto superiori. Ciò è dimostrato dalle piccole o grandi variabili dei metodi di trasformazione del latte che consentono a formaggi apparentemente "simili" di concedere diversità organolettiche facilmente percepibili. Per rafforzare quanto affermato, basti pensare al solo e primo parametro della trasformazione, ovvero il latte che, se lavorato crudo, non solo è diverso da stalla a stalla ma anche dall'oggi al domani. Significativo per esempio il caciocavallo, denominazione di tanti formaggi prodotti in vari territori italiani. Nonostante il nome, si presenta sempre differente per le diverse, a volte piccole ma non poco significative, variabili tecnologiche.

Molti formaggi PAT sono ascrivibili a un elenco dell'Arca del Gusto di Sloow Food che raccoglie i formaggi rari italiani, ovvero quei formaggi che hanno un consumo nel solo luogo di produzione a causa del numero limitato di caseifici atti alla trasformazione o alla poca quantità di latte munto.

Molto spesso i formaggi PAT sono l'espressione di una tecnica di produzione antica e rappresentano a pieno titolo la storia delle generazioni nel campo dell'agricoltura e, nello specifico, dell'allevamento.

I prodotti PAT non si limitano ai formaggi, che peraltro sono davvero tanti, ma riguardano anche altre produzioni dell'agro-alimentare, come le bevande alcoliche e i distillati, le carni, i grassi, i prodotti vegetali, le paste fresche e i prodotti della panetteria e biscotteria, della pasticceria e della confetteria, e i prodotti della gastronomia. Oltre a questi, i prodotti derivanti dalla preparazione di pesci, molluschi e crostacei e infine i prodotti di origine animale, come il miele e i latticini diversi dai formaggi. Segue l'elenco dei formaggi PAT in relazione alla XXII revisione così come da decreto del 25 febbraio 2022.

1. *L'elenco nazionale dei prodotti agroalimentari definiti tradizionali dalle regioni e dalle province autonome di Trento e Bolzano, istituito ai sensi dell'art. 3 del decreto ministeriale 8 settembre 1999, n. 350 e articolato su base regionale e provinciale, è aggiornato, ai sensi dell'art. 12, comma 1, della legge 12 dicembre 2016, n. 238, secondo l'allegato I al presente decreto.*

2. *Gli aggiornamenti degli elenchi regionali e provinciali, di cui all'art. 2, comma 3, del decreto ministeriale 8 settembre 1999, n. 350 sono comunicati al Ministero entro il 31 dicembre di ogni anno.*

Regione	PAT (compreso i formaggi)	Formaggi PAT
Abruzzo	149	14
Basilicata	211	16
Calabria	269	22
Campania	580	60
Emilia Romagna	398	12
Regione autonoma del Friuli-Venezia Giulia	181	15
Lazio	456	46
Liguria	300	17
Lombardia	268	62
Marche	154	12
Molise	159	12
Piemonte	342	50
Provincia autonoma di Bolzano	102	27

Regione	PAT (compreso i formaggi)	Formaggi PAT
Provincia autonoma di Trento	105	15
Puglia	329	17
Regione autonoma della Sardegna	222	21
Sicilia	269	25
Toscana	464	34
Umbria	69	4
Regione autonoma della Valle d'Aosta	36	9
Veneto	387	34
Totale PAT	5450	524

La tipologia
e la classificazione
del formaggio

Tipologia del formaggio

La tipologia di un formaggio rappresenta l'insieme delle caratteristiche che gli appartengono. Non è da confondere con la classificazione, di cui scriverò in seguito, poiché a una determinata tipologia possono essere assegnate varie classi. Per esempio possiamo dire che un formaggio può appartenere a diverse tipologie, che possono essere assoggettate al tipo di latte utilizzato e al tipo di stagionatura. Ogni tipologia, che può fare riferimento anche a una classe, sarà descritta in riferimento alle classi che le appartengono.

Tabella 1

Nome	Latte	Tipologia		Classificazione per ogni tipologia
nome formaggio	vaccino	1	fresco	latte crudo, pasta cruda, pasta molle
		2	semistagionato	latte crudo, pasta semicotta, pasta semidura
		3	stagionato	latte pastorizzato, semigrasso, pasta cotta, pasta dura

Portiamo come esempio un formaggio, il Monte Veronese, che è una DOP con unica registrazione presso la Comunità europea. Questo formaggio può essere prodotto in tre diverse tipologie, la prima a latte intero e la seconda d'allevo. Quest'ultima può essere, a sua volta, mezzano e stagionato.

Classificazione

La classificazione del formaggio ha come tema principalmente il latte ovvero la sua origine, i suoi eventuali trattamenti e le modalità lavorative. Sono classificabili anche le fasi legate alla cagliata e infine le risultanze del formaggio. Il formaggio è definito sempre da più classi che lo identificano per caratteristiche d'origine, di caseificazione e qualitative, ovvero ne identificano anche la composizione.

Per origine

La definizione legislativa di latte secondo il Regio Decreto 9 maggio 1929, n. 994, è la seguente: «Per "latte alimentare" deve intendersi il prodotto ottenuto dalla mungitura regolare, ininterrotta e completa della mammella di animali in buono stato di salute e di nutrizione. Con la sola parola "latte" deve intendersi il latte proveniente dalla vacca. Il latte di altri animali deve portare la denominazione della specie cui appartiene l'animale che lo fornisce, così per esempio "latte di capra", "latte di asina" ecc.».

Classi
● Latte di vacca.
● Latte di pecora.
● Latte di capra.
● Latte di bufala.
● Latte misto: vacca-pecora; vacca-capra; vacca-pecora-capra; pecora-capra.

Per trattamento del latte

I disciplinari di produzione predisposti per i formaggi a denominazione prevedono a quale trattamento termico dev'essere sottoposto il latte, qualora non lo si debba utilizzare crudo. Per i formaggi tradizionali o di fantasia è a discrezione del casaro utilizzare latte crudo o trattato termicamente nella consapevolezza che, per questi formaggi da consumarsi freschi o a breve stagionatura (inferiore a 60 giorni), è necessaria la pastorizzazione, così come da normativa italiana.

Classi
● **Latte crudo**: il latte non subisce alcun trattamento termico, è lavorato alla temperatura di mungitura o leggermente riscaldato, fino a un massimo di 40 °C, al solo scopo di portarlo alla temperatura di coagulazione.
● **Latte termizzato**: dopo la mungitura il latte, per essere igienizzato, viene riscaldato fino a 63 °C, così mantenuto per 10 minuti e poi raffreddato alla temperatura di inoculo fermenti e/o di coagulazione.
● **Latte pastorizzato (trattamento HTST)**: dopo la mungitura il latte, per essere igienizzato, viene riscaldato fino a 72 °C, così mantenuto per 15 secondi e poi raffreddato alla temperatura di inoculo fermenti e/o di coagulazione. La pastorizzazione può essere effettuata anche a (requisiti di cui all'allegato II, capitolo XI, del regolamento CE n. 852/2004):
   ■ **bassa temperatura**: almeno 63 °C per 30 minuti;
   ■ **altra combinazione tempo/temperatura** che raggiunge l'effetto equivalente affinché, immediatamente dopo aver subito il trattamento, i prodotti reagiscano negativamente all'eventuale test della fosfatasi alcalina;
   ■ **sterilizzazione**: il latte viene portato a 115-120 °C e così matenuto per 15-20 minuti o a più elevate temperatura, 135 °C, per almeno 1 secondo (trattamento UHT). Gli effetti della sterilizzazione impediscono però la trasformazione casearia.

Per tipo di coagulazione

Il latte per poter diventare formaggio deve coagulare, con l'aggiunta di caglio o coagulante oppure con l'acidificazione spontanea o forzata.

Classi

- **Coagulazione lattica o acida**: il latte coagula tramite la fermentazione spontanea causata dalla carica batterica originaria o per inoculo di fermenti lattici, selezionati o naturali.
- **Coagulazione presamica**: il latte coagula per azione del caglio o di coagulanti di diversa derivazione. Per quanto riguarda la coagulazione presamica si possono considerate alcune sottoclassi.
  - **Coagulazione presamico-lattica/acida**, ovvero quando si utilizza caglio o coagulante e successivamente avviene l'acidificazione della cagliata.
  - **Coagulazione lattico/acido-presamica**, tipica delle paste molli, o di alcune paste dure dalla tessitura granulosa come il Parmigiano Reggiano e il Grana Padano (DOP), o di alcune paste filate come mozzarella e caciocavallo. Prevede l'incremento di acidità del latte prima dell'immissione del caglio.

Per temperatura di lavorazione

In seguito alla coagulazione, che avviene con l'aggiunta di caglio o coagulante nel latte, la cagliata subisce il taglio, ovvero quell'azione che consente all'acqua di fuoriuscire dal reticolo caseinico. La pasta, così ridotta, può essere estratta cruda oppure subire un riscaldamento che si definisce semicottura o cottura. La fase di riscaldamento ha lo scopo di consentire un maggiore spurgo della parte acquosa della cagliata (sineresi indotta).

Classi

- **Pasta cruda**: quando, in seguito alla rottura della cagliata, non avviene riscaldamento, ovvero si riscaldi fino alla temperatura massima di 40 °C.
- **Pasta semicotta**: quando, in seguito alla rottura della cagliata, avviene riscaldamento fino alla temperatura minima di 43 °C e massima di 46 °C.
- **Pasta cotta**: quando, in seguito alla rottura della cagliata, avviene riscaldamento a temperatura superiore ai 46 °C.

La classificazione per temperatura di lavorazione rappresenta la base per ottenere la giusta quantità di acqua nella pasta del formaggio. Il casaro deve attenersi alle azioni precedenti, ovvero al taglio della cagliata e a quelle successive, l'agitazione e la sosta, affinché la quantità di acqua necessaria a caratterizzare il formaggio progettato rientri nei parametri previsti dalla classificazione "per contenuto di acqua".

Per contenuto di acqua

Tutti i formaggi contengono acqua, qualsiasi sia la loro tipologia. Le dimensioni dei grumi in seguito al taglio della cagliata e il loro eventuale riscaldamento sono determinanti per l'ottenimento di formaggi dal variabile contenuto di acqua.

Classi
- **Pasta molle**: quando il contenuto di acqua nel formaggio supera il 45%.
  Questa classe si suddivide ulteriormente in funzione della presenza, dell'assenza o del tipo di crosta, aspetti che possono influire sulla maturazione del formaggio.
  - ■ **Formaggi senza crosta o con crosta sottile** che non influisce sulla maturazione del formaggio: stracchino, crescenza, casatella (senza crosta), caciotta (con crosta sottile).
  - ■ **Formaggi con crosta** che influisce sulla maturazione del formaggio e ne determina pigmentazione: Robiola, formaggi a crosta lavata del tipo Taleggio.
  - ■ **Formaggi con crosta fiorita**, muffettati con penicillium che influisce sulla maturazione del formaggio.
- **Pasta semidura**: quando il contenuto di acqua nel formaggio è compreso tra il 35 e il 45%.
- **Pasta dura**: quando il contenuto di acqua nel formaggio è inferiore al 35%.

Per contenuto di grasso
Il latte di origine si definisce intero, ma in seguito alla mungitura può essere parzialmente scremato o scremato, con tecniche di affioramento naturale o per centrifugazione. Il latte, intero o trattato con le tecniche di scrematura, è in seguito trasformato dal casaro, crudo o pastorizzato.

Classi
- **Formaggi magri**: quando il latte lavorato è stato scremato (grasso sulla sostanza secca inferiore al 20%); solitamente il grasso viene estratto per centrifuga.
- **Formaggi semigrassi**: quando il latte lavorato è stato parzialmente scremato (grasso sulla sostanza secca tra il 20% e il 42%); solitamente il grasso viene estratto per affioramento del latte come per esempio per i formaggi d'Alpe o i formaggi di tipo grana.
- **Formaggi grassi**: quando il latte lavorato è intero (grasso sulla sostanza secca maggiore del 42%).
- **Formaggi a doppia crema**: quando al latte intero è aggiunta una quantità variabile di panna.

Per tempo di stagionatura
Il formaggio, prima di essere consumato, ha bisogno di maturare o di stagionare. Sia esso fresco o di lunga stagionatura, il formaggio deve subire necessariamente le mutazioni chimiche e fisiche che influiscono, insieme al tempo, sulle sue caratteristiche organolettiche.

Classi
- **Formaggio fresco**: quando viene consumato tra le 24 ore e i 15 giorni (tempo di maturazione) successivi alla sua estrazione dalla caldaia.
- **Formaggio a breve stagionatura**: quando la sua maturazione avviene tra 15 e 60 giorni dalla sua estrazione.

- **Formaggio a media stagionatura**: quando la sua maturazione avviene tra 60 e 180 giorni dalla sua estrazione.
- **Formaggio a lunga stagionatura**: quando la sua maturazione avviene con almeno 180 giorni di stagionatura.

Per altre caratteristiche

Le tipologie dei formaggi italiani sono numericamente impossibili da censire e, pur appartenendo alle classificazioni sopra descritte, possono rappresentare anche altre classi, che ne determinano anche la tipologia. Alcune delle classi sotto descritte derivano da tecniche di produzione molto particolari, come la filatura o l'erborinatura, ed entrano nell'elenco delle grandi variabili tecnologiche italiane. Queste tecniche possono essere riferite alla lavorazione del latte in caldaia ma anche alla cura del formaggio in stagionatura.

Classi

- **Pasta erborinata**: quando il formaggio presenta miceli di muffe del tipo penicillium. L'erborinatura può essere naturale, quando le muffe sono intrinseche dell'ambiente di maturazione, e indotta quando le muffe vengono inoculate nel latte prima della trasformazione casearia.
- **Pasta filata**: quando la pasta è stata filata con adeguato processo. Ciò può avvenire con fermentazione naturale ovvero quando la cagliata ottenuta da latte crudo acidifica senza innesto di fermenti selezionati o naturali, oppure indotta, processo più comune, quando al latte, crudo o pastorizzato, vengono addizionati fermenti naturali o selezionati. Può anche avvenire con l'innesto di un agente acidificante nel latte come l'acido citrico.
- **Pasta pressata**: quando, dopo l'estrazione della cagliata, la pasta viene sottoposta a pressatura, normalmente meccanica.
- **Pasta tipo grana**: quando la pasta del formaggio è granulosa, tipica dei formaggi a pasta dura e a lunga stagionatura.
- **Pasta occhiata**: quando la pasta del formaggio ha occhiatura; spesso ottenuta con l'innesto di fermenti eterofermentanti capaci di produrre gas.
- **Crosta fiorita**: quando la crosta del formaggio è ricoperta di muffe, *Penicillium candidum*, normalmente edibili. L'effetto della fioritura è specifico di alcuni penicillium che vengono inoculati nel latte prima dell'inserimento del caglio, o erogati sulla superficie esterna del formaggio in fase di stufatura o al termine di essa.
- **Crosta lavata**: quando la crosta del formaggio, in fase di maturazione, è sottoposta a frequenti lavaggi con acqua e sale, e per questo presenta una colorazione tipica rosso-arancio, a volte edibile, se dichiarato dal produttore.

Il latte

Produzione in Italia

Il latte è per i mammiferi l'Alimento, quello con la "A" maiuscola. Dalla nascita del mondo il primo mammifero si è alimentato con il latte. In realtà anche oggi il latte è il primo alimento che associamo innanzi tutto all'uomo, o meglio alla donna che allatta il proprio bambino. Il latte di alcuni mammiferi viene utilizzato dall'uomo per scopi alimentari, assumendolo in purezza, trasformandolo in formaggio e latticini o come ingrediente di altri preparati.

Da sempre il latte è di fondamentale importanza dal punto di vista nutrizionale, riconosciuto tale anche nella Bibbia (Siracide 39:26): "Le cose di prima necessità per la vita dell'uomo sono: acqua, fuoco, ferro, sale, farina di frumento, latte, miele, succo di uva, olio e vestito."

In ambito agricolo l'allevamento è una fonte economica di grande rilievo e vede la presenza di lattifere di vacca, pecora, capra e bufala. La morfologia del territorio italiano denota enormi diversità geologiche e climatiche permettendo all'allevatore di stabilire la tipologia di animali da crescere, alimentare e sfruttare. Tale sfruttamento è mirato alla produzione di carne o latte alimentare e per la trasformazione casearia.

In Italia le aziende che si occupano di allevare lattifere possono essere considerate di tre categorie: piccole, medie e grandi. Gli allevatori provvedono a mantenere gli animali nella stretta osservanza delle disposizioni igieniche e sanitarie che la rigida legislazione prevede e con le periodiche verifiche predisposte, ed effettuate, dalle unità di controllo locali.

Le razze che producono latte alimentare sono in particolar modo da configurare in quattro grandi famiglie: bovini, ovini, caprini, bufalini.

Trovare l'Italia su una carta geografica è facile. La sua forma originale, la collocazione nel Sud dell'Europa e soprattutto la conformazione di penisola circondata quasi esclusivamente dal mare costituiscono un colpo d'occhio inequivocabile per l'osservatore. Il territorio, lungo e stretto, si attacca al resto dell'Europa attraverso le vette più alte, le Alpi. L'Italia è un territorio morfologicamente unito con orientamento nord-sud, nord-est, sud-ovest, legato da una spina dorsale, gli Appennini. Tutto è estremo: si va dalle vette alpine che superano i 4.000 metri ai territori isolani come la Sicilia e la Sardegna. Dai 30 gradi di temperatura e oltre al sottozero delle Alpi, ai caldi africani. Differenze incredibili a distanze contenute. La Sicilia dalle Alpi dista circa 1200 km. Non tanti. Come un niente divide le coste della Sicilia dall'Africa: 150 km. L'influenza del continente africano è quindi notevole per il Sud dell'Italia, tanto quanto quella dei Paesi centro-europei sul Nord. La morfologia del suolo, la vegetazione, la fauna selvatica e quella allevata sono fortemente rapportate al clima, creando una moltitudine di diversità, con fattori distintivi che valgono anche per i formaggi. Dove insiste un clima freddo, indiscutibilmente, non potrà essere prodotto un formaggio che predilige un clima mediterraneo e viceversa. Il clima non determina solamente la tipicità della produzione di un determinato alimento in generale, ma ne influenza anche il consumo. Quante volte, dopo un assaggio, abbiamo acquistato un prodotto in località ben diverse da quelle in cui viviamo e poi, a casa, lo abbiamo dimenticato nel frigo o semplicemente non lo abbiamo più apprezzato come quando lo avevamo degustato là dove era stato prodotto? Un esempio paradossale per sintetizzare il concetto. È verosimile consumare un eccellente burro di malga nel Sud Italia? Vi pare possibile? Può essere gradito? No di certo. A ogni territorio il proprio alimento e l'Italia ha talmente tanto da offrire in proposito che non teme confronti. Il territorio ideale per l'allevamento delle famiglie vede i bovini in particolare al Nord, soprattutto in Lombardia, dove avviene la più grande produzione di latte italiano. Anche i caprini, il cui latte è prevalentemente adoperato per essere trasformato in formaggio, sono presenti in particolare nelle regioni settentrionali e sulle Alpi, mentre le pecore sono dislocate in tutto l'asse appenninico, al Centro, nel Sud Italia e anche nelle isole maggiori. È significativo considerare che è ancora attiva la transumanza tra le montagne dell'Abruzzo e la Puglia e non manca la monticazione delle vacche verso le malghe alpine e delle pecore tra la pianura Padana e i pascoli degli Appennini. Per quanto riguarda il latte di bufala è la Campania il territorio dove viene prodotto maggiormente. La bufala di razza Mediterranea è presente in quella regione in numero superiore al 65%, della sua totalità a livello nazionale. Il latte italiano deriva da diverse realtà e tipologie di allevamento, tra cui quello proveniente da pascolo, che non manca soprattutto nei territori appenninici, prealpini e sulle Alpi, anche se gli alpeggi sono molto diminuiti a causa del loro inutilizzo, che ha decretato la forte espansione delle foreste.

Nelle tabelle seguenti vengono esposti alcuni dati significativi relativi alla produzione nazionale di latte vaccino, che è stato l'unico sottoposto a norme di produzione regolamentate da quote latte, per definirne le quantità produttive. Per quanto riguarda gli altri latti è pur sempre fattibile il controllo delle quantità seppure con diverse fonti di statistica.

Tabella 1 e grafico

LATTE IN ITALIA ANNO 2020	
Latte raccolto	Q.li
vacca	125.564.598
pecora (Cod. Eurostat D1120D)	4.530.571
capra (Cod. Eurostat D1130D)	436.650
bufala (Cod. Eurostat D1140D)	2.290.457

Fonte: Istat

Negli ultimi anni, a causa della pandemia da Covid-19 sono emerse variazioni della produzione di latte che hanno portato a una diminuzione del suo consumo a favore della produzione di formaggi e latticini in genere. Dal grafico è possibile osservare lo storico relativo alle consegne mensili del latte vaccino.

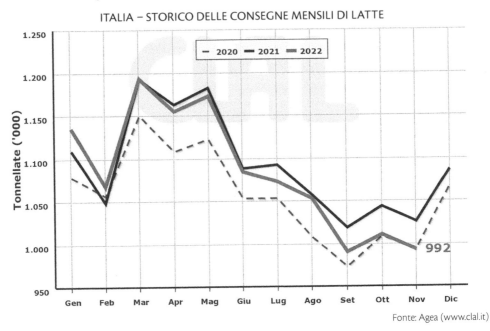

Fonte: Agea (www.clal.it)

La produzione di latte segue la morfologia del territorio. Se si pensa per esempio alla grande Pianura Padana, è facile comprendere che le distese di terreni coltivate estensivamente possono produrre quantità inimmaginabili di foraggio, alimento principale delle vacche. Mentre la pianura avvantaggia l'allevamento bovino (il Tavoliere delle Puglie ne è un altro esempio) la morfologia delle Isole va a vantaggio dell'allevamento delle pecore tant'è che la popolazione ovina, e di conseguenza il latte prodotto nelle Isole Maggiori, raggiunge ben oltre il 70% del latte nazionale. Comprendere questi dati è importante anche per l'analisi di mercato lattiero caseario ed eventualmente, per chi intende iniziare la produzione di formaggi, ragionare su ciò che evidentemente manca al territorio.

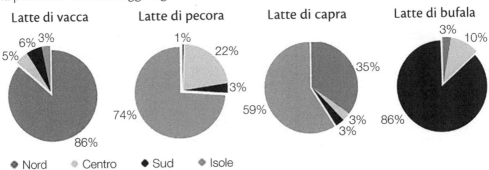

Fonte: grafici su base Istat 2020

Tabella 2 e grafico

Consegne regionali di latte annata agraria 2021-2022 (tonnellate) da aprile 2021 a marzo 2022		
Regione	da aprile 2018 a marzo 2019	da aprile 2021 a marzo 2022	su a.a. 2020/2021
Abruzzo	68.055	66.941	−3,20%
Basilicata	133.935	150.506	+4,34
Calabria	73.118	75.804	+0,94
Campania	199.072	193.862	+0,50%
Emilia-Romagna	1.911.735	2.094.447	+2,93%
Friuli-Venezia Giulia	256.923	266.884	+0,52%
Lazio	313.781	300.206	−2,05%
Liguria	2.375	2.358	+5,17%
Lombardia	5.212.296	5.927196	+4,78%
Marche	27.147	25.425	−0,79%
Molise	62.066	53.433	−8,36%
P.A. Bolzano	410.186	410.605	+0,88%
P.A. Trento	143.672	146.267	−0,16%
Piemonte	1.079.900	1.195.185	+3,50%
Puglia	394.641	431.742	+1,90%
Sardegna	216.101	218.578	−3,15%
Sicilia	196.904	201.386	−0,36%
Toscana	60.798	61.472	+0,49%
Umbria	47.887	50.524	+2,56%
Valle d'Aosta	31.256	32.440	+1,95%
Veneto	1.175.762	1.218.644	+1,43%
Totale	**12.017.610**	**13.123.905**	

Fonte: www.clal.it

ITALIA – CONSEGNE DI LATTE REGIONALI
Periodo 01/01/2022 – 30/11/2022

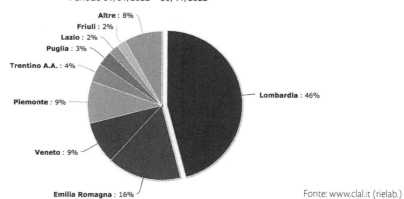

Altre : 8%
Friuli : 2%
Lazio : 2%
Puglia : 3%
Trentino A.A. : 4%
Piemonte : 9%
Lombardia : 46%
Veneto : 9%
Emilia Romagna : 16%

Fonte: www.clal.it (rielab.)

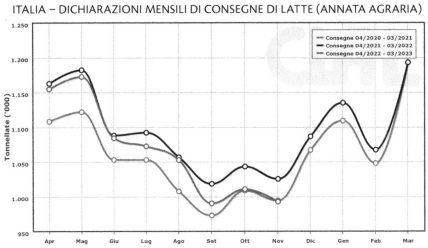

ITALIA − DICHIARAZIONI MENSILI DI CONSEGNE DI LATTE (ANNATA AGRARIA)

Fonte: AGEA

Il latte italiano non è sufficiente al fabbisogno interno, sia per quanto riguarda la quota necessaria all'uso alimentare che per quella destinata alla trasformazione. Bisogna quindi importare latte intero (sfuso) e latte scremato da alcune nazioni dell'Est europeo. Oggi che le quote latte non sono più una realtà, è di estrema importanza basare la produzione del latte nazionale sulla qualità. Le intese commerciali fra le nazioni della Comunità europea porteranno sicuramente a una concorrenza internazionale per la commercializzazione del latte, quindi l'allevatore italiano, che ne ha la possibilità concreta, dovrà modificare il sistema di allevamento tanto da produrre un latte diverso da quello del mercato europeo. Sarà una dura sfida, ma anche il futuro. I formaggi italiani si fanno con latte buono, sano e sicuro e nel futuro, anche prossimo, si dovrà camminare solo in salita.

Tabella 3 e grafico

	ITALIA - PRINCIPALI FORNITORI DI LATTE SFUSO					
Paesi	Quantità (t) gen-feb 2021	Quantità (t) gen-feb 2022	Var. %	Prezzi (€/kg) gen-feb 2021	Prezzi (€/kg) gen-feb 2022	Var. %
Slovenia	28.065	27.106	−3,4	0,32	0,38	20,2
Germania	33.317	14.694	−55,9	0,28	0,42	49,2
Austria	14.998	12.089	−19,4	0,29	0,36	23,9
Francia	16.965	5.735	−66,2	0,27	0,32	16,6
Slovacchia	4.528	5.014	10,7	0,3	0,35	17,8
Spagna	1.634	1.578	−3,4	0,86	0,91	5,9
Repubblica ceca	1.319	1.616	22,5	0,32	0,44	40,2
Altri	11.846	1.312	−88,9	-	-	-
Totale	112.673	69.144	−38,6	0,31	0,39	29,4

Fonte: www.ismeamercati.it

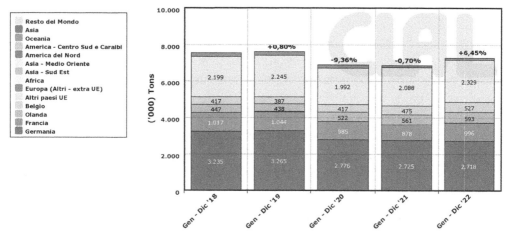

ITALIA – IMPORT TOTALE IN EQUIVALENTE LATTE (ME),
PER AREA GEOGRAFICA DI PROVENIENZA (CUMULATO MENSILE)
(Prodotti: Latte sfuso e conf., SMP, WMP, Latte condensato, Yogurt, Formaggi)
Elaborazione Clal su dati ISTAT, aggiornata al 29/03/2023

Fonte: www.clal.it

Definizione di "latte"

Il mondo del latte, inteso come materia, è davvero molto complesso, vario e a volte incomprensibile nell'ambito tecnologico e scientifico. Forse non si pensa che questo alimento è stato oggetto di studi anche legislativi che ne hanno dato definizioni importanti, sia agli albori dello Stato sia con le attuali normative europee.

Definizione legislativa di latte presente nel Regio Decreto 9 maggio 1929, n. 994 art. 15, come modificato dalla Legge 14 marzo 1977, n. 89:
Per « latte alimentare » deve intendersi il prodotto ottenuto dalla mungitura regolare, ininterrotta e completa della mammella di animali in buono stato di salute e di nutrizione. Con la sola parola « latte » deve intendersi il latte proveniente dalla vacca. Il latte di altri animali deve portare la denominazione della specie cui appartiene l'animale che lo fornisce, così per esempio « latte di capra », « latte di asina » ecc.

Definizione legislativa di latte crudo presente nel Regolamento CE n. 853/2004:
Il latte prodotto mediante secrezione della ghiandola mammaria di animali di allevamento che non è stato riscaldato a più di 40 °C e non è stato sottoposto ad alcun trattamento avente un effetto equivalente.

La precedente definizione normata con il Regio Decreto n. 944, nonostante sia stata scritta ben 100 anni fa, è davvero attuale e definisce il latte come lo definiremmo oggi. Naturalmente si riferisce al solo latte vaccino, chiarendo che qualora non si utilizzasse questo latte ne si deve definire la specie animale che lo ha prodotto. È una norma che viene applicata sempre e le sue implicazioni sono descritte sulle etichette dei prodotti lattiero-caseari o di altro genere alimentare.

Composizione del latte

Chimica del latte

Il latte è una miscela di sostanze biologiche di estrema importanza per l'alimentazione e per la crescita dei cuccioli dei mammiferi. In funzione della specie animale, ogni latte detiene aspetti diversi che rappresentano anche la naturale tipologia di alimentazione idonea allo sviluppo e alla crescita del cucciolo. Se è vero che il grasso contenuto nel latte di balena supera abbondantemente il 40% e quello di asina, all'opposto, è del 1% significa che la natura ha stabilito parametri ben precisi in funzione della vivibilità degli animali, delle loro caratteristiche e dell'ambiente in cui vivono. Per l'uomo si tratta di un alimento completo capace di fornire sali minerali, proteine, zuccheri, lipidi e fermenti lattici idonei per una corretta alimentazione.

Si presenta come un liquido bianco, colore associato alle proteine, mentre il colore avorio (giallastro) è associabile ai globuli di grasso in esso contenuti (carotenoidi).

È una complessa miscela, composta principalmente da acqua, al cui interno sono presenti in forme diverse gli altri componenti. L'acqua nel latte si presenta in acqua libera e acqua adesa. La prima è la fase acquosa vera, cioè quella in cui sono in soluzione i sali minerali e tutto ciò che è solubile nel latte. L'acqua adesa invece è una piccola percentuale della totalità liquida e avvolge i componenti del latte che si trovano in sospensione e in emulsione.

Tabella 4

COMPOSIZIONE DEL LATTE		
Componenti	**Stato**	
grasso (lipidi) forniscono energia	emulsione	l'emulsione è costituita dalla dispersione di goccioline di un liquido in un altro nel quale esse sono completamente (o quasi) insolubili
proteine fondamento della nutrizione	sospensione colloidale	sistema disperso liquido-solido, nel quale il solido costituisce la fase dispersa; a seconda delle dimensioni delle particelle solide si va dalle sospensioni grossolane a quelle colloidali
sieroproteine proteine = fondamento della nutrizione	soluzione colloidale	una sostanza è in tale stato quando è dispersa in un'altra sostanza sotto forma di particelle generalmente amorfe, di dimensioni comprese approssimativamente fra 10-5 e 10-7 m, corrispondenti a raggruppamenti di 103-109 atomi, non visibili al microscopio (al contrario delle sostanze in sospensione), che diffondono molto lentamente attraverso membrane porose
lattosio e sali fonte energetica	soluzione vera	sistema omogeneo formato da due o più componenti mescolati intimamente tra loro con un grado di dispersione dell'ordine molecolare

COMPOSIZIONE DEL LATTE		
Componenti	**Stato**	
vitamine regolano le funzioni vitali dell'uomo	liposolubile	che può sciogliersi nei solventi grassi
	idrosolubile	solubile in acqua
pigmenti caroteni e carotenoidi (altri)	liposolubili	che possono sciogliersi nei solventi grassi

Il latte non possiede odore proprio ma è influenzato dall'alimentazione delle lattifere e dall'ambiente in cui esso è esposto essendo molto sensibile all'assorbimento. Il colore è influenzato in particolare dai caroteni e dai terpeni contenuti nelle erbe assimilate dall'alimentazione e che di conseguenza viene trasferito al formaggio. Per quanto riguarda il sapore, appare lievemente dolce per la presenza del lattosio, ma esso è anche influenzato dal grasso che in funzione della sua percentuale nel latte può aumentarne la percezione.

Tabella 5 e grafico

COMPOSIZIONE DEL LATTE				
	Vacca	**Pecora**	**Capra**	**Bufala**
caseina	2,8	4,5	3	3,9
grassi	3,5	6	4,35	7,5
lattosio	4,65	4,75	4,5	4,8
residuo secco	12	19,5	14	19
acqua	88	80,5	86	81
sostanze azotate	3,5	5,8	4,1	4,6

Fonte: Salvadori del Prato, 1998

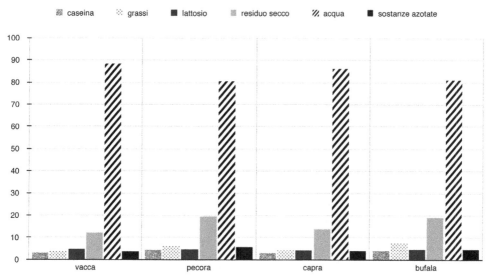

COMPOSIZIONE MEDIA DEI LATTI DI ALCUNE SPECIE

caseina   grassi   lattosio   residuo secco   acqua   sostanze azotate

La buona conoscenza della composizione del latte, sia esso di vacca o di altra lattifera, permette al casaro di progettare il formaggio ed eventualmente influenzare la resa casearia, calcolata in funzione dell'esito delle analisi relativamente alla percentuale dei componenti solidi del latte, le caseine, i grassi e il residuo secco (sostanze azotate presenti). L'acqua è una componente decisiva per il calcolo della resa e ne determina anche la classificazione in funzione della sua quantità presente nel formaggio. La resa cambia, anche notevolmente, per ogni tipo di latte utilizzato in caseificio. Le componenti del latte dipendono da fattori strettamente legati alle razze, al tipo di allevamento e all'alimentazione delle lattifere. Il latte è infatti un prodotto molto sensibile alle mutazioni intrinseche ed estrinseche e spesso, erroneamente, lo valutiamo esclusivamente dalle analisi chimiche obbligatorie che tramite il conferente o l'utilizzatore vengono effettuate. Particolare attenzione va posta invece a monte della mungitura.

La situazione igienica della stalla è determinante per ottenere un latte sano, ottimale dal punto di vista microbiologico. La stessa importanza va data all'alimentazione, che dev'essere corretta, equilibrata ma soprattutto diversificata in funzione dell'utilizzo del latte. Un buon latte da formaggio è quello che proviene da allevamenti che impiegano alimenti utili allo scopo per cui è destinato il latte. Fondamentale è provvedere a effettuare analisi periodiche del latte per verificare la presenza di cellule somatiche e di stafilococchi.

Tabella 6

FATTORI DI MUTAZIONE DEL LATTE				
Intrinseci	razza	singolo animale	salute	stadio lattazione
Estrinseci	clima	metodo d'allevamento	tipo di stabulazione	alimentazione

Il latte destinato alla trasformazione casearia, con i suoi componenti, dev'essere valutato anche nelle caratteristiche fisiche, il peso, la densità, e altri parametri essenziali che sono evidenziati nella Tabella 7.

Tabella 7

Latte	Unità di misura	Valori
peso specifico (densità) 15 °C	g/ml	1,028/1,033
punto di congelamento PC (crioscopico)	°C	latte vaccino −0,52°/0,55°
		latte ovino −0,535°/0,565°
punto di ebollizione	°C	100,15°/100,17°

Il peso specifico, o densità, è strettamente correlato alla composizione del latte e si calcola con il lattodensimetro, strumento composto da un galleggiante, che si immerge nel latte, tarato solitamente alla temperatura di 15 °C. Qualora la temperatura del latte, al momento dell'immersione del lattodensimetro, sia diversa da 15 °C, il valore del peso specifico va corretto con i dati riportati nella tabella che segue, oppure aggiungendo 0,0002 per ogni grado (°C) se la temperatura del campione è > 15 °C, o togliendo −0,0002 per ogni grado (°C) se la temperatura del campione è < 15 °C.

Tabella 8

		CORREZIONI DEL LATTODENSIMETRO ALLE DIVERSE TEMPERATURE							
		Latte non scremato				**Latte scremato**			
		Temperature °C				**Temperature °C**			
		5 °C	10 °C	20 °C	25 °C	5 °C	10 °C	20 °C	25 °C
	15	0,9	0,6	0,8	1,8	-	-	-	-
	20	1,1	0,7	0,9	1,9	0,7	0,5	0,8	1,7
	22	1,2	0,7	1,0	2,1	0,7	0,5	0,8	1,7
	24	1,2	0,7	1,0	2,1	0,9	0,6	0,8	1,7
Grado del lattodensimetro	26	1,3	0,8	1,1	2,2	1,0	0,7	0,8	1,8
	28	1,4	0,9	1,2	2,4	1,0	0,7	0,9	1,9
	30	1,6	1,0	1,2	2,5	1,1	0,7	0,9	1,9
	32	1,7	1,0	1,3	2,7	1,1	0,7	1,0	2,1
	34	1,9	1,1	1,3	2,8	1,2	0,8	1,0	2,2
		Frazioni da togliere		Frazioni da aggiungere		Frazioni da togliere		Frazioni da aggiungere	

Il valore impresso sul lattodensimetro rappresenta la terza e quarta cifra del peso specifico, alle quali va anteposto il valore 1,0. Per esempio se la lettura sul lattodensimetro è 32 la lettura completa sarà 1,032.

La misura del peso specifico è utilizzata anche per verificare la presenza di acqua nel latte. Infatti, a valori inferiori a 1,028 vanno adottate le misure idonee per cercare di comprendere il motivo della presenza dell'acqua. Per correggere i valori in funzione di una diversa temperatura di taratura del lattodensimetro si applica la formula sotto indicata:

Valore letto sulla scala = 32
Temperatura del campione = 18 °C
Densità a t_{camp} = 1,032 g/cm³
Densità a 15 °C = 1,032 + 0,0002 · (18 − 15)
Da cui: 1,032 + 0,0002 · 3 = 1,0326 g/cm³

Una ulteriore peculiarità del latte è il punto di congelamento (PC) o crioscopico. Esso viene misurato anche allo scopo di verificare eventuale presenza di acqua. Il PC fu definito nel 1923 da Hortvet che lo associò a un latte genuino. Questo parametro va inteso in ogni sua implicazione, in funzione delle caratteristiche del latte oggetto di osservazione. È bene quindi non drammatizzare qualora il valore del PC indichi la presenza di acqua; in questi casi è necessario fare attente valutazioni che possono essere associate anche all'alimentazione delle lattifere e al metodo di mungitura, che va valutato con molta attenzione anche a riguardo di un eventuale deposito di liquido nel lattodotto. Più semplice diventa il controllo qualora la mungitura venga effettuata manualmente, in quanto questa operazione elimina l'ipotesi di annacquamento da residui liquidi. In quest'ultimo caso se il PC indica significativamente la presenza di acqua, meglio assistere personalmente alla mungitura e allo stoccaggio del latte.

Si consideri inoltre che l'innalzamento del PC non è determinato solo dalla presenza di acqua, in quanto anche il latte mastitico può assimilare il PC al latte annacquato.

Oggi sia l'allevatore che il casaro hanno grandi responsabilità per la salute e il benessere degli animali allevati ma anche nei confronti del consumatore, al quale propongono non solo latte alimentare, spesso distribuito crudo, ma anche formaggio, che deve risultare di ottima qualità organolettica e privo di problematiche patogene.

Nella Tabella 9 vengono elencati alcuni componenti del latte e alcune caratteristiche, come dovrebbero essere prima della trasformazione casearia.

Tabella 9

CARATTERISTICHE DEL LATTE PER LA TRASFORMAZIONE CASEARIA		
Componenti/caratteristiche	**Deve essere**	**Effetti**
proteine e grassi	contenuto elevato	influenzano la resa
residuo secco	contenuto elevato	influenza la resa
acidità pH	corretta	influenza la caseificazione, in particolare le fasi di coagulazione e spurgo
acidità nominale (°SH/*50)	corretta	significativa della qualità del latte; influenza la caseificazione
carica batterica	medio/bassa, come definito dalle normative vigenti	batteri utili e anticaseari, influenzano la caseificazione
cellule somatiche	bassa concentrazione, come definito dalle normative vigenti	se la presenza è elevata inibisce la coagulazione; segnale di latte mastitico se il pH = 7,00
inibenti e antibiotici	assenti	inibiscono la coagulazione; gli antibiotici sono rigorosamente vietati dalle normative
* Si tratta di gradi Soxhlet-Henkel		

Caratteristiche dei componenti del latte

Il latte che dev'essere lavorato una volta giunto in caseificio subisce notevoli trasformazioni. L'utilizzo di apparecchiature, l'azione meccanica che il casaro svolge, l'azione batteriologica e l'utilizzo di coagulanti enzimatici sono tutti fattori significativi che modificano il latte in tutte le sue caratteristiche.

Approfondire la conoscenza sui componenti del latte significa capirne le funzioni e le dinamiche che avvengono durante le varie fasi tecnologiche. Il casaro che, consapevole di ciò che contiene il latte, provvede alla progettazione di un formaggio o di un derivato del latte, è responsabile della qualità del prodotto e della quantità ottenuta (resa).

Oggi che il consumatore cerca prodotti sani e buoni la qualità del formaggio è un fattore fondamentale. Il casaro quindi non può permettersi di trascurare neanche il più piccolo dettaglio.

La qualità è il primo obiettivo da perseguire senza però trascurare il dettaglio della resa, che è fondamentale per il profitto economico dell'azienda. La quantità e la qualità possono convivere, per questo la buona conoscenza del latte è il primo fattore di consapevolezza del casaro.

Le caratteristiche del latte mutano sempre e le maggiori cause di queste mutazioni sono da attribuire a questi importanti fattori:

● origine genetica, la specie e la razza delle lattifere e il singolo capo;
● lo stato fisiologico dell'animale, il periodo di lattazione, il lavoro, il movimento, lo stato di salute e l'età;
● l'ambiente, le condizioni del territorio, la stagionalità, l'altitudine (quota slm) e il clima;
● l'alimentazione, la tipologia, la qualità e la quantità degli alimenti, il loro stato di mantenimento;
● la tecnologia, come vengono munte le lattifere, come viene conservato il latte.

Tutti questi fattori, presi singolarmente o in un contesto generale, sono importanti e determinano, sempre, nel latte caratteristiche diverse, tali a volte da compromettere la trasformazione.

Il casaro deve quindi poter verificare frequentemente le caratteristiche chimiche e fisiche del latte da trasformare.

Proteine

Le proteine sono la parte primaria degli organismi viventi, costituiscono le cellule animali, sono dette anche protidi. Sono indispensabili nell'alimentazione dell'uomo così come in quella degli animali. Le proteine del latte non sono importanti solo in quanto nutrizione, lo sono anche per la protezione dell'organismo grazie alla presenza delle immunoglobuline, della lattoferrina e di alcuni enzimi come il lisozima e la lattoperossidasi. Le proteine contribuiscono quindi alla salute umana.

I protidi si dividono in oloprotidi, che si possono definire le vere proteine, composte da amminoacidi, e gli eteroprotidi, proteine coniugate come le caseine, in quanto legate ad altre molecole.

Parlando di latte le proteine si suddividono in dializzabili e non dializzabili; alle prime appartengono le caseine e le sieroproteine, che sono la maggioranza delle proteine, corrispondenti a circa il 95%; il rimanente 5% è composto dalle sostanze azotate non proteiche NPN (non sono proteine sotto il profilo chimico o strutturale anche se sono considerate tali e non producono formaggio), non dializzabili (non danno le reazioni delle proteine) alle quali appartengono anche gli amminoacidi liberi.

Tra le NPN vi è da considerare l'urea, come sua maggiore componente (3-8% del totale) la cui presenza è influenzata dall'alimentazione delle lattifere. Infatti più sostanze azotate ingeriscono gli animali e maggiore sarà la quantità di urea presente nel sangue e di conseguenza nel latte.

È appurato che nel latte vi sono altre proteine, dette minori, la cui importanza è determinata dalla loro attività enzimatica o per il loro legame con la membrana lipidica. Per citarne alcune, il lisozima, capace di contrastare alcune azioni batteriche, come i clostridi butirrici e la lattoferrina, ottimo trasportatore di ferro.

Tabella 10

%	Ruolo	pH attività	Stabilità al calore
PROTEINE MINORI DEL LATTE AD ATTIVITÀ ENZIMATICA			
lisozima	battericida, idrolisi peptidoglicano della parete dei batteri Gram+	6,2-7,9	ottima
lattoferrina	trasporto del ferro, batteriostatico quando non satura di ferro		buona
plasmina	proteolitico	7,5	buona, attivata da pastorizzazione HTST
lipasi	lipolitico	9,2	scarsa
lattoperossidasi	battericida, sistema $SCN-H_2O_2$	8	buona
fosfatasi alcalina	defosforillazione, proteolisi	6,8	marker di pastorizzazione HTST
xantino ossidasi	ossidazione, produzione H_2O_2	8,5	buona

Fonte: Mucchetti e Niveina, 2006 (rielab.)

Tabella 11

%	Vacca	Pecora	Capra	Bufala
COMPOSIZIONE PROTEICA DEI VARI TIPI DI LATTE				
caseine	74-78	78-80	65-67	78-82
sieroproteine	17	18-20	25	15-17
sostanze azotate	5	4	8	4

Fonte: Lombardi, 2014

Naturalmente le proteine sono la componente azotata essenziale per la formazione del coagulo e quindi del formaggio. Le proteine del latte possono distinguersi anche in funzione delle caratteristiche fisiche, che hanno notevole importanza per la caseificazione, ovvero le proteine che risentono, coagulando, degli enzimi del caglio o semplicemente dell'acidificazione del latte, e quelle che invece non ne risentono, le sieroproteine, indispensabili perché determinano l'affioramento della ricotta.

Le caseine, che sono la parte principale delle proteine del latte, hanno grande rilevanza nutritiva e sono presenti anche fino al 78% della totalità proteica. Molta importanza dal punto di vista caseario è la qualità e la quantità delle proteine, le quali, di riflesso, influenzano le caseine. Tutto ciò deriva da fattori di ordine genetico, fisiologico, nutrizionale e igienico.

Il fattore principale è comunque quello genetico, che viene determinato dallo studio e dalla selezione degli animali, ma vi sono anche fattori legati alla lattazione, allo stato salutistico delle lattifere, all'alimentazione e alle condizioni territoriali delle quali un aspetto importante è il tipo di stabulazione.

Caseine

La caseina rappresenta la principale proteina del formaggio, è presente nel latte in dispersione colloidale sotto forma di micelle costituite da una frazione proteica e da una composta da minerali, calcio e fosforo.

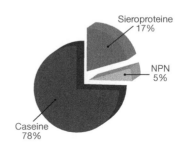

Per la trasformazione è determinante il contenuto di caseina che, come già affermato, costituisce circa il 76-78% delle proteine presenti nel latte. Considerando un latte dal contenuto di proteine pari a 3,35% è presumibile che la quantità di caseina sia del 2,55%. La loro quantità è fortemente radicata alla razza delle lattifere ed è influenzata dall'alimentazione e dai fattori estrinseci. La razza è importante anche per la qualità delle caseine.

Le caseine tendono a precipitare per acidificazione a pH 4,6 e sono distinte in 4 tipologie:

- α_{s1}-caseina
- α_{s2}-caseina
- β-caseina
- κ-caseina
- γ-frammento peptidico che deriva dalla proteolisi della β caseina

Le caseine α_{s1}-caseina (α_{s1}-Cn), α_{s2}-caseina (α_{s2}-Cn), β-caseina (β-Cn) e κ-caseina (k-Cn) hanno una forte interazione fra di loro e tramite legami secondari originano le submicelle.

Tra loro vige una proporzione di circa 4:1:4:1 (Bobe et al., 1998; Bonfatti et al., 2008) il cui rapporto è piuttosto costante, ma è dimostrato (Malacarne et al., 2001) che qualora avvenissero anche piccole variazioni del loro contenuto ne conseguirebbe una forte influenza sulle dimensioni delle micelle e, di conseguenza, sulla reattività al caglio e le correlate caratteristiche strutturali del coagulo.

GRAFICO DELLE FRAZIONI CASEINICHE

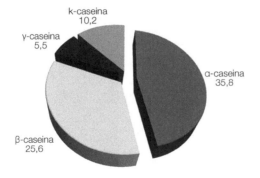

Fonte: Mordenti et al., 1986

Qualora nella α_{s1} caseina avvenga una mutazione tale da ridurre la sua quantità sintetizzata (responsabile il gene che la codifica, CSN1S1), è stato osservato l'aumento delle altre frazioni di caseine, in particolare della k-caseina.

La riduzione del contenuto di α_{s1} e la modificazione dei rapporti quantitativi tra le altre frazioni caseiniche causa influenze positive sulle proprietà tecnologiche del latte, quali la riduzione del tempo di coagulazione e l'aumento di consistenza della cagliata. Questa mutazione si ritrova, con frequenza molto bassa, in alcune razze bovine italiane: Bruna, Podolica, Modicana, Pezzata Rossa e Reggiana (Davoli et al., 2000).

Qualora si riducessero le quantità di α_{s2} e β, ricche di fosforo, si potrebbero verificare ripercussioni sulla qualità del coagulo e sulla capacità di spurgo della cagliata.

I latti cui appartiene un patrimonio ereditario forte di α_{s1}-caseina (in particolare i latti di capra) detengono alcune importanti attitudini per la trasformazione casearia ovvero:
- maggiore attitudine alla coagulazione a causa del maggior contenuto di calcio;
- maggiore consistenza del coagulo, in quanto le micelle di caseina sono più piccole;
- tempo di presa inferiore e aumento della velocità di coagulazione.

Facendo riferimento in particolare al latte caprino, che ha un contenuto di caseina inferiore rispetto al latte vaccino ma detiene un livello superiore di azoto non proteico, si evincono alcuni aspetti legati ai prodotti caseari, come per esempio una minore viscosità nei formaggi a coagulazione lattica, una più debole struttura del coagulo causa la fragilità della struttura (microstruttura) e del formaggio ottenuto, e pure una minore resa. Un risvolto allo stesso tempo curioso e interessante è legato all'aspetto genetico dell'α_{s1}-caseina, la quale detiene caratteristiche molto variabili che hanno effetto sul diametro delle micelle e sulla loro ricchezza di calcio. Il latte caprino che detiene un elevato contenuto di α_{s1}-caseina assume una maggiore percentuale di sostanza secca, di fosforo, di proteine e, a livello acidimetrico, un pH più basso con effetti sulla qualità della coagulazione e della resa casearia.

Sempre la presenza della α_{s1}-caseina, in relazione all'origine genetica di alcune razze, consente al formaggio ottenuto dalla trasformazione di preservare odore e aroma ircini meno evidenti, ovvero di bassa intensità.

Tabella 12

COMPOSIZIONE PERCENTUALE DELLE FRAZIONI DI CASEINA IN LATTE DI DIVERSE SPECIE						
		Caseine (%)				
Specie	g/L	α_{s1}	α_{s2}	β	γ	κ
vacca		36	9,5	33	6,8	9,4
	29,5	40,3	10,5	33,2	4,1	11,9
		39-46	8,0-11	25-35	3,0-7	8,0-15
	26	38,5	10	38,8	38,8	12,7
		35,9	12	35,9	4,3	12
bufala	28-42	30,2	17,6	33,9	33,9	15,4

segue →

Specie	g/L	Caseine (%)				
		α_{s1}	α_{s2}	β	γ	κ
capra		12,6	12,6	75,3	3,9	8,1
	23,3	5	25	50		20
	27,9	12,1	15,7	57		14,5
	26,8	23,1	18,4	39,1		17,4
	23,5	47,3	22,3	0		25,8
	22,6	15,5	21,2	48,2		15
	28,5	22,7	22,7	69,7		7,9
pecora		15,5	14,7	47,1	15,4	7,3
	44,1	36,1	13,8	39,7		9,8
	40,6	33,3	11,8	43,1		11,33

Fonte: Mucchetti e Niveina, 2006

Le caseine sono modificate dalla chimosina, enzima presente nel caglio, tanto da subire destabilizzazione, che consente la formazione del coagulo presamico. Fanno parte della materia che costituisce il formaggio e ne sono le principali fautrici. La differenza sostanziale delle proteine tra le varie specie animali oltre alla quantità è la dimensione delle micelle che costituiranno, in fase di coagulazione, il reticolo caseinico e di conseguenza influenzeranno la resa casearia e la tessitura della pasta del formaggio. Dal punto di vista tecnologico per lavorare un latte di vacca o un latte di capra, che come vedremo ha differenze importanti, è necessario adeguare la trasformazione con metodi ben diversificati.

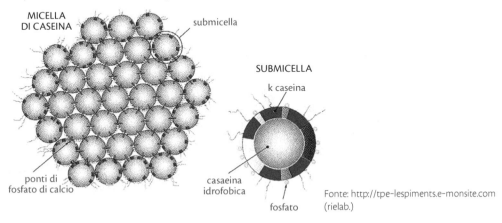

Fonte: http://tpe-lespiments.e-monsite.com (rielab.)

La micella caseinica è associata da submicelle che sono legate fra di loro tramite fosfato colloidale e sono caratterizzate da una proprietà singolare: si uniscono fra di loro ordinatamente e in funzione del contenuto di k-caseina. Quelle con minore contenuto di k-caseina si riuniscono al centro mentre quelle dal maggior contenuto di k-caseina si stabilizzano all'esterno.

Tabella 13

DIMENSIONI DELLE MICELLE DI CASEINA NEL LATTE DI VARIE SPECIE ANIMALI	
Lattifere	**nm (nanometro)**
vacca	10-300
pecora	80*
capra	40-160
bufala	20-300

* Fonte: Richardson e Creamer, in Niro, 2010

In merito alla k-caseina è bene fare una dissertazione, determinante per gli effetti che si possono definire tecnologici. La k-caseina, k-Cn, è distinguibile in tipo A e tipo B e quest'ultima contiene maggiore quantità di caseina rispetto alla k-Cn di tipo A. Ciò va a influire anche sul tempo di coagulazione del latte, che si presenta inferiore con conseguenti miglioramenti sulla consistenza della cagliata e della sua elasticità, maggiore capacità di spurgo e di ritenzione idrica a favore delle caseine, nonché significativa capacità di trattenimento del grasso, il tutto a vantaggio della resa casearia.

Le k-Cn A e B si differenziano anche per il loro comportamento in fase di destabilizzazione, in considerazione dell'azione degli enzimi, e in fase di aggregazione delle micelle. La k-Cn di tipo B reagisce quindi meglio all'azione del caglio.

TEMPO DI COAGULAZIONE IN RIFERIMENTO A DIVERSI TIPI DI k-Cn A

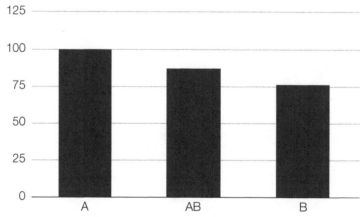

Fonte: Mariani e Pecorari, 1991 (rielab.)

Le caratteristiche tecnologiche apportate dalla presenza di k-Cn B vanno a influire anche sulla resa casearia che per la totalità dei formaggi diventa un fattore importante.

Anche la β-Cn B detiene, come la k-Cn B, caratteristiche ed effetti importanti sulla caseificazione in quanto le micelle sono maggiormente reattive rispetto a quelle di β-Cn A e quindi maggiormente attive all'effetto della chimosina con conseguente rapidità di coagulazione e rafforzamento del coagulo.

Uno dei fattori che ha portato mutazioni degli aspetti tecnologici della trasformazione casearia è la selezione genetica, infatti sono molti i fattori che hanno modificato le caratteristiche del latte e fra queste il mutamento qualitativo delle caseine, che non sempre sono state beneficiate positivamente dalle loro attitudini casearie. Infatti, Mariani et al. (1992) e Sandri (2001) affermano che la genetica e la selezione per l'aumento della produzione lattifera hanno condizionato molto la produzione e la qualità del latte, ma che i miglioramenti genetici ottenuti hanno generalmente peggiorato le proprietà casearie.

TIPI DI β-CN E TEMPO DI COAGULAZIONE ° DEL LATTE -
TEMPO DI RASSODAMENTO (k20) - CONSISTENZA DEL COAGULO (a30)

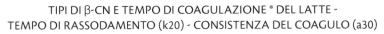

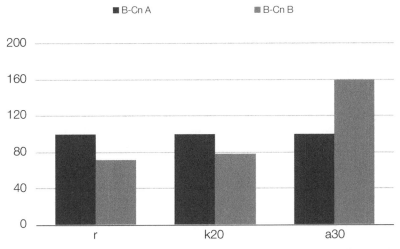

Fonte: Mariani et al., 1992

Mentre le caseine sono presenti nel latte in dispersione colloidale, altre proteine, le sieroproteine, si trovano in soluzione vera. Questa famiglia di proteine non viene a influenzare la resa del formaggio in quanto rimane disciolta nel siero poiché non risente dell'azione degli enzimi del caglio. In alcuni formaggi come il cacio-ricotta le sieroproteine vengono recuperate a causa del particolare, ed elevato, riscaldamento del latte.

Tabella 14

TIPOLOGIA DELLE PROTEINE NEL LATTE		
Gruppi	**Proteine**	**Proteine di appartenenza**
proteine che coagulano	caseine	α caseina β caseina + γ caseina k-caseina
proteine che non coagulano	albumine (sieroproteine)	β lattoglobulina α lattoalbumina albumina del siero di sangue

La presenza del caglio nel latte con l'enzima in esso presente, la chimosina, influenza la k-caseina che ha la capacità di stabilizzare le micelle caseiniche. Le caseine non sono particolarmente influenzate dalla temperatura, infatti sia alla termizzazione che alla pastorizzazione non subiscono modifiche o danni, mentre i latti portati a ebollizione, o peggio a temperatura di sterilizzazione, non coagulano. Alzando ulteriormente il riscaldamento oltre 125 °C la struttura caseinica ne viene modificata così come con l'omogeneizzazione. Dal punto di vista salutistico la caseina, di alto peso molecolare (5000-10000 Dalton), è un allergene e può provocare, a chi ne soffre, problematiche.

Sieroproteine

Si definiscono sieroproteine le proteine presenti in soluzione nel siero del latte di vacca, di pecora, di capra e di bufala in concentrazioni diverse a seconda della specie e della razza. A seguito della trasformazione casearia costituiscono uno dei componenti più importanti nel siero e sono molto rilevanti sia dal punto di vista nutrizionale sia dal punto di vista nutraceutico. Il siero residuo dalla lavorazione del formaggio è piuttosto diluito, in quanto contiene fino al 94-95% di acqua, mentre le sostanze rimanenti sono la differenza, ovvero il 5-6%, tra le quali, di interesse caseario, le sieroproteine quali la sieroalbumina, le immunoglobuline, i peptidi bioattivi ma principalmente la β-lattoglobulina (β-LG) e la α-lattoalbumina (α-LA) (Ng-Kwai-Hang, 2011).

Esse sono costituite da polimeri proteici (macromolecole, formate da molti gruppi molecolari) o monomeri di medio peso molecolare che sollecitati dal riscaldamento e dalla eventuale acidificazione raggiungono il punto isoelettrico a pH 6,0.

- β-LG: è la principale rappresentante delle sieroproteine del latte vaccino, è in quantità di 2-3 g/lt. e pare sia presente solamente nel latte di animali la cui placenta non lascia passare le immunoglobuline al feto. È presente nel latte di molti mammiferi ma non in quello umano.
- α-LA: la sua presenza nel latte vaccino è solo seconda alla β-LG ed è in quantità di 1-1,5 g/lt. Questa proteina è di particolare importanza in quanto si relaziona alla produzione di lattosio: si è scoperto essere una componente dell'enzima responsabile della produzione di questo nutriente, la lattosio-sintetasi (Farrell et al., 2004; Ng-Kwai-Hang, 2011). Mentre la β-LG non è presente nel latte umano quest'ultima lo è.

Le sieroproteine al contrario delle caseine non vengono influenzate dagli enzimi contenuti nel caglio, ma lo sono dalle temperature a cui viene sottoposto il latte o il siero. Si possono quindi considerare la frazione proteica idrosolubile che non ha nulla a vedere con le caseine. Già con la pastorizzazione le sieroproteine vengono, in modo parziale, recuperate dalla coagulazione, intrappolate nel reticolo caseinico e quindi nel formaggio, influenzandone perciò anche la resa. Ciò avviene perché le sieroproteine hanno la proprietà di trattenere acqua. Queste proteine, dette anche solubili, costituiscono circa il 17% delle sostanze azotate del latte vaccino e sono dotate di un forte potere nutritivo a causa del loro contenuto di amminoacidi solforati che è superiore a quello delle caseine. Sono composte anche da piccole quantità di lattoferrina, transferrina e ceruloplasmina. Da segnalare che la lattoferrina è una proteina globulare che svolge un'attività antimicrobica, sia battericida che fungicida; oltre che nel latte si trova nelle lacrime e nella saliva, e ha la proprietà di proteggere i neonati dalle infezioni gastrointestinali. È molto importante la sua attività antimicrobica, rivolta in special modo ai batteri Gram- con azione diretta alla membrana cellulare. Le sieroproteine, non risentendo dell'azione del caglio, rimangono quindi nel siero. Nel latte mastitico la quantità di sieroproteine e di azoto non proteico aumenta considerevolmente, tanto che la produzione di ricotta è senz'altro maggiore. Diversi autori hanno studiato la composizione delle sieroproteine nelle diverse specie animali e spesso, come evidenziato nella sottostante tabella, relativamente al latte di capra, i valori si discostano anche per le diverse fonti derivanti dalle diverse razze.

Tabella 15

COMPOSIZIONE DELLE SIEROPROTEINE							
Latte	g/lt	α-LA	β-LG	SA	Ig	PP	Bibliografia
vacca	6,6	18,2	6,1	48,5	12,1	15,1	Jensen, 1995
pecora	9,7	25,1	51,4	25,1	17,9	5,6	Assenta, 1985
capra	6,3	7,1	74,0	0,6	18,3		Le Mens, 1985
	5,4	14,6	64				Quiles et al., 1994
	7,0	25,7	48,6	15,7			St Gelasi et al., 2000
bufala	5,6-9,4	43,0	57,0				Addeo et al., 1995; Addeo e Coppola, 1983
Legenda: α-LA: lattoalbumina; β-LG: lattoglobulina; SA: sieroalbumina; Ig: immunoglobuline; PP: proteso-peptoni							

Fonte: Mucchetti e Neviani, 2006

Grassi

I lipidi sono costituiti da sostanze chimiche eterogenee, hanno la caratteristica di essere insolubili nell'acqua e anche in alcune sostanze solventi come l'etere etilico e di petrolio, l'acetone, il cloroformio e l'esano. Il grasso del latte è in emulsione a causa della sua insolubilità e, insieme con le caseine, determina la parte costitutiva fondamentale della pasta del formaggio. Una delle caratteristiche ritenute molto importanti per la caseificazione è la sua leggerezza – galleggia – e questo lo rende facilmente separabile per affioramento e per centrifugazione. Il grasso nel latte è sotto forma di globuli, che si presentano di dimensioni eterogenee e diversificate per razza animale, così come la sua quantità, che varia in modo considerevole a seconda del tipo di latte, vaccino, caprino, ovino e bufalino.

Tabella 16

DIMENSIONI DEI GLOBULI DI GRASSO NEL LATTE DI VARIE SPECIE ANIMALI	
Lattifere	Globuli di grasso μm (micron)
vacca	0,1-10 (3,0-3,5*)
pecora	0,5-1
capra	0,5-1
bufala	1-6 (4,1-4,8*)

* Fonte: Lambiase, 2006

I grassi fanno parte del gruppo dei lipidi che sono costituiti per il 97-98% da trigliceridi, per l'1% da fosfolipidi, per l'1% da steroli (colesterolo – 0,1 g/l di latte –, mondo animale e β-sitosterolo, mondo vegetale, ergosterolo nelle muffe e nei lieviti) e vitamine lipo-solubili. Associati al grasso e più precisamente come precursori della vitamina A sono i carotenoidi. Essi sono considerati il colorante naturale del latte, oltre che al bianco concesso dalle proteine, e derivano essenzialmente dal latte di vacche soprattutto se alimentate con erba verde. Il colore giallo, a volte anche molto intenso, del formaggio fatto in alpeggio ne è la prova.

I carotenoidi, pigmenti organici che si trovano in alcuni vegetali come le piante, o le alghe, appartengono ai terpeni che ne sono i precursori, hanno proprietà antiossidanti e vengono assimilati dalla lattifere bovine, passando nel latte e di conseguenza nel formaggio.

I carotenoidi si suddividono in alcune classi di grande rilevanza, i beta-caroteni responsabili della pigmentazione arancio e le xantofille che portano a pigmentazione gialla.

Appartiene alla classe delle xantofille la luteina, anch'essa dalle proprietà pigmentanti verso il colore verde.

Mentre il formaggio derivante dal latte vaccino assume colorazione concessa per l'assimilazione di beta-carotene e xantofille, quindi prevalentemente gialla, nel formaggio pecorino prevale quella verde, proprio per la capacità delle pecore di assimilare solo la luteina.

I carotenoidi non hanno effetto sui formaggi ovini, caprini e bufalini, in quanto vengono trasformati in due molecole di retinolo, ovvero la vitamina A, la cui presenza nei latti sopra citati prevale rispetto a quella presente nel latte vaccino.

La presenza di carotenoidi modifica le proprietà organolettiche del formaggio sia per il colore che può variare se l'animale si nutre solo di erba fresca o anche di altri alimenti o, per effetto della tecnologia di produzione, l'aroma e l'odore che ne vengono influenzati.

Come già detto l'assimilazione dei carotenoidi è influenzata dall'alimentazione verde delle lattifere che, in funzione del periodo vegetativo, muta ulteriormente come muta anche in funzione dell'altitudine sul mare, o dell'esposizione del pascolo al sole.

Dal punto di vista nutrizionale è da segnalare che i formaggi derivanti dal latte di bovine alimentate a erba verde, solitamente libere al pascolo, in associazione proprio ai carotenoidi, contengono una maggiore quantità di acidi grassi polinsaturi, i noti omega-3 e omega-6.

Si parlerà spesso di lipidi perché, oltre a comporre la pasta del formaggio e influenzarne la resa, sono determinanti

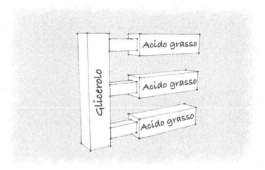

per la maturazione, per l'effetto lipolitico e fautori principali degli odori e degli aromi. Sono anche molto importanti dal punto di vista alimentare perché posseggono un alto potere energetico. I grassi del latte o trigliceridi, così chiamati perché composti da tre molecole di acidi grassi, sono uniti all'alcol trivalente, la glicerina.

Essi sono insolubili e sono fautori, insieme con le caseine, della maturazione del formaggio essendo instabili e soggetti alla lipolisi o idrolisi e irrancidimenti.

I trigliceridi possono anche essere composti da tre molecole dello stesso acido, in questo caso si definiscono triacilgliceroli semplici e prendono il nome dell'acido in essi contenuto, ma anche da acidi grassi non necessariamente uguali chiamati triacilgliceroli misti.

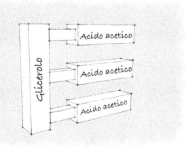

Triacilgliceroli semplici

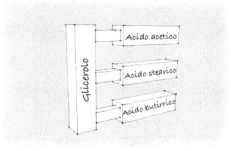

Triacilgliceroli misti

I lipidi in ogni fase della trasformazione reagiscono in vari modi, che sono determinanti per l'acquisizione delle proprietà organolettiche della pasta del formaggio.

L'alimentazione delle lattifere è un fattore molto importante per ottenere latte da formaggio, tanto da influenzarne in modo considerevole anche il grasso. Con un'alimentazione verde, magari al pascolo, il grasso è più molle, aumentano gli acidi grassi insaturi. Al contrario, un'alimentazione secca, specificatamente quella invernale, determina un aumento degli acidi grassi saturi. Questo mutamento è molto importante e bisogna tenerne conto non solo quando si fa il formaggio, spesso direttamente in alpeggio, ma anche quando si trasforma il grasso in burro.

Quando, per fare burro, si utilizza grasso che proviene da latte d'alpeggio, o semplicemente da latte le cui lattifere si alimentano con erba fresca, bisogna avere l'accortezza di abbassare la temperatura ideale per la trasformazione, per consentire alla membrana dei globuli di grasso, formata principalmente da proteine e fosfolipidi, di indurire.

Nella Tabella 17 sono riportate le mutazioni che avvengono nel grasso in funzione delle operazioni tecnologiche che si vanno normalmente a effettuare in caseificio.

Tabella 17

VARIAZIONI DEI GLOBULI DI GRASSO CAUSATE DALLA MOVIMENTAZIONE DEL LATTE			
Azione	**Mezzo utilizzato**	**Danno/vantaggio**	**Effetto**
pompaggio	pompe a centrifuga	danno alla membrana	favorisce l'irrancidimento
omogeneizzazione	omogeneizzatori	rende i globuli di grasso omogenei fra loro e fino a 30 volte più piccoli	latte non adatto alla trasformazione, i globuli di grasso sono indeboliti e non sono più protetti dall'ossidazione e dagli enzimi

segue →

Azione	Mezzo utilizzato	Danno/vantaggio	Effetto
affioramento (il grasso del latte di capra non può essere sottoposto ad affioramento)	bacinelle o vasi	scrematura naturale, non danneggia i globuli di grasso	favorevole alla caseificazione
centrifugazione e/o sbattimento (il grasso del latte di capra non può essere sottoposto a centrifugazione)	centrifughe, zangole	rischio della rottura della membrana dei globuli di grasso sia dalla centrifugazione del latte che dal siero	favorisce l'irrancidimento, idonea per burrificazione

La tabella che segue analizza ciò che avviene per effetto della temperatura. La grande sensibilità dei globuli di grasso determina, nella massa lipidica, mutazioni molto importanti che a volte è bene evitare.

Tabella 18

EFFETTI DEI GLOBULI DI GRASSO CAUSATI DALLA TEMPERATURA		
°C	**Azione**	**Effetti**
4-8 °C	in sosta refrigerata va tenuto il latte in movimentazione	nessun effetto per la caseificazione
8-11 °C	centrifuga o sbattimento	favorisce la burrificazione
12-16 °C	per 10-12 ore in bacinelle o vasi	favorisce l'affioramento (massimo affioramento a 16 °C) velocità di affioramento circa 14 mm/ora
oltre 16 °C	movimentazione/sosta	sfavorevole/sconsigliato salvo per poche ore per avvantaggiare la prematurazione del latte
alta temperatura	difficile aggregazione dei globuli di grasso: affioramento molto lento	difficoltà a scremare il latte in affioramento

È ovvio pensare che la caseificazione debba tener conto delle esigenze del consumatore che, spesso, lamenta le componenti grasse del formaggio, con particolare riferimento ai problemi salutistici legati alla presenza del colesterolo. Il casaro è consapevole di queste problematiche tanto da operare, a volte, diminuendo il contenuto di grassi nel latte. Dovendo però progettare il formaggio dal punto di vista organolettico, sensoriale e naturalmente commercialmente valido, spesso, e sempre per i formaggi a pasta molle, utilizza il latte intero se non quello a doppia panna. Il formaggio, l'abbiamo già detto precedentemente, assume gusto, odore e aroma soprattutto con il contributo del grasso, che nella pasta del formaggio, a causa della lipolisi, matura cedendo al prodotto eccellenti sensazioni gustative. Insomma il grasso nel formaggio ci sta. È anche vero che molti formaggi vengono prodotti con latte parzialmente scremato, semigrasso, o addirittura scremato nel caso dei formaggi classificabili magri.

La scrematura, sia parziale sia totale, può essere effettuata per affioramento naturale o per centrifugazione.

Nella Tabella 19 sono indicati i tenori di grasso in percentuale nella pasta del formaggio calcolata sulla SS (sostanza secca) e il metodo di scrematura. La sostanza secca di un formaggio è ciò che rimane del formaggio dopo aver tolto l'acqua.

Tabella 19

CLASSIFICAZIONE DEI FORMAGGI PER CONTENUTO DI GRASSO		
Classe	% di grasso sulla sostanza secca	Intervento
magri	20%	centrifuga del latte
semigrassi	20-42%	centrifuga o affioramento
grassi	> 42%	latte intero
doppia crema	latte intero + panna	panna eccedente il latte intero

Molti formaggi italiani anche DOP oppure PAT vengono tradizionalmente fatti dopo aver lasciato affiorare il latte della mungitura serale per tutta la notte (latte vaccino) e poi addizionato a quello appena munto alla mattina. Questo procedimento per ottenere formaggi a pasta semigrassa permette al formaggio di stagionare meglio di quello a latte intero. Ma la vera ragione è quella legata alla tradizione, soprattutto alpina, dove l'utilizzo del burro era un'abitudine alimentare molto importante, che non poteva essere trascurata neanche dal punto di vista economico.

Per molti decenni, e fino a qualche anno fa, il burro, essendo un alimento estremamente grasso, aveva un mercato devastato e da molti consumatori, degrinanti i grassi di origine animale, è stato sostituito da oli di origine vegetale o da trasformati, di maggiore contenuto calorico.

Oggi, a seguito di studi e ricerche mediche, viste le sue componenti pregiate, è stato rivalutato.

La diminuzione della produzione di burro ha fatto sì che molti formaggi semigrassi siano stati convertiti in prodotti a latte intero e quindi a pasta grassa, a sicuro vantaggio delle proprietà organolettiche dei formaggi stessi.

Il casaro ha la possibilità di verificare direttamente nel territorio in cui opera quello che il mercato richiede, ed eventualmente sviluppare il progetto di caseificazione in funzione di ciò. Meno scontata è la funzione del grande caseificio e dell'industria, che devono accontentare sempre di più il grande pubblico, la grande distribuzione e quindi realizzare il progetto di caseificazione in sinergia con le esigenze dietetiche richieste da molti consumatori. Importante per l'azienda produttrice è informare la propria clientela che il suo formaggio contiene certamente una forte dose di sostanze lipidiche ma è anche un alimento di primaria importanza che, se assunto in modo corretto, non disturba affatto la salute dell'uomo anzi, le porta beneficio. Dal punto di vista sensoriale il formaggio a latte intero accoglie il giudizio positivo della gran parte dei consumatori e, anche per questo, si scelgono spesso i formaggi a pasta molle. Il casaro deve quindi approfittare dell'opportunità per fare anche formaggi di fantasia che possano non solo accontentare la propria clientela ma anche fondarsi su una priorità commerciale, che è quella di ottenere maggiore resa possibile.

Lattosio

Il lattosio è lo zucchero contenuto nel latte e appartiene alla famiglia dei carboidrati che con i grassi e le proteine formano gran parte dei solidi delle materie viventi. Vi sono alcune ipotesi che spiegano la presenza nel latte del lattosio invece che di altri tipi di zuccheri. Il ragionamento di alcune di queste ipotesi parte dal presupposto che il lattosio, scindendosi in glucosio e galattosio, determini con quest'ultimo una parte essenziale della dieta del neonato, essendo lo stesso galattosio utilizzato nella sintesi dei galattolipidi e particolarmente dei galattocerebrosidi del sistema nervoso. Inoltre, il lattosio tende a reagire in presenza di sostanze azotate come gli amminoacidi. È un glucide disaccaride che si trova quasi esclusivamente nel latte, ha la proprietà di essere dolce, solubile e cristallizzabile e, come ho già detto, è composto da glucosio e galattosio. La lattasi (β-galattosidasi) del lattosio determina la scissione del glucosio e del galattosio. La dolcezza del latte è dovuta al lattosio che è un blando dolcificante (corrisponde a ⅕ del saccarosio) e ha la caratteristica di essere poco solubile. Per questo a livello industriale è uno zucchero poco utilizzato.

Dal punto di vista alimentare una parte della popolazione ne è intollerante, disturbo che avviene anche a causa dello scarso consumo di latte che determina carenza di enzimi (lattasi) capaci di sintetizzarlo.

L'intolleranza al lattosio la si può classificare primaria, se generata geneticamente e si manifesta dopo l'allattamento, ovvero all'inizio dello svezzamento, e secondaria, che è sempre temporanea. Quest'ultima si manifesta quando l'individuo assume cure antibiotiche in seguito a diarree causate da malesseri intestinali. L'intolleranza si manifesta in modo diverso da individuo a individuo e la si può considerare quindi variabile e individuale.

La lattasi quando è assente fino dalla nascita la si può definire come carenza congenita e quindi è assolutamente indispensabile non assumere latte. La seguente tabella indica il contenuto di lattosio in molti prodotti a base latte, tra i quali alcuni possono essere utilizzati anche dagli intolleranti.

Tabella 20

Latte/yogurt		Lattosio/100 g
latte di vacca fresco pastorizzato	intero	4,9
	parz. scremato	5,0
	scremato	5,3

Latte/yogurt		Lattosio/100 g
latte di vacca UHT	intero	4,7
	parz. scremato	5,1
latte di pecora		5,2
latte di capra		4,7
latte di bufala		5,1
panna		3,4
yogurt	latte intero	4,3
	latte parz. scremato	3,8
	caprino	5,1

Fonte: "Composizione degli alimenti" (2000) – INRAN, Roma

Tabella 21

Formaggi	Lattosio/100 g
brie	tracce
caciocavallo	2,3
cacioricotta di capra	0,5
cacioricotta di pecora	2,1
caciotta toscana	0,8
caciotta vaccina	3,0
crescenza	1,9
emmenthaler	3,6
fontina DOP	0,8
gorgonzola DOP	1,0
grana padano DOP	3,7
italico	1,2
latteria (veneto)	1,4
mozzarella di bufala	0,4
mozzarella di vacca	0,7
parmigiano reggiano DOP	tracce
pecorino	0,2
pecorino romano DOP	1,8
pecorino siciliano DOP	2,0
robiola	2,3
scamorza	1,0
stracchino	tracce
taleggio DOP	0,9

Fonte: "Composizione degli alimenti" (2000) – INRAN, Roma

Da non confondere con l'allergia, che ha una sintomatologia respiratoria, cutanea e ga-
stroenterica riguardante la proteina, l'intolleranza agisce esclusivamente su sintomi ga-
stroenterici.

Oggi alcune industrie lattiero-casearie presentano al consumatore prodotti delattosati,
ovvero preparati da latte nel quale è stata limitata la presenza di lattosio tramite idrolisi
enzimatica. Il processo di delattosazione del latte avviene con l'utilizzo di enzimi tra
i quali lattasi di lieviti (*Kluyveromyces fragilis* o *Saccharomyces lactis*) o lattasi fungine
(*Aspergillus niger, Rhizopus oryzae* ecc.).

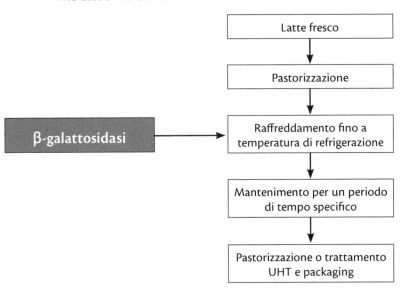

PROCESSO TRADIZIONALE DEL LATTE DELATTOSATO

Fonte: Novozymes North America Inc., 2011 (rielab.)

La delattosazione avviene anche a causa della sterilizzazione del latte, a temperature
comprese fra i 110 e i 130 °C.

A queste temperature avviene la degradazione del lattosio ma a differenza dei processi
enzimatici, che non mutano le caratteristiche organolettiche del latte, in questo caso
avviene l'imbrunimento del latte stesso e la caramellizzazione del lattosio, fattori che
modificano le caratteristiche gustative.

Tabella 22

Lattosio, un nutrimento essenziale		
influenza casearia	la pasta del formaggio	determina solubilità della pasta del formaggio
	può modificare il colore e l'aroma del latte	in funzione della temperatura
	fermenta	acidificazione microbiologica

Il lattosio sottoposto a trattamenti termici ad alte temperature è caratterizzato dalla reazione di Maillard che ha stabilito quanto importante sia conoscere le variazioni che il latte subisce a causa, appunto, del riscaldamento del lattosio.

Tabella 23

Variazioni del latte in funzione della temperatura e influenza sul lattosio	
90-100 °C	sapore anomalo (acido levulonico) odore pungente (acido formico)
110-130 °C	perdita di acqua di cristallizzazione
> 150 °C	ingiallimento del latte
175 °C	imbrunitura e caramellizzazione del latte

Le temperature basse rallentano gli effetti della reazione di Maillard ma, la stessa, è favorita dal pH neutro e dai metalli pesanti. Ciò significa che in presenza di latte mastitico la reazione di Maillard ne è incrementata. Il latte dopo essere stato sottoposto a riscaldamento (risanamento o alta pastorizzazione) alla temperatura di 90-100 °C favorisce la flora batterica eventualmente inoculata, per la presenza di acido levulonico e formico. Questo trattamento del latte è ottimale per produrre yogurt.

Fermentazioni

La fermentazione è un processo naturale perpetrato da microrganismi che tramite tale processo ne ottengono energia. È inoltre indispensabile, come fattore biotecnologico, per la conservazione degli alimenti, per modificarne il gusto e per migliorare, come per lo yogurt, la digeribilità.

La funzione principale del lattosio, nella pratica casearia, è quella fermentativa, essendo energia primaria per le componenti batteriche nel latte.

La fermentazione del lattosio è variabile in funzione della temperatura e dei batteri che la determinano; nel caso dei fermenti lattici avviene la scissione tra il glucosio e il galattosio e la produzione di acido lattico. La coagulazione acida (lattica) avviene quando la concentrazione di acido lattico raggiunge lo 0,5%.

Il latte per poter diventare formaggio necessita sempre di fermentazioni, che nel migliore dei casi producono acido lattico senza produrre gas. Per poter lavorare nelle migliori condizioni possibili i batteri necessitano di umidità ma soprattutto della temperatura ideale, che li contraddistingue in diverse famiglie, la famiglia termofila e quella mesofila.

Tabella 24

FAMIGLIE DI BATTERI FILOCASEARI		
Microrganismi	**Tipo**	**Azione fermentativa**
termofili	bastoncini	maggiore
	cocchi	minore
mesofili	bastoncini	maggiore (minore dei termofili)
	cocchi	minore (minore dei termofili)

Nel latte a uso alimentare non devono innescarsi fermentazioni con la conseguente acidificazione, la quale deve avvenire solo nel caso che il latte venga utilizzato per la trasformazione. Per questo nel latte utilizzato in caseificio è necessario che le fermentazioni siano ideali a produrre acido lattico.

Il lattosio fermenta in svariati modi, sia da batteri lattici caseari che anticaseari. Le attività acidificanti dei batteri anticaseari sono rallentate e a volte bloccate da una corretta acidificazione lattica. I processi fermentativi che producono acidi organici o alcol etilico inibiscono parzialmente o totalmente la crescita dei batteri patogeni o anticaseari, aumentando la capacità degli alimenti di mantenersi nel tempo (conservabilità), ma sono capaci anche di rallentare o addirittura bloccare la crescita dei microrganismi che sono stati responsabili dei processi fermentativi stessi. Le fermentazioni che avvengono generalmente in caseificazione sono quelle riportate in Tabella 25.

Tabella 25

FERMENTAZIONI COMUNI IN CASEIFICIO					
Tipi di fermentazione			**Fonte**	**Effetti**	**Risoluzione**
lattica (acido lattico)	omofermentante	non produce gas	batteri lattici filocaseari termofili e mesofili	fermentazione positiva, non provoca occhiature	
butirrica (acido butirrico)[1]	eterofermentante	produce gas	clostridi (sporigeni) di solito in associazione con gli insilati	gonfiore tardivo spacca la pasta; idrolizzazione della pasta con rischio di putrefazione; odori sgradevoli tipici dell'erba putrefatta	aggiunta al latte di lisozima, in particolare per i formaggi a media-lunga stagionatura
propionica (acido propionico)[2]	eterofermentante	lento produttore di gas	batteri propionici (termo-resistenti)	occhiature rotonde 5/20 mm	pastorizzazione (in parte); si rallenta l'azione con l'aumento del sale in salatura

FERMENTAZIONI COMUNI IN CASEIFICIO				
Tipi di fermentazione			Fonte	Effetti	Risoluzione
lattico-alcolica (acido etilico)	eterofermentante	forte produttore di gas	coliformi, lieviti[3]	gonfiore precoce, occhi a capocchia di spillo, occhi di pernice molto fitti	pastorizzazione
diacetilattica (diacetile)	eterofermentante	produce gas (aroma-tizzante)	batteri lattici diversi	odori e aromi particolari (burro)	normalmente con inoculo di altri batteri lattici

[1] Immagine 9, p. 258, Immagine 10, p. 259.
[2] Immagine 8, p. 258.
[3] Immagine 1, p. 254.

Altri componenti del latte

Sostanze azotate non proteiche (NPN)

Le sostanze azotate non proteiche rappresentano una piccola parte delle totalità delle sostanze azotate del latte, appena il 5%. La più abbondante delle sostanze che compongono le NPN è l'urea, il cui tenore nel latte è assimilabile a quello nel sangue, poi, oltre alla creatina, vi sono enzimi e ammoniaca. Il tenore di urea è condizionato da un'alimentazione delle lattifere carica di azoto. Tale tenore se supera i 35 mg/dl può portare, nelle bovine, a problemi di fertilità. Se, analizzando il latte, il tenore di urea si discosta da 17/26 mg/dl è necessario ricercare le motivazioni di tale aumento. Le analisi per il controllo dell'urea nel latte dovrebbero essere effettuate ogniqualvolta venga modificata la razione alimentare, o quando gli animali passano dall'alimentazione secca a quella verde, oppure quando si impiegano diversi tipi di foraggi o concentrati.

Tra le componenti sono da ricordare anche l'acido glutammico e la glicina, amminoacidi liberi. Le NPN nel latte di capra sono in percentuale doppia di quelle presenti nel latte vaccino. Un latte troppo ricco di NPN e di sieroproteine ha scarsa capacità di coagulazione e di conseguenza è poco adatto alla trasformazione casearia.

Sali minerali

Oltre alle proteine, ai grassi e all'acqua, che in un contesto di caseificazione determinano la resa casearia, il latte contiene sostanze in soluzione che dal punto di vista dietetico sono molto importanti e consentono di affermare che il latte è un alimento completo. I sali minerali, presenti nel latte in percentuale dell'1%, vengono definiti come sostanze di poco interesse, a eccezione del calcio, per la caseificazione. Alcuni di essi possono essere controindicati in funzione della loro eccessiva presenza. I sali sono presenti nel latte in soluzione vera o soluzione colloidale cioè legata alle proteine e ai grassi. Con la diminuzione dei sali in soluzione vera i sali colloidali passano alla forma in soluzione e viceversa.

Questo equilibrio avviene in modo particolare per i sali di calcio, fosforo, magnesio e citrati che partecipano alla costituzione delle micelle caseiniche.

Tabella 26

Sali minerali	g/l
calcio	1,3
cloro	1,1
fosforo	1
magnesio	0,14
potassio	1,6
sodio	0,5
acido citrico e citrati	1,8

Fonte: Alais, 1974

Il calcio e il fosforo, che concorrono particolarmente alla coagulazione del latte, devono tra loro trovare equilibrio, che viene determinato soprattutto dall'abbassamento e dall'innalzamento della temperatura ma anche dall'acidificazione.

REAZIONE AL RISCALDAMENTO E AL pH

Calcio e Fosforo ⟶ innalzamento pH ⟶ soluzione colloidale

REAZIONE AL RAFFREDDAMENTO E AL pH

Calcio e Fosforo ⟶ abbassamento pH ⟶ soluzione (pH 5,2)

Un riscaldamento del latte, anche con la pastorizzazione, aumenta la stabilità delle proteine che rendono lo stesso latte di difficile caseificazione. Per lo stesso effetto diminuisce inoltre l'attitudine del caglio a coagulare, come si può sintetizzare dallo schema che segue.

REAZIONE ALLA TEMPERATURA

latte pastorizzato

↓

maggiore stabilità delle proteine ⎯⎯⎯ coagulazione presamica più difficile

L'equilibrio dei sali minerali è determinante per la trasformazione del latte, sia nel caso della coagulazione presamica che di quella lattica (acida). Con la demineralizzazione della cagliata si modifica l'attitudine a trattenere, all'interno del reticolo caseinico, i globuli di grasso e l'acqua. Nel caso di latte refrigerato l'equilibrio dei sali minerali viene modificato a discapito del calcio, che aumenta nella sua forma solubile e diminuisce in quella colloidale, determinando una coagulazione lenta e poco consistente. In caseificio, al latte che si presenti decalcificato può essere aggiunto cloruro di calcio per ricomporre quell'equilibrio originariamente mancante. Il latte di capra è povero di sali di calcio solubili rispetto a quello vaccino ma contiene più fosfati. Il rapporto tra il calcio solubile e quello colloidale e la scarsa presenza di caseine fa del caprino un latte inadatto al riscaldamento elevato e alla cottura della cagliata. Per le sue caratteristiche il latte caprino è particolarmente indicato per produrre formaggi a pasta molle e a coagulazione lattica.

Vitamine e altri componenti

Definire le vitamine importanti per la salute è sicuramente riduttivo, visto che la loro presenza per l'organismo umano è vitale. Il latte ne è ricco e ciò ne fa uno dei migliori alimenti per presenza vitaminica. Le vitamine nel latte, B, PP, C, H, sono idrosolubili e associate all'acqua, mentre le vitamine liposolubili, A, D, E, K, F, sono associate al grasso. Si possono definire anche, in funzione della loro resistenza alla temperatura, vitamine termostabili A, E, F, B, PP, H.

Avviene quindi che, nel caso di scrematura del latte, le vitamine liposolubili rimangano nella panna mentre le idrosolubili rimangano nel latte scremato. È una scissione che permette al burro di assumere la maggioranza delle vitamine A, D, E, K, F e al formaggio a pasta semigrassa o magra prevalentemente le vitamine idrosolubili.

I trattamenti termici del latte, come la pastorizzazione, non hanno effetti particolari sulle vitamine a eccezione di poche, come la vitamina C che ne viene parzialmente distrutta. Per altri tipi di trattamenti, come la sterilizzazione (processo UHT), molte vitamine vengono danneggiate o addirittura distrutte.

Dal punto di vista caseario c'è da segnalare la vitamina A (β-carotene), abbondante nelle erbe al pascolo, che determina il colore giallo del grasso e di conseguenza del colore paglierino, a volte intenso nel formaggio, e del colore giallo del burro. Per le capre in particolare, ma anche per le pecore e le bufale, i carotenoidi subiscono una completa trasformazione in vitamina A, per cui non sono influenti per la pigmentazione del latte e dei suoi derivati.

Le lattifere che vivono allo stato brado sono soggette ai raggi del sole, che aumentano la produzione di vitamina D. La vitamina B2 o rivoflavina è la responsabile del colore del siero del latte. Dal punto di vista microbiologico la presenza di acido pantoteico, associato alla vitamina B5, favorisce la crescita di *Lactobacillus*. Per esprimere e capire il grande valore che hanno le vitamine del latte si riportano nella Tabella 27 i valori medi nel latte vaccino e in quello umano.

Tabella 27

VITAMINE PRESENTI NEL LATTE				
Genere	**Vitamina**	**Latte vaccino**	**Latte umano**	**Interessa***
liposolubili	A	0,030 mg	0,045 mg	retina, cute
	carotenoidi	0,039 mg	0,027 mg	
	D	0,020 µg	0,031 µg	metabolismo fosfato-calcio
	E	0,070 mg	0,67 mg	metabolismo lipidico
	K	0,90 µg	0,38 µg	sistema coagulativo

VITAMINE PRESENTI NEL LATTE				
Genere	Vitamina	Latte vaccino	Latte umano	Interessa*
idrosolubili	B1	0,048 mg	0,020 mg	sistema nervoso e muscolare
	B2	0,159 mg	0,052 mg	metabolismo generale, mucose
	B6	0,056 mg	0,018 mg	metabolismo lipidico e amminoacidico
	B12	0,40 µg	0,049 µg	apparato emopoietico
	C	0,90 mg	4,80 mg	apparato immunitario, sintesi connettivo endoteli vasali
	acido folico	5,58 µg	9,00 µg	apparato emopoietico
	B5 acido pantotenico	0,335 mg	0,23 mg	metabolismo generale
	H biotina	2,90 µg	0,67 µg	cute, mucose
	PP niacina	0,092 mg	0,17 mg	metabolismo lipidico e glucidico

* Fonte: Salvadori del Prato, 1998

Enzimi

Gli enzimi costituiscono una quantità minima della parte proteica del latte ma nello stesso tempo sono molto importanti perché responsabili di reazioni che determinano mutazioni chimiche e fisiche in fase di caseificazione. Sono inoltre in grado di modificare le caratteristiche organolettiche del latte e del formaggio.

Gli enzimi che vengono secreti dalla mammella sono considerabili *nativi* in quanto sono veri componenti del latte e possono essere disciolti nella parte acquosa o appartenere alla frazione caseinica o far parte della membrana dei globuli di grasso. In quantità superiore agli enzimi *nativi* sono quelli che rientrano nella classificazione degli enzimi di origine microbiologica ovvero quelli che entrano nel latte tramite batteri subito dopo la mungitura. Questi ultimi possono influenzare molto, anche negativamente, le caratteristiche organolettiche del latte e di conseguenza del formaggio.

La materia che tratta gli aspetti e l'influenza degli enzimi del latte è ancora piuttosto sconosciuta, e di molti enzimi, pur conosciuti e nominati, non si sa ancora che effetto portino in fase di caseificazione e durante la maturazione del formaggio.

Per quanto riguarda gli enzimi del latte che possono influenzare la caseificazione ci sono da segnalare le idrolasi, che hanno la caratteristica di idrolizzare le proteine e i grassi, influenzando quindi la maturazione dei formaggi.

Mentre le streptogenine, polipeptidi che si formano durante il processo di idrolisi della caseina, stimolano la crescita dei batteri lattici.

L'anidride carbonica nel latte, dopo la mungitura, è una componente la cui presenza può arrivare al 6,5%. Essa si disperde poi nell'aria in modo considerevole e, nello stesso tempo, il latte assorbe ossigeno e altri gas presenti nell'ambiente. I globuli di grasso sono molto sensibili all'assorbimento di gas soprattutto se questi ultimi sono odorosi. Ciò influisce, anche notevolmente, su alcune caratteristiche sensoriali dei formaggi come l'affumicato, e può comportare anche l'assunzione di grandi difetti. Questo è uno dei motivi per cui è bene mantenere l'asetticità degli ambienti di lavoro.

Gli enzimi che descriverò successivamente sono quelli che maggiormente conosciamo e dei quali il casaro deve apprenderne l'importanza.

Catalasi

La catalasi è un enzima capace di decomporre l'acqua ossigenata e, a causa del suo contenuto di ferro originato dal sangue, ha la proprietà di ossidare gli acidi grassi insaturi. La catalasi è maggiormente presente nel latte mastitico e nel colostro ma viene inibita dall'azione termica del riscaldamento a temperatura di 65 °C mantenuta per un tempo di 30 minuti. La catalasi è quindi indice di infezione mastitica.

Lattoperossidasi

È l'enzima maggiormente presente nel latte, soprattutto nel colostro. Dopo alcuni giorni dal parto la lattoperossidasi, che è in associazione con le sieroproteine, diminuisce e si normalizza. Possiede caratteristiche antiossidanti e antimicrobiche. Resiste alla pastorizzazione e per debellarla è necessario elevare le temperature a 80 °C per 20 secondi oppure a 75° per almeno 19 minuti.

Lisozima

È un enzima appartenete alla classe dei β-glucosioamidasi ed è un antibatterico in quanto catalizza la lisi dei polisaccaridi. Il suo contenuto naturale nel latte vaccino è molto basso, per questo non è sufficiente come antibatterico nella caseificazione di formaggi soggetti a inquinamento da *Clostridium tyrobutyricum*. Per tale motivo viene aggiunto al latte per prevenire il gonfiore tardivo associato ai clostridi butirrici presenti sempre negli insilati, fonte alimentare delle lattifere.

Il lisozima è contenuto in vari substrati come il sangue, la milza, la saliva, le lacrime, la placenta, ma il lisozima che si utilizza in caseificio viene estratto dall'albume dell'uovo. Ha azione maggiorata in presenza di zuccheri e resiste alla temperatura che solitamente viene raggiunta per la filatura della pasta, ma viene inattivato dall'enzima pepsina contenuto nel caglio e la sua azione è limitata al 70% in seguito alla pastorizzazione. Viene aggiunto al latte prima del caglio in dosi piuttosto basse al massimo (3 g/hl). e, oggi, in Italia viene utilizzato per i formaggi a pasta dura come il Provolone Valpadana DOP, il Grana Padano DOP, il Montasio DOP e altri formaggi. In controtendenza, invece, il Consorzio dell'Asiago DOP ha richiesto una modifica del proprio disciplinare, per evitare l'uso del lisozima: "L'uso del lisozima (E 1105) è in ogni caso vietato nella produzione del formaggio Asiago" (Gazzetta ufficiale dell'Unione europea, 30 luglio 2019).

Considerato da sempre un coadiuvante, il lisozima è stato ed è ancora oggi oggetto di grande discussione, anche legislativa. Infatti nel maggio del 2018 il Ministero della salute aveva preso posizione intendendo modificare la classificazione del lisozima da additivo a coadiuvante tecnologico. Non è ben chiaro da quale fonte provenisse tale richiesta di modifica, in ogni caso era basata sulla dimostrazione del fatto che questo enzima poteva aiutare le fermentazioni (pilotare) ed evitare quindi lo sviluppo di fonti batteriche inderiderate e spesso dannose per il formaggio, proprio come fosse un conservante. Successivamente, nel febbraio del 2019 e in seguito a interrogazioni parlamentari sulla questione, il caso lisozima è tornato alla ribalta. E il Consorzio Parmigiano Reggiano DOP ha presentato ricorso al TAR. Insomma oggi, in attesa che l'Europa si pronunci, ancora non ci è concesso sapere se il lisozima possa essere considerato davvero un coadiuvante. Ciò che invece si sa è che il formaggio si fa anche senza l'utilizzo di questo discusso enzima.

Proteasi acida

Al contrario della proteasi alcalina la proteasi acida ha un pH ottimale pari a 4. La sua azione sulle proteine, che è simile a quella della chimosina, si attiva solo in condizioni di acidità elevata e quindi nel latte non ha forza coagulante. La proteasi acida è attiva alla temperatura di 50 °C e con la pastorizzazione aumenta la sua attività del 30%.

Proteasi alcalina

È detta alcalina perché ha pH ottimale 7,0 e massima a pH 8. È presente nel latte e rimane intrappolata all'interno del reticolo caseinico e quindi detiene potere proteolitico nella pasta del formaggio. Se avviene la pastorizzazione del latte l'attività della proteasi alcalina (o plasmina) aumenta anche considerevolmente, mentre alle temperature superiori a 80 °C viene inattivata solo parzialmente. La plasmina viene attivata dal suo precursore, il plasminogeno, in condizioni di calore, ovvero alla temperatura di 37 °C. Essendo, la plasmina, sensibile all'acidità appare evidente che in formaggi acidi con pH < 5 non se ne trova traccia, il contrario invece nei formaggi con pH > = 6, come per esempio gli erborinati. Uno degli effetti della plasmina, oltre a quello di idrolizzare la β-caseina, è l'drolizzazione della α_{s2}-caseina il cui risultato è quello di provocare la produzione di peptidi amari.

Xantinaossidasi

Appartiene alla classe degli ossidoriduttasi, ha la capacità di produrre ossigeno tramite l'ossidazione della xantina. La presenza di acqua ossigenata nel latte può avere azione inibente sulla crescita di alcuni batteri, a volte azione utile se associata all'utilizzo di nitrati come antifermentativi per combattere la crescita di *Clostridium tyrobutyricum*. L'azione della xantinaossidasi è inibita dalle temperature superiori ai 75 °C (trattamento della durata di 5 minuti).

Lattoferrina

La lattoferrina è una glicoproteina, appartiene alla famiglia della transferrina, è in grado di fissare il ferro ma anche altri metalli come il rame e l'alluminio. La sua presenza nel latte è di 0,1-0,3 g/l, ma è maggiore nel colostro, 2-5 g/l. Nel latte di donna la sua concentrazione è molto più alta ed è, in ordine di prevalenza nel siero, la seconda frazione proteica. Svolge il ruolo di antibatterico, anti fungino, anti infiammatorio e anti virale. In seguito alla trasformazione casearia, la lattoferrina rimane nel siero del quale è un importante componente.

Il latte per il caseificio

Caratteristiche del latte

Dopo aver concluso la sezione in cui si parla delle caratteristiche del latte e dei suoi componenti ci trasferiamo in caseificio per comprendere che il latte deve possedere requisiti essenziali per essere trasformato. Valuteremo le caratteristiche positive e quelle negative analizzando tutte le fasi della caseificazione.

Per ottenere un latte con buona attitudine alla caseificazione è essenziale che l'allevatore, o il casaro-allevatore, verifichi con molta attenzione tutte le fasi della filiera partendo dalla salute dell'animale, dalla sua alimentazione e dall'ambiente in cui vive. Il latte da formaggio deve possedere caratteristiche specifiche che non sono invece indispensabili nel latte destinato all'uso alimentare.

Il latte normalmente munto da stalle a stabulazione fissa sarà diverso da quello proveniente da lattifere che hanno la possibilità di muoversi liberamente, così come sarà diverso il latte di pianura da quello di montagna.

Oltre ai fattori specifici del tipo di allevamento e della sua ubicazione, si noteranno nel latte mutazioni chimiche causate in particolare dai cambiamenti climatici o da cambi di alimentazione, durante i quali è importante monitorare il latte. Il latte di lattifere che dopo aver svernato in stalla escono per andare al pascolo subisce un cambiamento di qualità organolettica positivo solo dopo l'ambientazione degli animali nella nuova situazione. Latti ipoacidi sono spesso il frutto di queste situazioni. È normale; nei primi giorni in cui le lattifere modificano il loro tenore di vita il latte non presenta le caratteristiche idonee alla caseificazione, tanto che è raccomandabile utilizzarlo solo dopo la pastorizzazione. In alpeggio molti allevatori-casari preferiscono, come prevede la tradizione, gettare il latte o utilizzarlo per l'alimentazione dei suini. L'allevatore, consapevole che il suo latte deve essere utilizzato in caseificio, in tutte le situazioni dell'allevamento deve operare allo scopo di ottenere un prodotto idoneo alla trasformazione casearia.

Il latte adatto alla trasformazione, oltre alle attitudini che sono specificate nella Tabella 1, deve avere caratteristiche chimiche e fisiche specifiche, come un buon contenuto di proteine e di grassi, una carica batterica non eccessivamente elevata ma neppure troppo bassa e possedere un buon contenuto di sostanza secca, composta dalle proteine, dal grasso e dalle altre sostanze azotate.

Tabella 1

ATTITUDINI DEL LATTE ALLA CASEIFICAZIONE		
Fenomeni da verificare	**Influenza**	**Fattori da controllare**
attitudine ad acidificare	coagulazione lattica	determinante il pH, che deve rimanere nella norma
	coagulazione lattico-presamica	
attitudine a coagulare	coagulazione presamica	determinanti pH e acidità nominale (°SH/50)
attitudine a produrre cariche batteriche utili	lattoinnesto	determinante acidità nominale (°SH/50)
	sieroinnesto	

Uno dei fattori determinanti che rende il latte idoneo alla caseificazione, e quindi con buone attitudini alla coagulazione e all'acidificazione, è strettamente connesso alle caratteristiche delle caseine. Infatti in relazione alla coagulazione presamica, le micelle di caseina mantengono le loro proprietà che influiscono sulla tessitura della pasta del formaggio e naturalmente sulla tanto ricercata resa caseara. Per questo è indispensabile che nel latte vi sia un elevato contenuto di proteine, caseine favorevoli alla caseificazione, e di fosfato di calcio colloidale. Sono appunto le caseine, il calcio e il fosforo e, di conseguenza, l'acidità nominale ad avere un ruolo fondamentale per una corretta caseificazione.

Un aspetto che gioca un ruolo determinante dell'acidificazione deriva dalla buona attitudine del latte a coagulare e di conseguenza a formare cagliate ben strutturate che influiscono anche sulla maturazione del formaggio. È appurato che le buone caratteristiche del latte influenzano la sua capacità di acidificare e quindi un buon apporto di innesti, soprattutto nel caso di coagulazione acido-presamica, che va a implementare, migliorandola, la coagulazione stessa. Ed è proprio l'acidità il fattore che determina l'attitudine del latte a coagulare in quanto si instaura un rapporto di reattività tra la caseina e gli enzimi coagulanti del caglio. Da ciò dipendono alcuni fattori come la velocità di coagulazione, la consistenza della cagliata e la sua successiva capacità di spurgare (sineresi). Dal punto di vista acidimetrico un latte ad acidità pari a pH 6,5 ha una concentrazione di ioni di idrogeno pressoché doppia rispetto a un latte a pH 6,7. Questo è un effetto che si riscontra misurando il pH del latte prima dell'inoculo dei fermenti e successivamente nella miscela, tant'è che il casaro a volte attende un piccolo incremento di acidità al solo scopo di migliorare la coagulazione.

Le attitudini a coagulare e ad acidificare sono strettamente connesse fra loro anche in raffronto all'attitudine di produrre cariche batteriche utili. Un buon processo delle fasi iniziali della trasformazione porta a migliorare anche le fasi successive, dove il latte, anche in forza dell'inoculo perpetrato, deve poter fermentare e duplicare i ceppi batterici utili alla caseificazione.

Latte mastitico e cellule somatiche

La mastite è una patologia legata all'infiammazione della ghiandola mammaria, provocata da un'infezione batterica. La malattia comporta una disfunzione dell'apparato mammario. Comporta altresì la presenza, anche massiccia, di batteri nel latte e l'aumento del numero di globuli bianchi come risposta dell'organismo a un'infiammazione in atto. Comporta inoltre un aumento del pH, della conducibilità del latte, ed è significativa per la presenza di inibenti naturali. La malattia può essere provocata da traumi come urti, lesioni, schiacciamenti del capezzolo ma anche da una mungitura scorretta, da stress ambientale o da infezioni in corso. La mastite è *clinica* se esteriormente visibile e quindi facile da scoprire, al contrario è invisibile la *subclinica*, subdola, non facilmente riscontrabile se non con le specifiche analisi del latte. La Tabella 2 riassume le motivazioni per le quali avviene contaminazione da mastite.

Tabella 2

CONTAMINAZIONI DA MASTITE		
	Durante la mungitura	**Dall'ambiente**
i principali agenti patogeni	*Staphylococcus aureus* *Streptococcus agalactiae* *Corynebacterium bovis* *Mycoplasma bovis*	i coliformi (*Escherichia coli*, in particolare) *Klebsiella* *Streptococcus uberis* *Corynebacterium pyogenes*
modalità di infezione	fattori favorenti: pulsazioni difettose dell'impianto di mungitura, gruppo prendicapezzoli non adeguato, vuoto eccessivo (che rovina i capezzoli) o insufficiente (che prolunga la mungitura); la trasmissione delle infezioni è legata a una scarsa igiene di mungitura (stracci, mani, guaine contaminate ecc.)	questi agenti patogeni sono presenti nell'ambiente e penetrano nella ghiandola mammaria attraverso i capezzoli nel periodo tra le mungiture (gli sfinteri restano infatti aperti per 30 minuti dopo l'uscita dalla sala di mungitura): è un momento a rischio particolarmente elevato; è importante evitare che le vacche si sdraino in questo lasso di tempo

Fonte: www.intervet.it

Oltre al fattore contaminante, ovvero gli agenti patogeni di cui alla tabella 2, il latte mastitico è un substrato ottimale per lo sviluppo dei batteri anticaseari o addirittura patogeni. Tra il mese di novembre 2021 e il mese di maggio 2022, nel Centro Italia, sono stati identificati 37 casi di infezione da *Streptococcus equi zooepidemicus* (Sez) ed è stato dimostrato che tale patogeno proveniva da una produzione casearia. Il caso ha portato al ricovero ospedaliero di molte persone i cui sintomi erano setticemia, faringite, artrite, uveite ed endocardite, mentre 5 pazienti sono deceduti per meningite. I ricercatori hanno appurato che il Sez proveniva da due serbatoi del latte e da due campioni di formaggi a latte crudo. Il campionamento, prelevato da un unico caseificio (ne erano stati controllati 8) ha dimostrato la relazione del Sez con il latte mastitico di una vacca.

Una delle grandi problematiche del latte da trasformare, che deve essere sempre controllato attentamente, è quindi quella determinata dal latte di lattifere affette da mastite.

Inoltre, il latte mastitico risulta difficile da lavorare per le sue scarse attitudini alla coagulazione, causate dalla diminuzione del calcio e dall'aumento delle sieroproteine.

Tabella 3

VARIAZIONE DELLA COMPOSIZIONE DEL LATTE IN CORSO DI MASTITE		
Componente	**Variazione**	**Entità**
sieroalbumina	aumenta	130%
immunoglobuline	aumentano	260%
caseine	diminuiscono	19%
α_{s1}-caseina	diminuisce	30-35%
β-caseina	diminuisce	35-40%
κ-caseina	aumenta	10%
lattoalbumine	diminuiscono	20%
lattoglobuline	diminuiscono	10%
proteine totali	aumentano	-
lattosio	aumenta	15%
grasso totale	diminuisce	-
agl ematici	aumentano	-
fosforo	diminuisce	15-20%
proteasi e lipasi	aumentano	-
calcio	diminuisce	2-5%
cloro, sodio e potassio	aumentano	-
proteoso peptoni	aumentano	-
vitamine	diminuiscono	-

Fonte: Corradini et al., 1995; Raguet, 1992 (rielab.)

Un'altra fase casearia che risente molto delle caratteristiche del latte mastitico è lo spurgo della cagliata e della pasta del formaggio in stufatura. Si può considerare quindi che il latte affetto da mastite sia inibente di se stesso e non adatto alla caseificazione, soprattutto per i formaggi che dovrebbero stagionare a lungo.

L'aumento a volte sconsiderato delle cellule somatiche è il classico sintomo del latte mastitico, che è anche caratterizzato dalla presenza, a volte massiccia, di stafilococchi, batteri patogeni pericolosi per la salute umana, che inibiscono le fermentazioni. Normalmente, nel formaggio che ha maturato almeno 60 giorni e a causa dell'attitudine del formaggio ad autorisanarsi, gli stafilococchi svaniscono. Possono in ogni modo, oltre questa soglia temporale, rimanere tracce o notevoli quantità di stafilococchi, tali da procurare malessere al consumatore.

L'allevatore e anche il casaro devono necessariamente, prima della lavorazione, verificare che il latte non contenga un numero di stafilococchi superiore a quanto stabilito dalle normative. In caseificio è bene controllare il pH del latte giornalmente, per accertarsi che non provenga da lattifere mastitiche.

È necessaria la pastorizzazione per distruggere la carica batterica patogena. Il latte crudo infetto da stafilococchi dev'essere pastorizzato immediatamente per prevenire lo sviluppo di tossine che, essendo termoresistenti, non possono essere debellate neppure con la pastorizzazione.

Tabella 4

PROBLEMATICHE DEL LATTE DI LATTIFERE AFFETTE DA MASTITE		
Componente nel latte mastitico	A pH 7,00 o superiore	Effetti
lattosio	% ridotta	danno e scarsità delle fermentazioni
proteine (caseine)	% ridotta	scarsa resa in formaggio, difficoltà a cagliare
grasso	% ridotta	abbassamento di qualità e resa
albumine	% aumentata	maggiore resa in ricotta
coagulazione	lenta/compromessa	
sineresi	compromessa	la cagliata conserva acqua
urea	se > 1,5/g/l	influisce sul tempo di presa/resa

La presenza di abnormi quantità di cellule somatiche determina un latte d'impossibile lavorazione che spesso, ma inutilmente, il casaro decide di pastorizzare. Questo latte degenerato, anche se sottoposto a pastorizzazione, non assumerà le caratteristiche idonee alla trasformazione.

La presenza di cellule somatiche rallenta la crescita di batteri lattici utili e favorisce, a causa della poca acidità, (proteasi alcalina) la proliferazione di batteri anticaseari come gli psicrofili e i coliformi (Immagine 6, p. 257). Le lavorazioni assumono odori cattivi, vi è scarsa attitudine allo spurgo e al conseguente rassodamento.

Le forme detengono maggiori quantità di acqua e i formaggi a pasta molle continuano a spurgare seppure refrigerati, anche durante la maturazione.

Tabella 5

PROBLEMATICHE CAUSATE DALLE CELLULE SOMATICHE		
Cellule somatiche	Fattori innescati	Effetti
proteasi alcalina (plasmina)	degradazione fase protidica del latte	coagulazione pessima o compromessa per la difficoltà ad acidificare
	azione sulla sineresi	spurgo rallentato o compromesso
	azione sul formaggio	continuo spurgo in maturazione (anche in cella fredda)
	eccessiva degradazione delle proteine	potere proteolitico molto elevato, anche > 4 volte

La pulizia durante la mungitura ha notevole importanza per l'inquinamento batterico, al pari dello stato di salute delle lattifere. È noto che la crescita dei batteri è subordinata alla temperatura di mantenimento del latte e ai fattori igienici dei vasi, frigo-latte e attrezzature varie, in cui è mantenuto.

Purtroppo la flora batterica che si sviluppa maggiormente non è quella utile, produttrice di acido lattico, ma quella costituita da batteri psicrofili e coliformi, che si moltiplicano riproducendosi in modo esponenziale. Ecco il motivo per cui, anche per la produzione di formaggi, il latte deve contenere un basso numero di batteri (carica batterica). Latti ad alta carica batterica possono essere trattati in pastorizzazione con risoluzione buona ma non ottimale.

Tabella 6

CONTA BATTERICA DEL LATTE (%) RACCOLTO IN BUONE CONDIZIONI IGIENICHE		
Fermenti lattici e coliformi	batteri utili, produttori di acidità	20%
Batteri non acidificanti	batteri anticaseari	60%
Psicrofili	batteri anticaseari	20%

Si può concludere affermando che il latte mastitico, per le sue caratteristiche e per la sua inadattabilità alla caseificazione, può essere assimilabile al latte annacquato.

Antibiotici

Tra le sostanze contaminanti del latte, oltre agli antiparassitari, pesticidi micotossine, nitrati che sono direttamente connessi alle attività agrarie, vi sono gli antibiotici e i sulfamidici correlati alla cura degli animali. Non sono da trascurare inoltre gli ormoni che il latte porta con sé, in quanto eccellente veicolo.

La presenza di antibiotici nel latte è quindi un fattore importante da tenere sotto stretto controllo. Le grandi aziende che raccolgono il latte da più allevamenti sono tenute, in ottemperanza alle normative, a effettuare quotidianamente i controlli necessari per verificare questa subdola presenza. Le grandi aziende sono anche in grado di affrontare le problematiche indotte dal latte infetto da antibiotici. In situazione contraria è il piccolo e medio caseificio, che raccoglie il latte per lavorarlo quotidianamente, che non ha le capacità organizzative ed economiche per effettuare sistematicamente i test necessari.

La normativa impone comunque che al massimo ogni 15 giorni anche il piccolo caseificio si attivi a verificare, tramite analisi di laboratorio, la presenza di antibiotici nel latte, oltre che a eseguire le altre analisi prescritte.

Il casaro consapevole dovrà, personalmente o tramite chi raccoglie il latte, sensibilizzare l'allevatore a non miscelare il latte proveniente da lattifere soggette a trattamenti antibiotici con quello sano privo di patologie. Lo stesso discorso vale anche per il latte mastitico. Non è semplice, per il casaro, mantenere il controllo di queste situazioni ma è necessario, non solo per le rilevanti problematiche sanitarie ma anche per evitare di lavorare un latte di scarsa vocazione caseario.

Gli antibiotici, indispensabili per debellare i batteri che causano le patologie delle lattifere, mantengono la loro funzione anche nel latte, uccidendo la flora batterica in esso presente.

Sono sufficienti piccole tracce di questo battericida per inibire alcune delle più importanti fasi della trasformazione come la coagulazione, l'acidificazione e di conseguenza lo spurgo e la maturazione.

Tabella 7

EFFETTO DEGLI ANTIBIOTICI SUI BATTERI CASEARI			
Antibiotici	**Streptococchi**	**Lattobacilli**	**Propionici**
impediscono lo sviluppo dei batteri caseari	molto sensibili	sensibili	sensibilissimi

La sintesi della Tabella 7 porta ad alcune considerazioni. Il latte contenente antibiotici è assolutamente inutilizzabile perché impedisce la regolare acidificazione del latte, della pasta del formaggio in stufatura, della regolare fermentazione della pasta nei formaggi a pasta semidura e dura. Provoca gravi difetti generati dalla proliferazione di batteri anticaseari che a causa della degenerata fermentazione non trovano barriere alla loro crescita.

Inibenti

Gli inibenti svolgono un ruolo negativo nell'attività di trasformazione casearia. Essi, qualsiasi ne sia la natura, vanno ad avversare una o più fasi della trasformazione, possono ostacolare le fermentazioni e contrastare la coagulazione. Capita con una certa frequenza che gli inibenti provochino anche indirettamente i più gravi difetti dei formaggi, alterandone le caratteristiche intrinseche e sconvolgendo quelle organolettiche. Molto spesso è bene comprendere il difetto del formaggio andando alla ricerca di inibenti che possono attivare azioni batteriche dannose, o di inibenti estrinseci, ovvero causati da fattori che non hanno a che fare con il latte originario.

Ho già scritto di antibiotici e di cellule somatiche, che possono essere considerati gli inibenti per eccellenza, ma esistono altri fattori o prodotti capaci di creare danno e che, spesso, sono sottovalutati.

Si pensi per esempio che i batteri lattici, oltre alle note attitudini acidificanti, hanno altre potenziali capacità produttive non sempre idonee alla trasformazione del latte. Esse si esplicano e si definiscono come inibenti, come l'acqua ossigenata, prodotta da alcuni ceppi di lattobacilli.

Inoltre se si crede che tutti i batteri lattici siano di aiuto alle fermentazioni ci si sbaglia, così come nel caso di alcuni sottoprodotti della fermentazione, generati spesso dall'utilizzo di batteri mesofili, come il diacetile che può inibire l'azione di alcuni microrganismi (Mayra-Makinen, Bigret, 1993).

Prodotte sempre dai batteri lattici (LAB), una sorta di antimicrobico di grande interesse anche nel mondo farmaceutico, sono le batteriocine, sostanze proteiche capaci di inibire microrganismi di altre specie o della stessa specie.

Le batteriocine sono una lama a doppio taglio in quanto il loro potere inibitorio è dannoso se rivolto a batteri caseari, viceversa se rivolto verso microrganismi anticaseari diventa di effetto auspicabile.

Sono molte le teorie e le ricerche che mirano a verificare se l'utilizzo di batteriocine possa essere di aiuto nel campo della trasformazione casearia, ma ancora non vi sono risultati del tutto soddisfacenti.

Per esempio, la lisina, batteriocina considerata un additivo, viene utilizzata in forza dalla trasformazione casearia industriale per la produzione di mascarpone e di formaggi fusi. Ma il rischio di utilizzare batteriocine è molto elevato, rischio che si potrebbe tradurre come potenzialie antibiotico che, come si sa, è il peggiore inibente per le fasi di trasformazione del latte.

Alcuni fattori che inibiscono le fermentazioni e le seguenti fasi della trasformazione sono da considerarsi estrinseci, ovvero determinati da elementi estranei al latte. Soprattutto nei piccoli caseifici, dove le macchine e gli attrezzi vengono detersi in modo manuale, magari con prodotti non del tutto adeguati, come i detersivi per i piatti che, per eccesso di pulizia, rimangono in traccia. Allo stesso modo possono essere inibenti anche i redisui di soda, sciolta in acqua ma dosata eccessivamente. La soda, essendo a pH alcalino, va in contrasto con l'acidità del latte concedendo fertilità ai batteri anticaseari che non sopportano appunto l'acidità. È un problema molto frequente e capita in particolare nei caseifici che trasformano latte caprino, vuoi per eccesso di pulizia, come già scritto, vuoi per togliere dalle macchine, dagli attrezzi e dall'ambiente il classico odore ircino provocato da questo tipo di trasformazione.

L'effetto inibente della soda si esprime in particolare modo a danno delle fermentazioni che, nel caso di lavorazioni a latte crudo, sono allungate nei tempi a danno dei fermenti naturali o selezionati innestati, e a favore dei batteri originari anticaseari presenti nel latte i quali possono favorire, nella pasta del formaggio, la formazione di occhiature solitamente a forma irregolare e di dimensioni medio-grandi. L'effetto dei residui di soda può essere ben percepibile dall'odore del formaggio, che può emergere nella sola superficie esterna, la crosta, ma anche nella pasta.

Altri fattori legati all'allevamento possono determinare gravi problemi al latte che, magari di ottima qualità, viene inquinato da agenti contaminanti difficilmente riscontrabili. Sono da ricercare alla fonte della filiera, ovvero all'alimentazione, che può essere contaminata da erbicidi, diserbanti o pesticidi. Diventa difficile comprendere queste contaminazioni anche perché l'allevatore che coltiva il foraggio non ha motivo di utilizzare erbicidi o altri veleni sui terreni che devono ospitare medica, mais, cereali, che sono il principale alimento delle lattifere.

Da segnalare anche un agente inibente naturale, il colostro. È il primo alimento del cucciolo del mammifero, indispensabile per l'alimentazione del nascituro ma estremamente inibente per la trasformazione del latte. Con il suo contenuto di proteine, grassi e immunoglobuline, proteine dalle notevoli capacità immunitarie che neutralizzano le tossine, i virus e i batteri, è da considerarsi alla pari di un antibiotico. Altro componente del colostro è la lattoferrina, una proteina molto importante per difendere il corpo del cucciolo da molte infezioni e in grado di eliminare il ferro dai batteri impedendone la loro riproduzione. Ha proprietà antivirali di tutto rispetto, è antinfiammatorio e antibatterico.

La presenza del colostro nel latte da trasformare induce quindi problematiche legate alle fermentazioni che possono essere rallentate o inibite del tutto.

Qualità del latte e normativa italiana

In conclusione è bene ricordare che il latte da caseificazione è quello che contiene il giusto rapporto proteine/grassi, una buona percentuale di calcio/fosforo, privo di inibenti e antibiotici e presenza scarsa o nulla di cellule somatiche. La legislazione italiana prevede delle limitazioni ad alcuni componenti del latte con spiccata vocazione anticasearia così come per la carica batterica.

Le sottostanti tabelle sono specifiche delle proprietà del latte (Tabelle 8 e 9) e dei criteri microbiologici (Tabella 10), così come prevede il DPR del 14.01.1997 n. 54, cap. IV.

Tabella 8

Norme da osservare al momento della raccolta del latte per latte crudo di vacca destinato a uso alimentare trattato		
tenore di germi a 30 °C (per ml)	≤ 100.000 [1]	
titolo di cellule somatiche (per ml)	≤ 400.000 [2]	
Latte crudo di vacca per prodotti a "latte crudo" [3]		
a) soddisfare i valori al punto 1		
b) *Staphylococcus aureus* (per ml)	n = 5 m = 500	m = 2000 c = 2

Tabella 9

Latte crudo di bufala, ovino e caprino per prodotti a base di latte e latte crudo per latte alimentare e per prodotti a base di latte	
tenore di germi a 30 °C (per ml)	≤ 1.500.000 [4]
Latte crudo di bufala, ovino e caprino per prodotti "al latte crudo" [3]	
tenore di germi a 30 °C (per ml)	≤ 500.000 [4]

[1] Media geometrica calcolata su un periodo di due mesi, con almeno due prelievi al mese.
[2] Media geometrica calcolata con almeno un prelievo al mese, su un periodo di tre mesi.
[3] Latte per formaggio.
[4] Media geometrica calcolata su un periodo di due mesi, con almeno due prelievi al mese.

Tabella 10

Criteri obbligatori: germi patogeni		
Tipo di germe	Prodotti	Valori (ml, g)
Listeria monocytogenes	• formaggi diversi da quelli a pasta dura • altri prodotti	assenza in 25 g (c) n = 5, c = 0 assenza in 1 g

Criteri obbligatori: germi patogeni		
Salmonella spp	• tutti, salvo latte in polvere • latte in polvere	assenza in 25 g (c) n = 5, c = 0 assenza in 25 g (c) n = 10, c = 0
Staphylococcus aureus	• formaggio a base di latte crudo e latte termizzato • formaggio a pasta molle (latte trattato termicamente)	n = 10, c = 0 m = 100 M = 1000 n = 5, c = 2
Escherichia coli	• formaggio a base di latte crudo e latte termizzato • formaggio a pasta molle (latte trattato termicamente)	m = 10.000 M = 100.000 n = 5, c = 2 m = 100 M = 1000 n = 5, c = 2
I microrganismi patogeni e le loro tossine non devono essere presenti in quantità tali da nuocere alla salute dei consumatori.		

Il latte quindi dev'essere analizzato sistematicamente dall'allevatore e dall'azienda alla quale viene conferito. La gestione delle analisi è un impegno costante soprattutto nel caso avvenga la vendita del prodotto e le aziende alle quali viene conferito provvedano al ritiro del latte ogni 48 ore, o meno se dev'essere trasformato in latticini.

La tendenza è quella di analizzare il latte per specifici componenti, come le proteine, il grasso, le cellule somatiche e altri specifici, capaci di determinare la qualità vera del prodotto munto.

Ciò va a favorire anche un aspetto del tutto economico, il rapporto tra l'allevatore e l'azienda acquirente, in funzione proprio del contenuto di grassi, di cellule somatiche e altri componenti, che fanno sì che vi siano premi di produzione capaci di innalzare il prezzo del latte.

TAGLIANDO RELATIVO ALL'ANALISI DEL LATTE PRELEVATO IN STALLA

```
Doc. conforme alla legge n. 119/2003 - D.M. 15/11/75
e successive modifiche


- ANALISI -


Analisi: 012014011479 del 24/02/2014
   Grasso          3,83   %P/V  Proteine      3,31   %P/V
   Lattosio        4,84   %P/V  Cellule       225    N/ml
   Carica Batteric 11     UFCml RSM           8,98   %P/V
   Urea            18     mg/dl
+----------------------------------------------------------------+
|Medie geometriche conformi Reg.CE 853/04                        |
+----------------------------------------------------------------+
   Media geom Cell 274    3mesi Media geom CBT 14      2mesi
+----------------------------------------------------------------+
```

Trattamenti del latte

Il latte crudo è un concentrato di componenti autoctoni che, in condizioni ottimali, il casaro lavora per ottenere formaggi qualitativamente superiori. Il caseificio, al quale viene conferito il latte locale, quello del territorio in cui opera, e che lavora in quantità limitate, tramite il casaro o un proprio tecnico ha l'opportunità di controllare a fondo la materia prima e anche di intervenire presso l'allevatore, allo scopo di migliorare le fasi che portano al risultato della mungitura. Il casaro può condividere con l'allevatore le migliori strategie, anche aziendali, affinché il latte risulti di eccellente qualità.

Questa sinergia consente di contenere i difetti del latte nei limiti concessi dalle normative e di migliorarne le caratteristiche organolettiche.

Trasformare il latte crudo è senz'altro la massima espressione per la caseificazione, ciò però non toglie che il casaro consapevole possa, intervenendo tramite processi termici che consentono il risanamento del latte, guidare al meglio i processi fermentativi e produrre formaggi di qualità.

I processi termici idonei alla trasformazione casearia sono tre: il raffreddamento del latte, la termizzazione e la pastorizzazione. Per quanto riguarda il latte destinato all'alimentazione sono trattamenti idonei la pastorizzazione, la sterilizzazione (UHT) e la microfiltrazione che però qui non tratterò. I trattamenti fisici del latte sono altrettanto importanti perché fanno parte di quella serie di operazioni determinanti nel processo di trasformazione, ma soprattutto perché possono influenzare fortemente l'esito qualitativo e determinare la classificazione del formaggio. Essi consistono in operazioni che possono essere effettuate in tutti i caseifici, come l'affioramento naturale, la scrematura per centrifuga del latte e del siero. Se ci si riconduce alla componente grassa del latte è bene ricordare il trattamento di omogeneizzazione che rende i globuli del grasso della stessa dimensione. Tale operazione è anticasearia e assolutamente da evitare in caseificio.

Raffreddamento

Il latte, dopo la mungitura, può essere lavorato senza alcun trattamento termico (il regolamento CE 853/2004 consente tale azione se effettuata entro due ore dalla mungitura) ma può anche essere stoccato, per la conservazione, fino alla sua lavorazione. Normalmente l'azienda, dopo la mungitura che avviene due volte al giorno (a volte tre, se la stalla è in possesso di robot), tende a conservare il latte in frigo-latte che sono posti in ambienti appositamente predisposti. In alcuni casi la conservazione in frigo-latte avviene direttamente in stalla o nelle strette vicinanze. Tali contenitori refrigeranti devono avere la capacità di contenere tutto il latte della mungitura ma anche di quella successiva, e raffreddare a temperature idonee nel più breve tempo possibile. Il caseificio che lavora due mungiture giornaliere lascia all'allevatore l'onere di stoccare il latte serale e di refrigerarlo fino alla raccolta mattutina dove il latte appena munto viene miscelato a quello precedente. In casi come questo è bene che il latte della mungitura serale venga mantenuto a temperatura non inferiore ai 6 °C e non superiore agli 8 °C, il regolamento CE 853/2004 consente queste temperature se il latte è raccolto giornalmente per essere trasformato. Il latte della mungitura serale può anche essere mantenuto a temperature più elevate, tra 8 e 12 °C senza inoculo di fermenti lattici, metodo questo che è detto "riporto" e consente di mantenere la flora batterica autoctona interessante, anche quella anticasearia, che però può determinare difetti nei formaggi qualora il latte non fosse di buona qualità. C'è in ogni caso la possibilità che il servizio sanitario possa concedere deroghe a quanto stabilito dai regolamenti in relazione alle temperature di mantenimento del latte. Ciò può avvenire solo se il prodotto è conforme alle norme dell'allegato C, capitolo II del DPR 853/2004 che tratta dei criteri microbiologici per i prodotti a base di latte. Qualora il caseificio si trovasse all'interno dell'azienda che alleva le lattifere è consigliabile che il latte della mungitura serale venga stoccato all'esterno della sala latte adiacente la stalla, è preferibile che venga mantenuto, per la notte, all'interno del caseificio in bacinelle anche a temperatura ambiente. Naturalmente la temperatura ambientale non dovrà superare i 18-20 °C. Il latte poi potrà essere utilizzato sia intero che eventualmente scremato.

A volte la conservazione del latte è strettamente legata alla scrematura naturale per affioramento, dove il latte depositato muta la sua condizione e rilascia al grasso alcune delle sue proprietà microbiologiche. Per questo l'affioramento si può considerare una sorta di risanamento del latte. La situazione ideale per l'affioramento naturale è quella di stoccare il latte tra i 12 e i 16 °C, temperature che permettono alla flora batterica di stabilizzarsi senza incrementi eccessivi soprattutto per i batteri termofili. L'attenzione maggiore va al latte stoccato a temperature più basse, fino a 4 °C (regolamento CE 853/2004-massimo a 6 °C), temperature sempre problematiche perché consentono la proliferazione di batteri psicrofili, gli amanti del freddo, che inibiscono l'azione degli starter nella caseificazione. Anche la proliferazione dei coliformi è causata in parte dal raffreddamento prolungato, a basse temperature, del latte. È assolutamente da evitare il raffreddamento del latte sotto i 4 °C, temperatura che favorisce la crescita di batteri psicotrofi. L'effetto del forte raffreddamento determina anche la solubilizzazione e una diminuzione delle dimensioni delle micelle di caseina (frazione β), effetto che avviene particolarmente nel latte vaccino mentre in quello ovino o caprino è meno attivo, e uno squilibrio dei sali minerali in soluzione, il fosfato di calcio e il citrato di calcio.

Questo squilibrio, che determina il passaggio del calcio colloidale in soluzione, con evidente aumento del calcio solubile, porta all'insorgere di problematiche, riscontrabili anche dall'aumento del pH, relative alla coagulazione del latte, determinando coaguli più demineralizzati, piuttosto fragili e difficili da lavorare, da tagliare, e crea condizioni di difficoltà alla successiva sineresi.

Un fattore fisico determinato dalla refrigerazione è l'aumento della densità del latte, che comporta la diminuzione di velocità, e di conseguenza la capacità, di affioramento dei globuli di grasso. L'effetto può essere parzialmente ripristinato riscaldando il latte a 40 °C per un tempo di sosta di 60 minuti, oppure a 20 °C per un tempo di sosta 24 ore. Sono azioni che vanno a incidere positivamente sulla capacità coagulante del latte.

Tabella 11

| | MANTENIMENTO DEL LATTE | |
	Intervento	Temperatura
latte crudo	stoccaggio	4 max 6 °C
	riporto	8-12 °C*
	affioramento	12-16 °C

* Temperature consentite dal CE 853/2004 se il latte viene raccolto giornalmente.

Il latte sottoposto a raffreddamento che si presenti in caseificio con caratteristiche microbiologiche non idonee alla trasformazione può essere risanato in considerazione dell'effetto che si intende ottenere. Il risanamento mira soprattutto a ostacolare la proliferazione del batteri psicrofili per un miglior incremento della flora idonea alla fermentazione lattica tanto indispensabile per la trasformazione. Il casaro, inconsapevole delle problematiche indotte da uno scorretto mantenimento del latte al freddo, si accorgerà della qualità del latte solo una volta aperta e analizzata nelle sue peculiarità organolettiche la forma di formaggio, iniziando dall'analisi visiva per la presenza di occhiatura molto fitta, di piccole dimensioni (fermentazione da coliformi), che associa la pasta del formaggio a una sorta di spugna. Questo grave difetto, causato da innalzamento del pH, determinato da batteri del freddo, porterà il formaggio a una proteolisi spinta, anche a causa dell'alta percentuale di acqua rimasta nella pasta, e all'assunzione di sapore amaro. Già con la termizzazione i batteri psicrofili possono essere parzialmente debellati. Il risanamento del latte può anche essere motivo di riequilibrio dei sali minerali come il calcio, molto importante per le mutazioni chimiche e fisiche del latte e per una migliore formazione del coagulo caseinico.

Tabella 12

| | RISANAMENTO DEL LATTE | |
	Intervento di risanamento	Effetti
latte crudo	termizzazione	eliminazione batteri psicrofili
	prematurazione	incremento flora batterica utile antagonista a quella psicrofila
	aggiunta coadiuvanti	sali da calcio

Prematurazione (preincubazione)

Per prematurazione s'intende quel processo da applicare al latte refrigerato per inibire l'azione dei batteri psicrofili che, come noto, determinano un'azione anticasearia cedendo al formaggio odori e aromi di pessima qualità (Immagine 6, p. 257 e Immagine 7, p. 257). Alcuni dei batteri psicrofili anticaseari che possono provocare danno sono lo Pseudomonas e i micrococchi, capaci di produrre enzimi proteolitici e lipolitici con conseguenti difetti aromatici al formaggio. L'effetto, al contrario, deve prevedere la crescita di batteri mesofili che aiutano la partenza delle fermentazioni utili. Per tale operazione è necessario inoculare il latte, che deve avere come prerogativa la buona qualità microbiologica ed è quindi idoneo alla caseificazione, con fermenti mesofili. Oggi, tramite analisi approfondite, abbiamo la possibilità di stabilire con precisione l'attitudine del latte alla caseificazione ed eventualmente correre ai ripari attuando le azioni necessarie per raggiungere lo scopo, che è quello di trasformare il latte in buon formaggio.

La prematurazione è un'operazione molto delicata e per questo è attuabile solo con latte di buona qualità e in ottime condizioni d'igiene ambientale ed è consigliabile la preventiva termizzazione o la pastorizzazione. I fermenti mesofili da inoculare devono avere potere acidificante medio e potere proteolitico basso, per non modificare eccessivamente il pH e l'acidità titolabile del latte. La prematurazione dev'essere effettuata tenendo in stretta considerazione il formaggio che si deve produrre (Tabella 13) per non commettere errori di acidificazione che potrebbero compromettere la trasformazione del latte e la successiva maturazione del formaggio.

Tabella 13

LATTE IN PREMATURAZIONE				
Tipo di formaggio	Mesofili alla temperatura	Durata prematurazione	Incremento pH	Incremento acidità titolabile (°SH/50)
pasta molle	inoculo a 10-13 °C	12 ore o più	0,2-0,4	1-2
pasta semidura o dura	20-22 °C per 30' poi 8-10 °C	fino alla lavorazione	0,1-02	0,5-1

Le finalità della prematurazione sono riportate nella Tabella 14, che suggerisce quali controlli effettuare per verificarne il risultato, previa analisi della qualità del latte e del siero e soprattutto verifica microbiologica del risultato finale.

Tabella 14

FINALITÀ DELLA PREMATURAZIONE	
Effetto	Controllo
abbassamento azione psicrofili	analisi microbiologica finalizzata alla conta dei batteri e in particolare dei coliformi
aumento azione (starter) batteri utili	controllo del pH e acidità titolabile
aumento velocità di coagulazione	verifica del tempo di presa
aumento del recupero globuli di grasso nel reticolo caseinico	analisi di controllo e verifica sul siero residuo
aumento della resa	verifica del peso ottenuto

La prematurazione dev'essere effettuata in stretta collaborazione con un laboratorio di analisi che ha la capacità di verificare le problematiche del latte e che può suggerire i ceppi batterici da usare per ottimizzare il risultato. Capita, nelle piccole strutture di lavorazione come minicaseifici aziendali o malghe, dove risulta complicato se non addirittura impossibile inviare il latte ai laboratori, che il casaro, una volta appurate le difficoltà di ottenere un tempo di presa corretto, "sporchi" il latte con lattinnesto. Quest'operazione va effettuata da un casaro consapevole che abbia una buona conoscenza della materia e possa utilizzare un lattoinnesto ottenuto in condizioni di estrema igiene. Questo tipo di preinoculo termofilo viene effettuato, nella fattispecie della produzione di formaggi a pasta semidura e dura, nel latte che sosta in bacinelle solitamente usate per l'affioramento del grasso.

Termizzazione

La termizzazione è un trattamento termico che consente al latte di essere parzialmente risanato, riducendo la carica batterica del latte. Precedentemente abbiamo potuto constatare che la termizzazione è utilizzata, nella fase di preincubazione, per limitare l'azione dei batteri psicrofili che sono generati dal raffreddamento del latte. I formaggi che vengono fatti dopo la termizzazione denotano proprietà autoctone se inoculati con lattinnesto naturale, per il mantenimento della flora batterica utile del latte originario. La termizzazione può essere discontinua o continua. Quella discontinua avviene in caldaie con doppio fondo o polivalenti che hanno la funzione di riscaldare il latte, mantenerne la temperatura per il tempo necessario e, in seguito, raffreddare. Ciò comporta un tempo piuttosto lungo in quanto le diverse fasi si basano su meccanismi lenti, a partire dal riscaldamento fino al raffreddamento, che avviene con il passaggio di acqua fredda nell'intercapedine che avvolge la caldaia. La lentezza delle fasi di termizzazione può determinare problemi causati da inquinamenti provenienti dall'ambiente.

La termizzazione a metodo continuo effettuata con l'uso di un pastorizzatore impiega, diversamente da quella discontinua, pochi secondi sia per il riscaldamento che per il raffreddamento. Naturalmente la fase di mantenimento della temperatura di termizzazione non cambia fra un metodo e l'altro.

La termizzazione avviene normalmente con il riscaldamento del latte a 63 °C (60-63 °C) il mantenimento a questa temperatura per un tempo di 10-15 minuti (prove associate ad analisi microbiologiche portano a stabilire correttamente i tempi di termizzazione) e successivamente il raffreddamento alla temperatura di coagulazione o a quella di refrigerazione o, eventualmente, a quella di prematurazione. È un'operazione che di solito si effettua prima della lavorazione in caldaia ma che può avvenire anche parecchie ore prima, al solo scopo di coadiuvare il risanamento di latte raffreddato, o prima dello stoccaggio in refrigerazione per abbassare la componete batterica psicrofila.

La termizzazione è indispensabile per la preparazione del lattoinnesto, essa agisce sulla carica batterica, in particolare quella anticasearia, ma non elimina i coliformi che rimangono a sopire. La si può utilizzare anche per la rivitalizzazione dei batteri precedentemente all'inoculo nel latte. Come già detto non è un'azione risolutiva per il risanamento del latte e quindi va effettuata con latti aventi buone caratteristiche microbiologiche. Per la preparazione del lattoinnesto, la cui tematica sarà approfondita successivamente, è opportuno utilizzare fermentiere che consentono di riscaldare e mantenere la temperatura con estrema precisione e soprattutto nelle condizioni igieniche indispensabili. Prima di termizzare allo scopo di produrre lattoinnesto, è bene conoscere quali sono le famiglie di microrganismi presenti nel latte per intraprendere una migliore azione che mira a mantenere i batteri utili. Sono quindi molto importanti la conta batterica e la verifica, tramite analisi specifiche, dell'attitudine del latte da utilizzare per fare il lattoinnesto.

Tabella 15

	EFFETTI DELLA TERMIZZAZIONE				
	Batteri utili	**Muffe**	**Lieviti**	**Coliformi**	**Patogeni**
Latte termizzato a 63 °C per 10′	eliminati in parte	eliminate	eliminati	eliminati in parte	attivi

La termizzazione spesso è considerata un risanamento risolutivo del latte, ma ciò non è. Il trattamento è più blando della pastorizzazione e non risolve le problematiche delle fosfatasi del latte e di quelle relative alla maturazione del formaggio ma permette una migliore azione acidificante una volta inoculati i fermenti lattici autoctoni o selezionati. In realtà la termizzazione non è molto effettuata per la successiva trasformazione e il suo utilizzo è strettamente legato alla produzione di lattoinnesto.

Pastorizzazione e alte temperature

Alcuni decenni prima che Pasteur si dedicasse agli studi sulla pastorizzazione, William Deves suggeriva la bollitura del latte con successivo rapido raffreddamento, soprattutto se doveva essere utilizzato dai bambini. Deves si era accorto, infatti, che dopo questo processo il latte si manteneva meglio, deteriorava meno rapidamente e di conseguenza aveva maggiore durata.

È abituale, soprattutto per il consumatore, associare la pastorizzazione al latte alimentare, quello che in commercio viene definito "fresco"; in realtà pastorizzare è un risanamento del latte utilizzato comunemente in caseificio. La pastorizzazione viene impiegata soprattutto per distruggere i batteri anticaseari e l'eventuale carica batterica patogena, dannosa per la salute umana. Naturalmente la pastorizzazione non agisce solamente sui batteri "cattivi" ma anche su quelli "buoni", determinando quindi un azzeramento dei microrganismi presenti nel latte.

Viene effettuata con tecniche che consentono di non danneggiare le caratteristiche fisiche e chimiche del latte anche se, oltre alla carica batterica, sono altri i componenti a risentire di questa azione termica. Con la pastorizzazione avviene quindi un vero e proprio risanamento, ma non tutte le componenti batteriche, come quelle appartenenti ai batteri termodurici che resistono alle alte temperature, vengono distrutte, così come per i batteri sporigeni, che vengono eliminati solo con le alte temperature di sterilizzazione. Da questo si evince che il latte può essere risanato con buoni risultati se la sua composizione batterica non è troppo alta. Un elevato numero di batteri termodurici comprometterebbe la qualità del latte per la trasformazione casearia.

È sempre indispensabile conoscere le caratteristiche del latte, nel quale non si devono essere sviluppate tossine resistenti alla pastorizzazione. Le tossine possono anche resistere alle basse temperature e quindi risiedere nel latte refrigerato.

La buona conoscenza del latte che si lavora è indispensabile anche dal punto di vista microbiologico per consentire al casaro di provvedere con consapevolezza alla scelta del giusto trattamento termico, la termizzazione, la pastorizzazione o la lavorazione del latte crudo.

In seguito alla termizzazione è possibile ottenere un buon lattoinnesto che può essere indispensabile per la rivitalizzazione del latte pastorizzato e di conseguenza per le successive fermentazioni. Il casaro dovrà guidare le fermentazioni con metodo corretto per ottenere risultati che possano determinare omogeneità nel prodotto. Il formaggio fatto con latte crudo in merito alle normative italiane dev'essere consumato dopo 60 giorni di maturazione, questo per il potere del formaggio ad autorisanarsi. Questa normativa fa eccezione per i formaggi con denominazione DOP e per altri per i quali viene richiesta deroga. Per i formaggi a latte pastorizzato il consumo è autorizzato immediatamente dopo la salatura.

La pastorizzazione (che il DPR 54/97 prevede sia effettuata a 71,7 °C, per 15 secondi), come la termizzazione, può essere realizzata con il metodo continuo o discontinuo; ovviamente è preferibile il metodo continuo per la sua velocità di esecuzione che consente una maggiore sicurezza igienica.

La fase più importante della pastorizzazione è quella del raffreddamento, che per ovvi motivi microbiologici deve avvenire nel più breve tempo possibile per impedire al latte di essere nuovamente inquinato. La pastorizzazione non è solo un trattamento termico positivo, infatti può arrecare danni ad alcuni componenti del latte. Già a 72 °C interviene la reazione di Maillard, anche se l'effetto maggiore avviene con la sterilizzazione e le proteine tendono a diminuire nel loro valore nutritivo. Il lattosio, così riscaldato, determina nel latte un mutamento di colore che tende al bruno mentre l'odore può risultare di latte cotto. Il riscaldamento agisce anche sui globuli di grasso agevolando la liberazione degli acidi grassi (idrolisi) con problematiche che si innescano durante la maturazione del formaggio, che portano poi conseguenze all'odore e all'aroma del formaggio.

Bisogna ricordare che il riscaldamento a temperature inferiori a 75 °C porta a effetti diversi in funzione della specie animale, sia essa bovina, caprina, bufalina e ovina, perché le componenti del latte sono diverse come diversa è la termoresistenza delle sieroproteine. Le sieroproteine del latte di capra e di pecora, a queste temperature, sono meno sensibili di quelle del latte vaccino, ma al contrario sono più sensibili quando le temperature variano tra 80 e 85 °C. Qualora la temperatura del trattamento superi gli 85 °C le sieroproteine dei latti di diversa specie vengono denaturate in ugual modo.

A temperature superiori a quella di pastorizzazione, ovvero fra 75 e 85 °C, avviene l'inso-lubilizzazione dei sali di calcio e la sua diminuzione, che pare possa essere attorno al 10% rispetto alla sua origine.

Il risanamento del latte a 90-95 °C, solitamente utilizzato per paste acide (lattiche) e yogurt, della durata di 1 minuto o più, oltre ad abbattere la carica batterica e favorire il recupero delle sieroproteine, migliora la ritenzione idrica nella pasta, aumenta la viscosi-tà del prodotto, e ne determina una microstruttura più fine e omogenea.

L'elevato trattamento termico del latte porta altresì a una difficile coagulazione, allun-gando e spesso alterando il punto di presa. Questo avviene per la perdita delle capacità di aggregazione delle k-caseine a causa della difficoltà a legare la β-lattoglobulina e la k-caseina. L'effetto, nel latte vaccino, diventa sempre maggiore con il crescere delle tem-perature, a differenza che nel latte ovino o caprino, soprattutto quando il trattamento supera 85 °C. Resistente al riscaldamento è soprattutto il latte di capra, anche a 90 °C, in quanto, essendo le caseine maggiormente mineralizzate, riesce a conservare un ottimale tempo di presa, motivo per cui il formaggio cacio-ricotta viene specificatamente fatto da questo latte. Anche il latte ovino risente delle alte temperature, in modo inferiore a quello vaccino ma superiore a quello caprino.

La pastorizzazione, in particolare se si superano 85 °C e i cinque minuti di sosta del latte, porta a una minore velocità di presa in fase di coagulazione che può variare, rispetto al latte crudo, fino al 50% per quanto riguarda il latte ovino o caprino e del 60/230% nel latte vaccino (Raynal e Remuef, 1998).

La presenza di aggregati di β-lattoglobulina e k-caseina, determinati dal riscaldamento del latte, riduce la capacità di spurgo del siero dalla cagliata. Maggiore riduzione avviene nel latte ovino, tanto che a temperature di 80 °C l'effetto viene annullato. Inferiore è quello del latte vaccino mentre il latte di capra, anche se riscaldato a 90 °C, non vede riflessi sullo spurgo, mantenendolo nella norma o maggiore anche del 40%.

Alcune vitamine, come le B1-B12-C, vengono danneggiate se non addirittura distrutte. Il latte nelle sue componenti minerali viene demineralizzato a causa dell'insolubilizzazione dei sali di calcio determinando difficoltà alla coagulazione.

Pastorizzare quindi non è una fase banale della trasformazione, per cui il casaro deve progettare attentamente il formaggio da fare, deve conoscere le fermentazioni da guida-re e soprattutto il risultato da ottenere.

La pastorizzazione di latte stoccato, che solitamente viene effettuata subito prima della trasformazione, non toglie le problematiche degli effetti causati dalla microflora psicro-fila e dalla conseguente produzione di enzimi. Essi, essendo proteolitici, possono influire sulle caratteristiche del formaggio anche se lo stesso non presenta difetti apparenti con-cedendo sapore amaro o ossidazione, in quanto il tempo stesso di stoccaggio è solita-mente piuttosto lungo.

Una soluzione da considerare per risolvere il problema può essere quella di termizzare il latte in entrata al caseificio e dopo lo stoccaggio effettuare la prevista pastorizzazione. Questa azione impedisce la crescita psicrofila garantendo anche un assoluto abbattimento della flora microbica. Naturalmente questo "doppio" risanamento del latte comporta anche aspetti negativi (una più difficile azione del caglio, uno squilibrio dei sali minerali) e obbliga a profonde riflessioni sulla qualità del formaggio.

Affinché la pastorizzazione sia garantita è necessario il test di fosfatasi alcalina, metallo-proteina concentrata sulla superficie dei globuli di grasso e inibita dalla pastorizzazione. Tale test verifica la positività o la negatività. Con il risanamento di termizzazione la fosfatasi è ancora positiva e quindi non vi è la garanzia che il latte sia privo di batteri patogeni.

Tabella 16

Trattamento	Attività enzimatica test
termizzazione (60-63 °C per 15-20 secondi)	fosfatasi ancora positiva
pastorizzazione (72 °C per 16 secondi)	fosfatasi negativa: perossidi positive
pastorizzazione (78 °C per 15-20 secondi)	fosfatasi e perossidi negative

Fonte: Mucchetti e Niveina, 2006

Tabella 17

	EFFETTI DELLA PASTORIZZAZIONE				
	Batteri utili	Muffe	Lieviti	Coliformi	Patogeni
Latte pastorizzato a 72 °C per 15"	eliminati	eliminate	eliminati	eliminati	eliminati

Dalla Tabella 17 si evince che tutti i componenti del latte, i microrganismi, vengono eliminati facendo del latte una sostanza sterile. In effetti non proprio tutto è debellato, rimangono per esempio alcuni ceppi di coliformi di enterococchi e anche di stafilococchi (vedi grafico.) Ciò ci avverte che, per gli scopi caseari per cui si sceglie di pastorizzare, è necessario che il latte sia di buona qualità soprattutto dal punto di vista microbiologico.

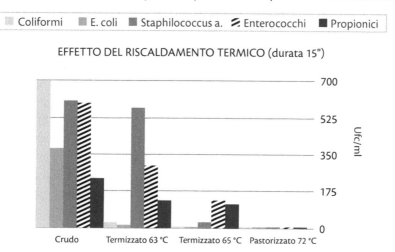

Fonte: Lodi, 2008 (rielab.)

Separazione del grasso

Oltre ai trattamenti termici, che permettono il risanamento del latte, in caseificio avvengono altre operazioni atte a modificare fisicamente il latte, il cui scopo è strettamente caseario e ideale per la produzione di formaggi.

Storicamente il formaggio, soprattutto nel territorio dell'arco alpino, veniva fatto da latte parzialmente scremato. Il motivo della scrematura era di natura alimentare ed economica e avveniva per la grande richiesta di burro. Dopo tanti anni in cui il burro veniva sminuito a discapito delle sue caratteristiche e proprietà alimentari, oggi vi è una rivalutazione, anche nutrizionale, soprattutto di quello dichiarato biologico o fatto nel periodo estivo nelle malghe.

Attualmente resiste l'usanza di fare formaggio semigrasso per alcune denominazioni d'origine protetta e per alcuni formaggi tradizionali. La base tecnologica del formaggio semigrasso è la fase di scrematura del latte, in particolare quello della mungitura serale. Per effettuare la scrematura vengono utilizzati due metodi: il primo è quello tradizionale per affioramento, il secondo per centrifuga del latte, che permette di ottenere meccanicamente la separazione fra parte liquida e parte grassa. Il grasso può essere utilizzato sia per scopi alimentari, previa pastorizzazione, sia per ottenere il burro anche a crudo. Mentre la panna ricavata da centrifugazione è dolce, quella da affioramento, a causa della lunga sosta in bacinelle, è invece acida, più adatta per fare formaggio. I due metodi di scrematura differiscono anche per quantità di grasso che viene separato, essendo molto più consistente nella scrematura per centrifuga anche dal siero di latte.

Tabella 18

	QUANTITÀ DI CREMA RICAVATA DA DIVERSI METODI DI SCREMATURA		
	Per centrifuga	Per affioramento	Dal siero per centrifuga
Grasso/100 g	35-40	20-24	44-48

Fonte: Mucchetti, 2006

Dal punto di vista caseario il latte scremato viene utilizzato per fare formaggi a pasta semigrassa oppure per ottenere latticini come lo yogurt. La centrifugazione, essendo un'azione meccanica, può danneggiare la membrana dei globuli di grasso.

La panna è utilizzata anche per quei latticini che devono contenere percentuali di sostanza grassa ben definita. Invece il recupero del grasso dal siero è una fase molto importante per le piccole e medie imprese di trasformazione perché si presenta come valore aggiunto che, altrimenti, verrebbe disperso. Il danno che la centrifugazione provoca ai globuli di grasso può anticipare l'irrancidimento lipolitico. La centrifugazione del siero è un'operazione che normalmente non avviene nei piccoli caseifici, dove il latte viene lavorato intero o dove per la scrematura del latte si preferisce utilizzare gli antichi metodi di affioramento, peraltro da sempre in uso anche nella caseificazione di grandi formaggi come il Grana Padano DOP e il Parmigiano Reggiano DOP.

Per il metodo di affioramento naturale non avviene alcuna movimentazione del latte ma una sosta prolungata dello stesso. Ha origini antichissime e solo con l'avvento della microbiologia se ne sono conosciuti i vantaggi. Il metodo più tradizionale è usato ancora nelle piccole aziende, soprattutto alpine e dove il latte di vacca predomina, e consiste nel porre il latte in vasi solitamente di rame della capacità di circa 35 litri, posizionandoli in vasche nelle quali scorre l'acqua di fonte. Questo metodo permette al latte di refrigerarsi in modo lento a una temperatura che normalmente varia dai 10 ai 16 °C (temperatura della fonte d'acqua) per affiorare molto lentamente. La profondità di questi vasi impedisce al grasso di risalire completamente nelle circa 12 ore di intervallo tra la mungitura e la scrematura. Un'altra tecnica di affioramento è quella utilizzata nei caseifici che fanno formaggi tipo grana o a pasta semigrassa dura, che dispongono di bacinelle in acciaio di grandi dimensioni la cui altezza è di 10-15 cm dove il latte depositato, nell'arco della notte, permette al grasso di affiorare quasi completamente. Mentre nel primo caso, quello dei vasi in rame, la scrematura avviene a mano con spannarola, nel caso delle bacinelle avviene per svuotamento dal basso del latte scremato, il cui residuo è la sostanza grassa. È a discrezione del casaro scegliere la quantità di grasso da eliminare dalla massa che produrrà il formaggio. Il grasso del latte in affioramento galleggiando sale con velocità in proporzione al diametro dei globuli di grasso, alla differenza di densità tra la sostanza grassa e il latte.

Se la si rapporta a un ragionamento matematico la velocità di affioramento (V) è direttamente proporzionale al diametro dei globuli e alla differenza di densità tra il latte e la sostanza grassa e inversamente proporzionale alla viscosità e si calcola con la seguente formula (Stokes):

$$V = \frac{2}{9}g\frac{(dl - dg)r^2}{\eta}$$

dove:
g = accelerazione di gravità;
dl = densità latte;
dg = sostanza grassa;
r = raggio del globulo;
η = viscosità.

La velocità reale è comunque sempre maggiore di quella calcolata perché i globuli di grasso nel latte sono fra loro aggregati. Naturalmente vi è l'influenza della temperatura e del pH in quanto l'innalzamento della temperatura diminuisce la velocità di affioramento, tanto che a 55-60 °C l'affioramento non avviene più.

L'affioramento è un metodo naturale che non danneggia le proprietà fisiche del latte, anzi lo risana dal punto di vista microbiologico permettendo alle spore di *Clostridium tyrobutyricum* di affiorare con il grasso e al latte di prematurare parzialmente. È questo il motivo per cui, da latte parzialmente scremato, si producono formaggi a lunga stagionatura.

Per ottenere un buon affioramento è bene utilizzare il latte della mungitura serale, raccolto in vasi o in bacinelle senza che abbia subìto alcun trattamento termico, di raffreddamento o di riscaldamento. Gli ambienti per l'affioramento del latte sono solitamente a temperatura naturale variabile non superiore ai 17-18 °C, meglio se 14-16 °C. A queste temperature il latte non subisce un incremento acidimetrico particolarmente elevato ma rimane nelle condizioni microbiologiche idonee per la successiva lavorazione.

Tabella 19

RISULTATO DELLA SOSTA DEL LATTE IN AFFIORAMENTO					
Temperatura di affioramento	Ore	Materia grassa ricavata	Batteri psicrofili	Altri batteri	Incremento acidimetrico del latte residuo
10-16 °C	10-12	30-40% (latte in affioramento)	non proliferano	lieve proliferazione	0,1-0,2 °SH/50

La tecnica relativa alla separazione del grasso è specifica del latte vaccino in quanto i globuli sono particolarmente grandi e di dimensione diversificata fra loro, ed è attuabile anche per il latte bufalino. Per questo hanno la forte capacità di aggregarsi fra loro e determinare un maggiore galleggiamento. I latti di capra e di pecora non sono idonei a questa tecnica, per le motivazioni opposte a quelle del latte di vacca, anche se qualche caseificio pratica l'affioramento e la centrifugazione con latte ovino. L'affioramento è fattibile con il latte di bufala, anche se la qualità del grasso non è come quella del latte vaccino. Questo eccellente latte è molto indicato per lavorazioni di formaggi freschi o di breve stagionatura, naturalmente grassi. È invece consigliabile, per chi produce yogurt da latte bufalino, diminuire la concentrazione grassa del latte da utilizzare per migliorare le caratteristiche organolettiche del prodotto, che altrimenti si presenterebbero piuttosto indesiderabili, abbassandone di conseguenza l'appetibilità.

Latte delattosato

Alcuni componenti del latte possono portare ipersensibilità, che si traduce nell'allergia alle caseine e all'intolleranza al lattosio, lo zucchero del latte. Quest'ultima è definibile come l'incapacità di digerire il lattosio, che porta a diversi sintomi. L'intolleranza non ha dipendenza dai meccanismi del sistema immunitario ma da deficit enzimatici determinati dalla mancanza di lattasi.

La mancanza di lattasi, ovvero di quell'enzima che scinde il lattosio in glucosio e galattosio, che è presente nelle cellule intestinali che ne formano il bordo, detiene un'attività che va a diminuire, fin tanto che rende difficoltosa o in molti casi impossibile, la fase digestiva degli alimenti in cui vi è presenza di lattosio come il latte, molti formaggi e tanti latticini. Certo è che questa, che possiamo definire, patologia non appartiene a tutti gli adulti: per la maggior parte, infatti, essi sono lattasi persistenti, ovvero in presenza dell'enzima digeriscono il lattosio.

La mancanza di lattasi consente al lattosio di raggiungere l'intestino inferiore, senza essere digerito da quello superiore, dove è fermentato dai batteri produttori di anidride carbonica, idrogeno e metano, provocando diversi disturbi come dolori e crampi addominali, gonfiore, meteorismo, flatulenze e diarrea.

Tabella 20

SINTOMI RISCONTRATI IN INDIVIDUI CON TOLLERANZA AL LATTOSIO	
Sintomi	Numero di persone con sintomi (% sul totale)
dolori addominali	100
borgorigmi	100
flatulenza	100
nausea	78
vomito	78
diarrea	70
costipazione	30

Fonte: Harrington and Mayberry, 2008; Savaiano et al., 2006; Swagerty et al., 2002

L'intolleranza si manifesta in diverse forme, delle quali il deficit primario viene per la diminuzione, dopo lo svezzamento, dell'attività enzimatica, ovvero in seguito all'alimentazione prevalente con il latte materno. In seguito l'enzima lattasi diminuisce gradatamente o smette di essere prodotto provocando, nei soggetti, i sintomi già citati e l'impossibilità di assumere lattosio.

Il deficit secondario è una patologia transitoria, causata dal limitato assorbimento del lattosio per presenza parziale di lattasi. A volte ha breve durata, alcuni mesi, o cronica e può provocare alcune malattie come la gastroenterite acuta, ma può portare anche a celiachia.

Il lattosio è un disaccaride ed è costituito da una molecola di D(+)-galattosio e da una molecola di D(+)-glucosio uniti da un legame $\beta(1\text{-}4)$glicosidico. È lo zucchero prevalente del latte dei mammiferi e consta nel 98% degli zuccheri totali. La sua scissione in glucosio e galattosio è prioritaria per una buona digestione dei latticini, formaggi, yogurt e altri. Essa, la scissione, può avvenire per la presenza di lattasi o per scissione programmata da delattosazione che anticipa la trasformazione casearia, ma sempre per cause enzimatiche.

La delattosazione diviene quindi una pratica comune a molte aziende che intendono favorire il consumo dei prodotti per coloro che soffrono di intolleranza. Per questo sono in uso diverse pratiche sempre attuate con l'ausilio di enzimi o di microrganismi che li producono.

La tecnica di delattosazione vede in primis l'utilizzo di β-galattosidasi, che idrolizza il lattosio in glucosio e galattosio, le cui fonti possono derivare da microrganismi, enzimi batterici, fungini o lieviti. L'enzima lattasi che costituisce la materia prima per la delattosazione può essere isolato da animali, lieviti, piante, funghi e microrganismi (batteri). La tabella che segue indica le fonti da cui può essere estratta la β-galattosidasi. La lattasi è principalmente estratta da un gran numero di batteri e la β-galattosidasi dai ben noti *Lactobacillus delbrueckii subsp. bulgaricus*, *Streptococcus thermophilus*, *Bacillus stearothermophilus* e altri ancora.

Non si possono dimenticare i lieviti, capaci di produrre anche rapidamente la β-galattosidasi, tra i quali *Kluyveromyces lactis*, prima classificato come *Saccharomyces lactis* e poi come *Kluyveromyces fragilis var. Lactis*, molto commercializzato e utilizzato.

I prodotti che possono provvedere alla delattosazione devono essere inoculati nel latte prima o dopo la sanificazione termica; in questa seconda ipotesi, avvenendo la scissione del glucosio dal galattosio, viene evitata la reazione di Maillard che si sviluppa determinando l'imbrunimento e la caramellizzazione del latte.

La scissione del lattosio nei due monosaccaridi concede al latte maggiore dolcezza rispetto all'effetto dolcificante del lattosio. Per evitare un'eccessiva dolcificazione è bene quindi provvedere a limitare l'idrolisi all'80-90% (Harju, Kallioinen e Tossavainen, 2012).

In Novozymes North America Inc. (2011) viene tracciato il processo che determina il metodo tradizionale del latte delattosato.

SCHEMA DI PROCESSO DEL LATTE DELATTOSATO UHT CON UNA LATTASI NON-STERILE

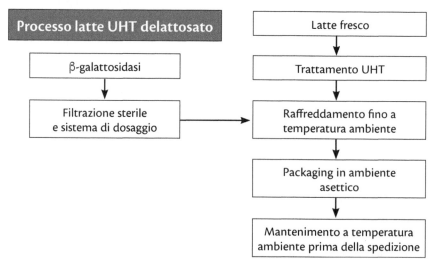

Fonte: Novozymes North America Inc., 2011 (rielab.)

La delattosazione procura, oltre ai benefici a favore degli intolleranti, anche alcuni benefici di carattere specifico su alimenti del settore lattiero-caseario. Ciò comunque non significa che i casari debbano per forza delattosare ma è bene considerare attentamente questa tecnica che può aiutare molti ad assumere i loro prodotti. Peraltro non si deve dimenticare che chi non presenta intolleranza deve in ogni caso continuare ad assumere alimenti contenenti lattosio, anche per mantenere attiva l'azione della lattasi naturalmente presente nell'organismo.

Tabella 21

MICRORGANISMI FONTE DI β-GALATTOSIDASI	
Fonte	**Microrganismi**
batteri	*Alicyclobacillus acidocaldarius subsp. rittmannii* *Arthrobacter sp.* *Bacillus acidocaldarius, B. circulans, B. coagulans, B.* *subtilis, B. megaterum, B. stearothermophilus* *Bacteriodes polypragmatus* *Bifidobacterium bifidum, B. infantis* *Clostridium acetobutylicum, C. thermosulfurogens* *Corynebacterium murisepticum* *Enterobacter agglomerans, E. cloaceae* *Escherichia coli* *Klebsiella pneumoniae* *Lactobacillus acidophilus, L. bulgaricus, L. helviticus, L.* *kefiranofaciens, L. lactis, L. sporogenes, L. themophilus,* *L. delbrueckii* *Leuconostoc citrovorum* *Pediococcus acidilacti, P. pento* *Propioionibacterium shermanii* *Pseudomonas fluorescens* *Pseudoalteromonas haloplanktis* *Streptococcus cremoris, S. lactis, S. thermophius* *Sulfolobus solfatarius* *Thermoanaerobacter sp.* *Thermus rubus, T. aquaticus* *Trichoderma reesei* *Vibrio cholera* *Xanthomonas campestris*
funghi	*Alternaria alternate, A. palmi* *Aspergillus foelidis, A. fonsecaeus, A. fonsecaeus, A.* *Carbonarius, A. Oryzae* *Auerobasidium pullulans* *Curvularia inaequalis* *Fusarium monilliforme, F. oxysporum* *Mucor meihei, M. pusillus* *Neurospora crassa* *Penicillum canescens, P. chrysogenum, P. expansum* *Saccharopolyspora rectivergula* *Scopulariapsis sp* *Streptomyces violaceus*
lieviti	*Bullera singularis* *Candida pseudotropicalis* *Saccharomyces anamensis, S. lactis, S. Fragili* *Kluyveromyces bulgaricus, K. fragilis, K. lactis, K.* *marxianus*

Fonte: Panesar et al., 2010

Il latte delattosato è quindi da considerarsi un alimento funzionale, capace di limitare alcune più o meno gravi patologie.

I limiti della presenza di lattosio sono determinati da normative nazionali. In Europa ogni Stato ha scritto leggi specifiche fissando tali limiti anche in modo diverso. In Italia si può considerare un prodotto delattosato quando il suo residuo rimane al di sotto di 0,1 g per 100 g o 100 ml. Qualora il contenuto di lattosio residuo fosse inferiore a 0,5 g, il prodotto che lo contiene può essere considerato a ridotto contenuto di lattosio.

Altri trattamenti del latte

I trattamenti termici del latte finora analizzati sono quelli che normalmente si impiegano nella caseificazione in modo diffuso anche nei piccoli e medi stabilimenti di trasformazione. Sono metodi piuttosto conosciuti che permettono al casaro di optare per la trasformazione del latte per ottenere formaggi di diverse tipologie, siano essi di breve o lunga stagionatura e, in particolare, per ottenere prodotti che si possono definire di fantasia.

Vi sono altri trattamenti termici, non importanti dal punto di vista caseario ma che è bene conoscere, come la sterilizzazione (metodo UHT) e la microfiltrazione.

La sterilizzazione consiste nel riscaldamento del latte alla temperatura di 135 °C così mantenuta per 2-5 secondi. L'elevata temperatura determina la distruzione di tutta la flora batterica del latte con influenza negativa sulle micelle caseiniche e l'imbrunimento del latte a causa della caramellizzazione del lattosio (reazione di Maillard).

La microfiltrazione è un'azione di risanamento che prevede inizialmente la separazione dei globuli di grasso dal latte e successivamente la filtrazione tramite membrane di materiale ceramico aventi porosità tali (micro) da consentire la separazione del latte dalla quasi totalità delle impurità, anche microbiche, microscopiche. Successivamente il grasso viene riunito al latte e la miscela viene sterilizzata. Con la microfiltrazione vengono eliminate le spore, le cellule e gli enzimi endocellulari e non viene arrecato alcun danno ai sali minerali. Simile alla microfiltrazione è la battofugazione che consente di eliminare le cellule somatiche.

Un altro importante trattamento fisico è l'omogeneizzazione, ovvero l'azione che sottopone il latte a pressione variabile, dai 100 ai 400 bar, e che riduce in modo considerevole le dimensioni dei globuli di grasso. I globuli di grasso sottoposti a questa violenta operazione si rompono e si riducono di 10-30 volte. Per evitare un'azione lipolitica rapida il latte dopo essere stato omogeneizzato viene pastorizzato. I globuli di grasso si "omogeneizzano" per dimensione rendendo le operazioni casearie piuttosto difficili anche per l'enorme aumento del loro numero, che sbilancia il rapporto con le proteine. Per l'azione fisica di questo trattamento diventa difficoltoso intrappolare, in fase di coagulazione del latte, i globuli di grasso nel reticolo caseoso. L'omogeneizzazione è però un'azione meccanica sul latte che agevola altre produzioni, come lo yogurt per il quale il coagulo diventa più stabile, o la panna da montare che acquisisce una particolare azione schiumogena. Dal punto di vista alimentare il latte omogeneizzato è più digeribile soprattutto per i bambini dopo la lattazione materna. È invece particolarmente controindicato per fare formaggio perché diventa impensabile la scrematura, le proteine diventano termolabili, ovvero non sopportano più il calore. Il latte inoltre diventa sensibile alla luce e, per effetto della rottura dei globuli di grasso miscelati al latte non omogeneizzato, fa innescare la lipolisi e la conseguente assunzione di odori e aromi indesiderati. L'omogeneizzazione, per i costi di gestione delle macchine, è una procedura che viene usata particolarmente dalle industrie che devono produrre latticini particolari come fiocchi di latte, formaggio spalmabile e altre produzioni particolarmente standardizzate.

L'omogeneizzazione industriale, nella trasformazione casearia, porta a ottenere un coagulo soffice e debole per l'effetto destabilizzante dei globuli in eccesso. Per quanto riguarda i formaggi erborinati, il latte omogeneizzato va a favorire l'azione lipolitica e delle muffe, mentre provvede alla formazione di viscosità se utilizzato per formaggi cremosi e yogurt, e ne aumenta l'effetto di spalmabilità nei formaggi fusi.

La batteriologia applicata alla caseificazione

4

Quando si trasforma il latte per fare formaggio, sia che si operi per coagulazione lattica che presamica, avvengono mutazioni chimiche e fisiche tanto rilevanti da modificare lo stato liquido del latte prima in gel e poi in sostanza solida.

L'uso delle attrezzature manuali o meccaniche e dei diversi tipi di caldaia influenza il risultato ma la vera causa per cui avviene la trasformazione casearia è quella determinata dalla vitalità del latte, ovvero da ciò che esso contiene, non solo dal punto di vista chimico ma soprattutto da quello batteriologico.

L'azione microbiologica negli alimenti è fondamentale per ottenere prodotti fermentati, così come lo è per la loro maturazione e conservazione, ma non si può dimenticare che i batteri sono parte in causa del loro deterioramento. Il casaro consapevole ha bisogno di capire quello che accade al latte nelle varie fasi di lavorazione perché fare il formaggio significa guidare un'azione batterica essenziale per ottenere i risultati programmati. Molte delle problematiche che si riscontrano nei caseifici sono proprio causate dalla non conoscenza di questa materia tanto importante.

La batteriologia o microbiologia è una scienza nata recentemente, quando l'uomo ha scoperto che il microbo è vita e che non ha solo caratteristiche patogene ma anche utili ed è soprattutto applicabile alla produzione di alimenti come il formaggio. Già nel 1600 con l'invenzione del microscopio si scoprì la presenza dei microrganismi nella materia biologica. Louis Pasteur iniziò a comprendere quale fosse l'attività dei microrganismi e il loro ruolo fermentativo anche in relazione alla conservabilità degli alimenti. Lo scienziato si basava sugli studi di alcuni suoi predecessori, proprio come oggi si continua ad approfondire questa materia che, causa le microscopiche dimensioni dei organismi, non è stata ancora scoperta del tutto. Oggi sappiamo che i microrganismi si sono evoluti: pare che esistano da ben 3 miliardi di anni e che nel tempo si siano adattati a molti tipi di ambiente.

I batteri sono attivi nel latte crudo e in quello inoculato dal casaro e sono basilari per ottenere formaggi tipici, autoctoni del territorio di produzione. La tipicità di un formaggio dipende da molti fattori, tra i quali prevale quello microbiologico. Il territorio di origine determina una diversa presenza di batteri che giungono nel latte già dalla mungitura. Ogni ceppo di batteri, anche della stessa famiglia, ha caratteristiche diverse, quelle che "caratterizzano" il formaggio. Come già detto, la microbiologia è stata scoperta recentemente e il casaro deve cogliere l'opportunità di approfondire questa materia, almeno per quanto riguarda il settore in cui lavora. Il contributo che il casaro può ottenere dalla microbiologia è determinante in ogni fase della trasformazione, tanto da permettergli di studiare e programmare anche formaggi di fantasia. Oggi ci si può avvalere di laboratori di analisi e ricerca, distribuiti in tutto il territorio italiano, che possono essere di notevole aiuto. Sono molto importanti per esempio le analisi del latte finalizzate a verificare la presenza di batteri patogeni o filocaseari e la conta batterica per comprendere quali famiglie e ceppi sono presenti nel latte. Tutto ciò permette al casaro di capire come provvedere all'innesto di fermenti, come programmare la corretta acidificazione del latte e di conseguenza del formaggio. Oggi non si può più lasciare al caso la lavorazione del latte, anche se si produce formaggio tipico, quel formaggio che spesso viene fatto in alpeggio. Abbiamo la possibilità di conoscere la materia latte in modo approfondito: facciamolo, il casaro ne trarrà un beneficio non indifferente e di conseguenza anche il consumatore potrà avvalersi di risultati qualitativamente superiori. La qualità del formaggio nasce quindi dalla buona conoscenza del latte in tutte le sue peculiarità.

Batteri

I batteri sono organismi talmente piccoli da non poter essere visti a occhio nudo. Tali organismi viventi sono suddivisi in tre linee evolutive chiamate "domini": batteri, archeobatteri (entrambi raggruppati nel dominio dei procarioti) ed eucarioti. Dal punto di vista caseario siamo interessati a considerare alcuni gruppi principali: protozoi, funghi, alghe e lieviti (appartenenti agli eucarioti), batteri e cianobatteri (appartenenti ai procarioti) e i virus che si presentano con struttura "acellulare".

Tabella 1

PRINCIPALI GRUPPI DI MICRORGANISMI DI INTERESSE CASEARIO					
Eucarioti				**Procarioti**	**Virus**
protozoi	funghi	alghe	lieviti	batteri e cianobatteri	
nucleo e membrana nucleare				nessuna membrana nucleare	nessuna struttura cellulare
2-25 µm				0,3-2 µm	20-300 nm
parete solo in funghi e piante				parete sempre presente (no nei microplasmi)	
metabolismo limitato (reazione di ossidoriduzione nei mitocondri*)				metabolismo attivo: respirazione aerobica e anaerobica, fermentazione, reazione di ossidoriduzione a livello di membrana	

* All'interno della cellula eucariota sono presenti vari organelli (mitocondri) detti anche organuli, che svolgono differenti funzioni necessarie alla sua sopravvivenza. Gli organelli assieme al citosol formano il citoplasma.

I batteri sono corpi definiti da una struttura fisica composta e sempre provvisti di parete. Tale parete è diversificata e rappresentativa di due tipi di forme batteriche, i batteri Gram+ e i batteri Gram-. I Gram+ hanno una parete cellulare composta da complessi di acido muramico, un polimero (macromolecola costituita da un gran numero di gruppi molecolari diversi o uguali) costituito da zuccheri e amminoacidi, che quindi si presenta grossa, mentre i Gram- hanno una parete composta da proteine e lipidi che per questo è più sottile. La suddivisione dei due gruppi batterici è determinata dalla colorazione di Gram[1], e risultano violetti i Gram+ e rossi i Gram-.

Tabella 2

PROTISTI			
Procarioti			
batteri Gram+		batteri Gram-	
sporigeni	asporigeni		
	batteri lattici		

Fonte: Salvadori del Prato, 1998

Tabella 3

INTERESSE CASEARIO DEI BATTERI GRAM+ E GRAM-			
Batteri	**Caseari**	**Anticaseari**	**Ubiquitari***
Gram+	sì	no	no
Gram-	no	sì	sì

* Che si trovano in ogni luogo.

L'azione dei batteri e la loro crescita dipendono dalle situazioni in cui si trovano e sono fortemente influenzati dalla presenza di ossigeno o dalla sua assenza, dalla temperatura e dalla presenza di acqua. Per la loro crescita e duplicazione le cellule microbiche necessitano di energia, che può essere recuperata dalla luce per azione degli organismi fotosintetici, o dall'ossidazione di composti organici o inorganici.

Il carbonio è indispensabile per la costruzione del materiale biologico della cellula, che lo può recuperare dall'anidride carbonica (autotrofi) o dalla materia organica (eterotrofi, come lo sono i batteri di interesse alimentare). Affinché l'energia si riproduca è necessario uno scambio di elettroni da una specie chimica a un'altra (ossidoriduzione).

La loro riproduzione è asessuata e avviene per divisione binaria ovvero per duplicazione del cromosoma batterico. L'invaginazione della parete batterica determina la divisione della cellula batterica in due parti. Al termine di questo processo, che necessita di circa 30 minuti, le figlie assumono lo stesso DNA della cellula madre. La velocità con cui avviene la replicazione permette una crescita esponenziale delle cellule batteriche.

----

[1]   Particolare esame di laboratorio che consente ai batteri di assumere le loro caratteristiche colorazioni.

La vita dei microrganismi e la loro organizzazione è semplice, la loro crescita e diffusione dipende dall'ambiente e, se l'uomo riesce a sopravvivere, anche la vita microbica ne trae le condizioni. Anzi, dove l'uomo potrebbe non ambientarsi, i microrganismi, che hanno davvero semplici esigenze, possono crescere e moltiplicarsi.

Questa loro semplicità si riflette sulla loro velocità di duplicazione e riproduzione, assai più rapida di quella di ogni altro essere vivente, e dipende dalle variabili estrinseche o intrinseche capaci di favorire o inibire la loro vitalità.

Il DNA determina la capacità di sopravvivenza, autodifesa e duplicazione della cellula batterica. Il carattere di adattamento è "misurato" dalla parete e dalla membrana, e determina la capacità della cellula di adattarsi o non adattarsi all'ambiente che la circonda. La sua autodifesa, che solitamente avviene in condizioni non ideali, comporta l'utilizzo di energia che altrimenti verrebbe usata per le altre attività cellulari. Se l'energia necessaria viene a mancare, la cellula batterica cessa di funzionare.

La biodiversità delle varie specie di microrganismi è determinata anche dalle condizioni ottimali per la loro duplicazione e vita, ciò è determinante in campo caseario ed è la base delle azioni che il casaro deve gestire.

Infatti i fattori tecnologici, il substrato e le caratteristiche intrinseche ed estrinseche dell'ambiente determinano la continua evoluzione della cellula batterica, così come la presenza di altre specie di microrganismi.

Tabella 4

IMPORTANZA DEI BATTERI PER LA TRASFORMAZIONE CASEARIA			
Batteri	Vitalità e crescita	Influenza dell'acqua (indice aW)	Influenza del sale
aerobi	in presenza di ossigeno	aW = rapporto tra la pressione di vapore acqueo di qualsiasi prodotto alimentare e la pressione di vapore dell'acqua pura. La crescita dei vari microrganismi si arresta a dati livelli di aW; questa conoscenza permette al casaro di capire quanta sia l'influenza batterica in presenza di + o - di acqua nel prodotto.	Il sale può inibire la crescita dei batteri; i batteri alotolleranti non sono disturbati dal sale e i batteri alofili possono crescere anche con sale che supera il 3%.
anaerobi	in assenza di ossigeno (facoltativi o obbligati)		
psicrotrofi	crescita al freddo		
psicrofili	crescita < 4 °C		
mesofili	10-32 °C		
termofili	36-50 °C		
acidofili	< pH 5		
basofili	> pH 7		

Nel caso del formaggio l'acqua allo stato libero, aW, quindi non legata chimicamente alle caseine o alle altre molecole ma principalmente intrappolata nella maglia caseinica, è di importanza fondamentale per le reazioni biochimiche e fisiche.

Le diverse metodologie che possono accelerare, inibire o rimuovere le varie azioni dei microrganismi sono tutte da associare alle tecniche, quali la termizzazione, la pastorizzazione ma anche la centrifugazione, i coadiuvanti tecnologici, l'utilizzo di additivi, ma anche l'innesto di cellule batteriche naturali o selezionate.

Le interazioni che avvengono tra varie specie batteriche o tra le specie batteriche e l'ambiente che le circonda, dal quale traggono energia, sono le condizioni che il casaro deve ottenere per avviare le fermentazioni che maggiormente desidera, sia nel latte crudo che in quello pastorizzato.

Per la trasformazione casearia sono utili i batteri che mostrano capacità acidificanti e che producono acido lattico ovvero i mesofili e i termofili. I formaggi, in Italia, sono per la maggior parte di fermentazione termofila; mesofila per quanto riguarda i formaggi freschi o di breve stagionatura a latte caprino e a coagulazione lattica. Alcuni formaggi a coagulazione presamica possono essere inoculati anche con fermenti mesofili. I batteri lavorano in funzione della temperatura anche con brevi sovrapposizioni, situazioni che possono generare conflitto e inibire la loro azione vicendevolmente. Questo è un motivo per cui è bene che il casaro favorisca temperature mirate e al picco massimo di crescita relativo al fermento che utilizza. È anche utilizzabile per esempio una temperatura intermedia che possa vicendevolmente acidificare il latte e passare, con il calo naturale della temperatura, a rivitalizzare i batteri che amano temperature inferiori. Nel grafico sottostante sono evidenziati gli incroci che permettono, in linea di massima, di operare in modo oculato nella scelta delle temperature più idonee.

SOPRAVVIVENZA E CRESCITA DEI BATTERI IN FUNZIONE DELLA TEMPERATURA

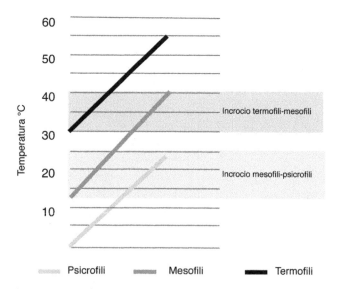

La temperatura di utilizzo dei fermenti è strettamente legata alla temperatura di trasformazione del latte. Se la temperatura di coagulazione, per esempio, è di 36 °C i fermenti da inoculare dovranno essere termofili, a maggior ragione se poi la cagliata dovrà essere semicotta o cotta. Questa è una regola che può anche essere infranta perché a volte è necessario cagliare a 30-32 °C e utilizzare fermenti mesofili, che servono esclusivamente ad acidificare il latte, una sorta di starter, anche se poi la cagliata subirà cottura. Così come è possibile acidificare il latte con batteri termofili miscelati ai mesofili: questi ultimi interverranno con la loro azione fermentativa quando la cagliata, raffreddandosi, giungerà a temperature più basse, solitamente in fase di stufatura.

È bene quindi valutare attentamente l'impiego dei batteri, tenendo presente la loro funzionalità di acidificazione del latte, fermentante della pasta e poi del formaggio.

I batteri hanno esigenze del tutto particolari per la loro nutrizione in quanto spesso non sono in grado di sintetizzare alcuni nutrimenti. Questo accade con gli amminoacidi che inizialmente non riescono a sintetizzarli, mentre le vitamine, soprattutto quelle del gruppo B, sono molto importanti. Per quanto riguarda i sali minerali, il magnesio è di estrema importanza per la crescita dei batteri lattici come i lattobacilli, il calcio lo è per la crescita dei lattococchi mentre il potassio lo è per alcune specie di enterococchi e lattobacilli.

La duplicazione e la sopravvivenza delle cellule batteriche dipendono quindi dalla quantità di composti presenti nel substrato, loro fonte energetica. La capacità di utilizzare le diverse fonti energetiche dipende da alcune sequenze del loro DNA.

L'azione microbica durante il suo sviluppo determina l'importante modificazione della sostanza organica a tal punto da influenzare la capacità di crescita, sia dei microrganismi responsabili dell'azione, sia degli altri.

Ma vi sono anche fattori che inibiscono la crescita batterica: gli antibiotici, naturalmente, i residui dei lavaggi, detergenti e detersivi. Possono essere gravi fattori di blocco della crescita batterica anche i trattamenti ai foraggi come i diserbanti, i pesticidi, gli erbicidi.

Batteri caseari e anticaseari

L'origine della vita batterica, sia essa specifica della trasformazione casearia ma anche del tutto naturale come la semplice capacità di crescita o di sopravvivenza della cellula batterica, è influenzata dall'azione tecnologica dell'uomo, che deve mirare a sfruttare le capacità dei microrganismi di autodifendesi e di apportare modificazioni alla materia tali da contrastare l'azione dei batteri patogeni, nella peggiore delle ipotesi, o anticaseari, nell'ipotesi del loro sfruttamento in campo caseario.

Ogni attività umana involontaria, occasionale, o dettata da intenzionalità, strettamente legata all'alimentazione, o di altra natura, come la modificazione ambientale, determina una selezione microbica a volte compatibile con le esigenze vitali e a volte dannosa.

Gli alimenti fermentati come il formaggio sono parte di quell'ecosistema che vede una forte interazione tra le varie specie batteriche presenti. Così come l'uomo deve interagire con gli esseri viventi sulla terra, così i batteri devono convivere per poter apportare quei benefici che intendiamo definire salutari. E l'uomo ne è la guida.

Dal punto di vista della conservabilità, che influenza senza dubbio gli effetti salutistici di un alimento, ma anche quelli organolettici, si pensi che in un passato non molto lontano ci si basava sull'utilizzo del sale o del ghiaccio per avere effetti più o meno duraturi. Oggi gli alimenti sono conservabili molto più a lungo di un tempo in quanto la loro durata si basa sugli effetti e sull'azione dei microrganismi contenuti. Certo è che oggi il rischio è maggiore, perché commettere errori significa moltiplicare le specie microbiche patogene e, per fortuna, l'influenza di questi effetti è solo immaginabile. Oggi la conoscenza delle caratteristiche di un prodotto fermentato è molto superiore a quella di 100 anni fa. Ciò consente di intervenire consapevolmente per ottenere una conservazione molto lunga relativamente alle caratteristiche fisiche, chimiche e organolettiche, e quindi influenzare il mercato, che può usufruire di alimenti provenienti anche da molto lontano.

Come già detto, i batteri Gram+ sono spesso utili alla caseificazione mentre i Gram- ne sono antagonisti. La loro attività è influenzata dal tipo di alimentazione, molto complessa, ma soprattutto dalla necessaria presenza di acqua. I Gram+ prevalentemente caseari sono però più sensibili dei Gram- anche all'azione di prodotti antibatterici. I batteri Gram- sono insensibili ad alcuni antibiotici, alcuni di questi non hanno la capacità di attraversare la membrana esterna dei batteri. Nello spazio periplasmico, ovvero tra la membrana plasmatica interna e quella esterna, inoltre, insistono enzimi che deteriorano gli antibiotici. Queste sono condizioni che si verificano quando il latte ha problematiche di alta concentrazione batterica indesiderata.

Principali attori, tra i microrganismi della trasformazione caseara, sono i batteri lattici, ovviamente per la loro capacità di trasformare il lattosio in acido lattico, ma le loro attitudini devono essere legate anche alla loro duplicazione.

Devono essere in grado di fermentare il glucosio e il galattosio, utilizzare le frazioni azotate ovvero le proteine trasformate, come i peptidi e gli amminoacidi. Devono naturalmente essere in grado di crescere, ma anche di sopravvivere alle temperature utilizzate nei vari riscaldamenti della cagliata o nelle lavorazioni a pasta cruda. Devono essere, come nel caso del *Lactobacillus delbrueckii subsp. Bulgaricus*, capaci di duplicarsi in simbiosi con altre specie batteriche anche per determinare quelle acidificazioni necessarie che inibiscono i batteri anticaseari. Per quanto riguarda la maturazione del formaggio i fermenti lattici devono essere proteolitici, cioè capaci di azioni sulle caseine tramite enzimi da loro prodotti, mentre per quanto riguarda specificamente lo yogurt devono poter produrre esopolisaccaridi in grado di concedere viscosità al prodotto.

Batteri omofermentanti/eterofermentanti

I batteri che determinano una produzione di acido lattico > 80% si dicono lattici omofermentanti mentre gli altri sono eterofermentanti. La differenza sostanziale per la caseificazione, dipendente certamente dalla produzione di acido lattico, è che i primi, gli omofermentanti, non producono gas mentre i secondi ne producono, anche a danno del formaggio.

Il metabolismo dei batteri lattici è piuttosto semplice, ma per la loro nutrizione hanno bisogno di una grande complessità di componenti nel substrato di crescita, per questo il latte è considerato un terreno ideale. Tali componenti variano dai carboidrati, ai peptidi, vitamine e sali minerali e, in diversa misura in funzione dei ceppi, hanno necessità nutrizionali particolarmente indirizzate agli amminoacidi.

Causa le piccolissime dimensioni i batteri non riescono a incamerare e permeare attraverso la membrana cellulare delle caseine (di per sé molto più grandi). Peraltro i peptidi, gli amminoacidi liberi e l'urea non sono sufficienti per la loro nutrizione e di conseguenza per la crescita batterica.

Affinché il trasporto attraverso la membrana cellulare possa avvenire, i batteri vanno a utilizzare sistemi enzimatici, la proteolisi, capace di ridurre le caseine in peptidi idrolizzando anche le sieroproteine del latte. In seguito i peptidi si ridurranno ulteriormente in amminoacidi che, per le ancora minori dimensioni, potranno soddisfare le esigenze dei batteri lattici. Gli amminoacidi eccedenti al fabbisogno dei batteri lattici vengono trasformati in acidi o ammine o in altri percorsi del metabolismo. La degradazione di questi amminoacidi è peraltro determinante per la formazione dei sapori e degli aromi del formaggio.

Non tutti i ceppi di batteri lattici hanno un patrimonio enzimatico capace di costituire la base di crescita batterica. Questa minore attitudine può essere superata dalla simbiosi tra diverse specie batteriche che creano vantaggio di duplicazione anche ai ceppi che presentano bassa capacità di duplicazione. In questi casi, nel settore lattiero caseario sono preparate e utilizzate miscele batteriche che agiscono una a vantaggio dell'altra.

Le trasformazioni chimiche (metabolismo) avvengono principalmente tramite le fermentazioni a carico dei batteri lattici che utilizzano gli zuccheri del latte. È stato dimostrato che i microrganismi utilizzano principalmente il glucosio e meno frequentemente il galattosio.

Tabella 5

AZIONI DI ALCUNI BATTERI LATTICI								
Batteri caseari	Azione > 40 °C	Azione < 40 °C	Probiotici	Omofermentanti	Eterofermentanti	Potere acidificante		
						basso	medio	alto
Streptococcus salivarius subsp. termophilus	×			×			×	
Lactobacillus delbruecki subsp. bulgaricus	×			×				×
Lactococcus lactis subsp. lactis, cremoris, diacetylactis	×			×				×
Lactobacillus casei		×	×		×			×
Lactobacillus plantarum		×	×		×			×

segue →

Batteri caseari	Azione > 40 °C	Azione < 40 °C	Probiotici	Omofermentanti	Eterofermentanti	Potere acidificante		
						basso	medio	alto
Lactobacillus helveticus subsp. helveticus	×			×				×
Leuconostoc paramesenteroides lactis subsp. cremoris	×				×	×		
Pediococcus acidilactici		×		×		×		

I batteri anticaseari, solitamente eterofermentanti, cioè quelli che producono gas, non hanno la capacità di fermentare producendo acido lattico e solitamente non amano l'acidità. Di conseguenza, se un latte ha una forte componente batterica filocasearia, composta per lo più da batteri omofermentanti, le fermentazioni anomale saranno limitate e quindi i gas, se prodotti, non determineranno gonfiori particolari nel formaggio. L'importanza di iniziare la trasformazione, consapevoli della qualità del latte e delle sue caratteristiche batteriche, è determinante. L'innesto di fermenti prodotti in caseificio o di starter può ridurre l'influenza negativa dei batteri anticaseari. Le fasi di lavorazione del latte devono tener conto dell'incremento acidimetrico che i batteri determinano in ogni fase della trasformazione e in funzione del formaggio che il casaro decide di fare, e dev'essere controllata con la misurazione del pH e dell'acidità titolabile.

Tabella 6

TEMPERATURA DI CRESCITA E TIPO DI FERMENTAZIONE DI ALCUNI BATTERI DI INTERESSE CASEARIO					
Batteri caseari	Temp. di crescita batterica °C	Temp. ottimale °C	Fermentazione	Effetti sul latte	Effetti diversi
Streptococcus salivarius subsp. termophilus	20-50	40	acido lattico	bassa acidificazione	spurgo e acidificazione regolare, sul banco spersore
Lactococcus lactis subsp. lactis	10-40	30	acido lattico	bassa acidificazione	spurgo e acidificazione regolare, sul banco spersore
Lactococcus lactis subsp. cremoris	10-38	22	acido lattico	bassa acidificazione	spurgo e acidificazione regolare, sul banco spersore
Lactobacillus delbruecki subsp. bulgaricus	22-52	42-45	acido lattico	alta acidificazione	forte acidificazione del latte con effetto coagulante (presamico) rapido
Lactobacillus lactis subsp. lactis	18-50	40	acido lattico, acetico, etilico	media acidificazione	aromatizzante, aroma del burro
Lactobacillus casei	10-40	30	acido lattico, acetico, etilico	media acidificazione	

segue →

Batteri caseari	Temp. di crescita batterica °C	Temp. ottimale °C	Fermentazione	Effetti sul latte	Effetti diversi
Lactobacillus helveticus subsp. helveticus	22-54	42	acido lattico	alta acidificazione	forte acidificante presente nel siero, innesto utilizzato per i formaggi a lunga stagionatura classificati grana
Lactobacillus acidophilus	22-48	37	acido lattico		
Propionbacterium	30-40		partono dall'acido lattico, acido propionico, acetico CO_2, succimico		occhiatura di grandi dimensioni
Clostridium Butyricum [3]	30-40		acidobutirrico, acetico +, CO_2		difetti gravi, spaccature, gonfiori tardivi, si dividono in mesofili e termofili e sono distrutti solo da pastorizzazione
Coliformi [1][2]	10-50		acido lattico, acetico, CO_2, formico		formazione di occhiatura di dimensione fine molto ravvicinata, gonfiore precoce dei formaggi, sono bloccati dall'acidità a pH 4,5
Psicrofili [2]	0-5		da inibire con forte acidificazione omolattica		proteolisi e lipolisi anomale determinano sapore amaro

Fonte: Salvadori del Prato, 1998 (rielab.)

[1] Immagine 2, p. 255, Immagine 3, p. 255, Immagine 19, p. 263.
[2] Immagine 6, p. 257, Immagine 7, p. 257.
[3] Immagine 9, p. 258, Immagine 11, p. 259.

L'acido lattico prodotto dai batteri omofermentanti inibisce l'azione batterica anticasearia, diminuendone gli effetti sulla coagulazione del latte e sulla maturazione della pasta del formaggio.

Le tipiche occhiature determinate dalla flora batterica dei coliformi o quella tardiva dei clostridi butirrici vengono meno se il latte è ben acidificato.

Più difficoltoso è abbattere la flora batterica, che ha la sua migliore crescita a basse temperature, il che solitamente avviene con la refrigerazione del latte. Se il latte dev'essere lavorato crudo i batteri psicrofili e psicrotropi saranno un problema serio. Il latte dev'essere mantenuto a temperature idonee, non troppo basse, e prima della lavorazione è buona norma acidificarlo con starter.

Uno degli effetti più dannosi derivante dalla refrigerazione del latte è la fermentazione del lattosio da parte dei coliformi, con conseguente formazione di CO_2 e H_2 (anidride carbonica e idrogeno).

Tabella 7

ALCUNI BATTERI ANTICASEARI IN FUNZIONE DELLA TEMPERATURA DI CONSERVAZIONE DEL LATTE					
Batteri	**Vitalità**	**Gram**	**Genere**	**Lipasi prodotte**	**Effetti nel formaggio**
psicrotrofi	crescita al freddo	Gram−	Pseudomonas, Flavobacterium, Enterobacter (coliformi alcuni ceppi)	termoresistenti	rancido
psicrofili	amanti del freddo			proteasi	presenza di peptidi a basso peso molecolare; porta amaro nel formaggio
				danno alle proteine	coagulo molle con difficoltà di spurgo; attitudine proteolitica che porta amaro nei formaggi

Tabella 8

COLTURE BATTERICHE CASEARIE E ANTICASEARIE E LORO EFFETTI						
Genere	**Specie/ sottospecie**	**Tipologia formaggio**	**Effetto**	**mes/ ter**	**Fer- ment.**	**Effetto/ formaggio**
lattococchi	Lc. lactis ssp lactis	pasta molle	bassa acidificazione	mes	omo	aroma
	Lc. lactis ssp cremoris	pasta semidura e/o pressata	bassa acidificazione	mes	omo	proteolitico/ aroma
	Lc. lactis ssp diacetylactis	pasta cotta	bassa acidificazione	mes	omo	aroma
streptococchi	Salivarius ssp thermophilus	pasta molle e pasta dura (ceppi idonei)	ottimo spurgo della cagliata in stufaturta	ter	omo	prod. acetandeide
leuconostoc	L. lactis	erborinato e pecorino a pasta dura	acidificazione	mes	ete	aroma
	L. cremoris	pecorino a pasta dura	acidificazione	mes	ete	aroma
	L. dextranicum	pasta pressata		mes	ete	
	Mesenteroides	erborinato	acidificazione	mes	ete	pasta occhiata

COLTURE BATTERICHE CASEARIE E ANTICASEARIE E LORO EFFETTI						
Genere	Specie/ sottospecie	Tipologia formaggio	Effetto	mes/ ter	Fer- ment.	Effetto/ formaggio
lattobacilli	L. casei	diverse tipologie		mes/ ter	omo	aroma
	L. plantarum			mes	omo	
	L. brevis		bassa acidificazione	mes	ete	
	L. helveticus	pasta cotta	alta acidificazione	mes/ ter	omo	proteolitico
	L. delbrukii ssp bulgaricus	paste molli/ semidure	medio alta acidificazione e solo in associazione con altri batteri	ter	omo	produce acetaldeide, proteolitico
	L. delbrukii ssp lactis	pasta molle	acidificazione	ter	omo	proteolitico
micrococchi	M. caseolyticus	paste molli	non fermenta	mes (37°C)		morchia su crosta
	M. conglomeratus	pasta pressata	non fermenta	mes (37°C)		proteolitico
	M. freudereichii	pasta cotta	non fermenta	mes (37°C)		degradazione amminoacidi - morchia su crosta
	M. spp	paste molli	non fermenta	mes (37°C)		pigmentazione rossa, aroma
enterococchi	Enterococcus faecium	crosta fiorita		mes		azione antagonista vs Listerai, proteolitico/ lipolitico
	Enterococcus faecalis			mes		proteolitico/ lipolitico
propionici	P. freudenreichii	paste cotte		ter	ete	occhiatura
	P. jensenii			ter		aroma
corineformi	Corynebacterium	pasta molle				
	Brevibacterium linens	pasta pressate/ molle				crosta fiorita
	Microbacterium	pasta cotta				

Fonte: Zeppa; Salvadori del Prato, 2001 (rielab.)

Batteri patogeni

Dal punto di vista sanitario nei Paesi industrializzati è aumentato il pericolo di malattie infettive da germi patogeni riconducibili alla conservazione e manipolazione degli alimenti. Ancora oggi nei Paesi in via di sviluppo il 10-15% della mortalità dipende da malattie intestinali come la dissenteria, causata da microrganismi patogeni contenuti nell'acqua.

Oggi il rapporto dell'uomo con i microrganismi è diminuito molto a causa della maggiore igiene rispetto al passato, tuttavia ciò ha contribuito all'indebolimento del sistema immunitario? Probabilmente sì, ma è anche vero che una maggiore igiene ha ridotto le patologie infettive e le intossicazioni che un tempo potevano condurre alla morte. Certo è che la popolazione più debole dal punto di vista immunitario è anche la meno resistente alle infezioni.

Ne consegue che l'igiene nel settore caseario è determinante soprattutto per le produzioni provenienti da latte crudo, che devono essere controllate in tutte le fasi di filiera.

Com'è ben noto il latte è un substrato eccellente per la crescita batterica. I batteri che vivono e si moltiplicano nel latte non sono solo utili, vi sono anche quelli anticaseari e i patogeni, pericolosi per la salute umana. Provocano intossicazioni anche serie e, per fortuna molto raramente, la morte. Ma una buona tecnica di trasformazione può inibire la moltiplicazione di batteri anticaseari o patogeni, basandosi sulla scelta delle temperature, sul corretto andamento delle acidificazioni e su un'ottimale conservazione. Per evitare il pericolo dei batteri patogeni è necessario provvedere alla fonte, ovvero già dall'allevamento delle lattifere. In campo caseario le patologie infettive trasmesse dagli animali all'uomo sono davvero poche, si parla di meno del 10% della casistica generale e sono spesso imputabili ad alcuni ceppi come *Escherichia coli*, *Listeria monocytogenes*, *Clostridium botulinum*.

I pericoli dell'inquinamento del latte sono spesso associati alla salute dell'animale, all'igiene della stalla e della sala mungitura. Il pericolo negli allevamenti italiani è comunque molto basso anche per i vari mezzi che sono messi a disposizione da chi si occupa di autocontrollo e di controllo.

Infatti con il metodo del risanamento le stalle sono supercontrollate e gli allevatori, oggi, sono molto preparati. Il casaro è consapevole che la pastorizzazione è indispensabile qualora il latte necessiti di essere risanato.

La trasformazione del latte crudo porta con sé un rischio, ma se in tutte le fasi della filiera, iniziando dalla salute delle lattifere, vengono perpetrati i controlli chimici, fisici e batteriologici, tale rischio si riduce fino a scomparire del tutto.

Il rischio quindi è limitabile o addirittura eliminabile, ma ciò lo si ottiene solo se non si è già entrati nella fase del pericolo, ovvero nelle condizioni, anche solo di minima probabilità, in cui vi sia la presenza di batteri che possano recare danno alla salute del consumatore.

La contaminazione batterica non è causata solo in fase di allevamento, essa può contrarsi anche per la cattiva conservazione del latte e in fase di maturazione e conservazione del formaggio. La maggior parte dei batteri patogeni ama la neutralità o il pH elevato e quindi la loro azione si manifesta spesso sulla superficie esterna del formaggio, solitamente a pH vicini appunto alla neutralità. È una buona norma quella di conservare il formaggio, soprattutto quello fresco che dev'essere consumato entro pochi giorni, con le giuste modalità, facendo espressamente riferimento alla temperatura e al tenore di umidità.

È certo che in uno stabilimento caseario o nel piccolo caseificio le avvertenze oggi si possono definire all'avanguardia, non solo per le conoscenze degli addetti ai lavori ma anche per i ferrati accertamenti delle unità di controllo. Ciò che invece non è sotto controllo sono i frigoriferi o gli ambienti dove il consumatore conserva gli alimenti. Spesso infatti i frigoriferi di casa sono malfunzionanti tanto da apportare un deterioramento rapido di ciò che contengono, anche a causa di una contaminazione diretta fra alimento e alimento.

Questo aspetto facilita la contaminazione dei cibi con lo sviluppo di microrganismi patogeni.

Capita che in alcuni piccoli caseifici vengano acquistati prodotti caseari e posti in contenitori messi a disposizione direttamente dal consumatore. È una pratica che porta del tutto fuori controllo l'igiene e mette a rischio, a volte in modo drastico, la salute di chi poi consumerà il prodotto.

Il consumatore è quindi partecipe alle fasi di rischio del prodotto acquistato, e solo con una capillare informazione tale rischio può essere ridotto. Il pericolo di infezione alimentare rende il consumatore vulnerabile anche a causa delle proprie inappropriate azioni spesso relative alla conservazione degli alimenti. Da considerare inoltre che il formaggio è un alimento da non produrre come "fai da te" ma come alimento specialistico dei laboratori di trasformazione, sia piccoli sia industriali.

Un'informazione appropriata con lo scopo di accrescere l'educazione alimentare può essere divulgata dalle aziende produttrici ma soprattutto da una campagna informativa di carattere pubblico.

I produttori devono comunque rappresentare un primo passo determinante per la salute del consumatore e quindi devono provvedere a soluzioni consone a eliminare un eventuale rischio in ogni fase della trasformazione, optando per una ottimale conservazione dei latticini prodotti. Oggi, rispetto al passato e a parità di germi ingeriti, sono molto superiori i casi di infezione, in particolare per quanto riguarda la salmonella.

Uno degli effetti ambientali che ha modificato lo status dei microrganismi è la refrigerazione. Questa pratica, ormai utilizzata da tanti anni, ha reso più adattabili alcuni germi anche al freddo, tanto che essi sono ormai in grado di sopravvivere e moltiplicarsi anche a temperature molto basse. Inoltre l'uso incontrollato di antibiotici ha modificato le caratteristiche di molti microrganismi che sono diventati resistenti alle terapie. Anche il recente uso di packaging ha comportato una modificazione della struttura cellulare, tanto che alcune famiglie batteriche non sono più contrastate dalle antagoniste in quanto non più presenti nelle confezioni.

Per quanto riguarda i formaggi, le più comuni tossinfezioni possono essere determinate da formaggi a latte crudo di breve stagionatura, soprattutto se derivanti da produzioni artigianali, ma queste tipologie di formaggi sono numericamente molto inferiori a quelle di formaggi dell'industria. Non sono da sottovalutare i rischi neppure per i formaggi a latte pastorizzato, magari prodotti in grandi quantità, perché per questi è inferiore la capacità di autodifesa e perché numericamente sono molti i consumatori che li utilizzano. Spesso viene sottovalutato il rischio sanitario che deriva dalla tecnologia di trasformazione del latte crudo, nel caso non si utilizzi alcun agente acidificante, starter o naturale. Ciò comporta che nel formaggio non sussistano certezze di fermentazioni lattiche utili a contrastare i batteri anticaseari o i patogeni.

Per quanto riguarda le paste filate, la pratica della filatura della cagliata riduce, viste le temperature raggiunte, la presenza di batteri anticaseari e patogeni, ma non del tutto. È quindi inequivocabilmente scorretto pensare che tale processo sostituisca la pastorizzazione del latte.

Consumare le paste filate subito dopo la trasformazione, come avviene per tradizione e buon costume, nei territori di origine, riduce il rischio di moltiplicazione dei batteri patogeni.

L'intervento delle ASL ma anche dell'autocontrollo è fondamentale; oggi il latte da caseificazione, ma anche quello alimentare, è buono, la cultura del risanamento è attuata dal casaro consapevole che può lavorare un latte di qualità. Analizzeremo quindi alcuni batteri patogeni che possono crescere, se non controllati, e le loro peculiarità.

Staphilococcus aureus

Gli stafilococchi sono cocchi Gram+ immobili, aerobi, aerobi facoltativi e catalasi[2] positivi. Lo *Staphilococcus aureus* è il solo che produce coagulasi[3]. Questa patologia è associata alla mastite delle lattifere. Essa a volte è evidente al tatto del capezzolo o della mammella, ma può anche non essere rilevata. L'allevatore deve controllare sistematicamente il latte perché la contaminazione da stafilococco può portare nell'uomo notevoli malesseri che si esplicano in vomito e diarrea anche di grande violenza. Quando il latte viene prodotto per la caseificazione l'allevatore deve aver cura di consegnarlo nei limiti batteriologici prescritti dalla legislazione e aver cura di eliminare quello derivante dalla mungitura di lattifere infette.

La cura della mastite è oggi possibile con antibiotici che hanno carenze brevi anche di due o tre giorni, trattamento indispensabile anche per ottenere l'abbassamento delle cellule somatiche alterate spesso per la presenza di mastite. Lo stafilococco soffre il freddo, nel latte mantenuto a temperature inferiori ai 5 °C non si riproduce, così come non avviene produzione di tossine se il latte è mantenuto a temperature inferiori a 13 °C. Nel formaggio lo stafilococco soffre ad acidità inferiori a pH 4,6 e normalmente, se la

---

2   Converte il perossido di idrogeno (acqua ossigenata) in acqua e ossigeno.
3   Trasforma il fibrinogeno in fibrina.

sua presenza è nei limiti consentiti dalla legge, dopo 60 giorni di stagionatura nel formaggio non si rileva più. La massiccia presenza di questa patologia nel latte determina la neutralità del latte stesso, tanto che da un controllo acidimetrico il latte mastitico avrà pH 7,00.

L'effetto dell'intossicazione da stafilococco, che avviene rapidamente in quanto si manifesta entro le 4 ore, provoca dolori addominali, vomito, diarrea anche molto intensi.

Salmonella

I batteri, enterobatteri, della salmonella sono trasferiti tramite le feci degli animali o dell'uomo. È tipica della sporcizia in stalla, della mancata igiene sia delle lattifere sia del latte. È trasmissibile dall'uomo tanto che, se infettato, provoca necessariamente il suo isolamento. La salmonella può portare tifo, paratifo e gastroenterite acuta ed è pericolosa tanto da poter causare la morte nelle fasce deboli come i bambini e gli anziani. Per distruggere la salmonella è necessaria la pastorizzazione del latte. In presenza di salmonella il latte è infetto per lunghissimi periodi anche a temperature inferiori a 5 °C ma soffre dell'acidità nella pasta del formaggio inferiore a pH 5. Si associa in particolare ai formaggi freschi o di breve stagionatura tanto da poter mantenere l'infezione anche nel frigorifero del consumatore. Dopo l'ingestione dell'alimento infetto da salmonella, in 12-48 ore compare gastroenterite o salmonellosi, che provocano nausea, vomito e diarrea che possono guarire in modo spontaneo nell'arco di 48-72 ore.

Clostridium botulinum

È tra i batteri patogeni più pericolosi, basti pensare che può provocare gravi sintomi neurologici e intestinali. Per la caseificazione non è normalmente un problema e raramente si sono verificate patologie, ma è pur sempre da tenere sotto controllo. La pastorizzazione non elimina il batterio mentre le tossine si debellano con il riscaldamento del latte alla temperatura di 80 °C. Il botulino non è mai nel latte ma può svilupparsi nei formaggi o nei latticini se mal tenuti, come già accaduto in Italia in una partita di mascarpone. L'acidificazione del latte prima della lavorazione e l'innalzamento del pH preservano dalla crescita di questo patogeno.

Bacillus cereus

Si sviluppa per la scarsa pulizia durante la mungitura o per la cattiva conservazione del latte e del formaggio e a pH superiori a 5,8. Teme quindi le acidificazioni ma la temperatura di conservazione può essere determinante per il suo rapido sviluppo. È responsabile della putrefazione del formaggio.

Brucella spp

Batterio derivante dalla brucellosi, in particolare delle capre, che si trova nel latte crudo e nei formaggi che non hanno una stagionatura superiore a 70 giorni. La pastorizzazione uccide il batterio ma non è sufficiente a debellare le tossine.

Escherichia coli enteropatogeni

Appartiene alla famiglia degli enterobatteri, Gram– anaerobi, anaerobi facoltativi e utilizza come substrato di crescita, oltre al latte, la terra e l'acqua. È presente nella parte inferiore dell'intestino dell'uomo e dell'animale ed è indispensabile per la corretta digestione degli alimenti.

I coliformi sono batteri che si sviluppano per cause fecali, ovvero per la presenza nel latte di sporcizia derivante dalle feci. L'*Escherichia coli* è, diversamente dai coliformi sempre presenti, un patogeno di provata gravità per l'uomo. La pastorizzazione elimina il batterio che si sviluppa ad acidità superiore a 5,2 pH. La temperatura influisce sullo sviluppo del batterio, infatti mentre a temperature inferiori a 4 °C *Escherichia coli* diminuisce la sua crescita, a 10 °C o più si sviluppa rapidamente. Le patologie che si riscontrano con l'infezione da *Escherichia coli*, che si contrae prevalentemente da alimenti contaminati, possono essere sia di carattere gastrointestinale che extraintestinale. Può provocare anche infezioni nel tratto urinario o meningite, peritonite, setticemia e polmonite.

Listeria monocytogenes

Le listerie sono bacilli Gram+ aerobi, aerobi facoltativi. La *Listeria monocytogenes* è l'unica che può infettare l'uomo e le sue infezioni derivano dalla carne fresca, dagli insaccati e dai latticini che sono stati trasformati da latte infetto.

È considerata tra i batteri più pericolosi perché può portare anche alla morte. Si trova nell'acqua, nei foraggi, nel terreno e si sviluppa a qualsiasi acidità compresa fra pH 4,4 e 9. Anche la temperatura è determinante perché il suo ottimale sviluppo è a 4 °C, quindi resistente alla refrigerazione. Il batterio provoca terribili patologie ma si debella con la pastorizzazione del latte e si affievolisce con la termizzazione. Si sviluppa particolarmente con igiene non appropriata e, quando si evidenzia, è nelle croste lavate dei formaggi e nei formaggi erborinati proprio perché ama l'umidità elevata, la cui microflora è composta da micrococcacee, corynebacteriacee e lieviti.

Il rischio su questa tipologia di crosta, dove avvengono sviluppi batterici aerobici e alofili, è proprio quello dell'attecchimento di *L. Monocytogenes*. È molto pericolosa per le donne in gravidanza, i feti, i bambini neonati. Può essere causa di aborto. Le forme più pericolose portano a setticemia, meningite e meningo-cefalite.

Enterococchi

Questi batteri, che derivano in particolare dalle feci degli animali, sono riconosciuti nelle due specie *E. faecalis* e *E. faecium*. Si manifestano soprattutto nel latte durante la mungitura, in particolare quando il capezzolo viene lavato con una spugna bagnata e non viene poi asciugato. La loro presenza nel formaggio determina forti odori di letame. Sono pericolosi e possono diventare letali. Sono resistenti agli antibiotici e l'uomo, se infettato, ne risente nei siti del tratto urinario o intravascolare. Gli enterococchi sono comunque termolabili e non sopravvivono alla termizzazione e alla pastorizzazione.

Sono anche altri i batteri patogeni che possono influire sulla sanità del formaggio e sulla salute dell'uomo. Quelli descritti sono i più conosciuti ma anche i più temuti. È determinante quindi una grande pulizia già alla fonte, dalla mungitura alla produzione del formaggio e alla sua maturazione o stagionatura. È importante quindi che il casaro verifichi spesso le caratteristiche del latte ma anche del formaggio, soprattutto quello fresco, ad alto contenuto di acqua.

Cellule somatiche

Uno degli aspetti più importanti che contrasta con la caseificazione è quello derivante dalle cellule somatiche, indice qualitativo del latte. Queste provengono dal sangue della lattifera o dalla linfa (cellule linfatiche) e dalla ghiandola mammaria. Sono significative delle condizioni di salute dell'animale e possono essere presenti nel latte in quantità molto variabili. La legislazione italiana prevede un limite alla presenza di cellule somatiche nel latte vaccino, fissato in un massimo di 400.000 per ml.

La presenza delle cellule somatiche, soprattutto se supera i limiti consentiti dalla legge, rispecchia un grosso problema per l'allevatore che deve intervenire sull'animale per migliorarne le condizioni salutistiche, ma è un problema anche per il casaro per l'insorgere di problematiche in fase di caseificazione. Le cellule somatiche sono in grado di degradare le proteine contenute nel latte tramite la plasmina, enzima termoresistente a loro associato che quindi non risente della pastorizzazione. Anche per l'effetto di altri enzimi presenti nelle cellule somatiche, le caseine α e β risentono notevolmente e rapidamente dell'effetto degradante. Inoltre, con l'aumento delle cellule somatiche si eleva anche il potere proteolitico.

Componente	Cellule somatiche x 1000/ml				Causa della variazione
	<100	<250	500-1000	<1000	
ALTERAZIONI DEI COMPONENTI DEL LATTE AI DIVERSI LIVELLI DI CONTENUTO DI CELLULE SOMATICHE					
Riduzione (g/100ml)					
lattosio	4,9	4,74	4,6	4,21	minore sintesi
caseine totali	2,81	2,79	2,65	2,25	
grasso	3,74	3,69	3,51	3,13	
Aumento (g/100ml)					
sieroproteine	0,81	0,82	1,1	1,31	passaggio dal sangue
sieroalbumine	0,02	0,15	0,23	0,35	
immunoglobuline	0,12	0,14	0,26	0,51	
cloro	0,091	0,096	0,121	0,147	
sodio	0,057	0,062	0,091	0,105	
potassio	0,173	0,18	0,135	0,157	
pH	6,6	6,6	6,8	6,9	

Fonte: Schaellibaum, 2001; Santos et al., 2002

I metodi per espellere le cellule somatiche dal latte sono l'affioramento e la microfiltrazione. Per quest'ultima necessitano filtri ceramici con fori di dimensioni infinitesimali pari a 1,4-2 micron, dimensioni ben più piccole di quelle dei batteri. Vista la dimensione dei fori nei filtri, per effettuare la microfiltrazione è necessario scremare totalmente il latte perché i globuli di grasso, causa le loro dimensioni, non passerebbero dal filtro. Un altro metodo per eliminare le cellule somatiche è la battofugazione, ovvero quel processo per il quale viene utilizzata una centrifuga appositamente costruita, che separa una parte dei microrganismi e soprattutto le spore. Non si ottiene alcun effetto debatterizzante tramite la scrematura del latte con centrifuga.

Il casaro deve quindi avere un occhio particolarmente sensibile per questo degradante aspetto e pretendere dall'allevatore il rispetto dei limiti di legge e soprattutto una stretta sorveglianza sanitaria delle lattifere. A livello tecnologico una forte presenza di cellule somatiche determinerà tempi lunghi di coagulazione, spurgo lento e incompleto, anche in fase di stufatura, della pasta del formaggio con conseguenze a volte irrimediabili.

Una delle principali conseguenze tecnologiche determinata dall'anomala presenza di cellule somatiche è l'elevata quantità di acqua nella pasta del formaggio che può essere causa di post-acidificazione. Il formaggio, soprattutto se a pasta molle, una volta terminata la fase di stufatura e posto in cella, tende a conservare l'acidità di fine stufatura anche per lunghi periodi di tempo, se non per tutta la durata della sua maturazione. In alcuni casi il pH, in cella, tende a rialzarsi per poi ridiscendere con ulteriore rischio di gessare la pasta del formaggio. La presenza abnorme di cellule, anche se distrutte dalla pastorizzazione, a causa della loro residua e forte azione enzimatica induce a proteolisi accelerata con formazione di possibili odori indesiderati e di sapore amaro. L'azione proteolitica non è rallentata neppure dal freddo. Si consideri inoltre che in funzione del numero di cellule somatiche vi è un decremento dell'efficienza della resa caseria anche molto significativa (1.000.000 di cellule porta a un calo della resa fino al 4%).

Le cellule somatiche sono regolamentate dalle normative per quanto riguarda il latte vaccino ma non lo sono per i diversi latti: ovino, caprino e bufalino. Ma il casaro e/o l'allevatore devono comunque fare molta attenzione a questo problema perché gli effetti sono gli stessi, se non peggiori, di quelli sul latte vaccino. Se per il latte vaccino il limite per cui si possono considerare sane le lattifere è di 100.000 cellule/capo, per gli altri latti vi sono alcuni autori che ne definiscono i limiti.

Per il latte ovino i valori fisiologici sono compresi tra 200.000 e 1.500.00 cell/ml mentre alcuni autori fissano questo valore al massimo in 500.000 cell/ml (Gonzales-Rodriguez et al., 1995; Morgante et al., 1996; McDougal et al., 2001; e altri autori).

Per il latte di capra i livelli fisiologici sono compresi tra 500.000 e 1.500.000 cell/ml così come definiti da alcuni autori come Portuale et al., 1983; De Crèmoux et al., 1996; Contreras et al., 1996; McDougal et al., 2001; Bronzo et al., 2008. Essi definiscono il valore di 846.000 cell/ml quale limite tra animali sani e infetti. Più restrittiva è la definizione del valore, 345.000 cell/ml da Persson et al., 2011.

Per il latte bufalino vi sono diverse specifiche scientifiche che definiscono il valore delle cellule somatiche: Galero et al., 2000, definiscono valori in bibliografia tra 50.000 e 100.000, valori molto restrittivi, mentre Gruccione, 2013, li definisce in 100.000-200.000 cell/ml. Molto più basso il valore definito da Dhaka, 2006, che lo fissa in 42.000 cell/ml. Per concludere è bene soffermarsi sugli aspetti che determinano il rischio di contaminazione microbiologica, tramite la seguente tabella che il casaro deve interpretare per lavorare in sinergia con l'allevatore. Le contaminazioni, come si vedrà, sono particolarmente attive nella fase di mungitura ma possono essere determinate dalle azioni che seguono questa fase, come la pulizia delle attrezzature ma anche la refrigerazione del latte.

Tabella 9

RISCHIO CONTAMINAZIONI DEL LATTE					
Nella mammella	**Ambiente**				**Moltiplicaz. nel latte**
salute delle lattifere	igiene e pulizia prima della mungitura	pulizia degli attrezzi di mungitura e di stoccaggio latte	qualità acqua di lavaggio e di risciacquo	igiene sala di mungitura	refrigerazione latte 4-10 °C
microflora totale					
psicrofili					
termoresistenti					
butirrici					
coliformi					
lattici					
lysteria m.					
staphylococcus aureus					
escherichia c.					
salmonella					

legenda rischio	molto scarso	scarso	medio	forte	molto forte

Fonte: Brasca, 2007

Eucarioti: muffe e lieviti

Muffe

Le muffe appartengono alla famiglia degli eucarioti e sono molto invasive, soprattutto nei caseifici dove trovano un ambiente favorevole alla loro crescita.

La scoperta dell'utilizzo delle muffe nel formaggio si deve a Roussel (Francia) che inoculò una cagliata con la polvere ricavata da un pane ammuffito ottenendo un miglioramento dell'erborinatura. Successivamente Orla Jensen (1898) fu il primo ad aggiungere un penicillium al latte, ma gli studi continuarono con Thom nel periodo bellico e dopo con Arnaudi e Salvadori che portarono la tecnica dell'erborinatura agli attuali livelli produttivi, in particolare a quelli operati dall'industria.

Tanto per comprendere l'invasività delle muffe, si pensi che nei caseifici che si possono considerare sterili vi possono sussistere fino a 400 spore per metro cubo di aria, mentre in altri ambienti in buone condizioni igieniche le spore possono raggiungere numeri molto superiori, anche fino a 2.000 spore per metro cubo.

Qualora il caseificio fosse preposto alla produzione di croste fiorite o erborinate il numero di spore assumerebbe numeri non più misurabili.

Il colore della muffa è determinato dalla tipologia dei diversi penicillium ma anche dalla quantità di aria a disposizione. In ambiente ben arieggiato il colore sarà vivido, mentre in ambiente a rischio di asfissia il colore sarà tenue, pallido.

Le muffe utilizzate in caseificio per i formaggi a crosta fiorita o erborinata sono saprofite, ovvero si nutrono del materiale organico, e portano positività alle variazioni chimiche e fisiche del substrato su cui vivono.

Per la loro crescita sono determinanti alcune condizioni.

- L'aria: le muffe sono aerobiche e si riproducono solo qualora siano nelle condizioni di buon arieggiamento.
- La temperatura: hanno un range di ambientazione molto elevato. Possono riprodursi a temperature vicine a 0 °C ma prediligono le temperature fino a circa 50 °C. In campo caseario non disdegnano le celle a 4 °C (basti pensare alle celle di maturazione del gorgonzola) ma neppure quelle più calde dove aumentano la loro crescita qualora l'atmosfera fosse carica di umidità.
- Il pH: tendenzialmente il range di migliore crescita è pari a un'acidità compresa tra 4,5 e 8, con un ottimale compreso tra 5,5 e 7,5 pH.

Un ulteriore aspetto riguarda l'acido lattico che le muffe utilizzano innalzando il pH verso la neutralità.

Le muffe sono distrutte dalla pastorizzazione e anche dalla termizzazione qualora fosse perpetrata a 55 °C per 30 minuti.

La loro capacità di sopravvivenza e moltiplicazione è proverbiale, si adattano a qualsiasi situazione sia per la quantità di umidità (acqua libera) sia per la presenza di sale. Sono ubiquitarie, cioè si sviluppano attingendo carbonio da substrati inorganici o organici in presenza di acqua che ne avvolge le spore o in ambiente umido come il formaggio.

Naturalmente le muffe non possono causare difetti nei formaggi ben fatti e ben formati in quanto all'interno della pasta non circola aria. Possono invece determinare gravi difetti qualora il formaggio, a qualsiasi livello di maturazione e conservazione, sia aperto, fessurato o vi siano micro aperture o fori.

Non ci si deve stupire quindi se la crosta del formaggio, anche stagionato, e anche apparentemente asciutta, presenta muffe che sono spesso la caratterizzazione dell'ambiente di stagionatura. Ciò significa che a volte le muffe possono portare difetti e percezioni visive negative, altre volte invece possono caratterizzare il formaggio.

Diventa quindi una scelta aziendale quella di consentire la crescita delle muffe superficiali o di ottemperare alla pulizia della crosta, oppure di optare per la cappatura delle forme allo scopo di impedirne lo sviluppo.

Per limitare, evitare è quasi impossibile, la proliferazione delle muffe nelle celle di maturazione è possibile provvedere a fumigare gli ambienti (ossido di etilene), o utilizzando formalina (in soluzione) per la pulizia di pareti e pavimenti. Altri metodi di prevenzione possono essere l'utilizzo di filtri nel processo di circolazione dell'aria, capaci di natura elettrostatica che cattura le spore cariche positivamente. E non per ultimo il fattore igienico delle camere di maturazione e del caseificio, anche evitando la stagnazione di acqua sui pavimenti e il gocciolamento di acqua, vapore, condensa sulle pareti.

In relazione alla tipologia si evince che i formaggi a pasta molle, soprattutto se ad alto contenuto di acqua, sono un ottimale substrato per la crescita delle muffe.

Tabella 10

LE MUFFE E I LORO EFFETTI		
Generi	Tipologia	Effetti
Mucor e Rhizopus	nere a micelio fine, ubiquitarie, muffe del pane. caratteristiche nei formaggi con micelio grigio scuro con corpi fruttiferi neri; si sviluppano anche su pareti umide; dette anche pelo di gatto	non patogene
Aspergillus	colore grigio e verde scuro, quasi nere; crescono sui formaggi ma non creano danni	aspergillus flavur produce alfatossine
Cladosporium	muffe scure, del burro, creano macchie scure	creano acidità
Alternaria	muffe colorate brune e rossastre	possono provocare danni ai formaggi in quanto vi penetrano
Geotrichum	sui formaggi a pasta molle/yogurt	possono provocare danni ma non sono patogene; in alcuni casi sono utili, croste lavate
	nel latte	effetto buccia nella crosta dei formaggi
Fusarium	muffe rosa o rosse	ricoprono la superficie dei formaggi e vi penetrano; forte potere proteolitico
Monilia	muffe nere e rosse	associate ad altre muffe nei burrifici
Botrytis	muffe a circoli	presenti in particolare su prodotti organici in decomposizione nei caeifici
Penicillium	muffe verdi, feltro peloso verde e grigio (roqeforti e camemberti)	associate ma più invadenti degli aspergillus

Fonte: Salvadori del Prato, 2001 (rielab.)

Un'ulteriore importanza delle muffe è da attribuire all'estrazione di enzimi proteolitici e lipolitici capaci di influire, accelerando, sulla maturazione dei formaggi, in particolare degli erborinati.

Nel 1976 Kosikowsky e Jolly brevettarono un sistema che poteva consentire al formaggio di maturare aggiungendo appunto enzimi proteo-lipolitici, ricavati dal *Penicillium Roqueforti* e da *Aspergillus oryzae*, che influiva anche sulla formazione di sapore e aroma dei formaggi erborinati.

Lieviti

I lieviti sono microrganismi di interesse caseario che possono avere utilità o portare a difetti, essendo molto contaminanti. Sono anaerobi facoltativi, quindi non necessitano particolarmente di ossigeno. Essi si sviluppano e si moltiplicano producendo energia tramite la fermentazione alcolica degli zuccheri. Oltre agli zuccheri, i lieviti sfruttano e demoliscono l'acido lattico e i lattati, favorendo, qualora fossero presenti sulla crosta dei formaggi, la disacidificazione. In relazione alla pasta dei formaggi, soprattutto quelli freschi come lo stracchino, la casatella e altri ad alto contenuto di acqua, i lieviti possono produrre composti come il diacetile, determinanti per le proprietà aromatiche, oltre ad alcol, gas e acidi.

Sono microrganismi piuttosto grandi, non sono termoresistenti tanto che la pastorizzazione e la termizzazione li distruggono.

Dai lieviti, che contengono amminoacidi essenziali, vitamine e acidi insaturi, è possibile estrarre enzimi come la β-galattosidasi: se ne evince che sono davvero importanti dal punto di vista nutrizionale. Da alcuni di essi, come per esempio il *Kluyveromyces lactis*, è possibile delattosare il latte.

I lieviti sono microrganismi in grado di sopravvivere a pH molto bassi (anche < 4,0) e non necessitano di alti livelli di acqua. E per l'uso che si fa dei lieviti in caseificio, va detto che a pH bassi essi operano sviluppando micro fessure o fessure, mentre a pH più elevati le aperture si sviluppano sempre più rotondeggianti e anche di grandi dimensioni; lo dimostrano le aperture perpetrate nella pasta del pane. Per questi fattori nella produzione di erborinati si tende a far sviluppare l'acidità della pasta a 4,90-4,80, pH, necessari per fessurare la pasta.

Lieviti molto utilizzati per determinare le fessurazioni della pasta dei formaggi erborinati sono i *Saccharomyces*, capaci di concedere spazio all'ossigeno per implementare la crescita delle muffe.

Altri lieviti, come il *Candida*, possono essere schiumogeni e capaci di pigmentare il latte ma non sono grandi produttori di gas e nemmeno di alcol. Per le fermentazioni utilizzano il lattosio e detengono un buon potere proteolitico, ma non sono utilizzati perché alcuni ceppi possono essere patogeni.

Tabella 11

MUFFE E LIEVITI MAGGIORMENTE UTILIZZATI IN CASEIFICIO			
	Specie	**Tipologia formaggi**	**Effetto**
lieviti	*Kluyveromyces*	pasta molle	
	Debaryomyces	pasta pressata	disacidificante
	Saccharomyces cerevisiae	erborinato	proteolitico-lipolitico
	Pichia	pasta cotta	aroma
	Candida		
	Geotrichum candidum	pasta molle/fiorita	maturazione; filmogeno superficie; in competizione vs Mucor
muffe	*Penicillium camemberti*	paste molli/erborinate	erborinatura superficiale
	Penicillium roqueforti	erborinati	erborinatura, lipolisi, disacidificazione, aroma
	Penicillium candidum	pasta molle/fiorita	maturazione; superficie; in competizione vs Mucor

Fonte: Zeppa; Salvadori del Prato, 2001 (rielab.)

Il latte in caseificio

Conservazione del latte

Non sempre il latte viene trasformato subito dopo la mungitura, anzi, nella maggior parte dei casi viene utilizzato dopo aver raccolto almeno due munte. Le aziende e gli allevamenti generalmente conservano il latte in tank di stoccaggio e di refrigerazione fino alla raccolta, che solitamente avviene ogni 4 mungiture o meglio dopo 48 ore, nel caso la stalla sia dotata di robot che può ottemperare alla mungitura anche tre volte al giorno.

La temperatura di refrigerazione, come da disposizioni legislative, dev'essere a non più di 4 °C. A questa temperatura, come abbiamo già visto nell'apposito capitolo, si sviluppano batteri anticaseari psicrofili, che inibiscono le corrette acidificazioni del latte in fase di lavorazione e favoriscono un eventuale successivo sviluppo di coliformi. È vero però che il latte proveniente da 4 mungiture solitamente si utilizza previa pastorizzazione, sia nel caso debba essere commercializzato per uso alimentare che per la caseificazione. In questo caso il latte per la trasformazione dovrà essere obbligatoriamente inoculato con fermenti lattici per ovviare alla mancanza di batteri originari. Ma se il latte dev'essere lavorato crudo la refrigerazione è un problema. Solitamente il latte crudo da lavorare deriva da una o due mungiture (consigliate) e, spesso, anche da una sola, senza alcuna refrigerazione. La lavorazione di due mungiture necessita dello stoccaggio della prima in frigo-latte o in bacinelle di affioramento o semplicemente di prematurazione. La temperatura ottimale per una sosta di 12 ore è quella compresa tra 4 e 15 °C, specifica affinché i batteri termofili e i mesofili non favoriscano acidificazioni e tale da impedire ai batteri psicrofili di proliferare.

Capita però, soprattutto nei periodi in cui il latte ovino o caprino scarseggia, che il casaro debba lavorare ogni tre giorni, di conseguenza il risultato è di sei munte. In questo caso diventa davvero complicato impedire l'effetto psicrofilo se la lavorazione è a latte crudo. Un buon innesto però, magari effettuato con lattofermento, può concedere nelle diverse fasi della trasformazione un buon livello di acidità e contrastare quindi l'effetto dei batteri indesiderati.

Latte in caldaia

Ogni caseificio ha una produzione specifica in funzione del latte da lavorare, sia esso vaccino che di altra derivazione. Oggi, che si conosce bene il latte per la facilità di effettuare analisi fisiche, chimiche, microbiologiche, il casaro sceglie il miglior metodo di caseificazione, ovvero se lavorare il latte crudo o pastorizzato. Naturalmente per i formaggi tipici, DOP o detentori di altre Denominazioni, il latte intero, parzialmente scremato o scremato è spesso lavorato crudo, subito dopo la mungitura o dopo alcune mungiture.

Per i formaggi a pasta semigrassa si provvede alla scrematura per affioramento lasciando il latte della munta serale in sosta in bacinelle di acciaio inox o in vasi di rame stagnato, a temperatura ambiente o a bagnomaria con acqua corrente.

La scrematura può avvenire anche per centrifuga, con macchine appositamente studiate per questo scopo. L'affioramento naturale ha alcune caratteristiche interessanti, la risalita dei globuli di grasso del latte determina un risanamento batterico in quanto parte della carica batterica, particolarmente composta da batteri sporigeni come i clostridi butirrici, rimane nella panna poi asportata. Per questo i formaggi di lunga stagionatura sono spesso a latte parzialmente scremato: le loro fermentazioni saranno più blande, più lente, con limitazione degli eventuali difetti, che solitamente si esplicano con gonfiori tardivi.

Il latte pastorizzato alla temperatura di 72 °C per 15" dev'essere raffreddato alla temperatura d'inoculo dei fermenti, che spesso coincide con quella di coagulazione. Il latte risanato, sprovvisto di quella carica batterica indispensabile affinché avvengano le fermentazioni, dev'essere inoculato delle colture mancanti.

L'innesto del latte è studiato dal casaro secondo il tipo di formaggio da produrre e può essere indotto da lattoinnesto, sieroinnesto, scottainnesto o inoculo di fermenti lattici diretti o indiretti.

Il latte viene portato in caseificio direttamente dalla stalla o da altre fonti di raccolta. La piccola azienda normalmente provvede direttamente alla produzione del latte allevando lattifere in loco ma può anche provvedere all'acquisto della materia prima. Il latte viene posto in caldaia solitamente crudo o dopo la pastorizzazione, ma il casaro spesso non ne conosce le caratteristiche che guidano a una corretta acidificazione. In caseificio bisogna provvedere a quelle semplici e rapide operazioni che permettono di verificare l'acidità del latte in lavorazione.

Tratteremo di seguito i diversi valori del pH e dell'acidità nominale che rappresentano grande importanza per la trasformazione del latte in formaggio.

Il pH

Il concetto di acidità è essenziale in caseificio per il ruolo che essa determina durante tutta la trasformazione. Ma cos'è l'acidità? Bronsted e Lowry nel nemmeno tanto lontano 1923 definirono un concetto generale di acido che, semplificato, sostiene che acido è un donatore di protoni mentre è basico un accettore di protoni. Fra l'acidità e la basicità vi è un punto di neutralità che è fissato a pH 7 per l'acqua distillata privata di sali e altre sostanze, che non conduce energia elettrica perché il suo contenuto di ioni ossonio (carica+) e ossidrili (carica-) è estremamente limitato.

Il valore di pH rappresenta quindi la concentrazione degli ioni H+ (idrogeno) di un prodotto. È stabilito che il pH varia da un'estremità acida, pH 0, a un'estremità basica, pH 14. Il latte ha un pH che si avvicina alla neutralità (pH 7) e varia in funzione della lattifera ma rimane sempre nel range compreso fra 6,40 e 6,80.

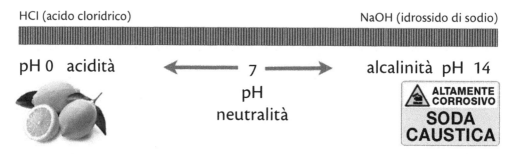

HCl (acido cloridrico)   NaOH (idrossido di sodio)

pH 0 acidità   ←——— 7 ———→   alcalinità pH 14

pH
neutralità

ALTAMENTE CORROSIVO
SODA CAUSTICA

Sono molte le cause che determinano il pH nel latte, fra queste lo stadio di lattazione, il tenore di fosfati e lo stato della mammella che influisce spesso per le problematiche legate alla mastite. Le fermentazioni, che producono acidi, provocano un abbassamento del pH. Il pH può essere misurato con la cartina tornasole (ma per l'uso caseario è molto labile e poco precisa) oppure da uno strumento apposito, il pHmetro.

In caseificio il concetto di acidità si applica innanzitutto al latte e alla sua evoluzione determinata dall'uso di batteri lattici che innescano un'azione di fermentazione. Si parla di acidità anche durante la fase di stufatura e in seguito anche durante la maturazione del formaggio.

Il formaggio è una sostanza acida, mai basica, tanto che, in contrapposizione con l'acidità, la basicità in caseificio è sempre sinonimo di problematiche che spesso conducono a patologie. Oltre all'uso dei fermenti lattici che determinano, come già detto, acidità, in caseificio vengono comunque utilizzati veri e propri acidi, l'acido lattico e citrico, che sono coadiuvanti in alcune fasi della trasformazione. Si utilizzano anche soluzioni acide a base di acido cloridrico per detergere le attrezzature o soluzioni basiche di soda caustica. Se si pensa alle problematiche organolettiche di alcuni formaggi, assunte soprattutto in fase di stagionatura, esse possono ricondurre a odori e aromi basici che ricordano l'ammoniaca. Anche per formaggi importanti come il Gorgonzola DOP si può parlare

di odori ammoniacali ma in questo caso non condu-
cibili a difetti.

Il pH è quindi l'unità che misura l'acidità di un elemento che contiene acqua. Se il latte di per sé è un
prodotto ad acidità debole con un pH di poco inferiore a 7,0, quasi neutro, il formaggio, a causa delle fermentazioni naturali o indotte, è un prodotto molto
più acido.

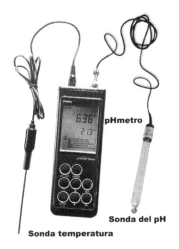

pHmetro

Sonda del pH

Sonda temperatura

L'importanza di misurare il pH è determinante per la
progettazione tecnologica del formaggio e per la sua
fabbricazione. Conoscere il pH del latte permette al
casaro di effettuare un primo controllo e una som-
maria analisi del prodotto di base per la caseificazio-
ne. Permette di capire se il latte è mastitico o, all'opposto, acido. La scelta e la quantità
dell'inoculo da effettuare è mirata e in funzione del pH del latte. L'acidità del latte influisce molto sulla crescita dei batteri filocaseari, che sviluppano acidità necessaria a contrastare l'azione dei batteri anticaseari. Questi ultimi solitamente amano la basicità e si sviluppano maggiormente in queste condizioni. Il processo fermentativo e la coagulazione
del latte sono influenzati positivamente da un pH corretto del latte e sono penalizzati da
latte basico. Il casaro che ha la possibilità di misurare il pH non solo può prevenire errori
tecnologici ma anche controllare lo stato acidimetrico della pasta del formaggio, in
modo particolare in stufatura ma anche in stagionatura, e stabilire, nel caso delle paste
filate, il momento idoneo alla filatura. La curva dell'acidità in fase di stufatura è molto
importante; dalle informazioni misurate con il pHmetro si possono, per esempio, prevenire eccessive acidificazioni e di conseguenza evitare difetti causati dallo spurgo irregolare. Per la misurazione del pH viene impiegato uno strumento idoneo, il potenziometro,
detto comunemente pHmetro. Questo strumento, utilizzato in caseificio spesso nella
versione portatile, oltre che di sonda a penetrazione, ovvero quella che misura sia le sostanze liquide che solide come il formaggio, è dotato anche di sonda di temperatura che,
utilizzata insieme a quella del pH, media e corregge il valore ricercato, in quanto tale valore varia in modo sensibile ogni 10 °C. Per la misura del pH è bene sapere anche che la
sonda, generalmente di vetro, a contatto con la pasta del formaggio, si unge e quindi, in
queste condizioni, può non essere precisa. Bisogna perciò provvedere, dopo ogni misurazione, alla sua pulizia. L'elettrodo ha anche una durata limitata in funzione del suo uso,
e quando raggiunge il massimo del deterioramento manifesta, nelle misurazioni, errori
grossolani. Per un uso corretto e affidabile è necessaria la taratura dello strumento con
soluzioni idonee. Nella Tabella 1 sono riportati i valori del pH nei diversi latti.

Il pH
Il pH è una scala di misura dell'acidità o della basicità di una soluzione o di un prodotto che
contiene acqua. Misura la concentrazione degli ioni di idrogeno presenti.

Tabella 1

VALORI MEDI DEL pH DEL LATTE SANO	
Latte crudo	pH
vacca	6,65-6,71
pecora	6,51-6,85
capra	6,5-6,7
bufala	6,5-6,7*

* Fonte: Lambiase, 2006

Spesso dopo aver inoculato il latte con fermenti è bene attendere, prima di aggiungere il caglio, che i batteri siano attivi (rivitalizzati nel caso di fermenti selezionati) e sia iniziata la fermentazione ovvero l'acidificazione. Un controllo con il pHmetro permette al casaro di accertarsi di questo, verificando l'abbassamento del pH della miscela.

Titolazione, acidità nominale

Gradi Soxhlet-Henkel (SH)

Oltre al pH in caseificio è possibile, anzi indispensabile, provvedere alla misurazione di un altro tipo di acidità, quella naturale del latte. Essa consiste nella misura dell'acidità vera, che si esprime in millilitri, che viene fissata non solo dai radicali liberi[1] ma anche dalle caseine, dai fosfati, dall'anidride carbonica e dai citrati. Il latte ha una reazione di viraggio, determinata dall'aggiunta di fenoftaleina, che avviene quando, aggiungendo sodio idrato, il pH si attesta a 8,4. Infatti questo valore di pH consente di percepire visivamente, con buona precisione, il punto di viraggio. La titolazione del latte consiste quindi nella somma di alcune reazioni: i gruppi acidi della caseina si neutralizzano così come i fosfati acidi dell'acido carbonico e di altri anioni minerali. Altra reazione è la neutralizzazione di alcuni acidi organici (citrati) e alcune reazioni dovute ai fosfati, nonché all'acidità sviluppata dalla fermentazione del lattosio da parte dei fermenti lattici.

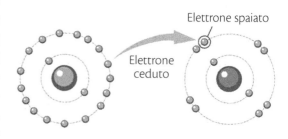

ANTIOSSIDANTE   **RADICALE LIBERO**

La titolazione è quindi una sorta di analisi del latte che il casaro deve effettuare per acquisire alcuni parametri importanti. Mentre il pH può indicare anche il valore di un latte mastitico (pH 7), la titolazione in gradi Soxhlet-Henkel, che si esprime in millilitri di

[1] I radicali liberi sono entità molecolari costituite da un **atomo** o da una **molecola** formata da più atomi, che presenta un **elettrone spaiato**. Tale elettrone rende i radicali liberi molto reattivi.

sodio idrato, comunemente e brevemente definiti SH, permette al casaro di verificare qualitativamente il latte in funzione del suo contenuto. La titolazione viene effettuata anche in fase di caseificazione per verificare gli andamenti dell'acidità, ovvero delle fermentazioni, soprattutto in seguito al taglio della cagliata e in stufatura. Ogni formaggio ha una diversa curva d'incremento dell'acidità che il casaro deve seguire per ottenere i risultati progettati.

Per esempio, il valore acidimetrico del lattoinnesto e del sieroinnesto è composto dall'acidità iniziale, quella naturale del latte e quella sviluppata (a 16 °SH/50 il latte coagula), misurabile al termine dell'acidificazione lattica. In effetti il casaro inizierà la lavorazione dopo aver titolato la miscela derivante dalla somma del latte in caldaia e dell'innesto. Acidificare il latte con un innesto significa modificare le caratteristiche del latte di partenza, che come si sa muta in funzione di molti parametri come quello stagionale, dell'alimentazione ecc. e la titolazione serve appunto a stabilire la correttezza dell'incremento dell'acidità. La titolazione del latte e della miscela successiva all'innesto consente di capire anche l'aumento della componente proteica apportata dall'incremento dell'acidità da parte dell'innesto. Infatti ogni 0,22 °SH/50 ml in più si apportano circa 2 grammi di proteina.

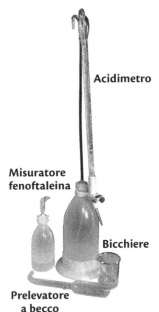

Acidimetro

Misuratore fenoftaleina

Bicchiere

Prelevatore a becco

Per misurare l'acidità nominale in SH è necessario l'uso di un acidimetro, strumento di facile utilizzo, che è composto da una bottiglia in silicone che deve contenere sodio idrato. Alla bottiglia è applicata una buretta in vetro graduata sulla quale si leggeranno i gradi SH/50. Per dosare correttamente la quantità di latte o di siero da titolare si utilizza un prelevatore a becco di vetro che permette di raccogliere con precisione 50 ml.

Il latte, o il siero, vengono prelevati e messi in un contenitore di vetro o di ceramica. A questo punto è necessario aggiungere 1 ml di soluzione alcolica e fenoftaleina[2] (1%). La fenoftaleina permette di ottenere il viraggio, da bianco a rosa nel caso del latte e del siero. Per la giusta quantità di fenoftaleina da aggiungere al latte o al siero, per ottenere la soluzione da misurare si utilizza un dosatore di silicone.

Acidità titolabile o nominale
L'acidità nominale o titolabile è espressa in
gradi Soxhlet (°SH) o Dornic (°SH/50).
Consiste nella somma delle funzioni acide apportate dalle proteine (caseina)
e dai sali minerali (fosfati), oltre che dagli acidi organici (citrati) e da composti inorganici.
+ funzioni acide = + acidità nominale

---

[2]   La fenoftaleina è una sostanza che si può definire indicatore in quanto assume colorazione (viraggio) in presenza di un acido o di una base.

Tabella 2

UTILIZZO DELL'ACIDIMETRO		
Fasi	**Cronologia delle azioni**	**Quantità in ml**
1	agitare bene il latte o il siero per eliminare i gas disciolti e prelevare con il prelevatore a becco; è bene, prima della titolazione, riempire e svuotare il prelevatore almeno una volta prima di utilizzare il latte o il siero da misurare; temperatura ideale 20 °C	50
2	versare il latte nel bicchiere di vetro o meglio di porcellana bianca, facendo attenzione a non bagnarne i bordi	
3	aggiungere la fenoftaleina e agitare con un bastoncino di vetro o di porcellana	1
4	azzerare l'acidimetro facendo attenzione che il beccuccio sia pieno (non ci dev'essere aria)	
5	posizionare il bicchiere sotto il rubinetto dell'acidimetro	
6	aprire il rubinetto dell'acidimetro facendolo gocciolare lentamente e contemporaneamente agitare la miscela nel bicchiere	
7	quando la miscela inizia il viraggio, cioè comincia a diventare rosa, chiudere il rubinetto; la colorazione deve rimanere costante	
8	leggere nella buretta graduata i gradi (ml) e i decimi che determinano l'acidità titolabile	

La Tabella 3 riassume brevemente le normali titolazioni di un latte sano e con buone caratteristiche. Si ricorda che ogni volta che si termina la titolazione è bene lavare, sciacquare e asciugare gli strumenti utilizzati.

Tabella 3

VALORI MEDI DELL'ACIDITÀ TITOLABILE DEL LATTE	
Latte crudo	**SH/50**
vacca	3,4-3,8
pecora	4-4,5
capra	3,15-3,40 [1]
bufala	4,2-5,0 [2]

[1] Fonte: F.E.S.R., 2007-2013
[2] Fonte: Lambiase, 2006

In relazione al grado di acidità nominale misurato, il latte può essere considerato ricco di proteine, fosfati e citrati oppure povero. In questo caso si può intuire un rapporto, puramente dimostrativo, tra l'acidità nominale e il pH, con la Tabella 4 che determina qualitativamente il latte. A causa dei diversi dati derivanti dalle misurazioni, non esiste un rapporto certo fra l'acidità nominale e il pH, si può però supporre una correlazione fra loro che non è da considerare esaustiva.

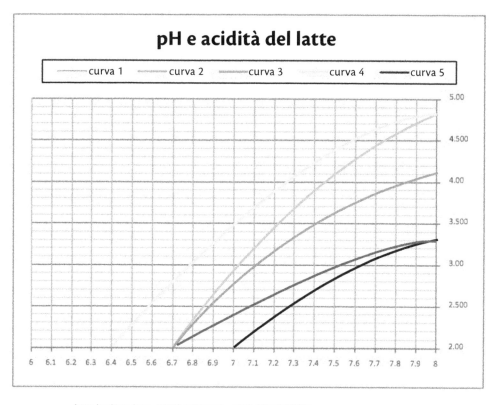

pH e acidità del latte

———curva 1 ·······curva 2 ·········curva 3 ———curva 4 ———curva 5

Latte in alterazione, acidità sviluppata - pH 6,4/°4,85 SH/50
Latte ricco no acidità sviluppata - pH 6,7/°4,85 SH/50
Latte medio senza acidità sviluppata - pH 6,7/°4,10 SH/50
Latte povero senza acidità sviluppata - pH 6,7/°3,30 SH/50
Latte alcalino, mastitico - pH 7/°3,30 SH/50

Tabella 4

RELAZIONE FRA pH E ACIDITÀ TITOLABILE DEL SIERO NEL COAGULO DI UN FORMAGGIO FRESCO		
Ore	pH	Acidità siero °SH/50
0	6,6	3,8
1	6,2	4,9
2	6	6,2
3	5,6	8
4	5,1	10
5	4,7	11,9

Fonte: Salvadori del Prato, 1998

In caseificio il casaro ha la possibilità di misurare l'acidità titolabile già nel latte crudo o in quello pastorizzato. Le varie fasi di misurazione sono determinanti per guidare tutta la filiera. La titolazione del latte è utilizzabile dal casaro che intende anche formulare delle ipotesi di nuova caseificazione. Nella Tabella 5 sono indicate alcune fasi durante le quali è importante provvedere alle misurazioni dell'acidità titolabile e del pH.

Tabella 5

MISURAZIONI ACIDIMETRICHE CONSIGLIATE NELLE VARIE FASI DI CASEIFICAZIONE		
Fase	**Misurazione**	**Scopo**
latte in caldaia, crudo o pastorizzato	°SH/50, pH	misura qualitativa del latte di partenza
lattoinnesto, sieroinnesto, lattofermento	°SH/50	titolazione degli innesti
latte inoculato con fermenti (miscela)	°SH/50, pH	verifica incremento dell'acidità
dopo il primo taglio della cagliata e dopo il secondo	°SH/50	verifica dell'acidità del siero
prima dell'estrazione della cagliata	°SH/50, pH	misurazione del siero °SH/50 e pH della pasta
in stufatura	°SH/50, pH	misurazione del siero di spurgo °SH/50 e pH della pasta
in maturazione	pH	misurazione nella pasta durante la maturazione

CURVA DI ACIDIFICAZIONE A 37° IN LATTE PASTORIZZATO –
FERMENTO: *STREPTOCOCCUS S. TERMOPHILUS*

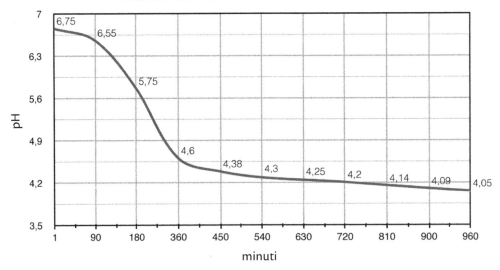

Dopo aver trattato gli argomenti associati all'acidità è bene concludere, sintetizzando, le motivazioni più importanti che riguardano le fasi di caseificazione. Prima di iniziare la lavorazione è opportuno che il casaro verifichi la qualità del latte e la sua acidità con la misurazione del pH ed effettuando la titolazione. In seguito all'inoculo dei fermenti lattici deve tenere sotto controllo la miscela e il suo andamento acidimetrico, le fasi successive al taglio fino all'estrazione della pasta dalla caldaia.

Per comprendere meglio l'andamento dell'acidificazione è buona norma disegnare la curva acidimetrica, soprattutto nel caso che si utilizzi un innesto naturale. Non bisogna dimenticare di titolare il siero che deriva dallo spurgo della pasta caseosa sul banco spersore e in stufatura. Ciò consente di evitare fermentazioni troppo blande o troppo rapide che possono determinare difetti anche gravi del formaggio.

Sarà l'esperienza a permettere di correggere le fasi della trasformazione atte a migliorare l'evoluzione acidimetrica di tutta la fase tecnologica. Ciò avverrà solo se si provvederà alla titolazione e alla misurazione del pH.

L'innesto dei fermenti

6

Dall'analisi effettuata nei capitoli precedenti si evince quanto sia importante un latte sano, pulito, con un buon contenuto di proteine, di grassi e di tutti i componenti enzimatici indispensabili alla caseificazione. Per essere trasformato in formaggio il latte necessita particolarmente di una carica batterica utile, che inneschi e mantenga le fermentazioni lattiche. Quando si utilizza il latte crudo, la carica batterica è ben presente, sia essa di utilità casearia o anticasearia, e una buona conoscenza del latte permette al casaro di provvedere alle fasi tecnologiche più idonee per produrre un formaggio di qualità. L'innesto di fermenti lattici è molto utile nel latte crudo, così come è indispensabile nel latte pastorizzato.

Infatti, l'innesto non è altro che un'elevata concentrazione di batteri lattici che diventano dominanti se inoculati sia nel latte pastorizzato sia nel latte crudo.

Nel latte pastorizzato la carica batterica è stata debellata, quindi è necessario provvedere a innestare una nuova componente batterica che sopperisca a quella autoctona. Nel latte crudo, che conserva la sua originaria carica batterica, un innesto di fermenti può creare i supporti per una migliore acidificazione, combattere i microrganismi anticaseari che, come si sa, non amano l'acidità, e infine influenzare la maturazione del formaggio già dalla fase dell'estrazione della pasta dalla caldaia. Insomma, una forza nuova che acidifica il latte in modo da determinare le condizioni ottimali alle fasi di caseificazione. Il casaro deve innanzi tutto progettare il formaggio, a pasta molle o di altra tipologia, le sue caratteristiche organolettiche anche in funzione del metodo di stagionatura e di conseguenza il tipo di fermentazione che intende sviluppare. Per fare un formaggio tipico tradizionale il casaro deve sfruttare le caratteristiche del latte crudo, magari acidificando con innesti naturali.

L'innesto di fermenti lattici non deve quindi denaturare o danneggiare la flora batterica naturale. La scelta dei fermenti da inoculare nel latte pastorizzato è più facile, più scontata, perché non si parte più dalle caratteristiche batteriologiche originarie, che sono una componente essenziale del latte crudo, ma dalla volontà di fare un formaggio che non presenta proprietà organolettiche definibili autoctone. D'altra parte anche un latte crudo può essere inoculato con fermenti selezionati non autoctoni. Le soluzioni che analizziamo per un corretto innesto sono determinate dall'uso di lattoinnesto, sieroinnesto o fermenti selezionati detti anche "starter".

> **Perché i fermenti**
> Per facilitare e velocizzare (acidificazione) le fermentazioni lattiche che si desiderano.
> Per creare i supporti per una migliore coagulazione.
> Per combattere i microrganismi anticaseari.
> Per influenzare la maturazione del formaggio.

La fermentazione lattica e la conseguente acidificazione del latte modificano la capacità delle caseine di rimanere in sospensione colloidale. Ciò avviene in quanto si determina un'alterazione dell'idratazione della caseina stessa, ed è importante perché favorisce la coagulazione presamica e, destabilizzando la caseine, favorisce la coagulazione acida.
Le differenze che si riscontrano nei formaggi, siano essi freschi o di lunga stagionatura, sono il frutto della tecnica di trasformazione che agevola, accelerando o limitando, l'azione batterica e di conseguenza le modificazioni biochimiche che sono in sinergia con l'azione dei microrganismi. Avviene quindi una selezione batterica determinante per l'ottenimento delle caratteristiche organolettiche dei diversi formaggi.
Ciò è dimostrato dal fatto che lo stesso formaggio ottenuto dalla trasformazione dello stesso latte crudo ma con due diversi inoculi, il primo selezionato e il secondo naturale (lattoinnesto, per esempio), risulteranno decisamente diversi, con caratteristiche organolettiche assolutamente distinguibili.
Ciò che può cambiare ulteriormente le caratteristiche di un formaggio sono le attrezzature che vengono a contatto con il latte, la cagliata e il formaggio sia all'estrazione sia alla sua maturazione. Ogni contatto è contaminante, positivamente o negativamente.

Innesti naturali

La carica batterica si sviluppa nello specifico sul luogo di produzione, determinando nel latte crudo una delle componenti più importanti, che gli concede la definizione di autoctono.
Essa viene assimilata (per contaminazione) in particolare durante la fase di mungitura, perché presente nella stalla e in ogni ambiente frequentato dalle lattifere.
Quando si fa riferimento alla microflora batterica del latte crudo si deve comprendere che in assenza di inoculo risulterà nel formaggio la forma residuale batterica originaria, che sarà di interazione con gli altri componenti capaci di modificare la maturazione del formaggio stesso.
Qualora vengano utilizzati innesti, sia naturali sia selezionati, la forza batterica attiva che resta (residuale) sarà quella dell'inoculo.
I fermenti selezionati inoculati nel latte crudo, capaci di contrastare i batteri anticaseari, avranno il sopravvento sui batteri originari, sia per le fermentazioni, sia per l'azione proteolitica, influenzando così le caratteristiche organolettiche del formaggio.

La forza batterica residuale ha quindi un'importanza determinante per le future caratteristiche organolettiche del formaggio e, dunque, se derivante dall'inoculo di lattoinnesto, sieroinnesto o scottainnesto, tali caratteristiche saranno del tutto naturali, autoctone, a vantaggio di odore, aroma e sapore nel formaggio maturo.

Il casaro, consapevole delle caratteristiche del latte che utilizza, dovendo fare formaggi tipici, tradizionali, PAT e magari DOP, provvede alla trasformazione partendo dal latte crudo. Anche nel caso che si lavori latte crudo, il quale conserva la sua carica batterica originaria, il casaro ha comunque bisogno di creare i supporti microbiologici necessari a ottenere fasi operative corrette, regolate dalle fermentazioni. La scelta dell'innesto è basata certamente su ciò che si intende ottenere. Per un formaggio tipico e autoctono è consigliabile l'uso di lattoinnesto, sieroinnesto o scottainnesto. Queste tipologie di innesto partono dal concetto di acidificare con fermenti autoctoni che vengono coltivati direttamente in caseificio. La flora batterica, concessa dalle tre metodologie d'inoculo, è quella del latte originario e proprio per questo tale latte non dev'essere contaminato da batteri patogeni o essere infettato da un contenuto di cellule somatiche eccessivamente alto. È indispensabile che il latte di partenza sia sano, ricco di microbi filocaseari, a pH corretto, con un buon contenuto proteico, di sali minerali e acidità nominale, °SH/50, nei limiti. Il lattoinnesto e il sieroinnesto si inoculano nel latte in caldaia subito prima dell'inserimento del caglio e non necessitano di riattivazione perché la loro azione acidificante è immediata.

Infatti gli innesti naturali, così come i fermenti selezionati liquidi (lattofermenti) una volta inoculati in caldaia continuano senza sosta la loro azione fermentativa, mentre i fermenti selezionati liofilizzati non agiranno in caldaia ma nelle fasi successive all'estrazione, ovvero sul tavolo spersore o in stufatura. Vengono utilizzati per produrre formaggi tipici, DOP o PAT, che in questo modo assimilano tutte le caratteristiche del latte originario senza interferenza di additivi estranei alla zona di produzione. Preparare un lattoinnesto o un sieroinnesto non è un procedimento del tutto semplice e il risultato non sempre è scontato, perciò bisogna fare molta attenzione all'igiene e all'ambiente in cui vengono preparati e lasciati a fermentare.

Tabella 1

INNESTI NATURALI		
Lattoinnesto Utilizzo: formaggi freschi, a breve e media stagionatura		**Sieroinnesto** Utilizzo: formaggi a lunga stagionatura (pasta cotta) e a pasta filata
a flora mesofila da latte fresco intero o scremato previa termizzazione	a flora termofila da latte fresco intero o scremato previa termizzazione	da siero della lavorazione precedente incubazione per 20 ore alla temperatura di 45-52 °C
incubazione a 30 °C fino all'acidità voluta	incubazione a 42-45 °C fino all'acidità voluta	incubazione a temperatura ambiente o in fermentiera

Una delle operazioni più delicate da effettuare utilizzando fermenti naturali, che ricordo essere concentrati di microrganismi suscettibili di variazioni giornaliere, è l'incremento di acidità da portare al latte in caldaia. Il latte da trasformare in formaggio necessita di una quantità di innesto tale da concedere alla miscela (latte e innesto) il giusto grado di acidità, che porterà i suoi effetti in ogni fase della trasformazione.

Alcuni formaggi, come le paste semidure di tecnologia d'alpe per esempio, non hanno necessariamente bisogno di una dose di inoculo che incrementi particolarmente l'acidità del latte, perché la loro fase di maturazione è medio lunga, per cui le fermentazioni e i vari passaggi, come la proteasi e la peptidasi, determinati da enzimi predisposti o da azione batterica, devono essere lenti e perdurare nel tempo. Non è sempre così naturalmente, le variabili sono tantissime, basti vedere il Parmigiano Reggiano DOP il cui inoculo di sieroinnesto deve aumentare l'acidità di circa 1 °SH/50, nonostante la sua maturazione debba continuare anche alcuni anni. In tutti i casi, stabilito l'incremento di acidità da apportare al latte, come ci si deve regolare per la quantità di lattoinnesto e sieroinnesto da inoculare?

Di buon aiuto è la formula che segue (Mucchetti e Neviani, 2006) che prevede il calcolo della quantità di innesti naturali da inoculare nel latte in funzione dell'incremento acidimetrico da ottenere.

$$F = \frac{L \cdot (Am - Al)}{Ai - Am}$$

F = chilogrammi di innesto (ciò che si deve inoculare nel latte)
L = quantità di latte in caldaia
Am = acidità del latte con l'innesto, ovvero ciò che si deve ottenere (miscela)
Al = acidità del latte
Ai = acidità dell'innesto

Ipotizziamo:
L = 100 litri
Al = 3,6 (acidità del latte)
Ai = 28 °SH/50 (acidità dell'innesto)
Am = 4,6 °SH/50 (acidità della miscela che dobbiamo ottenere)

$$F = \frac{100 \cdot (4,6 - 3,6)}{28 - 4,6} = 4,27 \text{ kg}$$

In conclusione utilizzando 100 litri di latte titolato a 3,6 °SH/50, per ottenere una miscela avente acidità 4,6 °SH/50, si dovranno aggiungere 4,27 kilogrammi di innesto naturale.

Lattoinnesto

Il lattoinnesto è una coltura batterica naturale utilizzata soprattutto per inoculare il latte da trasformare in formaggi a pasta molle e semidura, in quanto le fermentazioni che determina sono correlate in particolare modo allo *Streptococcus s. termophilus* e al *Lac-*

tobacillus d. bulgaricus, batteri termofili e omofermentanti, che non producono gas e possono svolgere la loro azione acidificante al meglio sia in caldaia che sul banco. Il latte intero, solitamente della mattina appena munto (ideale se entro 2 ore dalla mungitura), non refrigerato, viene riscaldato alla temperatura di 62-64 °C (termizzazione) e così lasciato in sosta per 10 minuti o più.

Sarebbe riduttivo parlare di questa tipologia di coltura batterica, senza approfondire la tematica che riguarda la prima fase della sua preparazione, ovvero la termizzazione del latte. Come ho già potuto descivere nell'apposito paragrafo, questa azione affidata al calore è molto importante per la buona riuscita del lattoinnesto. Capita spesso che il casaro si affidi alla termizzazione pensando che portare il latte alla temperatura di 60-65 °C sia risolutivo per il risanamento del latte, ma così non è. Infatti queste temperature non rappresentano una bassa pastorizzazione, in quanto le cellule batteriche presenti nel latte crudo non vengono debellate completamente ma solo in parte. Mentre le muffe e lieviti sono eliminati, i coliformi, componente batterica importante sia dal punto di vista numerico sia dal punto di vista delle problematiche che possono arrecare al formaggio, non vengono debellati ma immobilizzati, addormentati. Una sorta di sopore che termina, rendendoli attivi, qualora durante le fasi della trasformazione la temperatura, del latte o della cagliata, risultasse mesofila prima che sia avvenuta una buona acidificazione. La conseguenza che la riattivazione dei coliformi porterebbe sta nella loro azione eterofermentante capace di determinare occhiatura e, nel peggiore dei casi, pigmentazione della pasta del formaggio o altri gravi difetti.

La tabella che segue indica l'effetto della temperatura sui batteri presenti nel latte crudo, in riferimento alla loro termoresistenza.

Tabella 2

TERMORESISTENZA DI ALCUNI BATTERI LATTICI A 60°C PER 30'			
Batteri lattici acidificanti		**Batteri psicrofili e/o anticaseari**	
Lactobacillus helveticus	+	*Micrococcus app.*	±
Lactobacillus bulgaricus	+	*Pseudomonas app.*	±
Lactobacillus casei	+	Coliformi	±
Lactobacillus fermentum	+	Propionbatteri	±
Streptococcus thermophilus	+	Enterococcacee	–
Pediococcus app.	+	*Clostridium app.* (spore)	+
Lactococcus lactis	±	*Clostridium app.* (forme vegetative)	±
Lactococcus cremoris	±		
Lactococcus diacetilactis	±		
Leuconostoc citrovorum	+		
Legenda: + termoresistenza completa; ± termoresistenza relativa; – non termoresistenti			

Fonte: Salvadori del Prato, 2001 (rielab.)

Terminata la sosta il latte viene raffreddato alla temperatura di 45-44 °C (temperatura di incubazione del lattoinnesto termofilo) e così mantenuto per il tempo necessario all'acidificazione voluta.

Se ne evince che la buona crescita e la riproduzione dei batteri sono influenzate soprattutto dalla temperatura. Si consideri infatti che un solo grado di differenza, in fase di incubazione, può condizionare lo sviluppo di una famiglia batterica invece che di un'altra. Il formaggio, di qualsiasi tipologia esso sia, necessita di una flora batterica "personalizzata" indispensabile ad acidificare la pasta sin dall'estrazione della cagliata.

Il lattoinnesto ha la peculiarità di essere sempre diverso, e le specie batteriche che consentono l'acidificazione del latte non hanno un vero e proprio standard. Ciò non significa che il casaro ottenga risultati del tutto differenti in funzione del lattoinnesto inoculato ma certo è che se si intende davvero standardizzare il formaggio, ovvero che sia sempre identico, la pratica del lattoinnesto non è da considerare. Un bravo casaro, però, sarà in grado di "aggiustare" le dosi di lattoinnesto in funzione dell'acidità del latte e del lattoinnesto stesso, lavorando con le temperature di inoculo e di coagulazione nonché, se previste, le temperature di semicottura e di cottura. Il lattoinnesto è da impiegare invece per tipicizzare un formaggio che possa detenere caratteristiche organolettiche anche variabili in funzione della stagionalità.

Il grado di acidità, che si misura in °SH/50, varia in funzione del formaggio che si intende ottenere. Per i formaggi a pasta molle il lattoinnesto deve avere acidità titolabile elevata mentre per i formaggi di breve o media stagionatura il grado di acidità dev'essere piuttosto basso. Non esiste una regola precisa ma normalmente il grado di acidità del lattoinnesto si determina considerando l'azione acidimetrica che i batteri devono svolgere nel latte, nella cagliata, e dal tipo di spurgo (forza) che deve avvenire nella pasta del formaggio.

Come si utilizza

Il lattoinnesto dev'essere utilizzato in purezza, ovvero senza altre sostanze aggiunte o manipolazioni particolari. Si innesta nella quantità ideale affinché la miscela aumenti di acidità quel tanto che serve per produrre il formaggio da caseificare. Dev'essere inoculato in percentuale al latte in caldaia e in funzione del suo grado di acidità nominale (la percentuale può variare tra 0,5 e 2%). Il casaro deve quindi titolare il latte e il lattoinnesto e regolarsi di conseguenza. La verifica della corretta acidificazione, determinata dal lattoinnesto, è quella che viene effettuata titolando la miscela dopo l'inoculo. La titolazione deve dimostrare che il latte ha subìto un incremento acidimetrico tale da rappresentare una forza idonea alle successive fermentazioni, che si svilupperanno maggiormente se si opta per la stufatura della pasta.

Come si ottiene un buon lattoinnesto

Il lattoinnesto è il risultato di una coltura batterica molto delicata e di conseguenza facilmente soggetta a inquinamento. Le fasi che portano il casaro a fare un buon lattoinnesto cominciano con la raccolta del latte. Il latte da lattoinnesto dev'essere di ottima qualità non solo dal punto di vista fisico ma, soprattutto, dal punto di vista chimico. Solitamente il casaro consapevole decide a priori il latte da utilizzare con un'analisi di laboratorio che gli permette di capire il suo contenuto di proteine, grassi, punto di congelamento ma soprattutto l'acidità nominale e il pH. Queste ultime analisi possono, come ho già detto più volte, essere svolte in caseificio. Oltre a queste indispensabili caratteristiche di qualità, il latte dev'essere osservato per la sua capacità di acidificare e di coagulare, che deve rispecchiare le aspettative del casaro. Il casaro che opera in un caseificio aziendale deve scegliere se utilizzare il latte di una sola lattifera o di tutte o di parte di esse. È abbastanza rischioso utilizzare la mungitura di una sola lattifera per ovvie ragioni, ovvero per la possibilità che il latte cambi di giorno in giorno e perda le caratteristiche necessarie o acquisisca addirittura carica batterica patogena. È consigliabile quindi utilizzare la miscela del latte di tutta la stalla. Una delle caratteristiche del latte da utilizzare per il lattoinnesto, che dev'essere controllata regolarmente, è il contenuto di cellule somatiche, che non devono superare la soglia delle 200.000 unità. È forse banale dire che le attrezzature utilizzate per fare il lattoinnesto devono essere mantenute in perfetto stato e sanificate metodicamente.

Tabella 3

CARATTERISTICHE DEL LATTE PER OTTENERE UN BUON LATTOINNESTO		
Caratteristiche del latte		**Desunte da**
cellule somatiche	< 200.000	analisi periodiche di laboratorio
carica batterica	come da normative ma consigliabile fra 20.000 e 60.000	analisi periodiche di laboratorio
pH	6,6-6,75	misurazioni in caseificio
°SH/50	3,4-3,8	titolazione in caseificio
inibenti	assenti	analisi periodiche di laboratorio
attitudine all'acidificazione	buona	qualità determinata da prove in caseificio
attitudine alla coagulazione	buona	qualità determinata da prove in caseificio

Una volta appurato che il latte sia idoneo a ottenere un buon lattoinnesto, il casaro deve poter operare affinché la coltura ottenuta possa avere la giusta acidità, indispensabile per il successivo inoculo nel latte. Il latte inoculato con lattoinnesto si definisce "miscela", dev'essere titolato per verificare l'incremento dell'acidità sviluppata.

Il lattoinnesto può essere definito "personalizzato" perché per ogni tipologia di formaggio da fare si deve utilizzare un lattoinnesto di diversa acidità e componente batterica. Il casaro deve fare attenzione perché non sempre il lattoinnesto raggiunge l'acidità desiderata, vuoi per le caratteristiche sempre diverse del latte, vuoi per tempi e temperature, in fase di incubazione, non corretti. Dovranno essere quindi effettuate prove relative alle temperature e alla tempistica di incubazione, senza però dare priorità ai parametri appena esposti, perché è in tutti i casi molto importante verificare spesso, durante la sosta del latte in fermentiera, l'andamento dell'acidità sviluppata. Ogni volta che si fa lattoinnesto bisogna provvedere sistematicamente a verificare l'acidità, sia con il pHmetro che con l'acidimetro, per ovviare a errori che possono avvenire in relazione alla spesso diversa capacità acidificante del latte.

È bene tenere presente che il lattoinnesto, una volta tolto dalla fermentiera nella quale è stato incubato, con il passare delle ore aumenta il suo grado di acidità. Ciò avviene anche durante la fase successiva di refrigerazione. Quest'incremento acidimetrico può essere misurabile in pochi decimi ma anche in alcuni gradi. Il lattoinnesto dev'essere utilizzato, ogni volta, previa titolazione e misurazione del pH. Ciò consente di stabilire correttamente la quantità da inoculare nel latte in funzione dell'incremento acidimetrico che s'intende apportare alla miscela. La miscela ottenuta caratterizzerà fortemente la successiva coagulazione, che avverrà con l'aggiunta del caglio.

Tabella 4

CRESCITA BATTERICA PREVALENTE NEL LATTOINNESTO		
Termizzazione	Temperatura di incubazione	Batteri
63 °C sosta 10'	20-30 °C (mesofila)	*Lactococcus l. cremoris, Lactococcus l. lactis*
	44-46 °C (termofila)	*Lactobacillus d. bulgaricus*
	42-44 °C (termofila)	*Streptococcus s. termophilus, Lactobacillus h. helveticus*

Dalla Tabella 4 risulta evidente quanto sia importante la temperatura d'incubazione, tanto che un solo grado di differenza può sbilanciare il lattoinnesto alla crescita di alcuni batteri più che di altri. Per esempio, se si incuba il latte termizzato a 44 °C si favorisce la crescita degli streptococchi ma è sufficiente innalzare la temperatura a 45 °C per favorire la crescita dei lattobacilli.

Partendo dal presupposto che il lattoinnesto sia riuscito correttamente e quindi possa essere utilizzato, il casaro dovrà provvedere a determinare la quantità necessaria da inoculare per fare il formaggio progettato, sia esso di fantasia o tipico, per il quale le caratteristiche organolettiche devono essere particolarmente autoctone. Qualora il casaro inizi la produzione di un nuovo formaggio, è bene che si appoggi a un laboratorio specializzato per provvedere alla conta batterica sia del latte da utilizzare che del lattoinnesto specifico.

Utilizzare un lattoinnesto ciecamente, senza conoscerne le caratteristiche microbiologiche, è un rischio non solo sanitario ma tecnologico, che può portare a errori seri con conseguenze qualitative. Se il casaro è inesperto è bene anche che si consulti con un tecnologo che lo può indirizzare alle migliori tecniche per fare un buon lattoinnesto naturale.

Tabella 5

ACIDITÀ DEL LATTOINNESTO PREFERIBILI PER ALCUNE TIPOLOGIE DI FORMAGGI			
Tipologia di formaggio	Termizzazione °C	Temperatura termofila di incubazione °C	Acidità del lattoinnesto prima dell'inoculo
pasta molle	63-65 °C sosta 10-20'	44-45 °C	14-16 °SH/50
pasta molle crosta lavata	63-65 °C sosta 10-20'	44-45 °C	22-24 °SH/50
pasta semidura	63 °C sosta 10-20'	42-45 °C	12-14 °SH/50
pasta dura	62-63 °C sosta 10-20'	42-44 °C	9-12 °SH/50
pasta filata (mozzarella da latte vaccino)	62-63 °C sosta 10-20'	42-44 °C	16-20 °SH/50
I riferimenti acidimetrici del lattoinnesto sono da ritenenrsi indicativi in quanto possono essere modificati dal casaro in funzione di alcuni parametri, come le caratteristiche del latte e le sue attitudini ad acidificare e a coagulare.			

Una delle problematiche della produzione di lattoinnesto è lo sviluppo di enterococchi. È una situazione che può avvenire quando la mungitura è effettuata in scarse condizioni igieniche, o lo è l'ambiente della trasformazione. Gli enterococchi possono sviluppare enzimi capaci di portare sapore amaro, odore e aroma di letame nel formaggio.

Un tempo, quando non si conoscevano le mutazioni chimiche, fisiche e batteriologiche del latte, il lattoinnesto era di semplice preparazione. Il latte veniva lasciato fermentare in caseificio a temperatura ambiente. Oggi affidarsi a questa tecnica è davvero pericoloso, anche se si utilizza latte con buone caratteristiche microbiologiche.

Infatti, spesso i piccoli caseifici non sono attrezzati con fermentiere che consentono di mantenere costante la temperatura del latte e utilizzano metodi e attrezzi molto semplici come pentole nelle quali, dopo aver termizzato e raffreddato il latte alla temperatura d'incubazione, lasciano che avvenga il raffreddamento in modo naturale. In questi casi il latte acidifica spesso anche velocemente, ma la qualità del lattoinnesto è scadente e a volte porta a risultati che si possono definire anticaseari. Questo metodo in un primo momento, quando la temperatura è termofila, favorisce come ovvio la crescita di batteri amanti del caldo, ma quando la temperatura scende, viene dato spazio alla flora mesofila. Il lattoinnesto così articolato non ha alcun utilizzo positivo in caseificio, è fuori controllo e può anche determinare fermentazioni pericolose. Se ne deduce che il miglior modo per fare un lattoinnesto sia quello di mantenere costante il più possibile la temperatura di incubazione e non optare per temperature mesofile, così come accadeva un tempo e come accade in certi luoghi del Sud, in particolare per le paste filate. Per mozzarelle e scamorze il latte viene lasciato acidificare naturalmente a temperatura ambiente con i rischi del caso. Si consideri inoltre che il latte utilizzato per fare questa coltura batterica, risentendo delle sue caratteristiche spesso mutabili per molte cause soprattutto ambientali, può portare al risultato voluto in tempi diversi. Capita quindi che alle stesse condizioni di temperatura e di risultato acidimetrico, il tempo di incubazione possa variare dalle 4 ore fino 9 ore. Oltre le 9 ore di incubazione si tende a scartare il lattoinnesto in quanto le fermentazioni dei batteri lattici possono essere rallentate da fattori al momento sconosciuti ma verificabili con apposite analisi. Il casaro potrà gestire questi tempi considerando di modificare la temperatura di termizzazione e quella di incubazione, facendo sempre riferimento a una accurata analisi microbiologica dei risultati ottenuti. Tali analisi non vanno certamente effettuate ogni volta che si produce lattoinnesto ma con frequenza almeno stagionale, ogni 4-5 mesi.

Sieroinnesto

Il sieroinnesto è una coltura batterica derivante dal siero residuo della lavorazione del formaggio. Il siero non è da confondere con la scotta, che è il liquido che rimane al termine dell'estrazione della ricotta. Normalmente viene prodotto con il siero derivante dalla caseificazione di formaggi a pasta dura, la cui cagliata è cotta a temperatura elevata, oltre i 50 °C, oppure anche da formaggi a pasta cruda e filata. Il motivo determinante per cui si utilizza è quello di contribuire alla selezione di batteri termofili indispensabili ad acidificare il latte e resistenti al riscaldamento necessario alla cottura della pasta. La forte acidità del sieroinnesto permette una fermentazione spinta del latte e di conseguenza una coagulazione rapida. Questa coltura batterica si produce estraendo dalla caldaia il siero, eventualmente raffreddato fino alla temperatura variabile tra 44 e 50 °C e in seguito lasciato in incubazione fino alla lavorazione del giorno successivo. Il sieroinnesto da utilizzare per alcuni formaggi a pasta dura può anche essere lasciato alla temperatura di cottura senza alcun raffreddamento fino alla lavorazione successiva, alla quale giunge con un abbassamento termico di circa 20-25 °C.

È il metodo di acidificazione tipico dei formaggi a pasta granulosa perché, diversamente dal lattoinnesto, che favorisce anche gli streptococchi, consente la crescita di batteri del tipo *Lactobacillus*, fortemente acidificanti, idonei in particolare per l'acidificazione in caldaia, ma di lenta azione nella pasta dopo l'estrazione.

A garanzia del mantenimento delle caratteristiche naturali, nel caso si faccia uso di sieroinnesto, è possibile utilizzare anche fermenti selezionati come colture di rinforzo che, proprio per il loro supporto tecnologico, danno una maggiore funzionalità alle fermentazioni. Il rischio però è quello della prevalenza delle colture selezionate inoculate che potrebbero sostituire, in fase di lunga maturazione del formaggio, la produzione di enzimi capaci di indirizzare una proteolisi, in questo caso, diversa da quella provocata dall'innesto naturale.

Il sieroinnesto è utilizzabile anche per le coagulazioni lattiche, come le robiole o le paste spalmabili tanto ambite oggi dai produttori che utilizzano latte caprino. La coagulazione lattica o acida avviene per la fermentazione di batteri lattici, soprattutto in ambiente mesofilo, eventualmente con l'aggiunta di piccolissime dosi di caglio che agiscono sulla solvatazione. Avvenuta la coagulazione e raggiunto il punto isoelettrico ma anche oltre, la cagliata inizia lo spurgo primario, ovvero il rilascio del siero in modo spontaneo. Tale siero, solitamente molto limpido, può essere prelevato e utilizzato successivamente come innesto naturale. Il siero ottenuto, soprattutto se derivante dall'acidificazione di latte crudo, deve essere titolato ogni qualvolta lo si utilizza e analizzato periodicamente, in quanto le sue proprietà potrebbero continuamente mutare non solo per le caratteristiche intrinseche del latte originario, ma per le eventuali contaminazioni che possono avvenire in caseificio.

La quantificazione del siero da innestare è strettamente collegata con il tempo di incubazione del latte e il tempo che occorre per raggiungere il punto isoelettrico anche in funzione delle specifiche necessità e tempistiche del caseificio. Normalmente si deve intervenire con la coltura batterica affinchè i tempi di coagulazione non siano più brevi delle 16 ore e non più lunghi delle 24.

Come si utilizza

Come per il latte e il lattoinnesto anche il sieroinnesto dev'essere titolato. La titolazione è indispensabile per calcolare con precisione la quantità di inoculo da utilizzare in funzione dell'incremento acidimetrico, della miscela, che si intende ottenere.

Come detto più volte, sia per il lattoinnesto che per il sieroinnesto il casaro deve utilizzare queste colture batteriche in modo appropriato, per consentire al latte di incrementare la propria acidità e intervenire correttamente anche sulle fermentazioni della pasta del formaggio. Diventa importante stabilire, oltre all'acidità degli starter, anche l'acidità della miscela. Per fare questo, o si conosce in partenza la quantità necessaria per il raggiungimento della corretta acidità della miscela oppure si può utilizzare un metodo empirico, che consiste nell'aggiungere al latte la coltura fino all'ottenimento dell'acidità voluta. Esiste anche un metodo scientifico, che consiste nell'applicare una formula idonea a calcolare la quantità di fermento da utilizzare (vedi formula per calcolare la quantità di innesti naturali) ma, essendo il latte sempre diverso e, soprattutto, le colture naturali da inoculare diverse, tale formula diventa difficilmente applicabile. Un'altra caratteristica del lattoinnesto e del sieroinnesto è legata alla qualità del latte di partenza e alle sue caratteristiche microbiologiche che ne determinano la riuscita. Le variabili sono soprattutto legate alla vitalità dei ceppi e al tempo d'incubazione delle colture. A volte per raggiungere la stessa acidità possono essere necessarie poche ore ma anche tante. Ciò avviene soprattutto fra latti dello stesso territorio ma di stalle diverse.

L'utilizzo di sieroinnesto ottenuto in seguito alla cottura della cagliata e lasciato in incubazione alla temperatura di 48 °C consente al galattosio di essere consumato completamente anche nel cuore delle forma dopo 24 ore (Pecorari et al., 2003b).

Infatti non sempre il galattosio viene esaurito quando vi sono specie batteriche che possiedono minore attitudine all'utilizzo del galattosio stesso. Quando il lattosio e il galattosio rimangono a lungo nel formaggi a pasta cotta significa che non vi è sufficiente attività microbica nel sieroinnesto o nel lattoinnesto.

Tabella 6

ACIDITÀ DEL SIEROINNESTO PREFERIBILI PER ALCUNE TIPOLOGIE DI FORMAGGI		
Tipologia di formaggio	**Temperatura termofila di incubazione °C**	**Acidità del sieroinnesto prima dell'inoculo**
pasta dura tipo grana	55-54 °C con raffreddamento naturale	27-32 °SH/50 [1]
pasta filata fresca (mozzarella da latte di bufala)	44-45 °C	18-23 °SH/50 [1]
pasta filata dura (caciocavallo, provolone)	48-42 °C con raffreddamento lento naturale	28-30 °SH/50 [2]

[1] I riferimenti acidimetrici sono da ritenersi indicativi in quanto possono essere modificati dal casaro in funzione di alcuni parametri, come le attitudini del latte ad acidificare e a coagulare.

[2] L'acidità del sieroinnesto per paste filate dure è molto variabile, così come lo sono i tanti prodotti a pasta filata duri in Italia.

Per le paste filate fresche (mozzarella di bufala o di vacca) soprattutto nel sud italiano, è d'uso predisporre il sieroinnesto per ottenere formaggi autoctoni qualora debbano essere consumati freschissimi o freschi, spesso venduti direttamente al consumatore in zona di produzione.

Per ottenere questa tipologia di sieroinnesto si deve raccogliere il siero acidificato, al pH di filatura, ponendolo direttamente in cella. La sua carica batterica è già presente e l'acidità è quella della pasta che dev'essere filata. Oppure si pone il siero in fermentiere per un tempo stabilito dalle necessità acidimetriche e poi si raffredda.

Nel sieroinnesto, utilizzato tutti i giorni per le acidificazione nelle paste filate fresche, possono svilupparsi lieviti e microrganismi eterofermentanti produttori di gas, in quanto il suo inoculo nel latte della lavorazione successiva porterà l'eventuale contaminazione già avvenuta. È quindi un bene, ogni tanto, abbandonare il siero per ricominciare una produzione di pasta filata nuova.

Tabella 7

CRESCITA BATTERICA PREVALENTE NEL SIEROINNESTO		
Formaggio	**Temperatura di acidificazione °C**	**Crescita batterica prevalente**
tipo grana	47-54 °C	Lactobacillus h. helveticus, Lactobacillus d. lactis, Lactobacillus d. bulgaricus, Lactobacillus reuteri (fermentum)
tipo mozzarella	25-35 °C (o subito in cella)	Streptococcus termophilus, Lactobacillus l. lactis, Lactobacillus h. helveticus

Viene da chiedersi cosa deve fare il casaro quando intende realizzare per la prima volta una produzione che necessita dell'utilizzo di sieroinnesto. La cosa più semplice e ovvia è che il caseificio richieda, a chi già produce il formaggio, cioè a un altro caseificio, la fornitura del sieroinnesto. Un'altra scelta, molto più interessante anche dal punto di vista qualitativo, è che il casaro si rivolga a un laboratorio produttore di fermenti, affinché provveda a fornire un sierofermento, studiando e selezionando la componente batterica del latte, e del siero, che solitamente viene utilizzato in caseificio, che possa essere inoculato nel siero generico di un altro formaggio prodotto. Con questa modalità si ottiene un sieroinnesto del tutto autoctono che aumenta qualitativamente con le successive lavorazioni. Un'ultima scelta è quella di optare per fermenti selezionati già pronti e adatti a produrre sieroinnesto. Certo questi ultimi non possono essere considerati autoctoni ma per un utilizzo provvisorio sono certamente di grande aiuto. L'utilizzo di un sierofermento per la produzione di sieroinnesto oppure l'utilizzo di un sieroinnesto di altri produttori è indispensabile per quel caseificio che produce il formaggio saltuariamente, ovvero non tutti i giorni.

Scottainnesto

Un innesto naturale da utilizzare in caseificio è la scottainnesto, derivata dalla fermentazione (acidificazione) del liquido residuo dall'affioramento della ricotta. La scottainnesto è poco conosciuta e meno utilizzata del lattoinnesto e del sieroinnesto ma trova la sua migliore applicazione per i formaggi a pasta dura, soprattutto se da latte di pecora, così come avviene per il Pecorino Romano DOP. Per questo formaggio la scottainnesto viene ottenuta per incubazione della durata complessiva di circa 24 ore. Tale coltura raggiunge acidità piuttosto elevate (15-16 °SH/50) e pH sensibilmente inferiori a 4,00, con rapporto tra streptococchi e lattobacilli pari a 3:2.

Una delle più interessanti e curiose caratteristiche della scottainnesto è rilevabile dal fattore temperatura. Si pensa infatti che alla temperatura di pastorizzazione, solitamente di 72 °C, ogni presenza batterica venga debellata. Allora cosa succede alla carica batterica presente nel siero quando, per ottenere l'affioramento della ricotta, si raggiungono temperature ben superiori a 80 °C? Indubbiamente viene da pensare che le elevate temperature risanino completamente il siero e che lo "puliscano" dalla presenza di microrganismi. Non è così, infatti anche a temperature così elevate alcuni ceppi batterici (*Streptococcus Termophilus*, *Lactobacillus d. Bulgaricus*, *Lactobacillus h. Helveticus*) rimangono attivi e proprio per questo si definiscono termoresistenti. Ceppi batterici di lattobacilli e streptococchi, capaci non solo di rimanere vivi ma di sviluppare la loro azione a beneficio di un incremento acidimetrico perpetrato a temperature a loro consone.

Per i piccoli caseifici, dove manca la fermentiera, la scottainnesto è, tra le tre tipologie di innesti naturali, la più sicura, in quanto l'elevata temperatura a cui è stato sottoposto il siero garantisce la mancanza della flora mesofila anticasearia. Per di più nei caseifici la produzione di questa coltura batterica si limita al mantenimento della scotta in recipienti che ne assicurano il lento raffreddamento. A livello acidimetrico una scottainnesto utilizzabile deve raggiungere almeno pH 4,40, ma meglio se maggiormente acida. La scotta è un liquido dallo scarso contenuto proteico, le caseine sono state estratte con il formaggio e le sieroproteine con la ricotta, per cui è un substrato molto povero, ma rimangono presenti il lattosio ed eventualmente il glucosio, non ancora metabolizzato dai batteri lattici, e il galattosio. Questi componenti saranno utilizzati dai batteri termoresistenti che abbasseranno considerevolmente il pH. Proprio per la scarsità dei componenti del latte residui nella scotta, l'acidità nominale sarà piuttosto bassa a dimostrazione che non esiste un rapporto tra il pH e l'acidità nominale stessa. Se per il lattoinnesto e il sieroinnesto è auspicabile il controllo acidimetrico con la titolazione del latte e della miscela, per l'utilizzo della scottainnesto è preferibile utilizzare l'acidità rilevabile con il pHmetro. Ciò permette di continuare poi, nelle successive fasi della trasformazione, di ottenere una curva acidimetrica basata esclusivamente sulla misurazione del pH.

Il suo utilizzo è pari a quello del sieroinnesto, con la differenza che molto spesso la sua velocità di acidificazione è superiore. Per la sua preparazione possono essere usati due metodi, quello di lasciare che la scotta raffreddi lentamente fino alla lavorazione del giorno dopo, oppure la si raffredda a temperatura variabile tra i 45 e i 50 °C, o tra i 42 e 45 °C qualora si intenda avantaggiare la screscita degli streptococchi, lasciando quindi stabile la temperatura di incubazione.

Alla scotta prelevata dalle caldaie e posta nei contenitori dove avverrà la fermentazione è possibile aggiungere piccolissime dosi della scottainnesto precedentemente ottenuta. Dosi che servono a innescare più rapidamente le fermentazioni, le quali non devono superare, previo prove empiriche, lo 0,5% della scotta da inoculare. I tempi di fermentazione in incubazione saranno accelerati sensibilmente. È comunque consigliabile, prima di utilizzare questo sistema che ricorda molto l'inseminazione della farina con il lievito madre, provare la scottainnesto ottenuta per fermentazione senza nessuna aggiunta.

Per ottenere una buona coltura batterica è necessario provare diverse volte per comprendere quali siano le temperature consone per l'incubazione e quali siano le risultanze di una buona curva di acidificazione, che influenza l'intero processo di trasformazione.

Innesti selezionati

Qualora la caseificazione di un formaggio non comporti il rispetto di un disciplinare che obbliga all'uso di innesti naturali, il casaro può ricorrere all'utilizzo di fermenti lattici starter. Gli innesti selezionati sono il risultato di una selezione batterica (isolamento ceppi) da base latte o da innesti naturali. Si ottengono innesti selezionati autoctoni se il latte utilizzato per la selezione batterica proviene dal territorio dove poi saranno prodotti i formaggi. Alcuni disciplinari di formaggi DOP infatti consentono l'uso di specifici starter selezionati autoctoni. La grande varietà di questi fermenti, che possono essere liofilizzati, congelati o sotto altre forme per lo più già innestate nel latte, permette al casaro di sceglierne le tipicità in funzione del formaggio che deve produrre.

Tabella 8

Innesti selezionati
coltura madre liofilizzata o congelata, o liquida a base di latte
utilizzo: formaggi di ogni tipologia e classe
prodotti in laboratorio
conservazione a basse temperature

In Italia, nazione che può vantare un panorama ricchissimo di formaggi, la cultura dell'arte casearia ha portato i casari alla conoscenza delle tecniche storiche e anche all'uso di acidificare il latte con innesti naturali. Oggi più che mai il casaro conosce e utilizza i fermenti selezionati, siano essi starter o autoctoni. La temperatura di inoculo e di coagulazione è fondamentale per la scelta del tipo di fermento da utilizzare per avviare correttamente le colture batteriche alla produzione di acido lattico. Fermenti mesofili e termofili da soli o in miscela permettono di acidificare il latte e influiscono notevolmente sulla maturazione della pasta del formaggio a partire dall'estrazione della cagliata. I fermenti che detengono caratteristiche proteolitiche tendono a favorire, a volte molto significativamente, i tempi di maturazione e le caratteristiche organolettiche del formaggio. Ma quali sono in particolare i ceppi utilizzati come starter? La Tabella 9 riporta alcuni tra i più utilizzati per i formaggi italiani.

Tabella 9

BATTERI MESOFILI STARTER				
Starter mesofili	Temp. ottimale	Tipologia	Acidificazione	Utilizzo
Lactococcus lactis subsp. lactis	30-32 °C	omofermentante	lenta	in simbiosi con *cremoris*
Lactococcus lactis subsp. cremoris	30-32 °C	omofermentante	lenta	in simbiosi con *lactis*
Lactococcus lactis subsp. diacetylactis	28-30 °C	eterofermentante	scarsa	aromatizzante utilizzabile in colture miste
Leuconostoc paramsenteroides lactis subsp. cremoris	26-28 °C	eterofermentante	scarsa	aromatizzante utilizzabile in colture miste

Gli starter mesofili hanno speciali caratteristiche, solitamente sono buoni acidificanti, possono essere omofermentanti o eterofermentanti e concedere al formaggio aromi particolari.

● Le temperature di inoculo e di coagulazione variano dai 28 ai 32 °C.
● Possono determinare, nella pasta del formaggio, occhiatura rada e/o di piccole dimensioni.

- La loro azione permette una buona acidificazione sia in caldaia che sul banco, consentendo un abbassamento del pH piuttosto rapido. Per questo vi è il rischio di non riuscire a interrompere l'acidificazione anche utilizzando il freddo e la salatura.
- Nelle paste molli o semidure, di breve o media stagionatura esiste la possibilità che questi fermenti siano concorrenti a determinare il sapore amaro, se il formaggio contiene eccessiva umidità.

Per quanto riguarda le colture starter la cui componente batterica è termofila, è doveroso segnalare che spesso vengono utilizzati batteri omofermentanti, ovvero i migliori produttori di acido lattico, che permettono sia al latte che alla pasta estratta dalla caldaia di non assumere particolari aromi in quanto non produttori di gas. La Tabella 10 indica schematicamente come utilizzare alcuni dei più importanti ceppi batterici termofili.

Tabella 10

BATTERI TERMOFILI STARTER				
Starter termofili	Temp. ottimale	Tipologia	Acidificazione	Utilizzo
Streptococcus s. termophilus	42-45 °C	omofermentante	rapida	solo o in simbiosi con Lactobacillus d. bulgaricus o altri
Lactobacillus delbrueckii subsp. bulgaricus	44-46 °C	omofermentante	rapida	in simbiosi con Streptococcus t.
Lactobacillus helveticus subsp. helveticus	44-46 °C	omofermentante	rapida	in simbiosi con Streptococcus t.

Lo *Streptococcus s. termophilus* è utilizzato per la produzione di molti formaggi, sia perché è sempre presente nel latte di origine, anche se in quantità variabili o minime, sia per le sue caratteristiche di acidificante, soprattutto se in simbiosi con il *Lactobacillus delbrueckii subsp. bulgaricus* per il quale funge da starter. Il suo effetto è particolarmente interessante sulla pasta del formaggio che tende ad acidificare e di conseguenza a spurgare lentamente, portando il pH al grado voluto. Il *Lactobacillus delbrueckii subsp. bulgaricus* così come il *Lactobacillus helveticus subsp. helveticus* lavorano in simbiosi con lo *Streptococcus termophilus* e, mentre i primi sono mediamente proteolitici, l'ultimo è scarsamente proteolitico e quindi concede poca aromaticità al formaggio.

Quando si parla di fermenti selezionati spesso pare ci si voglia riferire a prodotti di laboratorio, magari oggetto di contraffazione, quasi fossero coadiuvanti pericolosi e da non utilizzare. Non è così, bisogna sfatare questo preconcetto. I fermenti selezionati sono il risultato di un'impegnativa ricerca che i laboratori che li producono fanno ininterrottamente. La realtà vuole che tali fermenti vengono prodotti dallo studio del latte o del lattoinnesto o del sieroinnesto che spesso provengono da ditte che trasformano il proprio latte. Per meglio capire che i fermenti selezionati non sono uno scandalo caseario, anzi, al contrario, sono sempre un grande aiuto per il casaro sia dal punto di vista tecnologico che qualitativo, ho predisposto la Tabella 11, che riepiloga le varie fasi della produzione di un fermento liofilizzato.

Tabella 11

SCHEMA PRODUTTIVO DI FERMENTI LIOFILIZZATI (LABORATORIO)
selezione dei ceppi dal latte o da innesti naturali come il lattoinnesto o il sieroinnesto
⬇
prove di acidificazione (velocità e curva)
⬇
inoculo in brodo di coltura (latte, lattosio, proteine ecc.)
⬇
centrifugazione (addensamento)
⬇
liofilizzazione a basse temperature

Per controllare la crescita dei batteri che si stanno studiando allo scopo di produrre fermenti selezionati si utilizzano due metodi distinti. Il primo è quello della conta totale, che avviene tramite l'uso di un microscopio mediante una camera di conta (Petroff Hausser), che però ha il limite di non distinguere i batteri vivi da quelli morti.

Il secondo metodo che permette di contare i batteri vivi è quello su piastra, sistema molto complesso.

Come si utilizzano

I fermenti lattici selezionati sono da utilizzare con estrema cautela dal punto di vista igienico. Si inquinano facilmente per cui ogni manipolazione, attrezzo o contenitore in cui sono posti o con cui vengono prelevati dev'essere oggetto di massima pulizia, o meglio sterilizzazione.

L'innesto dei fermenti, sia liofilizzati che congelati, si deve effettuare previo scioglimento nel latte alla temperatura di inoculo. Il dosaggio, che modifica l'acidità della miscela, dev'essere progettato in funzione delle indicazioni della ditta che produce gli starter, ma può anche essere il frutto di prove tecnologiche fatte dal casaro che intende ottenere risultati specifici. I fermenti diretti devono essere rivitalizzati in caldaia solitamente per un tempo compreso fra 20 e 30 minuti, al contrario del lattoinnesto o del sieroinnesto che non ne hanno la necessità.

Nella descrizione del lattoinnesto ho ottemperato, per la sua realizzazione, al metodo che si utilizza per ottenere formaggi tipici con caratteristiche autoctone, ma esiste anche un'altra tipologia, solitamente utilizzata dall'industria, che ha una fondamentale differenza rispetto a quella che ho già descritto.

Dovendo optare per fermenti selezionati a base di latte, lattofermenti, è possibile pastorizzare il latte anche ad alte temperature, superiori ai 72 °C, e successivamente provvedere al raffreddamento fino alla temperatura d'incubazione. A questo punto vengono inoculati i fermenti lattici selezionati, solitamente liofilizzati, per il tempo necessario a ottenere una coltura batterica da utilizzare. L'ultima fase è quella di inoculare il latte allo stesso modo del lattoinnesto.

Quando si acquistano i fermenti selezionati, in qualsiasi forma essi vengano forniti, è necessario che siano accompagnati dalla scheda tecnica che ne precisi i dati analitici, molto importanti per l'autocontrollo e indispensabili per le informazioni relative ai ceppi batterici che compongono la coltura. La scheda tecnica è altresì importante quando, tramite la curva acidimetrica, rappresenta la velocità e la capacità di acidificazione. Solitamente i fermenti selezionati si acquistano per fare un certo tipo di formaggio senza preoccuparsi del tipo di ceppo batterico o di miscela in essi contenuta.

Avere la cognizione dei ceppi utilizzati permette al casaro di optare per le migliori soluzioni, ottimizzando le temperature di inoculo e di coagulazione nonché guidando la giusta acidificazione in fase di stufatura. Spesso il casaro prende per oro colato i suggerimenti di chi propone l'utilizzo di colture selezionate: non è sufficiente, è necessario conoscere bene il latte che si ha a disposizione e i ceppi batterici da inoculare, a volte non propriamente adatti. Riuscire a utilizzare al meglio le colture liofilizzate significa evitare di banalizzare il formaggio con lo scopo di renderlo personalizzato o addirittura tipico.

Metodo di selezione dei ceppi batterici

Il casaro che intende inoculare il latte con microrganismi fermentanti deve poter selezionare personalmente i ceppi batterici più idonei alla tipologia di formaggio che va a produrre. Infatti troppo spesso capita che il casaro si affidi ciecamente a chi gli propone l'acquisto dei fermenti lattici selezionati. Le aziende che producono i fermenti selezionati predispongono le confezioni indicandone, sull'etichetta, per quale tipo di formaggio devono essere utilizzati i fermenti, senza specificare il reale contenuto, cioè di quali batteri lattici si compone la miscela.

In realtà la scelta dei ceppi batterici deve essere la risultanza di una progettazione che deve fare il produttore, consapevole che gli innesti sono determinanti per l'ottenimento delle caratteristiche organolettiche del formaggio. Se si opera con questi concetti, ovvero scegliendo i ceppi batterici in autonomia, si evita che il formaggio risulti identico a quello di altri produttori che utilizzano gli stessi fermenti proposti dal venditore. Non sarà possibile dichiarare autoctona questa selezione ma certamente viene evitata la standardizzazione del formaggio.

Ma come deve fare il casaro per scegliere a quali ceppi batterici può affidare la fermentazione del proprio latte, della propria cagliata e di conseguenza del proprio formaggio?

Partiamo da una considerazione: quasi sempre il casaro decide di fare il formaggio come lo si faceva una volta, naturalmente operando con i metodi tipici, tradizionali, del luogo di produzione.

Il casaro analizzerà quindi le diverse fasi, iniziando dall'utilizzo o meno del latte crudo. Fatto ciò dovrà prevedere la temperatura di coagulazione e quella dell'ambiente in cui avverrà la lavorazione, molto importante in quanto la cagliata una volta estratta dovrà sostare sul banco spersore, quindi a temperatura ambiente o, a scelta, in stufatura. Nel caso la temperatura di coagulazione fosse inferiore ai 33-32 °C il casaro dovrà fare una scelta relativamente a batteri mesofili, decidendo se utilizzare ceppi aromatizzanti o non aromatizzanti. Nel caso dell'utilizzo di latte crudo è suggeribile non utilizzare ceppi aromatizzanti. Saranno i batteri originari a dare gusto e aroma al formaggio. Qualora venga utilizzato latte pastorizzato si può pensare di utilizzare batteri aromatizzanti. Anche questa è una scelta da ponderare e da utilizzare soprattutto nel caso che la pastorizzazione sia del tipo continuo. Se la temperatura di coagulazione rientra nella fase mesofila, ma successivamente alla rottura, avviene la semicottura o la cottura, che ovviamente rientreranno in temperature termofile, e la scelta dei fermenti da utilizzare sarà un pò più complessa. In questo caso sono fattibili due strade, la prima è utilizzare esclusivamente batteri termofili capaci di sopportare la cottura, anche ad alte temperature (48-54 °C) e capaci di continuare la loro azione fermentativa anche durante il raffreddamento delle forme, la seconda è scegliere una selezione mista di ceppi batterici.

La selezione mista comprende sia batteri termofili, che inizieranno la loro azione nel momento in cui le temperature saranno a loro idonee, sia batteri mesofili che, al raffreddamento delle forme e al raggiungimento delle temperature idonee, potranno continuare l'azione fermentativa dei batteri termofili anche rafforzando l'acidificazione. Un ragionamento analogo lo si deve fare se si decide di attuare una nuova tecnologia e ottenere un nuovo formaggio. In questo caso è bene iniziare il ragionamento pensando e progettando le caratteristiche che si intendono ottenere dal formaggio, olfattive, tattili e gustative. Forse non è semplice, ma, con la conoscenza che si ha oggi relativamente agli effetti proteolitici dei batteri omofermentanti ed eterofermentanti, e alla loro capacità di produrre composti aromatici, si può giungere a conclusioni piuttosto precise.

Queste conoscenze sono indispensabili, se si desidera davvero progettare la metodologia di trasformazione.

Con queste considerazioni il casaro può scegliere i ceppi batterici selezionati già predisposti, ovvero quelli che risultano dal catalogo delle aziende che li producono, oppure richiedere al produttore di perfezionare miscele idonee al progetto del proprio formaggio. Un'associazione di più ceppi aiuta davvero a rappresentare il prodotto finito, ma soprattutto a ottenere quelle fermentazioni che maggiormente personalizzano il formaggio. È un ragionamento che si deve fare anche con il perfezionamento delle colture naturali come il lattoinnesto o il sieroinnesto, ma con maggiore facilità in quanto, nel caso dei fermenti selezionati, non è possibile commettere gravi errori se non cercare di optare per le miscele batteriche selezionate.

Per aiutare a comprendere meglio ciò di cui ho scritto, la tabella che segue specifica le famiglie e le specie batteriche più utilizzate e aiuta, in funzione di ciò che producono i diversi batteri, a perfezionare una buona miscela.

Inoltre, comprendere i batteri originari del latte che si utilizza, tramite specifiche analisi di conta batterica, aiuta il casaro a comprendere quali possano essere le più idonee fermentazioni e a scegliere se utilizzare batteri termofili o mesofili. Si ricorda che alcuni ceppi batterici lavorano solo in simbiosi con altri ceppi; è il caso del *Lactobacillus delbrueckii subsp. bulgaricus* che da solo non si attiva.

Tabella 12

COLTURE BATTERICHE CASEARIE E ANTICASEARIE E LORO EFFETTI						
Genere	Specie/ sottospecie	Tipologia formaggio	Effetto	mes/ ter	Ferment.	Effetto/ formaggio
lattococchi	Lc. lactis ssp lactis	pasta molle	bassa acidificazione	mes	omo	aroma
	Lc. lactis ssp cremoris	pasta semidura e/o pressata	bassa acidificazione	mes	omo	proteolitico/ aroma
	Lc. lactis ssp diacetylactis	pasta cotta	bassa acidificazione	mes	omo	aroma
streptococchi	Salivarius ssp thermophilus	pasta molle e pasta dura (ceppi idonei)	ottimo spurgo della cagliata in stufaturta	ter/tr	omo	prod. acetaldeide
leuconostoc	L. lactis	erborinato e pecorino a pasta dura	acidificazione	mes	ete	aroma
	L. cremoris	pecorino a pasta dura	acidificazione	mes	ete	aroma
	L. dextranicum	pasta pressata		mes	ete	
	Mesenteroides	erborinato	acidificazione	mes	ete	pasta occhiata
lattobacilli	L. casei	diverse tipologie		mes/ter	omo	aroma
	L. plantarum			mes	omo	
	L. brevis		bassa acidificazione	mes	ete	
	L. helveticus	pasta cotta	alta acidificazione	ter/tr	omo	proteolitico
	L. delbrukii ssp bulgaricus	pasta molle/ semidura	medio alta acidificazione e solo in associazione con altri batteri	ter	omo	produce acetaldeide proteolitico
	L. delbrukii ssp lactis	pasta molle	acidificazione	ter	omo	proteolitico

COLTURE BATTERICHE CASEARIE E ANTICASEARIE E LORO EFFETTI						
Genere	Specie/sottospecie	Tipologia formaggio	Effetto	mes/ter	Ferment.	Effetto/formaggio
micrococchi	M. caseolyticus	pasta molle	non fermenta	mes (37 °C)		morchia su crosta
	M. conglomeratus	pasta pressata	non fermenta	mes (37 °C)		proteolitico
	M. freudereichii	pasta cotta	non fermenta	mes (37 °C)		degradazione amminoacidi - morchia su crosta
	M. spp	pasta molle	non fermenta	mes (37 °C)		pigmentazione rossa, aroma
enterococchi	Enterococcus faecium	crosta fiorita		mes		azione antagonista vs Listerai proteolitico/ lipolitico
	Enterococcus faecalis			mes		proteolitico/ lipolitico
propionici	P. freudenreichii	pasta cotta		ter	ete	occhiatura
	P.jensenii			ter		aroma
corineformi	Corynebacterium	pasta molle				
	Brevibacterium linens	pasta pressata/ molle				crosta fiorita
	Microbacterium	pasta cotta				
Legenda: mes: mesofilo; ter: termofilo; ferment.: tipo di fermentazione; omo: omofermentanti; ete: eterofermentanti; tr: termoresistente						

Fonte: Zeppa; Salvadori del Prato, 2001 (rielab.)

Comprendere gli innesti

Essendo una materia piuttosto complessa, il casaro deve sforzarsi di capire qual è la grande importanza dell'inoculo dei fermenti lattici, siano essi sotto forma di starter selezionati che di lattoinnesto o di sieroinnesto. Non riparlerò del loro utilizzo nel latte pastorizzato, che è ovvio, ma per poter comprendere meglio affronterò il tema relativamente al latte crudo.

Quando per fare formaggio si parte dal latte crudo, spesso il casaro non utilizza innesti di alcun genere perché gli pare ovvio pensare che, al suo stato, il latte contenga tutta la carica batterica necessaria per l'acidificazione e la successiva maturazione del formaggio. In effetti la carica batterica presente nel latte crudo è completa, nelle sue caratteristiche autoctone, e perciò influenzata fortemente da vari fattori: il modo in cui è stata fatta la mungitura, la pulizia delle attrezzature e dei contenitori, l'igiene del caseificio e altre condizioni ambientali. Da ciò è facile intuire che la carica batterica del latte è complessa, contiene batteri utili ma anche anticaseari che spesso provocano gravi difetti al formaggio.

L'utilizzo di starter o lattoinnesto oppure sieroinnesto tende a combattere, con l'apporto di acidità, i batteri anticaseari, ma serve anche a facilitare la coagulazione e la maturazione del formaggio. Inoltre, in fase di stufatura o di sosta sul banco, una corretta acidificazione aiuta l'eliminazione del siero (sineresi) e consente una ottimale tessitura della pasta del formaggio.

Tabella 13

COLTURE ACIDIFICANTI		
Tipo di coltura	**Vantaggi**	**Limiti**
autoctona	elevata resistenza ai fagi; migliore adattabilità al latte in caldaia; effetto simbiosi fra i microrganismi; produzione di una più vasta gamma di sostanze potenzialmente inibitrici di germi patogeni; maggior tipicità sensoriale del prodotto (unicità del formaggio); costi di produzione bassi o nulli	difficoltà tecniche a caratterizzare la selezione precisa a livello ceppo; difficoltà economiche a seguito del tempo necessario per effettuare le calibrazioni tecnologiche; rischio di introduzione di flore indesiderate
selezionata	facile preparazione; facile controllo della purezza e dell'attività; standardizzazione dell'attività	scarsa resistenza ai fagi (è necessaria la rotazione degli starter); appiattimento e standardizzazione delle caratteristiche organolettiche dei prodotti; costo non irrilevante; dosi a volte inappropriate per i piccoli volumi aziendali; utilizzazione standardizzata

Fonte: F.E.R.S. 2007-2013 (rielab.)

Se si utilizza l'innesto di fermenti selezionati, nel latte crudo o pastorizzato, è bene fare attenzione alle problematiche a essi legate, ovvero alla loro scarsa resistenza ai virus, che della trasformazione casearia sono antagonisti.

Virus (fagi)

È noto che i virus sono causa di molte malattie sia dell'uomo che degli animali e dei vegetali. Anche i batteri, come organismi viventi, sono attaccati dai virus, che in questo caso sono detti "batteriofagi" o "fagi", i quali cagionano la distruzione della cellula batterica. I fagi, attaccando le cellule, rendono impossibile la crescita dei batteri creando le condizioni ottimali per una moltiplicazione esponenziale dei fagi stessi.

La presenza dei fagi può essere particolarmente attivata dal continuo utilizzo di fermenti lattici selezionati. Per ovviare a questo serio problema è necessario provvedere alla rotazione fagica, ovvero all'utilizzo di fermenti lattici della stessa famiglia ma provenienti da ceppi diversi. Le aziende produttrici, su richiesta del casaro, provvedono a fornire selezioni batteriche per una corretta rotazione fagica.

È molto difficile risolvere il problema di questi particolari virus, tanto che anche la pastorizzazione non è risolutiva. L'azione dei fagi avviene in particolare modo nel latte inoculato con fermenti lattici, meno frequentemente se utilizzati lattoinnesto e sieroinnesto. Lo sviluppo fagico, se attivo, indebolisce la flora batterica del latte con conseguenze sull'acidificazione. Si manifesta in particolare nella lentezza o addirittura nell'impossibilità del latte non solo ad acidificare ma anche a coagulare. Questi effetti sono la conseguenza della riduzione o mancata produzione di acido lattico, che si ripercuote su tutto il processo di trasformazione e sullo sviluppo incontrollabile dell'azione dei batteri anticaseari che si trovano in un substrato idoneo.

La rotazione fagica, una corretta pulizia del caseificio, la sanificazione delle attrezzature, rimangono le uniche azioni per impedire al virus di propagarsi.

Altre tipologie di innesti

Dopo aver scritto dell'innesto dei fermenti lattici, appartenenti al gruppo dei batteri, ora è possibile analizzare un altro tipo d'innesto, quello delle muffe (penicillium) e dei lieviti, organismi definiti eucarioti, che non sono indispensabili per la trasformazione casearia.

In realtà sia le muffe sia i lieviti sono parte della composizione chimica del latte, ma sempre in quantità tale da non presentare gravi problematiche, peraltro risolvibili con la pastorizzazione.

Le muffe sono importanti qualora il casaro decidesse di optare per la tecnica dell'erborinatura, ovvero per l'ottenimento di formaggi che necessitano appunto della crescita di muffe all'interno della pasta del formaggio o sulla crosta. Anche i lieviti hanno molta importanza nella trasformazione casearia, sia per gli effetti negativi, sia per la loro azione gasogena che influenza, nei formaggi erborinati, la crescita delle muffe, sia per gli effetti aromatici che forniscono al formaggio.

Penicillium

L'utilizzo di penicillium è una tecnica studiata ormai da quasi due secoli, quando si scoprì che l'erborinatura dei formaggi non solo era di aiuto alla lavorazione del latte ma concedeva al formaggio aromi del tutto particolari. Le muffe utilizzate in caseificio sono prevalentemente due, il *Penicillium roqueforti*, che viene inoculato per ottenere formaggi dall'erborinatura verde-blu, e il *Penicillium candidum*, che permette al casaro di ottenere la classica crosta fiorita bianca. Le due muffe citate portano a risultati decisamente diversi dal punto di vista sia visivo che aromatico e di conseguenza le tecniche di produzione variano sensibilmente, anche in funzione della loro capacità di produrre enzimi lipolitici (lipasi fungina) che accelerano il processo lipolitico e proteolitico. L'azione del penicillium porta a irrancidimento lipolitico con produzione di metilchetoni (2-eptanone, 2-nonanone, 2-pentanone, 2-propanone, 2-undecanone) e β-chetoacidi che determinano l'aspetto aromatico dell'erborinato.

Per un corretto uso dei penicillium è bene fare qualche considerazione.

Le muffe blu-verdi tipiche del Gorgonzola DOP vengono utilizzate in diversi ceppi che concedono al formaggio diverse caratteristiche. Per i formaggi a pasta molle che devono diventare cremosi bisognerà scegliere muffe più proteolitiche e magari meno coloranti per non compromettere le caratteristiche visive che non devono essere, per motivi puramente commerciali, troppo impattanti. Inoltre a causa della pasta che per effetto proteolitico, soprattutto nelle paste molli, tende a chiudersi, si determina un minore arieggiamento con la conseguenza che il penicillium perde la sua brillantezza schiarendosi.

Per formaggi invece da stagionare le muffe dovranno avere un colore dalla tonalità più intensa e la capacità di concedere alla pasta del formaggio la giusta piccantezza.

Sono anche altri i fattori che possono influire sulla maturazione degli erborinati ovvero la temperatura di maturazione, che tende a variare anche la consistenza e la tipologia dell'erborinato, che solitamente viene posto in celle a 5-12 °C. A temperature più basse l'erborinato tenderà a diventare dolce, mentre a temperature più alte tenderà ad assumere piccantezza.

L'utilizzo delle muffe di derivazione dal *Penicillium roqueforti* devono essere inoculate direttamente nel latte insieme ai fermenti lattici nelle dosi suggerite dal produttore o, se si è già esperti, con dosi personalizzate.

Il *Penicillium R.* si sviluppa in un range piuttosto grande di pH ovvero tra 3 e 10 ma il suo ottimale sviluppo avviene tra 4,5 e 7,5.

L'erborinatura appare solitamente dopo un mese dalla foratura, ma ciò dipende anche dalla varietà di penicillium utilizzata. Il penicillium ha un'ottimale crescita in presenza del 5% di acido lattico e tollera la presenza del sale anche qualora sia in concentrazione superiore al 10%.

Nel formaggio erborinato l'irrancidimento chetonico viene accelerato se il latte utilizzato è stato preventivamente omogeneizzato in quanto la superficie complessiva delle membrane dei globuli di grassi, essendo gli stessi moltiplicati di numero dall'omogeneizzazione, è in notevole aumento.

Per quanto riguarda il *Penicillium candidum*, esso viene utilizzato per i formaggi a crosta fiorita, cioè quelli che si presentano con pelo soffice e bianco, solitamente edibile. Mentre in Italia la produzione è piuttosto limitata, in Francia pare corrisponda al 30%

della produzione casearia. Solitamente i formaggi muffettati, a causa della proteolisi centripeta che il feltro superficiale determina, corrispondono a formaggi piuttosto piccoli dallo scalzo basso. La loro maturazione infatti determina cremificazione della pasta nel sottocrosta, che può diventare preponderante rispetto alla totalità dello spessore, giungendo spesso al cuore del formaggio. Il suo utilizzo è diretto in caldaia ma può anche essere asperso direttamente sul formaggio prima della stufatura, in stufatura o prima del raffreddamento in cella.

Il *Penicillium candidum* può essere anche miscelato al *Penicillium geotrichum candidum*: le due muffe, simili per colore, lavorano in modo diverso, ovvero danno risultati diversi. Le ife del primo sono più corte di quelle del secondo ma l'azione sulla crosta del formaggio è più efficace se miscelati, uno aiuta l'altro a sviluppare. Nei piccoli caseifici si usa inocularlo nel latte e in seguito alla stufatura, poste le forme in un graticcio ricoperto da teli di nylon, i formaggi vengono bagnati di *Penicillium*, disciolto in acqua, tramite aspersione.

Sulla superficie del formaggio a crosta fiorita, si sviluppano diversi microrganismi alofili, che prediligono la presenza di sale anche in concentrazione del 2-3%, ma che saranno sopraffatti dalla crescita delle muffe che svilupperanno il classico feltro bianco.

In fase di trasformazione vi sono alcuni concetti che vanno tenuti in considerazione.

Il latte deve essere preventivamente acidificato e la cagliata tagliata in modo uniforme senza però ottenere sineresi in caldaia. Il massimo dello spurgo deve avvenire sul banco in fase di stufatura, piuttosto rapida e con acidificazione spinta. In fase di stufatura è ammissibile irrorare la forma con una soluzione di acqua e penicillium per accelerare la formazione del manto bianco. Anche la salatura deve essere finalizzata allo sviluppo delle muffe e va operata con abbondante sale. Ne consegue che in fase di maturazione il formaggio necessita, come tutte le muffe, di idonee celle regolate di temperatura e soprattutto di umidità almeno del 90%.

A livello acidimetrico non ci si deve stupire se i penicillium crescono a pH compresi tra 3,5 e 6,5, inoltre tendono a neutralizzare la superficie del formaggio.

Il loro utilizzo è quasi sempre in simbiosi con fermenti mesofili, capaci di operare acidificazione spinta, in quanto il loro sviluppo è particolarmente attivo a 22-24 °C. Le muffe solitamente si acquistano in soluzione acquosa o in polvere. Per dosare correttamente le muffe in polvere, è bene discioglierle in acqua per poi misurarle con burette graduate. Le muffette nel formaggio a crosta fiorita si sviluppano abbastanza rapidamente. Tra i sette e i quindici giorni, naturalmente in funzione del contenuto di acqua nel formaggio e della temperatura di prima maturazione, si possono notare le prime ife che vanno a colonizzare le fessure della crosta, per poi completare la copertura in due/tre settimane.

Lieviti

Fra i componenti del latte vi sono i lieviti, microrganismi eucarioti che vengono sovente associati ad alcuni difetti nei formaggi. La quantità di lieviti nel latte è talmente bassa che raramente si sviluppano nel formaggio e ne determinano gonfiori. Sono comunque presenti nel latte crudo e soprattutto nell'ambiente, anche quello preposto alla trasformazione casearia, tanto che possono essere oggetto di contaminazione sia del latte, sia della cagliata, sia della successiva crosta del formaggio. Può accadere in alcuni formaggi a pasta molle ad alto contenuto d'acqua che, mal tenuti, possono subire l'influenza del gonfiore da lieviti (Immagine 1, p. 254). Capita anche, dal punto di vista sensoriale, che in alcuni formaggi si denoti odore o aroma da lievito. Le proprietà nutrizionali dei lieviti, che non sono abbastanza conosciute, sono molto importanti anche per la presenza di vitamina B, acidi grassi insaturi e amminoacidi. Hanno la proprietà di fermentare e di sviluppare gas, che a volte crea danni, spesso contenibili con la pastorizzazione del latte o semplicemente con la termizzazione.

Sono utili in caseificazione perché possono fungere da deterrente ad alcuni batteri anticaseari come l'*Escherichia coli* e la *Salmonella* e possono anche determinare gas odorosi che influenzano l'aroma del formaggio.

Il loro sviluppo appare noto nei formaggi a crosta lavata (il sale ne è particolarmente responsabile) proprio sulla superficie esterna dove avvengono le spugnature di salamoia. In questo caso la presenza del sale aiuta dapprima la crescita moderata delle muffe, e poi la crescita dei lieviti che, sovrastando le muffe tendono ad abbassare l'acidità della crosta; ciò consente alla microflora di modificare la struttura e il colore della crosta, che assumerà una tonalità rossastra.

Ancora più importante è il loro utilizzo per i formaggi erborinati in quanto i lieviti vengono utilizzati per aprire la pasta e favorire il diffondersi dell'erborinatura. Proprio nella tecnologia atta a produrre formaggi erborinati i lieviti, soprattutto del genere *Saccaromyces*, vengono inoculati direttamente in caldaia insieme al *Penicillium*. Le proprietà principali dei lieviti utilizzati in caseificio sono due, la prima è che il loro sviluppo può avvenire anche a pH 4,00 o lievemente inferiore, la seconda è che è possibile, con l'azione dell'acidità, determinare il tipo di aperture nella pasta del formaggio.

A pH bassi (3,80-4,00) i lieviti aprono la pasta in modo lineare (Immagine 13, p. 181), quasi fosse la caratteristica sfoglia, mentre a pH più alti (pH > 5,00) tendono ad aprirsi, dapprima in forma ellissoidale schiacciata e poi con la classica forma dell'occhiatura regolare, rotonda.

In funzione del pH presente nella pasta caseosa i lieviti possono esplicare azione proteolitica tra pH 5,5 e 9,00 e lipolitica tra pH 4,5 e 8,00. I lieviti sono molto resistenti e possono sopravvivere in un range di acidità piuttosto ampio, alla temperatura ottimale di 24-40 °C. Non sono però inattivi a temperature inferiori anche se la loro attività è molto limitata.

Nella pasta dell'erborinato è necessario che l'apertura determinata dai lieviti sia il più possibile lineare, per influenzare la distribuzione ottimale delle muffe. L'azione dei lieviti che produce CO_2, e determina la fessurazione, è ottimale in funzione della quantità di H_2O presente nella pasta caseosa.

Nella tabella che segue sono specificate le specie di muffe e lieviti starter che in fase di stagionatura producono enzimi proteolitici e lipolitici capaci di determinare le caratteristiche organolettiche del formaggio, e i lieviti che producono energia utilizzando il lattosio o i monosaccaridi tramite fermentazione alcolica.

Tabella 14

EUCARIOTI			
	Specie	Tipologia formaggi	Effetto
lieviti	Kluyveromyces lactis	pasta molle	disacidificante (kefir)
	Debaryomyces	pasta pressata	disacidificante
	Saccharomyces cerevisiae	erborinato	proteolitico-lipolitico
	Pichia	pasta cotta	aroma
	Candida		proteolitico-lipolitico schiumogeno/pigmentazione
muffe	Penicillium camemberti	pasta molle/erborinata	erborinatura superficiale
	Penicillium roqueforti	erborinato	erborinatura, lipolisi, disacidificazione, aroma
	Penicillium candidum	pasta molle/fiorita	maturazione; superficie; competizione vs Mucor
	Geotrichum candidum	pasta molle/fiorita	maturazione; filmogeno superficie; in competizione vs Mucor

Il caglio e
i coagulanti

7

Caglio

Si dice che il formaggio sia una scoperta antichissima, risalente a 7000 anni fa e localizzata in Mesopotamia. Si racconta che un pastorello, portando con sé un otre fatto con lo stomaco di un agnello essiccato pieno di latte, suo sostentamento giornaliero, al momento di servirsene si accorse che il latte ricavato dalla precedente mungitura era diventato solido, gelatinoso e non usciva facilmente dal contenitore. Quel pastorello non aveva solamente scoperto il formaggio ma anche la sostanza responsabile della coagulazione del latte, il caglio. Anche il caglio moderno è una sostanza che si ricava dalla mucosa del quarto stomaco, l'abomaso o cagliolo, di vitelli, capretti e agnelli lattanti, quindi non ancora svezzati. In tempi più recenti si imparò a produrre il caglio con selezione mirata in particolare ai capretti e agli agnelli. La sua preparazione era piuttosto semplice, bastava estrarre l'abomaso dai cuccioli lattanti, lavarlo, riempirlo di latte o lasciare quello già contenuto, salarlo ed essiccarlo all'aria. Successivamente, pronto, veniva triturato e utilizzato.

Abomaso di capretto appena macellato

Abomaso di capretto essiccato (internamente è visibile la gemma)

Oggi avviene ancora questa pratica per la preparazione del caglio a livello locale da pastori autorizzati e naturalmente anche da laboratori, i caglifici, che provvedono a trasformare il cagliolo in caglio in pasta. Il contenuto dell'abomaso, ovvero il latte che in questo caso è definito "gemma", è il cuore del prodotto finale essendo lo stesso un ricettacolo di enzimi. La capacità di coagulazione del latte è determinante per la resa e la qualità del formaggio che si va a produrre e, di conseguenza, la tipologia e la forza del caglio ne sono corresponsabili. Il caglio non si presenta solamente come pasta ma anche sotto altre forme, liquido o in polvere. Queste ultime si ottengono estraendo gli enzimi dal cagliolo accuratamente preparato e lavorato solo dopo un severo controllo igienico sanitario. Per la caseificazione è importante sapere che nel cagliolo, composto dalla gemma e dal tessuto, sono presenti due enzimi determinanti non solo per le loro proprietà coagulanti ma anche per le successive azioni lipolitiche e proteolitiche che caratterizzano il formaggio.

Pepsina

La pepsina è un enzima che deriva dal pepsinogeno, presente nello stomaco umano e addetto alla digestione parziale delle proteine. Idrolizza le proteine rompendo i legami peptidici. La sua azione su un polipeptide genera peptidi più piccoli.

Nell'animale ruminante lattante è presente nella gemma ma non nel tessuto dell'abomaso ed è, rispetto alla chimosina, in quantità pari alla metà o a ⅓. La pepsina, dalla nascita del lattante al suo svezzamento e anche oltre, non muta la sua presenza quantitativa mentre la chimosina a termine svezzamento va progressivamente calando. Per questo motivo è molto importante l'utilizzo di animali lattanti che non hanno ancora incominciato ad alimentarsi con erba verde o secca. La pepsina nel latte ha potere coagulante ma molto più blando della chimosina e la sua azione massima è alla temperatura di 40 °C. La sua caratteristica principale, invece, è quella proteolitica, ovvero ha un'eccellente capacità di degenerare le proteine, fase importantissima per la maturazione dei formaggi. Nel cagliolo del vitello lattante vi è un contenuto del 90% di chimosina e del 10% di pepsina. Dopo la lattazione e già allo svezzamento l'animale ruminante ha un calo del contenuto di chimosina che si azzera repentinamente lasciando la sola pepsina. Il calo della presenza di chimosina dipende molto dal tipo di alimentazione del vitello e all'età di circa 6-7 mesi il contenuto di chimosina nel cagliolo è pari al 29% se l'alimentazione è composta da fieno e cereali, o del 75% se l'alimentazione è mista a erba.

Chimosina

Originariamente la chimosina è stata definita tale da Jean-Babtis Deschamps in quanto derivante dalla parola greca *chimo*, ovvero liquido gastrico. La chimosina è particolarmente responsabile del distacco dalla caseina della k-caseina e quindi di innescare il processo coagulativo.

Come la pepsina è un enzima, ma ha un più alto potere coagulante e la sua maggiore attività la si riscontra alla temperatura di 40 °C. È attiva anche a temperature molto inferiori ma la sua azione è molto blanda. Dopo la fase di coagulazione del latte la chimosina continua la sua azione anche nella pasta del formaggio ma in modo molto rallentato. Ha potere proteolitico come la pepsina ma molto meno importante, producendo comunque peptidi di > 1.400 Daltons (peso molecolare) che poi vengono attaccati dalla pepsina che li riduce a micropeptidi (basso peso molecolare), quasi sempre amari. Il casaro, nella scelta del caglio, deve tener conto delle caratteristiche poco proteolitiche della chimosina soprattutto in relazione alla coagulazione per i formaggi a lunga stagionatura. La chimosina di vitello è stata anche ricavata (clonata) da microrganismi come *Kluyveromyces lactis*, *Escherichia coli* e *Aspergillus niger* (Foltman, 1989; Teuber, 1990; Fox e Stepaniak, 1993), ma è definibile coagulante, più che caglio, poiché appunto lo sostituisce.

Lipasi

La lipasi pregastrica è secreta da ghiandole durante la salivazione e contribuisce alla predigestione dei grassi. La sua maggiore azione è quella di idrolizzare i lipidi e produrre acidi grassi e, nel formaggio, è la principale responsabile di piccantezza ma anche di difetti come l'irrancidimento. La lipasi pregastrica è di origine vitellina ma anche ovina e caprina; quest'ultima concede al formaggio sensazioni anche elevate di piccantezza, al contrario di quella di altre derivazioni, che comunque detiene una buona attività lipolitica. La lipasi è utile soprattutto quando si utilizza un coagulante poco proteolitico, ciò comporta una maggiore azione indispensabile per alcuni formaggi.

Tabella 1

CAGLIO (È SOLO ANIMALE)	
Principio attivo ad azione biologica - miscela di enzimi	**Derivazione**
chimosina: proteina che idrolizza la k-caseina coagulando il latte	vitelli
pepsina: proteina che lisa la k-caseina coagulando il latte (idrolizza le proteine)	agnelli capretti (lattanti)
lipasi: proteina che idrolizza i grassi del latte liberando gli acidi grassi (presente anche nel caglio in pasta di agnello e di capretto)	bovini

Coagulante vegetale

Se il caglio appare nella storia della caseificazione alcuni millenni fa, pare addirittura 7, in Mesopotamia, è però indiscutibile, visti i documenti storici esistenti, che i veri artefici della modernità, in relazione alle tecniche e alla coagulazione, siano stati i Romani. Questo popolo antico già nel I secolo a.C. scriveva del caglio e dei coagulanti facendo riferimento alla pianta del fico, al caglio di agnello, di capretto e di lepre. Successivamente appare il coagulante estratto dal cardo, dal timo, dai pinoli e da altri vegetali. Dalla storia è facile comprendere che il nome "caglio" deriva dalla pianta del gallio, *Gallium verum*. Oggi parlare di caglio significa riferirsi esclusivamente all'estratto del cagliolo, ovvero dell'abomaso animale, e anche tecnicamente la parola "caglio" deve riferirsi solo al coagulante di derivazione animale. Ciò che sostituisce il caglio, per la coagulazione del latte, ma di derivazione vegetale è da considerarsi coagulante.

Il coagulante vegetale viene estratto delle piante o dai fiori di alcune varietà aventi capacità coagulanti. In Toscana e in Abruzzo viene utilizzato, per esempio, il fiore del cardo selvatico, *Cynara cardunculus*, mentre nel Sud Italia si estrae il coagulante anche dal fico, *Ficus carica*. Oggi alcuni caseifici hanno optato per tornare all'uso del coagulante vegetale, anche per soddisfare le esigenze dei consumatori vegetariani.

Diversamente da quanto si potrebbe pensare il coagulante vegetale ha una forte azione determinata da miscele di enzimi proteolitici e per la coagulazione, rispetto al caglio se ne utilizza in minor quantità.

In questi ultimi anni sta entrando sempre più con forza l'utilizzo di coagulante vegetale, soprattutto quello derivante dal cardo selvatico i cui fiori sono più frequentemente citati come fonte di caglio vegetale.

Le proteasi acide, contenute nell'estratto acquoso dei fiori di cardo essiccati, sono geneticamente differenziate in cardosina A e cardosina B, le quali idrolizzano le caseine in siti di legame, in parte simili a quelli scissi da chimosina e pepsina. In particolare la cardosina A presenta siti di attacco affini a quelli della chimosina, mentre la cardosina B ha un'attività più analoga alla pepsina.

Le cardosine hanno un'azione più ampia e meno specifica rispetto alla chimosina, a discapito delle prestazioni (solubilizzazione delle caseine), causando la formazione di peptidi amari riconoscibili nel sapore nel formaggio. Esteves et al. suggeriscono che l'impiego di coagulante di carciofo, *Cynara humilis*, la cui proteasi acida è Cynarasi simile, potrebbe in parte risolvere il calo delle prestazioni e delle sensazioni amare osservate.

L'utilizzo di coagulante vegetale porta quindi a una differenza di gusto e consistenza della cagliata e resa in formaggio. Con il cagulante vegetale, in pratica, l'acidificazione deve avvenire a valori molto precisi per la coagulazione, pur avendo il miglior equilibrio tra proteolisi e coagulazione. Vi sono pochi dati bibliografici sulla preparazione del coagulante vegetale ma l'analisi sulla pianta avrebbe dimostrato che il contenuto in cinaropicrina, responsabile dell'amarezza, sarebbe inferiore in tarda primavera e all'inizio dell'estate. Intorno a giugno/luglio, tradizionalmente, i fiori di cardo vengono macerati in acqua durante la notte e poi l'estrazione viene effettuata mediante la macinazione in un mortaio. L'estratto liquido che si ottiene è il coagulante.

Tabella 2

Coagulante vegetale	Derivazione, estratto di
principio attivo miscela di enzimi proteolitici	cardo fico papaya

Coagulante microbico

Il coagulante microbico, nella sua forma enzimatica, viene estratto tramite un processo di laboratorio piuttosto complesso da alcune muffe quali *Mucor miehei*, muffa del terreno, che ha un potere proteolitico superiore a quello della chimosina. Anche *Mucor pusillus* è una muffa presente nel terreno e diversamente dalla *Mucor miehei* ha proprietà mesofile e non termofile. Come la muffa precedente, anche questa ha potere proteolitico superiore alla chimosina.

La terza coltura batterica utilizzata come base del coagulante vegetale è la *Endothia parasitica*, presente nelle muffe parassite della pianta del castagno. La *Endothia parasitica* ha potere proteolitico maggiore delle altre colture citate. In fase di caseificazione il coagulante microbico agisce lentamente nei primi minuti dal suo inserimento, ma poi la sua accelerazione è tale da dover preoccupare il casaro. Bisogna quindi lavorare il latte in modo rapido per impedire una coagulazione e uno spurgo troppo spinti.

I coagulanti microbici sono piuttosto usati dall'industria, soprattutto per coagulare il latte utilizzato per prodotti freschi, come gli stracchini, e per la mozzarella citrica. Per quanto riguarda una maturazione media o lunga, tale coagulante può condurre la pasta del formaggio ad avere un sapore amaro.

Tabella 3

Coagulante microbico	Derivazione
principio attivo proteasi acida	*Mucor pusillus* *Mucor miehei* *Endothia parasita*

Coagulante da OGM

È il coagulante ottenuto dal DNA. Per ottenere il coagulante microbico è necessario inserire i geni della chimosina in microrganismi non patogeni. Il risultato permette di ottenere coagulanti adatti alla caseificazione che hanno le stesse caratteristiche della chimosina.

Utilizzato in caseificio il coagulante ricavato dall'OGM ha valore superiore ai coagulanti microbici ma è necessario provvedere al rispetto delle disposizioni legislative attuali, che consentono il suo utilizzo se assoggettato a corretta conservazione, etichettatura e registrazione.

Il casaro, in procinto di provvedere alla sua produzione, dovrà programmare l'utilizzo del caglio o dei coagulanti nelle loro diverse forme, in funzione del formaggio da fare e dell'aspetto commerciale del prodotto finito. Se per i formaggi DOP (Denominazione di Origine Protetta) è previsto l'utilizzo di caglio, per gli altri formaggi, quelli di fantasia, la legislazione italiana lascia libera scelta. Per le Produzioni Agroalimentari Tradizionali (PAT) l'uso del caglio o del coagulante è descritto nel breve Disciplinare depositato presso il ministero delle Politiche agricole alimentari e forestali e presso le Regioni. Per questi formaggi, che sono numericamente molto superiori ai DOP, spesso vengono utilizzati coagulanti vegetali di diversa estrazione.

L'utilizzo
del caglio

Titolo del caglio

Quando si utilizza il caglio per la coagulazione presamica si devono fare alcune considerazioni legate al risultato che si vuole ottenere. Alcune di queste riguardano per esempio il contenuto d'acqua che deve avere il formaggio, quanto tempo deve maturare o stagionare, quale tessitura di pasta deve avere, e altri parametri.

Il caglio, come si è già detto precedentemente, è composto da enzimi che detengono proprietà particolari, come la capacità di coagulare il latte e di influenzare le caratteristiche organolettiche del formaggio. Il casaro prima ancora di pensare all'azione proteolitica del caglio deve comprendere il concetto di titolo del caglio.

Il titolo è la forza con la quale il caglio determina la coagulazione del latte. Si misura applicando una frazione numerica che è influenzata dai componenti del caglio, la chimosina e la pepsina.

La capacità del caglio di coagulare il latte varia a seconda del tipo di latte utilizzato, della sua acidità, della temperatura di coagulazione. Questi parametri insieme alla forza del caglio influenzano la velocità che determina il tempo di coagulazione, che il casaro sceglie per ogni tipo di formaggio che produce. Il titolo ci permette di calcolare i tempi di presa e di coagulazione e di optare consapevolmente per il contenuto in percentuale di chimosina e di conseguenza di pepsina del caglio da acquistare.

Espresso in termini matematici, il titolo del caglio, ovvero la sua forza, si calcola con alcuni parametri fissi: la temperatura di coagulazione stabilita in 35 °C e il tempo occorrente alla coagulazione ovvero 40 minuti. Da qui la formula:

$$\text{Titolo} = \frac{2400 \cdot V}{v \cdot t}$$

Dove :
2400 è il tempo di 40 minuti espresso in secondi;
V è il volume del latte da coagulare;
v è la quantità di caglio espressa in grammi da utilizzare;
t è il tempo di coagulazione reale.

Esprimiamo la formula con i seguenti parametri:

$$Titolo = \frac{2400 \cdot 10.000}{1 \cdot 2400} = 10.000$$

Dal risultato si evince che con 1 ml di caglio di forza 1:10.000 si coagulano, alla temperatura di 35 °C, 10.000 ml di latte. Se si esprime il valore del caglio in grammi si può affermare che con 1 grammo di caglio (in polvere) dal titolo 1:100.000 si coagulano 100.000 g (100 kg) di latte. Ma il casaro che si trova nelle condizioni di conoscere già il titolo perché è dichiarato dal produttore e marcato sulla confezione del caglio ha la possibilità di calcolare il tempo di coagulazione, parametro indispensabile, che avviene con la seguente formula:

$$\frac{Titolo \cdot 35\,°C \cdot 40}{Titolo\ reale \cdot 30\,°C \cdot 20}$$

ovvero

$$\frac{10.000 \cdot 35 \cdot 40}{10.000 \cdot 30 \cdot 20} = occorrono\ 2,33\ ml\ per\ 10\ lt\ e\ 23,3\ ml\ per\ 100\ lt$$

La formula sopra esposta ha consentito di calcolare quanto caglio dal titolo di 1:10.000 serve per coagulare 100 l di latte alla temperatura di 30 °C in 20 minuti di tempo. Ciò che il casaro applica in caseificio è un metodo empirico perché il risultato della formula citata trova discordanza, in funzione del tipo di latte che si utilizza, se vaccino, ovino o caprino, ma anche per le diverse condizioni di acidità. Un latte acido coagulerà prima di un latte ipoacido. La titolazione può essere effettuata anche per i coagulanti, siano pure di natura diversa.

Una volta calcolato il titolo del caglio, ovvero la sua capacità di coagulare il latte, sia esso crudo, pastorizzato, inoculato o no con fermenti lattici, e adottando la seconda formula sopra esposta, è possibile determinare i tempi di coagulazione e di conseguenza il tipo di caglio da utilizzare in caseificio in modo corretto. Si può ripetere tale operazione nei periodi in cui il latte si diversifica per acidità, cellule somatiche o per altri fattori legati ai cambi di alimentazione delle lattifere o alla stagionalità. Oltre a ciò, per calcolare la corretta quantità di caglio da utilizzare, il casaro deve verificare l'attitudine del latte alla coagulazione e la consistenza della cagliata, che deve consentire un taglio corretto capace poi di essere lavorato.

Un altro metodo è stabilito da ISO 11815 del 2007. Esso determina l'attività di coagulazione del latte, con l'utilizzo di caglio di derivazione bovina, inerente al contenuto di chimosina e pepsina calcolata su latte ad acidità di 6,5 pH.

Tale metodo determina il potere coagulante del caglio, la sua forza, e si esprime su una scala IMCU (International Milk Clotting Unit). Non vi è un vero e proprio collegamento con l'usuale modo di misurare il titolo del caglio analiticamente già descritto, definibile come unità Soxhlet, tuttavia per dare un'informazione approssimativa si veda la sottostante tabella.

Tabella 1

CONVERSIONE APPROSSIMATIVA DEL TITOLO DEL CAGLIO DI VITELLO NELLA SCALA IMCU IN RELAZIONE AI PRINCIPALI ENZIMI		
Enzimi	**Titolo Soxhlet**	**IMCU**
1 mg chimosina A	1:24.400	287
1 mg chimosina	1:18.750	221
1 mg pepsina	1:5.500	79
1 IMCU chimosina A	1:85	
1 IMCU chimosina B	1:85	
1 IMCU pepsina	1:70	

Fonte: Law e Tamine, 2010 (rielab.)

La conversione indicativa che la tabella indica nella chimosina si basa su un valore di 1:85 ovvero:
● 1 IMCU di chimosina equivale a 85;
● 1 IMCU di pepsina equivale a 70;
e di conseguenza:
● il caglio con contenuto di chimosina a titolo 1:24.400/85 corrisponde a IMCU 287;
● il caglio con contenuto di chimosina a titolo 1:18.750/85 corrisponde a IMCU 221;
● il caglio con contenuto di pepsina a titolo 1:5.500/70 corrisponde a IMCU 79.

Il caglio, ovvero il suo titolo, è soggetto a modificazioni anche importanti in funzione del metodo di mantenimento e della durata. Ciò comporta che la sua attività subisce una diminuzione mediamente del 1-2% ogni mese (Arvanitoyannis, 2009; Fuquay et al., 2010).
Secondo Kozelková, Jůzl, Lužová, Šustová e Bubeníčková, invece, "*L'attività del caglio nelle condizioni dello studio è diminuita solo dopo 3 mesi del 16%, e dopo 6 mesi ha raggiunto il 26%. Questo livello di riduzione dell'attività è due volte superiore a quello che dovrebbe essere in teoria.*"
Tali risultati portano a inficiare la coagulazione del latte, influendo in modo significativo sulla qualità del formaggio e sulla sua resa (Kubarsepp et al., 2005; Tabayehnejad et al., 2012).
È quindi importante non sottovalutare il metodo di conservazione del caglio così come la sua manipolazione. È inoltre dimostrato che sono da evitare il mantenimento a temperatura elevata, l'esposizione alla luce e le agitazioni delle confezioni. Per garantire la durata e la stabilità, il caglio deve essere conservato in ambienti bui dove la temperatura non supera mai i 10 °C.

Tipi di caglio

Caglio in pasta

Come già accennato, il caglio in pasta è il primo derivato dell'abomaso dei cuccioli ruminanti della vacca, della pecora e della capra. In realtà è piuttosto raro l'utilizzo del caglio
in pasta di vitello, sono più utilizzati i cagli di agnello e di capretto. Le caratteristiche
più importanti di questo tipo di caglio sono il suo titolo e il suo contenuto di pepsina,
ma soprattutto di lipasi, che proviene dalla gemma, primo enzima che consente al formaggio di assumere la sensazione di piccantezza. Nella pastorizia per ottenere formaggi
pecorini è usuale l'utilizzo di caglio in pasta di agnello che consente di ottenere sapore
dolce, mentre con l'utilizzo del caglio in pasta di capretto il risultato avrà la caratteristica
piccantezza. Da precisare che, vista l'eccellente azione proteolitica e lipolitica del caglio
in pasta, il suo utilizzo è solitamente previsto per i formaggi a media o lunga stagionatura. I formaggi freschi o a breve stagionatura non avrebbero il tempo sufficiente per
assumere le sensazioni trigeminali di piccantezza.

Caglio in pasta ➡	composizioni più usate 70% chimosina - 30% pepsina	➡	titolo da 8000 a 15.000

Dallo schema si evince che il contenuto di chimosina e pepsina è quello che è presente naturalmente nell'abomaso, ovvero nei tessuti e nella gemma. Questo rapporto è ⅓
circa. Per quanto riguarda il titolo, esso varia in funzione di molti fattori che si determinano in relazione all'origine, se bovina, ovina o caprina, e anche dalle modificazioni che
i caglifici intendono effettuare. Normalmente un caglio in pasta preparato in azienda
direttamente dall'allevatore ha un titolo che varia da 1:13.000 a 1:15.000. Il casaro che intende utilizzare il caglio in pasta dovrà verificare l'esattezza del titolo con prove pratiche,
anche con piccole quantità di latte o con la formula precedentemente descritta, e verificare poi nel tempo, durante e al termine della maturazione, il risultato sul formaggio, le
sue caratteristiche olfattive e aromatiche nonché la tipologia della tessitura della pasta.
Ovviamente questa prova, che si può definire organolettico-sensoriale, non è solo da
utilizzare per i formaggi a coagulazione indotta dal caglio in pasta ma anche per tutti i
formaggi a coagulo presamico. Un buon caglio in pasta deve contenere, oltre all'abomaso triturato, solo sale alimentare.

Come si utilizza

I caglifici che si occupano della produzione del caglio in pasta conservano metodi di es-
sicazione e di pulizia diversificati in funzione delle tecniche utilizzate, spesso seguendo
tradizioni locali o segreti che non svelano a nessuno. Un caglio in pasta di capretto è di
colore giallo ma può essere anche verde, ciò dipende esclusivamente dal sistema con cui
è stato prodotto. Solitamente è in commercio contenuto in barattoli e si presenta come
una crema più o meno triturata ma sempre molto solubile in acqua e molto odorosa,

caratteristica che si deve sempre verificare e ricercare, perché un caglio non buono presenta odore di rancido mentre un caglio di buona qualità deve poter essere annusato con piacevolezza, anche se il suo principale sentore olfattivo è quello dell'animale. In funzione delle dosi prescelte il caglio in pasta dev'essere prelevato dal suo contenitore con oggetti puliti, possibilmente di acciaio, come un cucchiaio o una spatola, e posto dentro un contenitore. Va poi disciolto, con molta cura, in acqua fredda. L'acqua per disciogliere il caglio è bene che non superi il doppio del peso del caglio utilizzato. Per certi tipi di caglio in pasta è necessario filtrare la miscela di acqua e pasta, per impedire a frammenti grossolani di entrare nella caldaia del latte. La quantità di caglio da utilizzare è da dosare, come già detto, in funzione del titolo, così come per le altre tipologie di caglio.

Caglio liquido

Il caglio liquido di vitello è il tipo di caglio sicuramente più utilizzato in Italia. I caglifici che lo producono hanno la possibilità di dosare, con processo di estrazione della pepsina, la quantità di chimosina per ottenere risultati differenziati in funzione del formaggio che il casaro intende fare. La variabilità del titolo e della percentuale di chimosina consente al casaro di scegliere il dosaggio enzimatico indispensabile per la sua produzione. Alto contenuto di chimosina per i formaggi a media o lunga stagionatura e alto contenuto di pepsina per formaggi che devono assumere maturazione, proteolisi, in tempi brevi. Quasi sempre il caglio liquido è sinonimo di caglio di vitello, diversamente dai ricavati degli abomasi di capretto e di agnello che sono specifici in pasta. La capacità coagulante del caglio liquido, come avviene per gli altri cagli, è dipendente dalla sua forza e dalla percentuale di chimosina in esso contenuta. Essendo il caglio liquido a base di acqua, il suo titolo e le percentuali di chimosina e pepsina sono sicuramente più precise di quelle del caglio in pasta. Il casaro che impiega questo tipo di caglio ha la possibilità non solo di coagulare il latte in modo semplice e preciso ma anche di optare, per lo stesso tipo di formaggio, per soluzioni alternative che consentono piccole varianti alla tipologia predisposta in caseificio. Lo stesso formaggio è influenzato, nella sua maturazione, dal diverso contenuto di pepsina nel caglio.

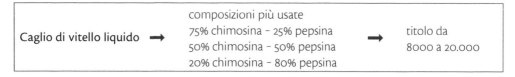

| Caglio di vitello liquido ➡ | composizioni più usate
75% chimosina – 25% pepsina
50% chimosina – 50% pepsina
20% chimosina – 80% pepsina | ➡ | titolo da
8000 a 20.000 |

Un limite di questo tipo di caglio è quello del titolo, che difficilmente è superiore a 1:20.000, differentemente dal caglio in polvere che può raggiungere forza decisamente più elevata. Il caglio liquido di vitello viene commercializzato in contenitori plastici di diversa portata, dalla classica bottiglia da 1 litro a taniche di portata molto superiore. Il colore del caglio è solitamente paglierino o nocciola, ma la sua caratteristica indispensabile è la limpidezza, la trasparenza. Il casaro, dopo aver ben agitato il contenitore del caglio, può fare prova olfattiva dalla quale non deve riscontrare rancidità o odori anomali. La prova olfattiva, che viene perfezionata con l'esperienza, è molto importante e va sicuramente messa in pratica. Molto importante è verificare la scadenza del prodotto e, anche se ben conservato, è preferibile non consumare il caglio scaduto. Il colore può variare per la sua provenienza – ogni caseificio mantiene caratteristiche diverse – ma anche per contenuto di pepsina, ovvero lo stesso caglio della stessa ditta produttrice assume colorazioni diverse in funzione degli enzimi contenuti.

Come si utilizza

Il caglio liquido si misura in millilitri (ml) in funzione della quantità di latte da coagulare. I misuratori, che possono essere in plastica alimentare o in vetro, devono essere contrassegnati da lineette incise con precisione di 1 ml. In caso di grandi quantità, il caglio può essere misurato con misurini aventi precisione anche di 10 o 20 ml. Una volta misurato il caglio da usare bisogna addizionarlo con acqua fredda in pari quantità. Dopo aver immesso il caglio nel latte è bene risciacquare il misuratore con acqua, che andrà versata comunque in caldaia. Si provvederà poi a un'energica agitazione del latte per la durata di almeno 1 o 2 minuti. Agitazioni frettolose o addirittura assenti portano a risultati di coagulazione non corretta. Chi usa spesso questo tipo di caglio deve avere l'accortezza di controllare scrupolosamente i tempi di presa e di coagulazione. Tempi rallentati possono essere causati dalla qualità di caglio o dalla sua non più valida azione a causa di una malconservazione o della superata scadenza. Il caglio liquido è adatto per essere utilizzato anche per la coagulazione lattica. La sua facilità di misurazione permette il dosaggio di piccolissime quantità.

Caglio in polvere

Il caglio in polvere, che è sempre di derivazione vitellina, a differenza di quello liquido o in pasta, ha titolo molto alto e il suo contenuto di pepsina è limitatissimo. Per il basso contenuto di pepsina viene utilizzato soprattutto per la coagulazione del latte con cui vengono prodotti i formaggi a lunga stagionatura, in quanto questi devono maturare molto lentamente, senza forzature ambientali ed enzimatiche, di conseguenza anche la scelta del caglio ha la sua grande importanza. L'eventuale presenza considerevole di pepsina nel caglio funge da acceleratore della maturazione. Gli enzimi proteolitici, come la pepsina, per la loro azione sulle caseine potrebbero anche in breve tempo portare sapore amaro, che sulle paste a lunga stagionatura risulterebbe irreversibile.

I caglifici riescono a ridurre in modo considerevole l'enzima più proteolitico dal caglio fino a ottenere un prodotto contenente il 99% di chimosina e l'1% di pepsina. Un'altra caratteristica importante del caglio in polvere è il suo titolo normalmente elevato o molto elevato, che può contare la forza di 1:80.000 fino a 1:150.000.

Caglio di vitello in polvere	→	composizioni più usate 90% chimosina - 10% pepsina 98% chimosina - 2% pepsina	→	titolo da 80.000 a 150.000

Il titolo così elevato permette una coagulazione molto rapida per ottenere tempi di presa in pochi minuti. Il caglio in polvere, se ben conservato, si presenta come una polverina di colore bianco o avorio con un lieve e piacevole odore animale privo di particolari sentori anomali sgradevoli, che vanno rilevati dal casaro come segnale di degenerazione.

Come si utilizza

Quando il casaro decide di utilizzare il caglio in polvere spesso è per fare formaggi a lunga stagionatura per i quali si prevede che il tempo di presa sia piuttosto breve e la cagliata pronta per il taglio in 12-15 minuti o al massimo fino a 25. Solitamente per dosare al meglio la quantità di caglio in polvere il casaro effettua prove di coagulazione oppure applica la formula precedentemente descritta. Una difficoltà, nei piccoli caseifici, è quella di pesare correttamente il caglio da utilizzare in poco latte. Il caglio in polvere viene solitamente dosato con piccoli misurini di plastica in dotazione alle confezioni, ma è bene che il casaro conosca l'esatto peso che tali misurini contengono.

Non bisogna mai eccedere con la quantità di caglio così come non bisogna utilizzarne una dose inferiore a quella necessaria. Sarà sufficiente dotarsi di una bilancia di alta precisione che oggi si acquista a costi decisamente bassi. Potrebbe anche essere utile predisporre un misurino adatto alle quantità di latte da lavorare e se non si possiede una bilancia idonea è possibile chiedere la pesata a un farmacista, che sicuramente utilizza bilance della massima precisione.

Dopo aver pesato correttamente il caglio bisogna metterlo in acqua fredda nella quantità sufficiente a scioglierlo. Il latte addizionato con il caglio disciolto in acqua deve necessariamente subire un'energica agitazione per almeno 2 o 3 minuti.

Gli additivi tecnologici

9

Il latte è un prodotto di derivazione animale sterile fino a quando non avviene la mungitura. Oggi, che abbiamo le conoscenze e i mezzi necessari per controllare la salute delle lattifere e la carica batterica del latte, ci possiamo permettere di differenziare il modo di allevare. Il modo di allevare animali per ottenere latte da formaggio dev'essere diverso da quello per il latte a utilizzo alimentare. Per il latte da trasformare in formaggio è importante incrementare la mobilità degli animali, magari sfruttando di più il pascolo e la dose di fieno o medica diminuendo la quantità di mangimi, prestando decisa attenzione alla salute delle lattifere.

I formaggi a Denominazione di Origine Protetta (DOP) sono regolamentati da un Disciplinare che prima di indicare le modalità tecnologiche che consentono al casaro di fare il formaggio ricorrono alla delicata ma precisa indicazione di come devono essere allevate e alimentate le lattifere e di conseguenza di come dev'essere il latte da utilizzare. Il latte quindi deve avere le caratteristiche idonee per la trasformazione, banale forse dirlo, ma non scontato per molti allevatori.

Il latte per la caseificazione, che ha le caratteristiche ideali per l'acidificazione e per la coagulazione, ha la necessità di essere addizionato con quelle sostanze in grado di consentire la mutazione fisica e chimica indispensabile affinché diventi formaggio. Parliamo dei fermenti lattici e del caglio, che si possono definire coadiuvanti.

Diversamente dai coadiuvanti, che sono indispensabili, vi sono altre sostanze che possono essere utilizzate dal casaro per ovviare a problematiche microbiologiche o per "aggiustare" il latte nella sua composizione chimica.

Queste sostanze sono dette "additivi".

Se per esempio il latte utilizzato denota problematiche derivanti dalla presenza di clostridi butirrici, sempre presenti nel latte anche se le lattifere non sono alimentate con insilati (< 200 spore/litro) ma che possono essere in quantità elevata (< 2.000 spore/litro) qualora vi sia presenza di insilati, il casaro potrà intervenire aggiungendo in caldaia una sostanza antibatterica come il lisozima, del quale ho scritto nell'apposito capitolo. L'utilizzo di additivi è quindi un fattore che può essere evitato curando al meglio l'alimentazione e la salute delle lattifere.

Gli additivi sono perciò da utilizzare solo se strettamente necessari. È indispensabile che l'allevatore individui le problematiche che obbligano il casaro all'uso degli additivi e si impegni a risolverli a monte.

Gli additivi più utilizzati

Tutti gli additivi sono siglati in forza delle normative europee ed è obbligatorio citare sull'etichetta del formaggio la sigla corrispondente o meglio l'esatta citazione.

La Tabella 1 descrive alcuni degli additivi alimentari approvati dalla normativa italiana che sono piuttosto comuni nell'utilizzo in caseificio. Essi, come già detto, non sono indispensabili nella caseificazione dei formaggi ma alcuni possono considerarsi coadiuvanti, come l'acido citrico e l'acido lattico, indispensabili per fare ricotta e mascarpone. Ci sono ancora molti additivi come i sorbati e l'acido sorbico, utilizzati in particolar modo per i formaggi freschi e fusi e per il trattamento della pasta e della crosta dei formaggi, il nitrato di potassio per i formaggi a pasta dura, e altri ancora che solitamente si utilizzano, come questi citati, solo se strettamente necessari e sotto controllo di personale qualificato.

Va menzionato come additivo particolare, che non ha obbligo di essere segnalato tra gli ingredienti in etichetta, il glucono-delta-lattone (GDL). Deriva dal glucosio per ossidazione ad acido gluconico che, a causa della cristallizzazione, perde una molecola d'acqua. Il GDL consente di abbassare l'acidità del latte, azione che si può effettuare per ottenere una migliore e rapida coagulazione, ma se utilizzato in dosi non appropriate può portare a precipitazione delle caseine. È utile sia nel latte refrigerato, in dosi maggiori, che nel latte in caldaia pronto per la trasformazione. La velocità di abbassamento del pH dipende dalla temperatura del latte. Prove hanno determinato che il GDL provoca un abbassamento del pH da 6,60 a 6,35-6,30, con dose di 1 g/lt di latte in circa un'ora. Il tempo di abbassamento del pH può essere sfruttato per la rivitalizzazione dei fermenti selezionati, e quindi il suo innesto può coincidere con quello dei fermenti d'inoculo. Nei formaggi ad alto contenuto di acqua, l'uso di GDL porta a una minore azione dei batteri lattici durante la fase di stufatura, ma può evitare post-acidificazione in cella di maturazione.

Tabella 1

ADDITIVI TECNOLOGICI PIÙ UTILIZZATI			
Additivo	**A cosa serve**	**Utilizzo**	**Sigla**
lisozima	previene il gonfiore tardivo nel formaggio che avviene per effetto dei *Clostridium*; questi batteri, endogeni, sono maggiormente presenti negli allevamenti che utilizzano insilati nell'alimentazione delle lattifere	si utilizza quando le spore di *Clostridium* sono molto elevate e quando si è certi che esse determinano problemi ai formaggi; è necessario analizzare il latte e seguire le indicazioni del microbiologo; il lisozima è termoresistente anche alle temperature di filatura; la sua azione è annullata dalla presenza di pepsina, quindi fare attenzione al tipo di caglio; si dosa con 2-3 g per q di latte	E1105
acido citrico	aumenta l'acidità del latte o del siero in caldaia	si utilizza per incrementare rapidamente l'acidità del latte e per aggiustare l'acidità del liquido di governo della mozzarella; si dosa in funzione del pH che si desidera ottenere; serve anche ad acidificare il siero per produrre ricotta e la panna per fare mascarpone, viene sciolto in acqua calda con dosi variabili da 1 a 5%; si presenta in forma cristallizzata solubile	E330
cloruro di calcio	aumenta il livello del calcio nel latte	viene aggiunto al latte pastorizzato in dosi idonee massime dello 0,02%; attenzione, può indurre il sapore amaro nel formaggio	E509
acido lattico	aumenta l'acidità del latte o del siero in caldaia	si utilizza normalmente per produrre la ricotta, addizionato in quantità tali da innalzare il pH; si presenta in soluzione	E270
paraffina	protegge la crosta del formaggio	viene usata per proteggere la superficie esterna del formaggio normalmente di breve o media stagionatura; evita la formazione di muffe	E243
GDL	abbassa l'acidità del latte	usato solitamente per velocizzare l'acidificazione del latte, si inocula prima dell'innesto dei fermenti o contemporaneamente; usato per formaggi a pasta molle e pasta dura, ma anche per acidificare il siero per ottenere la flocculazione della ricotta	E575

La coagulazione e la cagliata

Coagulazione

La coagulazione è una mutazione fisica e chimica del latte che gli permette di assumere un aspetto gelatinoso. Le proprietà della cagliata sono strettamente legate a ciò che il latte contiene, cioè ai suoi componenti essenziali. La parte proteica del latte è fondamentale per ottenere una buona cagliata ma anche la componente grassa, che rimane intrappolata nel reticolo caseinico, influenza molto la riuscita del formaggio. La cagliata è quindi un insieme di reazioni chimiche specifiche di ogni componente del latte, per questo la fase di coagulazione sfrutta anche quantitativamente ogni singolo componente. La componente proteica, per esempio, è apparentemente influenzata nella sua totalità dall'azione enzimatica della chimosina, in realtà una piccola parte di essa rimane estranea, anche per l'azione meccanica della rottura della cagliata, e passa quindi nel siero. Così è anche per i grassi, il lattosio ecc. La Tabella 1 dimostra che lo sfruttamento totale dei componenti del latte è pressoché impossibile.

Tabella 1

COMPONENTI DEL LATTE NELLA CAGLIATA		
Componente	**Nella cagliata %**	**Nel siero %**
proteine	76	24
caseine	94	6
sieroproteine	17	83
grasso	92	8
lattosio	5	95
sali minerali	20	80

Fonte: Salvadori del Prato, 1998

Banale forse, ma non è possibile ottenere un formaggio se questa fase tecnologica, la coagulazione, non avviene. Le buone caratteristiche del latte, l'azione acidificante dei batteri e quella coagulante del caglio sono indispensabili per la formazione del reticolo caseinico. La cagliata che si ottiene con la coagulazione del latte ha un rapporto strettissimo con il formaggio che il casaro deve fare. Per ogni formaggio è indispensabile ottenere la "sua" particolare cagliata.

Coagulazione lattica o acida

Il latte ha caratteristiche chimiche specifiche fra le quali l'acidità. Nel latte vaccino il pH è normalmente 6,6 e può variare per effetto della temperatura e del tempo. Un latte acido è solitamente il risultato di un latte lasciato a temperatura ambiente che può acidificare anche a basse temperature.

La coagulazione lattica detta anche "acida", proprio perché causata dall'acidità, è una tecnica molto utilizzata soprattutto per i formaggi freschi a pasta molle o spalmabili. La sua caratteristica principale consiste in un aggregato caseinico molto fragile, demineralizzato, che difficilmente permette al formaggio una stagionatura che va oltre i 45-60 giorni. Avviene a temperature comprese fra 22 e 30 °C e può essere influenzata da lattoinnesto, fermenti selezionati o acido lattico e citrico. Con l'acidificazione e l'innalzamento del pH, i sali di calcio aumentano la propria solubilità all'interno della parte acquosa del latte. Questi sali si distaccano dal fosfocaseinato demineralizzando la caseina. Tale demineralizzazione è completa a pH 5 e inferiore. Nella coagulazione acida le micelle di caseina non subiscono aggregazione ma un legame idrofobo ed elettrostatico, motivo per cui la cagliata ottenuta è friabile, fragile e instabile. Calcio e fosforo passano completamente in soluzione al punto isolelettrico (pH 4,6) e la carica elettrica è neutra.

Tabella 2

FASI DELLA COAGULAZIONE LATTICA		
pH	**Azione**	**Effetto**
6,6	eventuale riscaldamento o raffreddamento del latte crudo o pastorizzato	predisposizione della temperatura di acidificazione
6,6	eventuale inoculo di fermenti lattici o lattoinnesto	inizio acidificazione
5,7-5,8	50% del calcio colloidale è passato in soluzione	il latte comincia a cagliare
5,3-5,2	demineralizzazione della caseina	il latte comincia ad agglomerare
4,6	punto isoelettrico (temperatura di acidificazione 20 °C)	effetto coagulante massimo

L'azione acidificante che porta alla coagulazione del latte è determinata in modo particolare dalla quantità di proteine nel latte e dalle loro dimensioni. Questo tipo di coagulazione è particolarmente indicato con il latte di capra, che detiene micelle proteiniche nettamente più piccole di quelle di altri latti.

L'influenza del calore e del tempo sono altri fattori determinanti, la loro intensità dipende dal tipo di formaggio che si intende fare. Per i formaggi tradizionali spesso questi parametri non sono tenuti nella massima considerazione perché subentrano fattori ambientali tali da ottenere comunque i risultati previsti. Spesso il pastore, o il casaro nel piccolo allevamento, non si preoccupa di misurare la temperatura del latte ma lo lascia acidificare, magari subito dopo la mungitura e senza raffreddamento, nell'ambiente nel quale da sempre fa il formaggio.

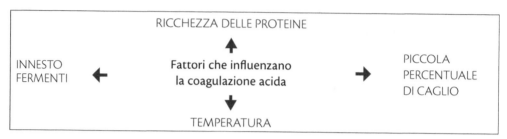

Alcuni dei fattori che il casaro può tenere sotto controllo sono il tempo di acidificazione e la temperatura. Più alta è la temperatura, più breve sarà il tempo di coagulazione. Si consideri però che il coagulo lattico per acquisire caratteristiche di buona qualità necessita di tempi lunghi, meglio naturali che forzati, affinché si determinino le condizioni ottimali che consentono la trasformazione del lattosio in acido lattico.

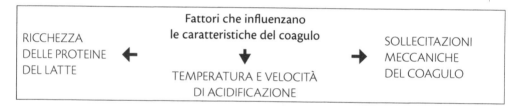

La struttura del coagulo ottenuta per acidificazione naturale, che è possibile anche con l'inoculo di lattoinnesto, è friabile, fragile, mai elastica, presenta un forte odore acido che ricorda lo yogurt senza, o quasi, ulteriori e anomali sentori. Qualora l'acidificazione fosse forzata con l'utilizzo di acidi, il coagulo diventerebbe molto sensibile, in particolar modo per la caratteristica di perdere parte dell'acqua e la caseina non subirebbe alcuna modifica enzimatica, come avverrebbe se si utilizzassero batteri. Per la sua struttura di precipitato la cagliata lattica può essere oggetto di spurgo primario, ovvero naturale e non indotto, come avviene invece obbligatoriamente per la coagulazione presamica.

Il pH della cagliata lattica ha forte influenza sulla consistenza della pasta, infatti, maggiore è l'acidificazione più fine risulterà la microstruttura della pasta, viceversa con minore acidità la pasta risulterà a microstruttura grossa, farinosa, sabbiosa. L'aromatizzazione della pasta acida, che può portare odori e aroma di burro, può dipendere dal diacetile che è prodotto da *Lactococcus lactis* o da *Leuconostoc mesenteroides* quando il pH scende al di sotto di 5,20. È necessario, però, che la progressione dell'acidificazione sia lenta fino al rilascio, dalla cagliata lattica, del siero. L'acidificazione lattica può essere effettuata con latte crudo o pastorizzato mentre spesso è attuata da fermentazioni da latte sterilizzato ad alte temperature, cioè a 80-90 °C.

Alcune tecniche prevedono la preincubazione con fermenti mesofili aggiunti al latte della munta serale affinché durante la notte avvenga una prima blanda acidificazione. Il latte preincubato sarà poi miscelato con il latte fresco della munta mattutina.

La preincubazione solitamente viene effettuata con il latte appena munto lasciato a temperatura tale da dimunire fino a 10-14 °C. Tali temperature smuoveranno la vitalità dei batteri lattici senza aumentarne eccessivamente l'acidità, al massimo 0,5-1 °SH/50.

La miscela, composta dal latte prematurato e quello della munta mattutina, sarà portata a temperatura di fermentazione mesofila compresa tra 18 e 23-24 °C.

La coagulazione lattica da latte crudo implica che il latte possieda caratteristiche importanti dal punto di vista microbiologico che vanno monitorate periodicamente. Nello specifico è bene verificare la presenza di coliformi che non devono superare le 100 UFC/ml e, in egual misura, quella degli stafilococchi coagulasi positivi. Sono i lunghi tempi di acidificazione che possono portare a difetti e a problematiche igienico-sanitarie qualora il latte non conservi buone qualità microbiologiche.

Innesti per la coagulazione lattica

Il latte che si deve utilizzare per fare formaggi lattici deve avere buone caratteristiche organolettiche, come si può desumere dagli schemi sopra riportati. La finalità del lavoro, ovvero lo scopo di ottenere formaggi lattici, deriva dalla buona riuscita di una lenta acidificazione che solo il tempo e la temperatura possono concedere. È il casaro che stabilisce il tempo di coagulazione del latte, in funzione delle caratteristiche che deve assumere il formaggio, e proprio per questo è spesso necessario inoculare il latte con fermenti lattici. Che siano essi naturali o selezionati, magari un lattoinnesto, il loro compito è quello di guidare la fermentazione in modo corretto, sfruttando i microrganismi ad attitudine casearia che portano, spesso molto lentamente, alla formazione del coagulo lattico. Lavorando quasi sempre con temperature mesofile, la coltura batterica dell'innesto deve rappresentare l'essenzialità dell'azione acidimetrica e la certezza che essa possa produrre acido lattico. Fermentazioni scorrette, sostenute da batteri anticaseari, possono anche determinare un pericolo salutistico. Affinché la cagliata lattica possa essere caratterizzata da lunghi tempi di formazione del coagulo, l'innesto dovrà essere al grado giusto di acidità, quasi sempre < 7 °SH/50 e dosato in quantità tale da consentire il raggiungimento del tempo progettato. Il casaro quindi non dovrà improvvisare un coagulo lattico, lo dovrà progettare e provare, anche più volte.

Oltre al lattoinnesto, che comunque resta la base per una ottimale fermentazione che concede risultati di natura organolettica di eccellenza, si può utilizzare il sieroinnesto. Il siero, derivante dalla coagulazione lattica, maggiormente idoneo per produrre sieroinnesto è quello che per sineresi naturale si presenta sulla superficie della coagulazione ormai avvenuta. Tale siero è pulito, in quanto il coagulo lattico non ha subito alcuna azione meccanica, si presenta limpido e profumato, e il pH si attesta a 4,6-4,5. Certo è che non sempre si riesce a ottenerne la quantità necessaria per la successiva trasformazione lattica in quanto una forte sineresi naturale la si ottiene solo quando il pH della cagliata scende abbondantemente al di sotto di 4,60, punto isoelettrico (momento spesso indicato per l'estrazione della cagliata o la sua movimentazione, per ottenere lo spurgo o il momento idoneo per il ribaltamento del bicchiere, come nel caso della Robiola di Roccaverano DOP).

Prima di prelevare il siero si deve porre attenzione alla cagliata, verificandone alcuni aspetti:

● la cagliata si deve presentare liscia e senza aperture;
● non devono essere presenti occhiature o fessurazioni che possono essere il risultato dell'azione gasogena di coliformi o di lieviti;
● è opportuno analizzare e verificare con prova olfattiva la freschezza e la purezza dell'acidità.

Non devono essere percepiti odori di rancido, putrido, butirrico o altri anomalie.

Il sieroinnesto, in funzione della sua acidità, è da innestare nella proporzione dell'1-4% del latte da inoculare. Può essere utilizzato anche per la prematurazione del latte della munta serale, facendo attenzione a non aumentare troppo l'acidità della miscela.

È possibile conservare il sieroinnesto congelandolo in contenitori sterili, previa aggiunta di latte sterilizzato in rapporto di 1:1. Tale operazione consente una migliore protezione alle cellule batteriche. Il congelamento conserva le cellule batteriche anche a notevoli temperature sotto lo zero, ma è preferibile optare per −18/−20 °C affinché non si indeboliscano troppo. Dopo lo scongelamento, che può avvenire a temperatura non superiore ai 38-40 °C, il sieroinnesto è attivo e utilizzabile, anche verificando, con la prima prova nel latte, la sua forza, in quanto alcuni autori affermano che il sieroinnesto congelato perde la sua carica batterica nella percentuale del 10% per ogni mese in congelatore. Spesso è bene utilizzare tale innesto naturale anche in doppia dose. Il siero congelato, se di buone caratteristiche microbiologiche, è particolarmente utile come starter per una nuova trasformazione lattica. In poche parole, l'utilizzo di sieroinnesto congelato dopo alcuni mesi o settimane interrompe la continuità che può essere anche notevolmente dannosa in quanto è possibile, nel tempo, lo sviluppo di batteri anticaseari. L'uso di sieroinnesto può portare anche alla formazione di muffe indesiderate di tipo Mucor, che guasterebbero non solo l'aspetto del formaggio ma anche le sue caratteristiche organolettiche. In questi casi, è bene interrompere l'uso del sieroinnesto, magari intervallandolo con fermenti selezionati.

Caglio per la coagulazione lattica

La coagulazione lattica può essere influenzata dalla presenza di caglio che il casaro può decidere di aggiungere. Di fatto per la coagulazione lattica non è indispensabile aggiungere caglio, ma la sua presenza può determinare alcune modificazioni chimiche del latte che consentono variazioni alla consistenza del coagulo e di conseguenza alla pasta del formaggio. La presenza di caglio non deve però cambiare la funzione dell'acidificazione ma modificare il rapporto tra il componente acquoso e le proteine. Questo rapporto è detto "solvatazione".

Tabella 3

EFFETTO DEL pH SUL RAPPORTO ACQUA/PROTEINE				
Variazione del pH				**Solvatazione**
da	6,6	a	6	diminuisce
	6		5,2	aumenta
	5,2		4,6 (punto isoelettrico)	diminuisce

Aggiungendo caglio al latte quando il pH è superiore a 6,0 si riduce la solvatazione; aggiungendo invece caglio a un pH di 5,5-5,6, ovvero prima che il latte inizi a coagulare, l'effetto della solvatazione diminuisce. In quest'ultimo caso diminuisce l'accentuarsi della porosità delle caseine rendendo la pasta del formaggio più morbida, più cremosa.

Il casaro ha quindi due possibilità: la prima è aggiungere caglio al latte a inizio lavorazione, cioè quando il pH è ancora quello di origine. In questo modo il caglio favorisce la coagulazione, che si può definire "acido-presamica". La seconda possibilità è quella di aggiungere il caglio al latte giunto a pH 5,6-5,5, per ottenere un formaggio con pasta più morbida e più cremosa: è il caso di formaggi a coagulo intero come le robiole.

I tempi di coagulazione possono essere modificati sensibilmente a seconda di come viene utilizzato il caglio, ovvero più rapidi se usato all'inizio del processo o più lunghi se utilizzato a pH inferiori a 6,0.

Tabella 4

EFFETTI DEL CAGLIO NELLA COAGULAZIONE LATTICA				
Coagulazione lattica		**Caglio liquido di vitello 1:10.000**		**Pasta del formaggio**
pH del latte	6,6		no caglio	morbida, friabile
pH del latte	6,6	dose	2-4 ml/hl	morbida, poco cremosa, abbastanza friabile
pH del latte	5,5-5,6	dose	1-2 ml/hl	morbida, cremosa, poco friabile

In funzione del formaggio che il casaro deve fare, ma soprattutto in relazione al coagulo fragile che la coagulazione lattica produce, è bene provvedere a lavorazioni delicate, spesso escludendo azioni meccaniche. Per formaggi di piccole dimensioni è da escludere qualsiasi tipo di taglio della cagliata. Nel caso di formaggi spalmabili o creme di formaggio, dovendo obbligatoriamente tagliare la cagliata per determinare uno spurgo, è indispensabile comunque usare delicatezza per non accelerare troppo la perdita di acqua, che deve avvenire lentamente.

La coagulazione lattica è particolarmente indicata per formaggi a pasta molle, freschi, decisamente lattici nell'aroma, tendenti anche ai sentori animali con la maturazione, soprattutto nei formaggi da latte di capra.

La scelta delle tecniche da utilizzare per la coagulazione lattica deve essere effettuata in funzione del tipo di latte utilizzato e della sua composizione e contenuto proteico. I fattori prettamente tecnologici sono la scelta della corretta temperatura di coagulazione che, come già detto, determina il tempo, e la verifica dell'opportunità di utilizzare caglio.

Tipologie di formaggi lattici

I formaggi a pasta lattica (acida) possono essere di diversa tipologia in funzione delle richieste del mercato e delle metodologie adottate in caseificio. È la tecnologia di trasformazione che caratterizza il formaggio, in particolare modo la consistenza e la tessitura della pasta e, naturalmente, le proprietà organolettiche. Ciò che ulteriormente va a influenzare le caratteristiche del formaggio, così come per le paste pretattiche, è l'ambiente in cui i formaggi vengono posti a maturare. A maggior ragione, nel caso che al latte venga inoculato un penicillium allo scopo di rendere il formaggio a crosta fiorita, il casaro deve, preventivamente, adottare le misure necessarie per adeguare parte o l'intero ambiente di maturazione.

Pasta lattica senza rottura del coagulo

La tecnica di trasformazione di questa tipologia di formaggio prevede l'inserimento del latte già inoculato con i fermenti lattici, sia essi naturali sia selezionati, in appositi contenitori che, una volta avvenuta la coagulazione, vengono ribaltati entro fuscelle appositamente predisposte. L'ambiente in cui vengo posti i contenitori per l'incubazione, solitamente una camera calda, deve poter mantenere una temperatura pari a 22-24 °C, leggermente più elevata che per altre tecniche, in quanto il piccolo contenitore in cui avviene la coagulazione è soggetto a rapido raffreddamento. Lo spurgo che interrompe la fase di incubazione è del tipo primario in quanto il casaro non interviene meccanicamente, non opera cioè alcun taglio o rottura. Successivamente al ribaltamento dei bicchieri, ovvero in fase di spurgo, la temperatura ambiente deve poter consentire il mantenimento della temperatura di incubazione, in modo da non interrompere la già iniziata azione di sineresi.

Il contenitore dovrà essere tolto solo quando il coagulo raggiunge, per calo naturale, la parte superiore della fuscella. In quel momento il formaggio dovrà essere ribaltato, ma solo se in grado di autosostenersi ovvero di non rompersi. Per questa tipologia di formaggio uno solo o massimo due rivoltamenti possono essere sufficienti per dare la giusta forma e per consentire una sineresi corretta.

Solo quando lo spugo è terminato e non avviene più il gocciolamento, le forme possono essere poste in cella a 8-10 °C. A raffreddamento avvenuto si provvede alla salatura a secco, con sale fine, su una o su tutte e due le facce. Se il risultato presenta una pasta molto morbida è possibile salare le forme in un'unica soluzione e solo su una faccia.

Forme ottenute senza rottura del coagulo
in fase di spurgo

Pasta lattica con rottura del coagulo

Questa seconda tecnica viene adottata per ottenere solitamente formaggi morbidi, il cui latte è stato inoculato con penicillium candidum o geotricum. La coagulazione avviene in contenitori sterili o, nel caso del piccolo caseificio, anche in secchi, posti in ambiente la cui temperatura è stabile a 20-22 °C. Raggiunto il punto isoelettrico o leggermente più basso, la pasta viene prelevata delicatamente con un mestolo e posta nelle fuscelle dove avverrà lo spurgo. Il riempimento delle fuscelle dovrà essere effettuato sistematicamente in ogni fuscella e mai riempiendo totalmente una sola fuscella. Ciò perché il coagulo lattico si presenta sempre stratificato, ovvero maggiormente idratato nella parte superficiale del contenitore dove è avvenuta l'incubazione e maggiormente bagnato nella parte inferiore. Per questo motivo solitamente si utilizza la parte più "asciutta" per la formatura con l'inserimento nelle fuscelle, mentre la parte più umida può essere stesa su cassette forate e telate dove avverrà lo spurgo. Quest'ultima soluzione è adottata allo scopo di ottenere pasta spalmabile, che oggi è davvero molto ambita dai casari delle piccole aziende per la resa e per la richiesta da parte del consumatore.

Con lo spurgo a coagulo rotto in cassette telate è possibile ottenere anche formaggio la cui formatura è del tutto manuale, come per esempio lo Zigher, formaggio PAT delle Dolomiti in provincia di Belluno che, all'atto della formatura, viene miscelato a erba cipollina e pepe. Con la stessa tecnica si ottengono anche i formaggi tradizionali come le lattiche di Malga dell'Alto Adige, che vengono formati a sfera e lasciati maturare in ambienti dove in modo del tutto naturale, senza inoculo di penicillium nel latte, avviene la fioritura.

Zigher (Dolomiti Belluno)

Lattica di Malga Alto Adige

Questa tecnica è adottabile soprattutto per formare formaggi di piccolissima pezzatura, 50-70-100 grammi, modellati a mano anche a forma di cilindro allungato, magari miscelando la pasta, prima della formatura, con erbe o spezie. La pasta così modellata può essere avvolta, anziché miscelata, da spezie o erbe e successivamente confezionata in pezzatura singola o multipla.

Le diverse metodologie di fermentazione, che portano a un coagulo intero o da rompere, influenzano fortemente la tessitura della pasta. Per un coagulo intero, per esempio una robiola del tipo Roccaverano, la pasta risulterà piuttosto rigida ma morbida e compatta, mentre per un formaggio formato dopo la rottura del coagulo, la pasta sarà molto morbida, per niente rigida, e adatta a essere spalmata.

Tuti e due i metodi però possono portare alla formazione di crosta fiorita sia da penicillium inoculato nel latte sia da sviluppo naturale, la cui superficie può diventare rugosa, a pelle di rospo o a buccia d'arancia, quasi sempre edibile.

I formaggi lattici sono entrati nel mondo caseario nei secoli, quando nelle famiglie si lasciava il secchio del latte a fermentare e di conseguenza ad acidificare. Oggi, tralasciando questo sistema che può essere anche pericoloso per l'insorgere di batteri patogeni, i caseifici, anche molto piccoli, si stanno adoperando per proporre alla propria clientela questi formaggi, che per molte zone del Paese possono essere considerati diversi.

La tecnologia del formaggio a pasta lattica sta entrando anche nella produzione di piccoli caseifici aziendali che utilizzano latte di pecora e, nonostante la difficoltà determinata da questa specie di latte, si riscontrano buoni risultati.

Coagulazione presamica

La coagulazione presamica, al contrario di quella lattica che avviene per acidificazione naturale o indotta, è quella che si ottiene con l'utilizzo di caglio. Il termine "presamico" deriva infatti da "presame", il quarto stomaco dei cuccioli dei ruminanti lattanti. Si annoverano in questa categoria anche le cagliate provocate dall'aggiunta di coagulanti sia vegetali, sia microbici o da OGM. La coagulazione del latte è determinata dagli enzimi contenuti nel caglio, la chimosina e la pepsina, sostanze che non sono importanti solo per ottenere la giusta cagliata ma influenzano anche la maturazione della pasta del formaggio.

I formaggi italiani appartengono, per la maggior parte, alla classificazione derivante dalla coagulazione presamica. Questa tipologia di coagulazione consente di ottenere tutte le tipologie di formaggio possibili, siano essi a pasta molle, semidura, dura e di breve, media o lunga stagionatura. Sia la coagulazione lattica che quella presamica sono state scoperte dall'uomo in modo occasionale. Anticamente gli Etruschi utilizzavano coagulanti vegetali derivanti soprattutto dal fiore del cardo o dal fico, in seguito i Romani studiarono l'uso del moderno caglio. Il caglio, come i coagulanti, è coadiuvante del latte per la formazione della cagliata e di conseguenza del formaggio.

La caratteristica fisica della cagliata presamica è determinante per fare il formaggio progettato, tanto che il casaro deve provvedere alla scelta della quantità e della qualità del caglio, sia della consistenza della cagliata che del momento opportuno per il taglio della cagliata stessa.

Come avviene la coagulazione
Fase primaria
L'effetto del caglio, in particolare della chimosina in esso contenuta, ha una forte incidenza che è determinata dalla dose impiegata, dalla temperatura di coagulazione e dall'acidità del latte.

Dal disegno che segue sono visibili i peli protundenti (barbe di k-caseina).

MICELLE DI CASEINA PRIMA DELL'INNESTO DELLA CHIMOSINA

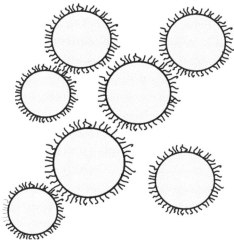

Fonte: Dagleish, in Fox, 2004 (ridisegnato)

La coagulazione, cioè la formazione del reticolo caseinico, avviene per la destabilizzazione delle micelle di caseina che, per il distacco dei peli protundenti (caseinglicopeptide), si possono avvicinare, unire. È fondamentale però che nel latte vi sia la presenza di sali di calcio, senza i quali non avverrebbe coagulazione. Latti poveri di questi sali difficilmente si prestano alla coagulazione. Per ovviare a questa seria problematica il casaro può aggiungere al latte cloruro di calcio, additivo a volte molto importante (il calcio è un coadiuvante in quanto già presente nel latte e quindi non va indicato in etichetta). Il proteoso (deriva dalla k-caseina – 4-5% della caseina – ed è solubile) si distacca dalla proteina per azione della chimosina alla temperatura compresa da 4 a 45 °C e acidità (pH) da 5,0 a 7,0.

DISTACCO DEL CASEINGLICOPEPTIDE

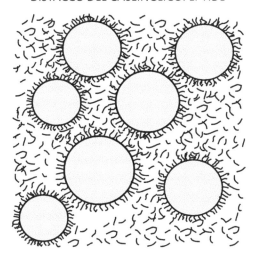

Fonte: Dagleish, in Fox, 2004 (ridisegnato)

Fase secondaria: passaggio dallo stato liquido allo stato gelatinoso (gel)

In questa fase, con temperatura superiore ai 15 °C ma inferiore ai 65, avviene, tramite ponti di calcio, il riagganciamento delle molecole di caseina. Nel latte dev'essere presente calcio allo stato solubile ionico per almeno 80 mg/l. A bassa temperatura di coagulazione sarà lenta la formazione del gel, e con abbassamento del pH aumenta la velocità di formazione del gel. Il pH 5,2 segna il limite tra coagulazione acida e presamica.

IN ASSENZA DI BARBE LE CASEINE POSSONO UNIRSI FRA LORO

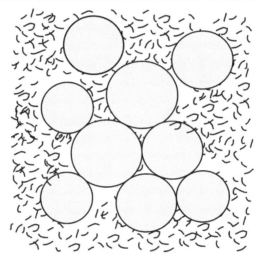

Fonte: Dagleish, in Fox, 2004 (ridisegnato)

Fase terziaria: il gel assume consistenza

I legami intermicellari aumentano, le micelle caseiniche si avvicinano tra loro e avviene la contrazione del coagulo che espelle siero. Le micelle di caseina si aggregano quando il 75% dalla k-caseina ha subito idrolizzazione. Incomincia la sineresi.

Maggiore è la quantità di caglio (maggiore è la concentrazione) più rapida è la coagulazione. La temperatura ideale è compresa fra 20 e 42 °C mentre il pH influenza il tempo e la consistenza del coagulo.

Avvenuta la fase terziaria, ovvero quando le micelle di caseina si sono unite fra loro e hanno determinato il reticolo, il casaro può tagliare la cagliata. I globuli di grasso, che non sono influenzati dagli enzimi contenuti nel caglio e neppure dall'acidificazione del latte, vengono intrappolati nelle maglie del reticolo caseinico.

Per comprendere meglio le varie fasi della coagulazione è bene chiarire due aspetti che sono decisivi per la tecnologia che il casaro intende progettare: il primo è relativo al tempo di presa, del quale si parlerà spesso, che corrisponde al periodo che intercorre tra l'immissione del caglio in caldaia e il momento in cui appare il primo fiocco caseoso che porterà poi alla coagulazione. Il tempo di rassodamento corrisponde al tempo che intercorre tra il punto di presa e quello in cui il casaro decide di tagliare la cagliata, mentre il tempo di coagulazione corrisponde al periodo che intercorre tra l'immissione del caglio in caldaia e il taglio della cagliata. Il tempo di presa quindi rientra nel tempo complessivo di coagulazione.

RETICOLO CASEINICO

SCHEMA DELLA MODIFICAZIONE DEL LATTE DA LIQUIDO A GEL

fase primaria   fase secondaria   fase terziaria

Fonte: Dagleish, in Fox, 2004 (ridisegnato)

Cagliata presamica

C'è un detto che dice che dalla stessa cagliata si possono ottenere mille tipologie di formaggio. In un certo senso è vero, o almeno lo era prima che si conoscesse la reazione del latte nelle varie fasi di trasformazione. In realtà ogni formaggio dev'essere progettato con la cagliata personalizzata, affinché il casaro possa prevedere la lavorazione in caldaia e di conseguenza possa ricavare, dalla sua giusta consistenza, il futuro formaggio.

Naturalmente la cagliata varia molto a seconda del tipo di latte che si utilizza, se vaccino, ovino, caprino o bufalino.

Il caglio o il coagulante dovranno sempre essere aggiunti al latte dopo la prematurazione o l'innesto di fermenti, siano essi preparati dal casaro sotto forma di lattoinnesto o sieroinnesto o selezionati. Ciò non toglie che si possa coagulare il latte senza inoculo di fermenti. La reazione del latte cagliato, in funzione dell'acidità del latte, può influenzare molto la riuscita e la qualità del formaggio. La duplice azione del casaro, che consiste nella scelta dell'innesto e della quantità e qualità del caglio da aggiungere alla miscela, sarà sempre in funzione del formaggio progettato.

Il passaggio del pH del latte da 6,6 a valori minori (più acidità) comporta una maggiore azione della chimosina e della pepsina, accelerando la fase di coagulazione, migliorando la struttura della cagliata e, in certi casi, aiutando a diminuire la quantità di caglio. Bisogna fare molta attenzione, però, perché un'eccessiva acidificazione del latte comporta il passaggio del calcio in soluzione. Tale situazione porta a un'accelerazione della fase coagulante, causa la velocizzazione del distacco della k-caseina, ma porta a ottenere un coagulo piuttosto fragile.

Il casaro consapevole deve quindi saper riconoscere le diverse reazioni del latte al caglio per poter decidere le varie fasi tecnologiche. Una cagliata molle, bagnata, sarà determinata da una bassa concentrazione di caglio o da una lenta fermentazione della miscela precedentemente predisposta. Gli oltre mille formaggi italiani sono fatti dai casari in relazione alle loro abitudini determinate dalla tradizione, dalla capacità di apprendere le reazioni del latte, dalla conoscenza della tecnologia e dalla capacità personale di comprendere il momento idoneo per passare da una fase all'altra della caseificazione.

Si pensa spesso all'importanza delle varie fasi della trasformazione. Nella caseificazione ogni fase è determinante, e la coagulazione lo è alla pari di altre.

Per determinare il momento idoneo per tagliare la cagliata esiste un metodo scientifico che viene applicato con uno strumento detto "tromboelastografo". Il metodo con tromboelastografo determina la corretta coagulazione del latte in diverse situazioni, cagliata da latte le cui caratteristiche sono nella norma o da latte mastitico, iperacido ecc.

TRACCIATI LATTODINAMOGRAFICI DEI DIVERSI
TIPI DI COAGULAZIONE DI LATTE VACCINO

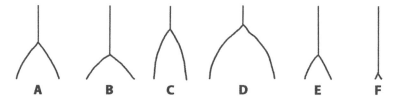

Fonte: tracciato e testi da Padovan, 2012-2013

Dove:

A = comportamento ottimale;

B= latte tipico di bovine a fine lattazione, presenta una coagulazione lenta seguita da un rapido rassodamento della cagliata che raggiunge in breve tempo un'elevata consistenza;

C= tipico di bovine a inizio lattazione. La fase iniziale è rapida ma con formazione del coagulo lenta che non raggiunge una sufficiente consistenza;

D = latte con elevato contenuto di caseina o lievemente acido. Le fasi di coagulazione hanno andamento veloce, raggiungendo elevate consistenze del coagulo;

E = latte con scarsa reattività al caglio. Si riscontra in bovine mastitiche o con carichi elevati di cellule somatiche, o in latte ipoacido;

F = vi è solo un accenno di flocculazione. Si presenta in bovine mastitiche con elevati carichi cellulari e/o marcata ipoacidità.

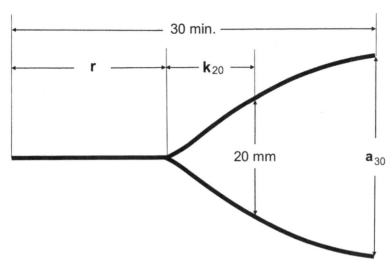

TRACCIATO TROMBOELASTOGRAFICO

Fonte: tracciato e testi da Padovan, 2012-2013

Dove:

r: tempo di presa ovvero il tempo che intercorre tra l'inserimento del caglio e l'inizio della coagulazione (primo fiocco caseoso);

K_{20}: tempo che intercorre dal momento della presa e il momento in cui la cagliata raggiunge una consistenza di 20 mm;

a_{30}: consistenza del coagulo (misura in mm) a 30 minuti dall'inserimento del caglio.

I tracciati sopra esposti sono a dimostrare le diverse fasi della trasformazione del latte in cagliata affinché il casaro prenda coscienza delle variabili che possono capitare qualora il latte possegga buona o scarsa capacità di coagulare e il caglio detenga un buon titolo. Sugli esempi resi grafici si possono leggere anche le eventuali caratteristiche negative del caglio e comprendere, proprio dal graficismo dei tracciati, la qualità del coagulo.

È un metodo di accertamento che ovviamente non può essere utilizzato in caseificio. Il casaro, per tagliare la cagliata, deve saper individuare il momento giusto dopo aver ripetutamente provato con le mani la consistenza della struttura del reticolo caseinico.

Queste operazioni, che inducono al taglio della cagliata, sono prevedibili se si conosce bene il latte da trasformare, da qui si torna all'importanza di effettuare le analisi del latte in modo frequente, la titolazione e la misurazione del pH giornaliero in caseificio. Non è facile descrivere come dev'essere la consistenza della cagliata al momento della rottura.

Nella Tabella 5 si definisce la cagliata umida o asciutta secondo un concetto di consistenza, seppure in modo piuttosto generico. Ogni casaro potrà, in base a quanto descritto nella tabella, trovare la propria linea di identificazione del reticolo caseinico che si accinge a rompere.

Tabella 5

RICONOSCIMENTO DELLA CONSISTENZA DELLA CAGLIATA		
Cagliata	**Fase di rottura**	
umida	quando inserendo un dito nella cagliata e provando a romperla, risulta umida e poco elastica; il dito, estratto, rimarrà bagnato, sporco di una pellicina bianca	quando il dorso della mano, appoggiato sulla cagliata, si bagna e rimane sporco, ovvero bianco
asciutta	quando inserendo un dito nella cagliata e provando a romperla, risulta elastica; il dito, estratto, risulterà asciutto, pulito; la cagliata si spaccherà mostrando un taglio netto	quando il dorso della mano, appoggiato sulla cagliata, rimarrà pulito, privo di pellicine bianche

Non esiste una regola che determini come dev'essere la consistenza della cagliata al momento della rottura, anche se la si può genericamente identificare in funzione del tipo di formaggio che si intende fare. Cagliate umide e fragili potrebbero essere tipiche di alcuni formaggi a pasta molle così come di formaggi a pasta dura. Il casaro dovrà individuare, tramite la conoscenza della tradizione o con prove pratiche, la giusta cagliata, tenendo presente che la scelta della temperatura di coagulazione è di fondamentale importanza per favorire l'azione dei microrganismi che provvederanno alle fermentazioni successive. La consistenza della cagliata, più o meno umida, tagliata a dimensioni più o meno grandi, determina la presenza di acqua in funzione delle caratteristiche tipologiche del formaggio che si va a fare. Tale consistenza agevola, accelera, o rallenta la duplicazione batterica e il casaro non deve mai sottovalutare la buona riuscita di un coagulo presamico o acido presamico che influenzerà ogni fase della trasformazione e la buona riuscita del formaggio.

Nelle tabelle che seguono sono indicate le caratteristiche fisiche dei vari tipi di cagliata tenendo conto dell'utilizzo di caglio. Naturalmente le varie schematizzazioni sono indicative e generiche e quindi il casaro dovrà cogliere tali indicazioni per il proprio uso, verificando le reali tempistiche e caratteristiche della cagliata che sta provvedendo a realizzare.

Tabella 6

CAGLIATA PER TIPOLOGIA FORMAGGI A PASTA MOLLE					
Umidità pasta del formaggio	Chimosina/ pepsina	ml/hl Caglio liquido 1:10.000	Consistenza cagliata	Tempo di coagulazione	Tempo di maturazione formaggio
45-50%	20-80 50-50 80-20	40-45 35-40 30-35	elastica, asciutta, pulita, taglio netto	15-25'	30-60 giorni 45-75 giorni 15-90 giorni
50-60%	50-50 80-20	40-45 35-40	elastica, asciutta, pulita, taglio netto	15-20'	7-30 giorni 7-45 giorni

CAGLIATA PER TIPOLOGIA FORMAGGI A PASTA MOLLE					
Umidità pasta del formaggio	Chimosina/ pepsina	ml/hl Caglio liquido 1:10.000	Consistenza cagliata	Tempo di coagulazione	Tempo di maturazione formaggio
oltre 60%	80-20	35 e oltre	elastica, asciutta, pulita, taglio netto	10-20'	1-15 giorni
tecnologia crosta lavata 45-50%	80-20	30-35	elastica, essudata, presenta velo in superficie	20-30'	45-75 giorni
tecnologia pasta erborinata	75-25	35-40	umida, fragile	25-30'	60-90 giorni

Tabella 7

CAGLIATA PER TIPOLOGIA FORMAGGI A PASTA SEMIDURA					
Umidità pasta	Chimosina/ pepsina	ml/hl Liquido o in pasta o in polvere	Consistenza cagliata	Tempo di coagulazione	Tempo di maturazione/ stagionatura formaggio
35-45%	50-50 80-20	35-45 25-35	elastica, asciutta o mediamente umida, taglio netto	25-35' 25-35'	20-60 giorni 20-180 giorni
tecnologia crosta lavata	80-20 98-2	30-35 g 3-4	elastica, mediamente umida	20-30'	45-75 giorni 90-120 giorni

Tabella 8

CAGLIATA PER TIPOLOGIA FORMAGGI A PASTA DURA					
Umidità pasta	Chimosina/ pepsina	g/hl Liquido o in polvere	Consistenza cagliata	Tempo di coagulazione	Tempo di maturazione/ stagionatura formaggio
max 35%	80-20 98-2/99-1	25-35 2-4	mediamente umida, umida	20-30' 15-25'	5-12 mesi < 8 mesi
pasta "grana" max 33%	99-1	2-4	umida	12-15'	< 12 mesi
tecnologia pasta erborinata	80/20	ml 30-40	umida	20-25'	90-180

Per quanto riguarda la pasta filata è da tener presente la sua grande variabilità, determinata dalle diversità dei latti da utilizzare. Il latte di vacca e quello di bufala hanno attitudini particolarmente ottimali per la filatura, ma la loro lavorazione è nettamente diversa a causa della diversa qualità chimica e fisica dei loro componenti, le caseine e il grasso. Se si pensa che le paste filate possono avere come origine anche i latti di pecora e di capra o misti, seppure con difficoltà sicuramente superiori a quelle determinate dall'uso degli altri latti, è ovvio che la consistenza della cagliata debba essere considerata caso per caso.

Tabella 9

CAGLIATA PER TIPOLOGIA FORMAGGI A PASTA FILATA					
Umidità pasta	Chimosina/ pepsina	ml/hl Liquido o in pasta	Consistenza cagliata	Tempo di coagulazione	Tempo di maturazione/ stagionatura formaggio
< 54% (mozzarella)	75-25 80-20	liquido 25-30	elastica, asciutta, pulita, taglio netto	20-30'	1-7 giorni
< 38% (provolone, caciocavallo)	75-25 80-20	liquido 35-40 pasta 30-40 g	elastica, asciutta, pulita, taglio netto	15-25'	< 30 giorni

La cagliata quindi è la prima vera fase di caseificazione che viene influenzata dall'acidità del latte, dalla quantità e dal tipo di caglio utilizzato. Altri parametri che determinano sia il tempo di coagulazione che la consistenza della cagliata sono la temperatura del latte e anche dell'ambiente in cui si opera.

Per quanto riguarda il latte ovino e bufalino, il cui contenuto di proteine è molto elevato, la dose del caglio dev'essere minore di quella che si utilizza per il latte vaccino. Cagliate che si raffreddano durante la fase di coagulazione non avranno esiti positivi, risulteranno di una consistenza più molle, meno elastica, e il casaro troverà difficoltà a individuare il momento del taglio.

Con cagliate troppo dure, spesso determinate dall'utilizzo di troppo caglio, c'è il rischio che anche durante il taglio la cagliata continui la sua azione coagulante provocando uno spurgo irregolare. Una parola va spesa per le cagliate destinate alla pasta filata che deve subire una doppia lavorazione: la prima, classica, derivante dalla coagulazione e dalla rottura, e la seconda, finalizzata da una corretta acidificazione, che termina con la filatura che deve consentire alla pasta di diventare fibrosa, elastica a tal punto che deve poter essere estesa in fili lunghi anche più di 1 metro. Questa fase, così importante, non deve compromettere la struttura della pasta e del suo contenuto di acqua e grasso.

Per meglio comprendere alcuni difetti del formaggio, attribuibili alle operazioni iniziali quali il trattamento del latte, l'inoculo dei fermenti, e l'azione del caglio, è bene analizzare le fermentazioni e la cagliata.

Difetti causati dalle fermentazioni e dalla cagliata

Tabella 10

PER LE PASTE MOLLI			
Formaggio	**Difetto cagliata/ formaggio**	**Probabile motivo**	**Soluzione**
tutti i formaggi a pasta molle	coagulazione e spurgo irregolare della cagliata	temperatura locali	nei caseifici la temperatura non deve essere inferiore a 20 °C; eventualmente aumentare la temperatura di coagulazione
stracchino, crescenza, casatella	amaro	presenza di batteri psicrofili nel latte crudo [1]	analizzare frequentemente il latte ed eventualmente innalzare di 1-2 °C la temperatura di refrigerazione
		fermenti	sostituire i fermenti con altri meno proteolitici
		troppa pepsina nel caglio	utilizzare un caglio con minore contenuto di pepsina
caciotta vaccina, caciotta ovina	il formaggio cede, lo scalzo si abbassa considerevolmente	cagliata troppo umida [2]	utilizzare un caglio a maggior contenuto di chimosina; alzare la temperatura di coagulazione
		blanda acidificazione della cagliata	verificare l'acidità della miscela prima di cagliare
crosta lavata	spurgo irregolare della cagliata	cagliata troppo dolce o troppo asciutta	verificare l'acidità della miscela prima di cagliare; anticipare qualche minuto il taglio; eventualmente sostituire i fermenti
erborinati	amaro/forte acidità nel formaggio	troppa acidificazione del latte	verificare l'acidità della miscela prima di cagliare
		proteolisi spinta	utilizzare un caglio con minore contenuto di pepsina
	sviluppo ridotto o nullo di penicillium	cagliata poco acida	verificare l'acidità della miscela prima di cagliare

[1] Immagine 13, p. 260, Immagine 7, p. 257.
[2] Immagine 13, p. 260.

Tabella 11

PER LE PASTE SEMIDURE			
Formaggio	**Difetto cagliata/ formaggio**	**Probabile motivo**	**Soluzione**
formaggi a pasta semicotta	sfoglia nel formaggio	latte troppo acido	analizzare frequentemente il latte ed eventualmente abbassare di 1-2 °C la temperatura di refrigerazione
		miscela troppo acida	modificare l'innesto nella sua acidità, eventualmente diminuirne la quantità
	amaro nel formaggio	eccessiva proteolisi	utilizzare un caglio con minore contenuto di pepsina; sostituire i fermenti con altri meno proteolitici; spurgare meglio la pasta dopo il taglio della cagliata effettuando rivoltamenti regolari
		presenza eccessiva di enterococchi	enzimi proteolitici prodotti da ceppi batterici del tipo *Enterococcus*
	assenza di occhiature nel formaggio	eccessiva acidità	diminuire l'acidità dell'innesto o la quantità
	pasta del formaggio sabbiosa	scarsa acidità del latte e della cagliata	aumentare l'acidità della cagliata con l'innesto
	pasta spugnosa	eccesso di fermentazioni da coliformi*	aumentare la temperatura di refrigerazione del latte della mungitura refrigerata
formaggi ovini a pasta cruda	pasta del formaggio troppo asciutta	slattamento	tagliare la cagliata delicatamente
	pasta del formaggio troppo umida	spurgo irregolare della cagliata	troppa agitazione in caldaia; bassa temperatura, innalzare di qualche grado; blanda acidificazione post-estrazione
	spurgo irregolare della cagliata	cagliata troppo dura	diminuire la quantità di caglio e lavorare la pasta in caldaia con agitazione e/o breve riscaldamento

PER LE PASTE SEMIDURE			
Formaggio	**Difetto cagliata/ formaggio**	**Probabile motivo**	**Soluzione**
crosta lavata	spurgo irregolare della cagliata	cagliata troppo dolce o troppo asciutta	verificare l'acidità della miscela prima di cagliare; anticipare qualche minuto il taglio; eventualmente sostituire i fermenti
erborinati	amaro/forte acidità nel formaggio	troppa acidificazione del latte	verificare l'acidità della miscela prima di cagliare e della pasta sul banco spersore
		eccessiva proteolisi	utilizzare un caglio con minore contenuto di pepsina o muffe meno proteolitiche

* Immagine 2, p. 255.

Tabella 12

PER LE PASTE DURE			
Formaggio	**Difetto cagliata/ formaggio**	**Probabile motivo**	**Soluzione**
formaggi a pasta semicotta o cotta	cagliata troppo dura	tempo di coagulazione troppo rapido	diminuire la quantità di caglio e/o abbassare la temperatura di coagulazione
	grana del coagulo troppo morbida	rottura della cagliata troppo energica o latte ipoacido	titolare il latte e misurare il pH; agire con delicatezza nella rottura della cagliata
	sfoglia nel formaggio	latte troppo acido	analizzare frequentemente il latte ed eventualmente innalzare di 1-2 °C la temperatura di refrigerazione
		latte troppo grasso	diminuire la quantità di grasso del latte
		miscela troppo acida	modificare l'innesto nella sua acidità, eventualmente diminuirne la quantità
formaggi a pasta cotta	pasta del formaggio troppo asciutta	slattamento	se il formaggio è a pasta semigrassa aumentare la dose di grasso; tagliare la cagliata con attenzione; se si usa lo spino cercare di tagliare in verticale senza trascinamento della cagliata

PER LE PASTE DURE			
Formaggio	**Difetto cagliata/ formaggio**	**Probabile motivo**	**Soluzione**
formaggi a pasta cotta	polverizzazione	rottura troppo spinta del coagulo	rompere la cagliata a dimensioni maggiori
	gonfiore precoce	eccessiva temperatura del latte in affioramento	mantenere il latte per non più di 12 ore a temperature fra 10 e 16 °C
		presenza di batteri anticaseari gasogeni	mantenere gli attrezzi particolarmente puliti
		spurgo irregolare della cagliata	verificare gli innesti, la loro acidità ed eventualmente farli analizzare
	gonfiore tardivo	formazioni gasogene anomale da batteri butirrici	la scrematura per affioramento limita ma non risolve il problema; addizionare il latte con lisozima
		latte troppo grasso in caldaia, proveniente da scarsa scrematura (formaggi semigrassi); latte e ambienti a temperatura non idonea; scrematura insufficiente che determina debatterizzazione insufficiente	controllare la temperatura del latte e dell'ambiente in scrematura; utilizzare, per l'affioramento, latte con maggior contenuto di grasso

Tabella 13

PER LE PASTE FILATE			
Formaggio	**Difetto cagliata/ formaggio**	**Probabile motivo**	**Soluzione**
mozzarella	il formaggio ha pasta dura	acidificazione della pasta troppo lenta	modificare i fermenti, aumentare l'acidità del latte
	il formaggio ha pasta troppo morbida	acidificazione della pasta troppo rapida	modificare i fermenti, diminuire l'acidità del latte

PER LE PASTE FILATE			
Formaggio	Difetto cagliata/formaggio	Probabile motivo	Soluzione
scamorza, provolone, caciocavallo	il formaggio presenta sfogliature	cagliata troppo acida	diminuire l'inoculo di fermenti e velocizzare la lavorazione
	amaro	innesto troppo acido	diminuire acidità dell'innesto o la quantità e mantenere le attrezzature più pulite
	cattivi odori nel formaggio	spiccata proteolisi e lipolisi	diminuire quantità di pepsina e lipasi
provolone	gonfiore tardivo	formazioni gasogene anomale da batteri butirrici	aggiungere lisozima non prima di aver fatto analizzare il latte

La rottura della cagliata

La coagulazione è la prima fase in cui avviene una mutazione fisica del latte, infatti dallo stato liquido diventa solido, ovvero gel. Senza questa mutazione, causata dagli enzimi del caglio e spesso favorita dalla flora batterica, il formaggio non potrebbe essere fatto. Ma la cagliata di per sé ha un contenuto d'acqua elevatissimo, tanto che deve necessariamente avvenire un'altra fase tecnologica molto importante, il taglio o rottura.

Una delle più importanti componenti del formaggio, che ne determina la tipologia e la resa casearia, è l'acqua. In alcuni formaggi a pasta molle supera addirittura il 60% del peso del prodotto finito. La rottura della cagliata è la prima fase che consente all'acqua di fuoriuscire dal reticolo caseinico. Tutte le tipologie di formaggio sono assoggettate alla fase tecnologica del taglio della cagliata e alla conseguente sineresi che avviene sempre sia per ottenere risultati a pasta molle, da consumarsi dopo pochi giorni, che a pasta dura, da consumarsi dopo lunga stagionatura. Il casaro dovrà decidere, in funzione del contenuto d'acqua che il formaggio deve conservare, il tipo di taglio e la dimensione della grana da ottenere.

È bene sottolineare, parlando di sineresi o spurgo, che questa mutazione avviene sì per l'intervento del casaro tramite il taglio ma, nel caso di sosta prolungata, la cagliata spurgherà acqua in modo autonomo, senza cioè l'intervento meccanico (spurgo primario naturale). Il taglio può essere fatto con l'utilizzo di diversi strumenti come la lira, lo spino, la spada, in funzione sia delle dimensioni del grumo da ottenere sia del numero di tagli da effettuare.

La sineresi

La sineresi è la fase che determina la perdita di acqua dalla cagliata o dalla pasta del formaggio. Essa interessa quella parte di acqua intrappolata nel reticolo caseinico, ovvero nelle maglie (reticolo formato dalle fibrille) in cui è stato aggregato anche il grasso. Si parla di acqua libera, diversamente da quella legata chimicamente alle micelle di caseina che non può essere eliminata. Altre azioni meccaniche/chimiche come la cottura, la pressatura e la salatura (osmosi) permettono lo spurgo dell'acqua contenuta nei fasci formati dalle fibrille.

Dopo aver scelto il tipo di caglio, il casaro decide quale taglio effettuare affinché la pasta caseosa spurghi la quantità di acqua necessaria per predisporre il formaggio nella tipologia voluta, se a pasta molle, semidura o dura, ovvero quelle tipologie che identificano i formaggi in funzione del loro contenuto d'acqua.

Il concetto di sineresi si identifica specialmente per i formaggi a coagulazione presamica, e non per quanto riguarda la coagulazione lattica, a causa della sua consistenza determinata dalla sospensione delle micelle caseiniche. La cagliata lattica consente una fuoriuscita dell'acqua determinata esclusivamente dalla sua porosità.

La sineresi è influenzata da alcuni fattori: la temperatura della cagliata o della pasta e la conseguente azione batterica, l'umidità dell'ambiente e il tempo.

Tabella 14

SINERESI		
Spurgo primario	**Spurgo secondario**	**Spurgo terziario**
è influenzato dalla sineresi naturale e indotta (taglio)	è influenzato da: estrazione e travaso negli stampi	è influenzato dal sale
↓	↓	↓
durante la lavorazione i grumi caseosi sono in sospensione nel siero	stufatura/camera calda la massa caseosa (grumi e siero) è a riposo	agisce durante la salatura per osmosi

Lo **spurgo primario** avviene in caldaia anche se non si interviene meccanicamente sul coagulo, in quanto il reticolo caseinico contratto tende a spurgare rilasciando siero ai bordi del contenitore. Ne consegue che, dopo il taglio, lo spurgo aumenterà d'intensità e comunque continuerà anche dopo un eventuale secondo taglio o durante e dopo l'agitazione della massa.

La sineresi continua anche con la massa in sosta, l'azione microbiologica, l'acidificazione e il calore contribuiscono a far perdere acqua alla pasta ancora sotto il siero. In queste fasi il casaro dovrà tenere sotto controllo l'acidità con la titolazione del siero ed eventualmente con la misurazione del pH nella pasta. Dopo il taglio della cagliata è molto evidente lo spurgo della pasta caseosa, soprattutto se la stessa subisce un riscaldamento, sia esso per semicottura che per cottura.

Per spurgo primario si intende anche la fase che consente alla cagliata di assumere una certa consistenza, con eventualmente la formazione di un involucro, una pellicina, che avvolge il singolo grumo ottenuto. Per la maggior parte dei formaggi e nello specifico per le paste molli l'involucro del seme, per esempio di nocciola, ottenuto dal taglio deve essere capace di mantenere il giusto contenuto di acqua che servirà, in fase di maturazione del formaggio, ad "alimentare" i batteri lattici che produrranno acido lattico. Tutto ciò a vantaggio della corretta quantità di acqua nel formaggio, della corretta fermentazione e di conseguenza della maturazione, a volte molto precoce, dei formaggi. Questi risultati, che sono specifici delle fasi del taglio e della successiva agitazione (se ci si riferisce in particolare ai formaggi a pasta molle ad alto contenuto di acqua, come gli stracchini), consentono di evitare uno dei peggiori difetti che possano capitare, ovvero una rifermentazione in cella, con la conseguente ripresa della sineresi.

Lo **spurgo secondario** inizia la sua azione con l'estrazione della pasta dalla caldaia e con la messa negli stampi che dovranno consentire lo scolo tramite i fori. Qualora non si intervenga con la pressatura, che determina uno spurgo rapido e tramite la quale si dà la forma al formaggio, la sineresi continuerà la sua azione in stufatura, ovvero in quella situazione di sosta in cui la temperatura e la forte umidità agevoleranno l'acidificazione microbiologica. Questa fase è determinante, qualora debba essere effettuata, in quanto lo spurgo secondario è fortemente influenzato dalle fermentazioni in atto. È necessario quindi operare nel modo più corretto possibile tenendo sotto osservazione la curva acidimetrica che deve essere in stretta connessione con il gocciolamento delle forme di formaggio. In poche parole, lo spurgo secondario deve terminare al raggiungimento dell'acidità voluta dal casaro.

Lo **spurgo terziario** avviene per osmosi, durante la salatura del formaggio. L'osmosi agisce sia che il formaggio venga salato a secco che in salamoia. Sembra quasi impossibile eppure anche in salamoia il formaggio perde siero che, disperso nella soluzione, influisce sull'acidità della salamoia stessa.

Il casaro deve confidare molto nella sineresi in tutte e tre le fasi, in particolare in quella primaria, che può tenere sotto stretto controllo, visivo e tattile. Infatti la grana ottenuta dal taglio, a causa delle azioni meccaniche di agitazione o di riscaldamento, diminuisce sempre più la sua dimensione e al tatto si presenta sempre più asciutta e meno dedita a rilasciare acqua.

Per quanto riguarda la cagliata rotta alle dimensioni di nocciola, noce o superiore, è bene tenere sotto controllo la superficie esterna del grumo, che dovrà assumere la consistenza di una pelle sottile. La conclusa formazione della pelle, che può essere riconosciuta anche da una misurazione acidimetrica, determina la fase finale dello spurgo in caldaia.

La fase secondaria, con le azioni meccaniche che si andranno a eseguire, consentirà il maggior flusso in uscita del siero. I contenitori in cui si metterà la pasta dovranno essere forati sia ai bordi che sul fondo oppure, se si utilizzeranno fascere, dovrà essere indispensabile rivestire la pasta con teli.

I fattori più importanti nella fase secondaria sono l'azione meccanica dei rivoltamenti delle forme e l'acidificazione determinata dai batteri che permette l'innalzamento del pH e la conseguente sineresi. Una buona tecnica di controllo dell'acidità porterà il casaro a ottenere ottimi risultati.

Tabella 15

SCELTE O AZIONI TECNOLOGICHE CHE INFLUENZANO LA SINERESI		
Sineresi	**Scelta/azione**	**Risultato**
migliorare lo spurgo della cagliata	pastorizzazione del latte	pasta del formaggio più dura e meno acida
	acidificare maggiormente il latte anche con prematurazione	pasta del formaggio più acida, più dura con possibili sfoglie*
	tagliare la cagliata in dimensioni più piccole	pasta del formaggio più asciutta
	innalzare la temperatura di cottura	pasta del formaggio più dura e meno acida
migliorare lo spurgo della cagliata in caldaia e sul banco	mantenere costante la temperatura in caldaia evitando abbassamenti repentini	pasta del formaggio più dolce
limitare lo spurgo della cagliata	diminuire la quantità d'innesto di fermenti	pasta del formaggio più morbida e meno acida; attenzione a non ridurre troppo l'acidificazione
	tagliare la cagliata in dimensioni più grandi	pasta del formaggio più morbida e umida ma soggetta a difetti come il sapore amaro
	estrarre la pasta dalla caldaia per evitare la sosta sotto siero	pasta del formaggio più morbida, faciliterà la formazione della crosta

* Immagine 4, p. 256, Immagine 5, p. 256.

La sineresi è quindi influenzata da molte azioni che vengono effettuate dal casaro per migliorare lo spurgo o per trattenere acqua. Sono quasi sempre azioni meccaniche o microbiologiche che riguardano la rottura e l'acidificazione del latte. Per i formaggi a pasta semidura e dura, comprese alcune paste filate, è indispensabile la forzatura dello spurgo tramite riscaldamento della massa.

Il riscaldamento della massa e la conseguente agitazione della pasta, quasi sempre ridotta a chicco di riso, consente uno spurgo intenso che permette al granulo di diminuire anche la sua dimensione, fino ad asciugare notevolmente. Se la pasta del formaggio viene estratta subito dopo il termine della cottura è necessario provvedere alla pressatura, sia per formare il formaggio che per determinare un'ulteriore azione di spurgo. Qualora la cagliata cotta venga invece lasciata a sostare sotto il siero per un tempo adeguato, avverrà una compattazione della pasta che potrà essere estratta previo porzionamento.

Queste sono alcune delle azioni che determinano non solo la giusta quantità di acqua nel formaggio ma anche la resa casearia, tanto variabile proprio in funzione dello spurgo che il casaro intende fare.

Il taglio della cagliata

Dopo aver trattato la sineresi diventa più semplice parlare del taglio della cagliata, azione che permette di classificare il formaggio per il suo contenuto d'acqua. Il taglio si effettua con diversi strumenti in dotazione al caseificio, che possono essere prescelti in base alla tradizione o al tipo di formaggio che si deve fare. In Italia, Paese in cui i formaggi tradizionali sono oltre 500, esistono tecniche antiche per tagliare la cagliata che prevedono l'utilizzo di attrezzi di legno spesso ricavati da rami di varie essenze, ai quali vengono parzialmente mozzati i rametti laterali. Una sorta di spino naturale che viene manovrato con moto rotatorio, a volte molto energicamente, all'interno della caldaia. Ma oggi anche per i formaggi tradizionali vengono usati attrezzi di acciaio inossidabile che permettono facilità, precisione di taglio e igiene.

L'igiene comunque non è escludibile nell'uso di attrezzi di legno che, proprio perché di legno, possono conservare la flora batterica autoctona che spesso è importante per la tipicità del formaggio.

Nella sottostante tabella vengono indicati gli attrezzi utilizzabili per il taglio della cagliata in funzione del tipo di formaggio.

Tabella 16

ATTREZZI DI TAGLIO E LORO UTILIZZO			
Attrezzo	**Utilizzo**	**Dimensione di rottura consigliata**	**Formaggio**
piatto (inox o alluminio)	rivoltamento superficiale della cagliata per uniformare la temperatura	grossi blocchi in funzione della dimensione del piatto	formaggi a pasta semidura
spino di acciaio (frangicagliata dimensionato per diverse lavorazioni)	movimentazione in senso verticale rispettando la linea di taglio delle lamelle	da nocciola a chicco di miglio	formaggi a pasta semidura e dura, pasta filata
lira o chitarra di diverse dimensioni	movimentazione orizzontale incrociata	da mandarino a chicco di mais	formaggi a pasta molle e semidura, pasta filata

Il casaro osservando la cagliata, toccandola con un dito o con la mano o magari ponendo lo spino di legno diritto al centro della caldaia, determina il momento corretto per incominciare il taglio. È un momento importante, difficile da insegnare, soprattutto con la scrittura, perché è determinato soggettivamente dal casaro. Certamente ci sono regole da seguire ma è l'esperienza in caseificio che permette al casaro di capire se la cagliata ha raggiunto la giusta consistenza.

Il taglio, che si può definire anche rottura se gli attrezzi utilizzati non hanno parti taglienti, come lo spino di legno, ha una sua logica, ovvero ricavare parti di dimensioni prestabilite in rapporto al contenuto d'acqua che deve rimanere all'interno del coagulo. Per formaggi a pasta molle il taglio sarà effettuato per ricavare grumi grossi, anche delle dimensioni di un mandarino, mentre per le paste dure la dimensione può arrivare anche a quella di chicco di miglio. La scelta delle attrezzature di taglio va ponderata in funzione del formaggio che si va a fare, così come il numero dei tagli.

Per le cagliate deputate per formaggi a pasta semidura è preferibile fare due tagli, così come per le paste molli, anche se a volte ne è auspicabile un terzo. Per le paste dure, a seconda del tipo di formaggio, si può optare per un unico taglio o al massimo due.

La funzione dei diversi tagli è importante: con il primo si va a condizionare la velocità di sineresi della cagliata, ovvero se ne consente un lento spurgo e si innescano le condizioni affinché si rafforzi il reticolo caseinico (attenzione a che la cagliata da latte ovino e bufalino non rafforzi troppo, se ne impedirebbe la successiva lavorazione). Quindi un primo taglio anche grossolano va a migliorare le condizioni della cagliata e la predispone per il successivo.

Per fare un buon taglio si deve sempre incominciare con delicatezza, per non smembrare il reticolo caseinico e avviare uno spurgo primario troppo spinto o addirittura determinare slattamento.

Se il taglio è unico, dopo un inizio lento, delicato, si può procedere con manovre più decise ma mai violente. Se invece si deve provvedere a due o più tagli, si dovranno fare con manualità sicura, mai incerta, per ricavare grumi di dimensioni omogenee.

Infatti i grumi ottenuti dal taglio della cagliata dovranno essere tutti della stessa dimensione, a parte alcuni casi di paste molli, per non determinare nella pasta del formaggio parti con più o meno contenuto d'acqua.

Gli attrezzi per il taglio

Lo **spino di legno**, solitamente utilizzato dai pastori e dai malgari, è un attrezzo che non possiede lame taglienti in quanto la sua superficie è arrotondata. Va utilizzato mantenendolo verticale all'interno della caldaia con movimentazione rotatoria non troppo rapida. Molto spesso le cagliate, la cui rottura è eseguita con questo attrezzo artigianale, subiscono slattamento a causa della forte agitazione che smembra il coagulo. Non sempre però una tecnica corretta corrisponde a una tecnica tradizionale.

Per alcuni formaggi tradizionali, anche DOP, è previsto dal Disciplinare l'utilizzo dello spino di legno e anche il suo metodo d'utilizzo. La pasta di questi formaggi risulterà piuttosto asciutta, come se il latte avesse subìto una parziale scrematura. Nelle cagliate vaccine l'azione di questo strumento determina spesso una forte perdita di acqua mentre lo slattamento è tipico del latte ovino. Lo spino di legno, se utilizzato in modo continuativo, mantiene la flora batterica del latte originario, il che può essere un fattore positivo ma, essendo appunto di legno, ha difficoltà a essere igienizzato. Non è consigliabile utilizzarlo saltuariamente, perché l'assorbimento del legno, e quindi l'umidità residua, determina la crescita di muffe.

Lo **spino di acciaio** è probabilmente l'attrezzo di taglio più utilizzato ma ha dei limiti perché, a causa delle lamelle taglienti piuttosto ravvicinate, è adatto solo per tagli di piccole dimensioni. Se si intende tagliare la cagliata alle dimensioni di nocciola o noce, diventa complicato uniformare il dimensionamento dei grumi. È un attrezzo indispensabile quando si deve tagliare alle dimensioni di chicco di mais o di riso, o inferiori, perché il suo taglio è eccellente e permette anche un'azione rapida. Si manovra facilmente, delicatamente all'inizio del taglio e poi con maggiore energia e rapidità. Con lo spino di acciaio il rischio di slattamento è molto basso.
Per un buon taglio è bene azionare lo spino in senso verticale in modo che le lamelle incidano la cagliata e non la trascinino. Il movimento di trascinamento laterale, ovvero nel senso perpendicolare al senso di taglio, smembra il granulo tanto da influire sullo spurgo, che diventa irregolare, soprattutto nella prima fase, quando i grumi sono ancora di grandi dimensioni.
Il taglio con lo spino dev'essere effettuato in modo da impiegare poco tempo per impedire ai piccoli grumi di perdere la capacità di spurgo a causa della formazione di una membrana che impedirebbe un'ulteriore rottura. Estrarre lo spino dalla cagliata con attaccati tanti grumi, anche piccoli, significa che il taglio ha perso la sua funzione, i piccoli semi non possono più essere tagliati.

La **lira** (o **chitarra**) è un attrezzo antico e veniva costruito in legno con fili di ferro o di rame. Storicamente la lira era usata per ogni tipo di taglio, stava all'abilità del casaro ottenere grumi di ogni dimensione. Oggi la lira è di acciaio inossidabile e può essere uno strumento manuale o meccanico, ovvero applicato a macchine o agitatori che effettuano il taglio della cagliata in modo automatico. Solitamente è formata da un'asta centrale che serve anche da supporto e da fili sempre di acciaio che tagliano la cagliata. I fili sono disposti parallelamente all'asta e distanziati alcuni centimetri in funzione delle dimensioni del taglio da effettuare.
Una variante alla lira è quella del tipo a fili incrociati, molto utili per effettuare tagli sia in senso verticale che orizzontale. La lira è utilizzabile per ogni tipo di taglio ma la sua funzione specifica è per dimensionare grumi di grandi o medie dimensioni, dal mandarino alla nocciola. È indispensabile utilizzarla per tagliare cagliate idonee ai formaggi a pasta molle o a pasta semidura, raramente per formaggi la cui pasta dev'essere poi semicotta o cotta. Anche per questo tipo di taglio è bene provvedere con delicatezza iniziale e poi con maggiore energia e rapidità per ovviare al problema dell'indurimento dei grumi che non potrebbero essere più tagliati. Il movimento corretto consiste nel trascinare la lira tenendola il più possibile in verticale, almeno fino a quando la massa non è già ridotta, poi il movimento deve seguire l'andamento della rottura con la ricerca dei grumi che devono ancora essere dimensionati.

Tabella 17

DIMENSIONAMENTO DEL TAGLIO DELLA CAGLIATA		
Formaggio	**Attrezzo**	**Dimensione taglio**
stracchino, squacquerone, casatella, crescenza, paste molli con contenuto di acqua > 50%	lira	da nocciola a noce grossa
caciotta vaccina e ovina, formaggi a pasta molle e a crosta lavata e fiorita con contenuto di acqua compreso tra 45 e 50%	lira	nocciola
formaggi a pasta semidura, semicotta con contenuto di acqua compreso fra 35 e 45%	lira o spino	da nocciola a chicco di riso
formaggi a pasta semidura e dura, cotta con contenuto di acqua < 35%	spino	da chicco di riso a chicco di miglio
formaggi a pasta filata con contenuto d'acqua < 54% (mozzarella)	lira	noce
formaggi a pasta filata con contenuto d'acqua > 54% (provolone, caciocavallo)	spino o lira	chicco di grano, di riso

Il taglio della cagliata non dev'essere considerato esclusivamente come fase a sé, esso segue l'innesto dei fermenti e la coagulazione, che devono risultare propedeutici al taglio. Ogni fase tecnologica ha la necessità di essere progettata per risultare idonea a quella successiva e, nel caso del taglio, la cagliata deve risultare di consistenza tale da permettere una sineresi corretta. Le caratteristiche della cagliata e del taglio consentiranno al casaro di provvedere all'eventuale cottura.

Un taglio non idoneo determinerà un grave errore tecnologico che porterà a ottenere formaggi diversi da quelli programmati.

Trattamenti termici della cagliata

Dopo il taglio della cagliata avvengono fasi decisive che consentono sineresi indotta più o meno spinta. La cagliata dopo la rottura ha perso la sua originaria consistenza, ora il gel si trasforma in una massa composta dal siero e da un insieme di grumi di dimensioni piuttosto omogenee che tendono a conservare o rilasciare l'acqua in essi contenuta. La natura fisica dei grumi determina nel futuro formaggio la sua tipologia e di conseguenza la tessitura della pasta. La pasta caseosa che mantiene maggiore quantità d'acqua determinerà formaggi a pasta molle o, inversamente, a pasta dura, così come si evince dalla Tabella 16, che indica quali dimensioni il casaro deve ricavare dal taglio in funzione del tipo di formaggio che vuole ottenere.

Dopo la rottura la cagliata inizierà a spurgare in modo consistente l'acqua in essa contenuta. Lo spurgo in questa fase è facilitato dal fatto che il granulo è libero, non ha protezione esterna, e la maglia caseinica ha acidità bassa. Il tempo di sosta tra un taglio e l'altro o anche solo dopo l'unico taglio effettuato, l'agitazione della massa e l'eventuale riscaldamento determinano aumento di acidità che influisce fortemente sullo spurgo. Il casaro, anche se non è dotato di pHmetro o acidimetro, verificherà con prove tattili la consistenza della pasta fino a quando avrà raggiunto quella voluta. Il grumo, sia esso di grandi o piccole dimensioni, deve assumere una particolarità, quella di espellere acqua fino a quando non interviene un fattore fisico ovvero la formazione di una sottilissima pellicina che lo protegge. Questa pellicina (membrana) la si nota maggiormente nelle coagulazioni per i formaggi a pasta molle, dove il grumo è grande e lo si può rompere per verificare la sua consistenza.

Ora andremo ad analizzare le fasi che possono indurre la pasta a spurgare nel modo corretto e indicizzato, la pasta cruda, semicotta e cotta. Quando si parla di pasta e dei suoi trattamenti termici ci si riferisce sempre a fasi tecnologiche e mai alla pasta del formaggio, anche se queste fasi saranno parte della classificazione dei formaggi[1].

Pasta cruda

Prima fra le classi dei formaggi, in riferimento ai trattamenti termici della cagliata, è la pasta cruda. La pasta dopo il taglio della cagliata non subisce alcun trattamento termico. Al termine della fase di taglio il casaro provvede, se lo reputa necessario, a implementare lo spurgo della pasta optando per l'agitazione della massa ma mantenendola alla temperatura iniziale di coagulazione.

L'agitazione che può avvenire fra un taglio e l'altro della cagliata, ma soprattutto dopo l'ultimo, consente di impedire l'unione dei granuli e mantenere omogenea la temperatura della massa per favorire la sineresi indotta del siero dal singolo granulo.

Solitamente il mantenimento della temperatura iniziale dopo il taglio è una tecnica in caseificazione che si utilizza per i formaggi a pasta molle, per conservare nella pasta una forte quantità di acqua, ma esistono anche casi di formaggi a pasta cruda e a pasta dura, come il Fiore Sardo DOP. La scelta di non riscaldare la massa per le paste molli si fa anche perché questi formaggi, o la maggior parte di essi, vengono coagulati a temperatura termofila piuttosto alta, 38-40 °C. In ogni caso il casaro, verificata la consistenza della pasta, può decidere di forzare lo spurgo con un leggero riscaldamento, al massimo fino a 40 °C, temperatura che permette al formaggio di rientrare nella classe dei formaggi a pasta cruda. Lavorazioni a pasta cruda sono tipiche dei formaggi pecorini, solitamente fatti dalle piccole o piccolissime aziende che allevano in proprio gli animali. In questi casi la trasformazione del latte avviene a temperature mesofile, spesso neppure riscaldandolo e, in seguito alla rottura, la cagliata viene lasciata cadere sul fondo della caldaia dove rimane per il tempo necessario affinché si rapprenda e il casaro possa raccoglierla a blocchi, magari precedendo tale raccolta con la pressatura sotto siero. In questo caso le fermentazioni avverranno in tempi molto lunghi, soprattutto se non sono stati utilizzati fermenti naturali o starter. A volte trascorrono giorni, a discapito di un mantenimento dell'acqua che può causare anche post-acidificazione.

---

[1] Vedi capitolo 1, *La tipologia e la classificazione del formaggio.*

Pasta semicotta

Qualora si debba forzare lo spurgo della cagliata si provvederà a riscaldare la massa fino a un massimo di 46 °C. Questa tipologia di spurgo forzato viene effettuata dopo aver tagliato la cagliata a dimensioni non superiori alla nocciola perché, se superiori, avverrebbe un indebolimento della superficie esterna del grano e un successivo spurgo anomalo. La semicottura viene effettuata solitamente per formaggi a pasta semidura che dovrà risultare piuttosto elastica e non troppo asciutta. Questa fase determina nella pasta una notevole diminuzione della dimensione dei grumi, modificazione che il casaro dovrà tenere in grande considerazione, soprattutto quando effettua il taglio della cagliata.

A volte la semicottura a fuoco o a vapore è sostituita dal riscaldamento tramite immissione di acqua calda in caldaia. Questa operazione, detta "lavaggio della cagliata", viene effettuata anche per disacidificare la cagliata o per rallentare il processo di acidificazione. Spesso per disacidificare in modo considerevole avviene l'immissione di acqua calda successivamente allo svuotamento parziale del siero. Al termine del riscaldamento il casaro dovrà verificare la consistenza della pasta e, se lo ritiene necessario, continuare l'agitazione fuori fuoco.

Pasta cotta

La cottura della cagliata è la fase più rappresentativa dei formaggi a pasta dura. Quando si deve spurgare in modo intenso la pasta, si provvede a riscaldarla a temperature superiori ai 46 °C. La cagliata dovrà essere predisposta a questa tecnologia così come il taglio che determinerà grumi di piccole o piccolissime dimensioni, a chicco di riso, di grano o di miglio. La cottura può raggiungere anche temperature molto elevate, 54-56 °C nei casi si debbano portare a lunga stagionatura i formaggi oppure per alcuni casi di pasta filata dura. A queste alte temperature viene impedita la sopravvivenza di alcuni batteri patogeni come *Escherichia coli*, *Salmonella spp*, *Staphilococcus aureus* e *Listeria monocytogenes*, come avviene per certi formaggi come il Parmigiano Reggiano e il Grana Padano, anche in funzione dell'incremento dell'acidità determinata dall'inoculo nel latte di sieroinnesto termofilo.

La pasta in cottura, spesso anche a causa di un passaggio repentino dalla temperatura di coagulazione a quella finale, tende ad asciugare molto, tanto che può diventare problematica l'estrazione della pasta stessa se non è ben coesa. Durante questa fase il casaro deve continuamente saggiare la pasta e fare in modo che, al momento dell'estrazione, vi sia ancora la capacità da parte dei grumi di amalgamarsi (foto n. 1 p. 341). Si tenga conto anche del fatto che, successivamente all'estrazione, la pasta perderà comunque ancora acqua, anche se in minor quantità rispetto a quella di formaggi a pasta semicotta.

Gli effetti della cottura della cagliata, soprattutto della sineresi, avvengono anche in funzione del tempo di durata del riscaldamento. Per alcuni formaggi è necessario che la cottura avvenga in brevissimo tempo, come per il Parmigiano Reggiano e il Grana Padano ma anche per il Monte Veronese. Per altri formaggi come il Montasio, dove la sineresi deve avvenire più lentamente, i tempi di riscaldamento possono essere calcolati in progressione di 1 °C ogni 2 minuti o anche più. In alcune paste filate, come alcuni caciocavalli, la cottura avviene tramite l'immissione di acqua molto calda (70-85 °C) o di siero o scotta riscaldati, fino all'ottenimento dell'incremento voluto della massa in caldaia.

Il riscaldamento della massa tramite l'aggiunta di acqua calda determina, in alcuni casi, un vero e proprio lavaggio della cagliata (pasta lavata) e comporta una sorta di demineralizzazione con perdita dei sali e del lattosio. Sempre in relazione ai formaggi a pasta filata da stagionare a lungo, come alcuni caciocavalli o provoloni, avviene una sorta di scottatura del formaggio già formato. Il formaggio viene legato a una corda e calato nella scotta che, come si sa, è a temperature ben superiori agli 80 °C. Tale fase consente un'ulteriore spurgo dalla pasta del formaggio e un rafforzamento della parte superficiale, che diventerà poi la crosta del formaggio. Nella tabella che segue sono indicate le diverse opzioni che portano il casaro a ottenere la pasta caseosa progettata.

Tabella 18

SIMILITUDINE TRA PASTA DEL FORMAGGIO E RISCALDAMENTO IN CALDAIA				
Tipologia formaggio	Classificazione per temp. di lavorazione	Temperatura di spurgo in caldaia	Fase successiva	Risultato nel formaggio
pasta molle	pasta cruda	temperatura di coagulazione massimo 40 °C	sosta e agitazione o solo sosta o solo agitazione fino al pH desiderato	pasta molto umida o umida, solitamente poco elastica o elastica ricoperta da pellicina
pasta semidura	pasta semicotta	riscaldamento con agitazione minimo 42 massimo 46 °C	agitazione e/o agitazione fuori fuoco oppure sosta anche prolungata	pasta elastica mediamente umida
pasta dura	pasta cotta	riscaldamento minimo 46 °C	agitazione durante il riscaldamento e/o fuori fuoco, sosta per deposito della massa	pasta dura, anche friabile con la stagionatura

Il casaro, ogni qualvolta termina la fase di spurgo tramite l'agitazione e/o il riscaldamento della cagliata, deve verificare con prove tattili la consistenza dei grumi. Non può avvenire l'estrazione della pasta se la sua consistenza non ha raggiunto l'ottimale. Sarà con l'esperienza che il casaro deciderà di allungare il tempo di agitazione, che spesso viene effettuata fuori fuoco, o terminare proprio nel momento in cui si è raggiunta la temperatura di cottura voluta. Toccare spesso la pasta in agitazione o in riscaldamento permette al casaro di non commettere errori, ovvero di non estrarre la pasta né troppo presto né troppo tardi.

Difetti causati dal taglio e dal riscaldamento della cagliata

Dall'azione del taglio si evince che il casaro può commettere errori, a volte grossolani, che porteranno conseguenze negative, ovvero difetti, al formaggio. Inoltre, anche nello svolgimento dei trattamenti termici sussiste la possibilità di commettere azioni che si rifletteranno sullo spurgo della cagliata e sulla consistenza della pasta del formaggio. Il taglio e il successivo riscaldamento sono due fasi di estrema importanza che devono essere trattate in assoluta sinergia, un errore della prima fase compromette la buona riuscita della seconda.

Tabella 19

AZIONI TECNOLOGICHE E LORO CONSEGUENZE		
Tipologia formaggio	**Azione**	**Effetto**
pasta cruda, pasta molle	taglio con troppa agitazione	slattamento, perdita di grasso soprattutto se si utilizza latte di pecora
		dimensionamento non uniforme e danneggiamento dei granuli
	taglio troppo lento	peggiora lo spurgo della cagliata
	taglio di cagliata troppo tenera	danneggiamento dei granuli e slattamento
	taglio di cagliata troppo dura	cattivo spurgo della cagliata, danno irreversibile
	taglio in cagliata da latte ovino	attenzione allo slattamento
pasta semidura, pasta semicotta o cotta	doppio taglio della cagliata	dimensionamento non uniforme ma evita slattamento
		spurgo irregolare causato dalla diversa dimensione dei grumoli
	taglio in cagliata troppo morbida	possibile slattamento, probabili difetti sulla crosta del formaggio, formazione di occhiatura irregolare
	taglio in cagliata troppo dura	spurgo irregolare, la pasta del formaggio diventa gommosa
	taglio in cagliata da latte ovino	attenzione allo slattamento
	riscaldamento troppo blando	maggiore ritenzione dell'acqua nella pasta, pasta del formaggio troppo umida, possibile amaro
	riscaldamento troppo spinto	spurgo eccessivo, pasta del formaggio più asciutta

L'estrazione e la formatura

11

Estrazione

Dopo la rottura della cagliata e l'eventuale cottura la pasta deve assumere caratteristiche tali da poter essere estratta dalla caldaia. Il casaro verifica la tessitura dei grumi o della pasta, dal punto di vista sia della consistenza che dell'umidità in relazione al formaggio che deve ottenere. La scelta del momento giusto per l'estrazione determina il corretto proseguimento delle fasi successive. Un'estrazione troppo anticipata o altresì posticipata può compromettere il risultato finale.

L'estrazione della pasta viene effettuata con lo scopo principale di porre fine alle fasi tecnologiche primarie e dare inizio alla vera e propria vita del formaggio. Successivamente al momento dell'estrazione avverranno mutazioni chimiche e fisiche importantissime e ogni passaggio sarà determinante per concedere al formaggio le sue caratteristiche organolettiche. Materialmente l'estrazione è un'operazione delicata e va effettuata con le dovute cautele per non danneggiare la pasta, soprattutto se i grumi sono di grandi dimensioni. Se si utilizzano polivalenti con scarico dal basso è bene che il casaro provveda a considerare di ottenere grumi, soprattutto per le paste molli, la cui consistenza non possa essere danneggiata dalla caduta sul tavolo o nelle fuscelle.

Dopo l'estrazione inizia una fase di azione microbiologica decisiva per la futura maturazione del formaggio.

L'estrazione della pasta può avvenire in modi molto diversi, in funzione del formaggio che si deve ottenere ma anche per le attrezzature che sono a disposizione del caseificio e, per ultimo, per le tecniche utilizzate. Qualunque sia il modo di estrazione, lo scopo che ne consegue è quello di dare forma al formaggio, sia che la pasta venga posta in fuscelle che in fascere. Altri modi, che non sono certo secondari, mirano a determinare le condizioni microbiologiche atte a innescare un corretto spurgo della pasta sia in stufatura che in pressatura, dove la sineresi è forzata.

Con l'estrazione la pasta viene posta in contenitori idonei per ogni tipo di formaggio, dentro i quali avverrà inizialmente uno spurgo indotto. Vediamo nella Tabella 1 alcune modalità per l'estrazione.

Tabella 1

TIPO DI ESTRAZIONE E FORMATURA			
Formaggio	Estrazione	Formatura	Eventuali azioni successive (non obbligatorie)
pasta molle	manuale con secchi, per caduta da polivalente	fuscelle, canestri in giunco	stufatura, è facoltativa una leggera pressatura manuale
pasta semidura	manuale con teli, per caduta da polivalente	fuscelle, fascere	nessuna pressatura o pressatura, stufatura facoltativa
pasta dura	manuale con teli, per caduta da polivalente	fascere	pressatura (facoltativa)
pasta filata	sì se avviene su tavolo spersore	a blocchi	acidificazione lattica per successiva filatura

L'estrazione è un'azione strettamente legata alla fase successiva, dalla quale si intendono ottenere quelle mutazioni che porteranno poi il formaggio alla maturazione. Le fasi propedeutiche alla maturazione sono la stufatura, la pressatura e alcuni passaggi in camera calda o fredda.

Estrazione formaggio a pasta molle
per caduta da caldaia a culla

Estrazione manuale formaggio
a pasta cotta

Stufatura

È corretto pensare che la parola "stufatura" sia sinonimo di stufa e faccia riferimento al calore. In effetti questa fase di relativa sosta della pasta caseosa viene effettuata in condizioni particolari di temperatura e umidità. Stufare significa quindi scaldare o tenere al caldo. La stufatura avviene dopo l'estrazione della pasta dalla caldaia, in particolare per i formaggi a pasta molle, ed è utilizzata per consentire uno spurgo regolare e spesso lento.

L'acidificazione, che avviene in seguito all'estrazione dalla caldaia, più accentuata nel caso delle paste molli in fase di stufatura, consente una diminuzione dell'idratazione delle caseine che, demineralizzate, aumentano la permeabilità della cagliata incrementando la fuoriuscita del siero.

Nei caseifici più attrezzati, in particolare nelle grandi strutture, la stufatura avviene in locali appositamente predisposti, dove umidità e temperatura sono sempre sotto costante controllo. Nei caseifici di media o piccola struttura può invece avvenire su tavoli spersori studiati anche per la stufatura, in quanto possono accumulare il siero di spurgo che consente di mantenere in modo piuttosto regolare il caldo e l'umidità. I piccoli caseifici e i pastori utilizzano un semplice tavolo, di legno o di acciaio, e mantengono temperatura e umidità semplicemente ricoprendo le forme con teli di nylon alimentare. Ogni metodo utilizzato raggiunge comunque lo stesso scopo.

Le forme sono messe in stufatura dentro le fuscelle o le fascere in cui la pasta è stata posta, alla temperatura ideale che varia fra i 24 e i 28 °C e umidità relativa superiore al 90%. In queste condizioni si attiva l'acidificazione lattica determinata dai batteri presenti nella pasta, i quali amano non solo il caldo ma anche la forte umidità ambientale. L'acidificazione in stufatura è determinante sia per lo spurgo della pasta che per la formazione delle occhiature che, molto spesso, si aprono proprio in questa fase.

La temperatura di stufatura, sia essa in ambito termofilo che mesofilo, durante la formatura del formaggio ha forte influenza sull'abbassamento del pH, infatti maggiore è la temperatura e più rapidamente avviene. È però necessario trovare un giusto compromesso per raggiungere l'acidità voluta nel tempo necessario previsto per il tipo di formaggio che si va a produrre. Il rischio è che la temperatura esterna del formaggio si raffreddi troppo rapidamente rispetto a quella interna, oggetto solitamente del controllo con la sonda. È bene allora, per regolarsi anche nelle trasformazioni successive, tenere sotto controllo le due temperature, esterna e interna, e le relative misurazioni del pH.

Per quanto riguarda i formaggi a latte crudo, la cui trasformazione non prevede l'innesto di fermenti, la fase di stufatura è alquanto pericolosa perché non si è a conoscenza di quali microrganismi originano le fermentazioni. Altresì, un raffreddamento rapido di questi formaggi, per i quali non è stato utilizzato alcun innesto starter o naturale, può determinare il blocco delle fermentazioni lattiche, causando l'azione predominante di batteri anticaseari.

I batteri lattici omofermentanti lavorano assiduamente per trasformare il lattosio in acido lattico e contrastare, con la forte acidità prodotta, l'azione dei batteri anticaseari spesso eterofermentanti. Ogni specie lattica possiede una diversa velocità a duplicarsi e ad acidificare, soprattutto nella fase di stufatura (lo *Streptococcus Thermophilus* è il più rapido). In questa importante fase avviene il completamento della produzione di acido lattico dal lattosio.

Alcuni fermenti starter, come per esempio gli steptococchi termofili, non sono in grado di utilizzare il galattosio, per cui è necessaria la maturazione del formaggio per completare l'azione metabolica degli zuccheri. Al contrario i lattococchi e lattobacilli, come il *Lactococcus helveticus*, sono in grado di metabolizzare il galattosio, che non permane quindi nel formaggio.

Molti difetti dei formaggi nascono in stufatura quando non ci sono condizioni sufficienti a contrastare l'azione dei batteri anticaseari. Di conseguenza, se l'acidificazione della pasta in stufatura viene determinata da batteri anticaseari, oltre a formarsi occhiature indesiderate anche lo spurgo avverrà in modo irregolare. Una stufatura non corretta e un'acidificazione da batteri anticaseari portano a ottenere una pasta che trattiene troppa acqua, con conseguenze negative sul formaggio che spesso diventa amaro.

Durante la stufatura le forme devono essere rivoltate più volte per consentire uno spurgo regolare da ambo le facce ma anche perché la pasta del formaggio possa chiudersi correttamente evitando aperture meccaniche o alveoli che possano trattenere acqua. Una buona stufatura, insieme ai necessari rivoltamenti, condiziona il formarsi della superficie esterna della forma, che deve chiudersi e assumere elasticità. La stufatura, seguita da una buona salatura, pone le condizioni indispensabili per la formazione della futura crosta che, se ben riuscita, limita uno dei difetti più comuni nei formaggi, la formazione dell'unghia (Immagine 15, p. 261).

La stufatura, come si è detto, è composta da una fase di sosta e da alcuni rivoltamenti, che sono spesso il frutto dall'esperienza del casaro. Ma la domanda più frequente è: come regolarsi per i rivoltamenti? Come capire che la stufatura sta procedendo in modo corretto? Come decidere il termine della stufatura?

A queste domande si possono dare molte risposte, in seguito saranno trattate proprio queste problematiche. Nella realtà ogni formaggio ha bisogno di trattamenti diversi ai quali il casaro deve, con pazienza, attenersi. Ma è anche possibile schematizzare ciò che accade in stufatura e, con un pizzico di logica legata alle condizioni microbiologiche che si vengono a creare, capire l'evoluzione acidimetrica, ed eventualmente la curva dell'acidità.

Rivoltamenti delle forme

La pasta del formaggio, una volta estratta dalla caldaia e posta nelle fuscelle, si presenta sotto forma di agglomerato di grumi, di dimensioni e forma più o meno regolari, che depositandosi nel contenitore tendono a unirsi. Più grandi sono le dimensioni dei grumi maggiore è la capacità di unirsi fra loro. In stufatura vengono poste soprattutto le forme di formaggi a pasta molle la cui rottura della cagliata avviene alle dimensioni di noce o nocciola. Questa particolare dimensione del taglio consente al casaro di capire piuttosto correttamente il momento dell'estrazione dalla caldaia, con la verifica della corretta formazione della pellicina attorno al grumo e la giusta acidità, fattori che consentono successivamente alla pasta in stufatura di procedere a un giusto spurgo. Ma anche l'azione meccanica che il casaro esercita in stufatura è determinante.

Appena estratta, la pasta posta nelle fuscelle conserva un alto contenuto d'acqua che sgronda copiosamente dalla forma. Questo primo effetto si ha anche mentre si estrae la pasta ed è ben visibile dall'evidente e rapido calo di volume della pasta stessa. Al termine dell'estrazione, ovvero quando le forme sono ben definite e le fuscelle piene, è necessario provvedere al primo rivoltamento perché la parte sottostante della forma, carica di acqua, avrà già chiuso la sua superficie esterna mentre quella soprastante sarà decisamente aperta e meno bagnata. Effettuare un primo rivoltamento tardivo potrebbe impedire una corretta chiusura della superficie esterna del formaggio nella parte soprastante e anche della pasta all'interno della forma.

Avvenuto il primo rivoltamento può cominciare la vera e propria stufatura. Successivamente, durante questa fase, le forme dovranno essere rivoltate alcune volte seguendo uno schema che il casaro dovrà personalizzare. La personalizzazione dei rivoltamenti può essere anche delineata da una scelta acidimetrica.

Durante la stufatura si possono seguire due strade, la prima è quella sopra accennata, ovvero scegliere di rivoltare in funzione dell'osservazione dello stato delle forme. La seconda, molto più precisa, è quella di rivoltare le forme in funzione della progressione acidimetrica nel siero, misurabile in °SH/50, o nella pasta misurandone il pH. I rivoltamenti potranno essere effettuati una volta accertate le condizioni della pasta del formaggio, del suo spurgo, così come da tabella sottostante.

Tabella 2

RIVOLTAMENTI SUCCESSIVI AL PRIMO				
Umidità del formaggio	Tipo di granulo	Aspetto della pasta in stufatura	Azione	Termine stufatura (pH)
> 55% casatella, crescenza, stracchino	noce	molto bagnata, con presenza di siero nell'infossatura (faccia superiore della forma concava)	la pasta è molto bagnata e deve conservare tanta umidità; non è facile rivoltare queste forme, soprattutto a mano, e spesso è sufficiente, se il formaggio da ottenere sarà senza crosta, un solo rivoltamento dopo alcune ore di stufatura o al massimo due; qualora si possieda un robot, il primo rivoltamento può essere effettuato anche dopo pochi minuti	pH della pasta variabile, in funzione del tipo di formaggio pH 5,3-5,0
45-55% caciotta, stracchino con crosta, formaggio a crosta lavata	noce o nocciola	bagnata ma tendenzialmente capace di dare un buono spurgo	i giusti rivoltamenti impediscono un'eccessiva e prolungata presenza di acqua nella pasta; il primo rivoltamento dev'essere effettuato fra i 10 e i 20 minuti dal riempimento delle fuscelle; il secondo rivoltamento avverrà quando il siero inizia a depositarsi sulla faccia superiore della forma infossata e gli spigoli tenderanno a piegarsi; se si conoscono le caratteristiche del formaggio è bene titolare l'acidità o controllare il pH	pH della pasta 5,2-4,9

segue →

Umidità del formaggio	Tipo di granulo	Aspetto della pasta in stufatura	Azione	Termine stufatura (pH)
< 45% alcuni formaggi a pasta semidura	nocciola o mais	tendenzial-mente asciutta	sono pochi i formaggi a pasta semidura che necessitano di stufatura, o meglio di mantenimento alla temperatura e all'umidità intrinseca; in tutti i casi vige la regola dell'aspetto della forma che va tenuto sotto controllo; il primo rivoltamento va fatto entro 20-30 minuti dall'estrazione; ogni qualvolta la forma tende a deformarsi è necessario un rivoltamento, ma parlando di formaggi a medio contenuto di acqua potrebbero passare anche alcune ore fra un rivoltamento e l'altro	pH della pasta 5,25-5,1
< 35% pasta dura	chicco di riso o di miglio	asciutta, elastica	generalmente 3 rivoltamenti a intervalli progressivi	pH della pasta 5,1-5,0 dopo 24 ore

Acidificazione in stufatura

L'andamento acidimetrico in stufatura è veramente determinante, tanto da influenzare positivamente o negativamente il futuro formaggio. Una delle tendenze negative è quella della gessatura, ovvero dell'acquisizione di un aspetto particolare della pasta del formaggio, la pasta gessata, che è ben identificabile perché si presenta molto friabile a causa della demineralizzazione determinata dall'alta acidità, molto solubile e di colore bianco, proprio come il gesso. È senz'altro un difetto ma per alcuni formaggi può anche risultare un pregio, come nel Quartirolo Lombardo e talvolta nel Taleggio DOP, in cui insieme al sottocrosta cremificato (proteolisi spinta o centripeta[1]) determina una caratteristica tipica. La gessatura è causata dall'eccessiva acidificazione in stufatura ovvero quando la pasta del formaggio raggiunge pH 4,8-4,6.

L'azione microbiologica in stufatura è anche influenzata dalla famiglia di fermenti che il casaro ha utilizzato per acidificare il latte. La Tabella 3 riassume alcune caratteristiche di acidificazione determinate da batteri diversi.

L'effetto acidificante in stufatura, determinato dalle fermentazioni che sono aiutate dal calore e dall'umidità, varia molto se queste condizioni non sono tenute sotto controllo. Una stufatura troppo calda porta a spurgo eccessivo e la futura pasta del formaggio sarà più dura, asciutta o gessata. Una stufatura a temperature basse porta a spurgo rallentato, o addirittura bloccato, lasciando nella pasta del formaggio molta acqua che può determinare forti difetti nel sapore e nella struttura della pasta.

....

[1] Tipica dei formaggi a crosta lavata, la cui maturazione inizia nella parte esterna e prosegue in quella interna.

Tabella 3

AZIONI ED EFFETTI, IN STUFATURA, DI ALCUNI TIPICI BATTERI LATTICI		
Batteri	**Azione**	**Effetto**
Streptococcus s. termophilus	inoculato nel latte è un blando acidificante; lavora molto bene sul banco e in stufatura	nella pasta estratta, ed eventualmente in stufatura, consente uno spurgo ottimale solitamente lento; può causare effetti di post-acidificazione
Streptococcus s. termophilus e *Lactobacillus d. bulgaricus* (in miscela)	miscela inoculata nel latte, lo *Streptococcus t.* consente al *Lactobacillus b.* di iniziare una forte acidificazione; sul banco acidifica bene	nel latte i lattobacilli consentono a volte un'acidificazione spinta; sul banco la pasta acidifica bene, a volte molto rapidamente
batteri mesofili omofermentanti (miscela)	inoculati nel latte determinano una medio-bassa acidificazione	in stufatura portano a forti acidità la pasta del formaggio e la mantengono anche successivamente
batteri mesofili eterofermentanti (miscela)	inoculati nel latte determinano una medio-bassa acidificazione	in stufatura portano a forti acidità la pasta del formaggio, producono gas e determinano occhiature

Per interrompere la stufatura e la conseguente acidificazione è necessario raffreddare repentinamente la pasta del formaggio, ponendo le forma in cella oppure togliendo il telo che ricopre le forme, oppure semplicemente togliendole dal tavolo spersore o rinfrescando l'ambiente. Il metodo di bloccare l'acidificazione si basa sulla temperatura dell'ambiente e sul tipo di formaggio. Formaggi come le caciotte spesso si lasciano nell'ambiente del caseificio fino al mattino dopo, sempre che non vi sia temperatura elevata. In alternativa bisogna trasportare le forme in cella. Per formaggi come uno stracchino o una crescenza è indispensabile abbassare repentinamente la temperatura della pasta con l'ausilio di una cella, meglio se ventilata. La stufatura è un passaggio indispensabile per molti formaggi, soprattutto se ad alto contenuto di acqua, ma l'acidificazione che avviene in stufatura si verifica anche negli altri formaggi. Dopo l'estrazione tutti i formaggi necessitano di acidificare, la stufatura accelera e ottimizza semplicemente il processo.

È necessario ora fare un ragionamento che riguarda soprattutto la lavorazione del latte di pecora. Quando si lavora il latte senza inocularlo di fermenti lattici, la flora batterica autoctona è l'unico veicolo acidificante. Se dopo l'estrazione della pasta dalla caldaia non avviene una buona stufatura (solo nel caso si conoscano le caratteristiche microbiologiche del latte ed eventualmente anche la conta batterica) e si affretta il raffreddamento del formaggio, l'unica forza batterica che può lavorare è quella mesofila. Tra i batteri mesofili presenti nel latte, come dicevo soprattutto quello ovino, ci sono i coliformi, che nelle condizioni di bassa acidità e temperatura lavorano al meglio e producono quei gas che determinano la tipica occhiatura. Purtroppo però i peggiori batteri anticaseari sono proprio mesofili e fra i batteri coliformi vi è anche l'*Escherichia coli*, importante e famigerato batterio patogeno.

Se ne evince che per i formaggi per i quali non sono stati innestati fermenti lattici, e soprattutto se la trasformazione è avventa a temperature mesofile, non è consigliabile la stufatura.

Pressatura

La pressatura è un'azione meccanica che serve a dare forma al formaggio e a eliminare, in modo a volte molto rapido, l'acqua, presente nel reticolo caseinico e parte di quella intrafibrillare, dalla pasta. Siamo spesso portati a pensare che la pressatura avvenga per mezzo di macchine idrauliche che determinano un grave peso sulle forme, invece si può intendere come pressatura anche l'azione manuale del casaro (foto n. 3 p. 341).

La pressatura è tipica dei formaggi a pasta semidura e dura e sovente anche di alcuni formaggi a latte ovino, soprattutto nel Sud del Paese, dove i pastori tendono a esercitare pressione con le mani sulla pasta del formaggio appena estratta. In questi casi non c'è quasi mai stufatura, che è sostituita, secondo le tradizioni, dalla pressatura manuale.

Pressare un formaggio a pasta semidura significa esercitare un'azione che contribuisce a formare il formaggio e nello stesso tempo a togliere l'acqua necessaria affinché la pasta diventi elastica e morbida. In questo caso la pressatura non dev'essere troppo spinta e neppure deve durare a lungo.

Uno dei difetti determinati dalla pressatura, soprattutto per i formaggi a pasta semidura, è causato dal lungo tempo durante il quale la pasta rimane pressata. In queste condizioni la pasta, rinchiusa tra la fascera e le tavole della pressa, spurga acqua ma mantiene a lungo il calore originato dalla semicottura o cottura. Tale calore determina una forte azione acidificante, spesso troppo elevata, della pasta. In questo contesto la pasta del formaggio presenterà sfoglie (Immagine 4, p. 256 e Immagine 5, p. 256), e di conseguenza lievi gonfiori, subito dopo il termine della salatura o dopo breve stagionatura.

Tabella 4

TECNICA ED EFFETTI DELLA PRESSATURA			
Tipo di pressatura	Tipologia formaggio	Effetto	Peso di pressatura (kg)
manuale	forma piccola max 2 kg	rallenta lo spurgo determinato dall'azione batterica	
meccanica con pressa o con pesi	pasta semidura	spurgo di bassa intensità	> 1 kg/ogni kg di pasta
		spurgo di media intensità	1-3 kg/ogni kg di pasta
meccanica con pressa o con pesi	pasta dura	spurgo di alta intensità	3-12 kg/ogni kg di pasta

Se dovessimo battezzare la pressatura come azione meccanica tipica, legata alla tradizione e alla formatura del formaggio, lo dovremmo fare solamente nel caso in cui si debba operare sulla pasta non coesa, affinché lo diventi forzatamente.

Si parla di coesione solo nella circostanza in cui la pasta del formaggio venga frugata, ovvero rotta, sminuzzata, macinata dopo l'estrazione e il primo compattamento. La frugatura, tipica di formaggi come l'Asiago pressato DOP, è un'azione che obbliga la pressatura, senza la quale la pasta rimarrebbe slegata, aperta. La pasta del formaggio pressato in questo caso assume morbidezza, elasticità e diventa fortemente caratterizzata da aperture meccaniche molto fitte e disuguali. Questo tipo di formaggio, che per forza di cose rientra nella categoria dei formaggi pressati, assume anche odori e aromi del tutto particolari. Per molti formaggi a pasta dura non è necessario effettuare la pressatura della cagliata e lo spurgo avviene in modo naturale, favorito all'azione acidimetrica dei batteri lattici. Per esempio il Parmigiano Reggiano DOP, erroneamente definito da alcuni come formaggio pressato (il disco che viene posto sopra le forme ha peso di molto inferiore a 1 kg per kg di formaggio), subisce il calo di peso in fase di formatura a causa del suo peso stesso (autopressatura) che in quel momento è abbondantemente al di sopra dei 50 chilogrammi e naturalmente a causa delle condizioni determinate dalla forte attività dei microrganismi. Accade la stessa cosa per il Monte Veronese DOP che, seppure di dimensioni decisamente inferiori al Parmigiano Reggiano DOP, viene estratto manualmente e posto nelle fascere telate dove la forza acidificante ne permette uno spurgo regolare e una formatura precisa.

Filatura e tecnica della mozzarella

I formaggi a pasta filata sono noti al consumatore per la loro caratteristica tessitura. In realtà questo tipo di formaggio ha origine da un'altra caratteristica determinante, l'acidificazione della pasta in caldaia o fuori, fase che ha molta analogia con la stufatura. La cagliata, presamica, dev'essere indotta con caglio di vitello o di altra origine, a temperature spesso termofile con inoculo di *Streptococcus s. termophilus* e *Lactobacillus d. bulgaricus* o di altri ceppi presenti nei lattoinnesti o nei sieroinnesti utilizzati. Infatti l'azione batterica, più che il tipo di caglio, è fondamentale per ottenere le paste filate tipiche del nostro Paese.

La filatura è il risultato di reazioni chimiche che si sviluppano durante l'acidificazione della cagliata. Una prima reazione è quella del paracaseinato monocalcico che, raggiunta la temperatura di 54 °C, diventa morbido e fibroso e mantiene al suo interno, come peraltro nella cagliata, la parte grassa del latte.

Quando si decide di fare pasta filata è bene tener conto anche di quello che sarà il suo utilizzo, per esempio la mozzarella può essere fatta per essere utilizzata a tavola oppure per farcire la pizza. Sono due formaggi che devono presentare tessitura diversa, diverso contenuto d'acqua, e soprattutto devono avere caratteristiche organolettiche e sensoriali diverse. La fase tecnologica comune a tutte le tipologie di pasta filata è quella dell'acidificazione lattica, che avviene sempre dopo la rottura della cagliata. I modi di acidificare la pasta possono essere diversi, sotto il siero o sopra il banco, ma tutti hanno il preciso scopo di permettere alla pasta di raggiungere pH 5,1-5,0 per il latte di vacca (punto di migliore elasticità della pasta), e di 4,9-4,8 per il latte di bufala, acidità indispensabile per consentire la filatura. A pH inferiori avviene un'eccessiva demineralizzazione che comporta un risultato di pasta scarsamente elastica.

METODI DI ACIDIFICAZIONE
microflora del latte crudo
fermenti lattici selezionati (anche autoctoni)
acidificazione con acido citrico (chimica)

Il metodo di acidificazione determinato dai batteri autoctoni del latte crudo ha dei limiti, rappresentati dal risultato non omogeneo e da limitata igienicità del prodotto. Ciò non toglie che oltre alla microflora autoctona possa essere inoculato fermento selezionato o lattoinnesto oppure sieroinnesto che, se di buona qualità, guida le fermentazioni in modo corretto. Più facile e sicura è l'acidificazione tramite inoculo di fermenti selezionati, che permettono di ottenere omogeneità del prodotto finito ma caratteristiche organolettiche meno apprezzabili di quelle derivanti dal formaggio acidificato con colture naturali. Durante la sosta obbligata della pasta, i batteri lattici filocaseari determinano un'importante azione sul lattosio acidificando in modo continuo, favoriti dalla forte umidità e dalla temperatura che, spesso, è quella di coagulazione.

La filatura può anche essere forzata, ovvero acidificata non in modo naturale con azione batterica ma con acido citrico o lattico. Non è una lavorazione difficile, per fare mozzarella "citrica" o "acida" è sufficiente aggiungere una soluzione acida nella quantità necessaria per portare il latte vaccino al pH di filatura, 5,8-5,6, mentre per il latte di bufala il pH è 5,7-5,6. È un metodo inventato per accelerare la trasformazione del latte, il cui risultato però banalizza il formaggio, tanto da determinare note sensoriali di bassa intensità, che fanno di questo un prodotto commerciale piuttosto scadente.

SCHEMA DI FILATURA
latte → fermenti → caglio → taglio di cagliata → acidificazione → filatura → formatura

---

Ma la filatura non è un'azione a sé stante, e quindi diventa riduttivo parlare solo di questa fase se non si affrontano le problematiche preventive e conseguenti alla filatura stessa. La fase che si sta trattando quindi comincia non solo dopo l'avvenuta acidificazione ma all'inizio di tutta la filiera, che comporta una serie di procedimenti e di azioni determinanti per ottenere il risultato che ci si prefigge. Forse sarà banale ma mi preoccuperei di valutare l'aspetto "filatura", analizzando bene le fasi che portano a fare la mozzarella, formaggio italiano ormai perso nel mondo, la cui tecnologia è però incline a essere considerata l'espressione massima di questo modo di trasformare il latte.

Tecnologia della mozzarella
Il latte
Alcune condizioni per fare pasta filata provengono dal latte di partenza che, vaccino o bufalino che sia, dev'essere intero e/o standardizzato, ovvero addizionato di panna o scremato oppure addizionato con latte omogeneizzato (l'industria opta per questa azione per aumentare la resa) ma in piccole percentuali, pari al massimo a 5-6%. Il latte deve avere buone caratteristiche acidimetriche con un pH compreso fra 6,6 e 6,75, ed essere di buona qualità relativamente all'acidità titolabile, che non dev'essere < 3,3 °SH/50. Un latte ipoacido non è per nulla idoneo a questa tecnica.

Una delle caratteristiche che consente di ottenere una buona pasta filata è il rapporto grasso/proteine, che dev'essere compreso fra 1,08 e 1,12, così come il contenuto di grasso, che è ottimizzato quando raggiunge il 3,6%. Una sorta di miscela che l'industria controlla rigorosamente. È anche vero che il piccolo caseificio non provvede certo a standardizzare il latte, l'importante però è che esso sia di ottima qualità. Non è adatto neanche il latte vecchio, ovvero quello che ha sostato oltre 24 ore in frigo-latte, in quanto lo sviluppo di batteri psicrofili può avere determinato degli starter di acidificazione anomali. Al contrario può essere utilizzato latte prematurato con fermenti mesofili, alla temperatura di 10-12 °C, così come, in caso di latte povero, può essere addizionato con cloruro di calcio per sopperire alla demineralizzazione che avviene durante la fase di filatura.

Un altro aspetto molto importante è la pastorizzazione del latte. Qualora il caseificio non abbia ottenuto deroghe particolari, il latte da mozzarella, formaggio fresco (per i provoloni e i caciocavalli che maturano oltre 60 giorni il problema è inesistente) dev'essere pastorizzato. Si ricorda che, al contrario di quanto si pensa, ovvero che la filatura determina un risanamento tardivo del latte, ciò non è assolutamente vero. Il latte si risana solo con la pastorizzazione anche perché, come si vedrà, la pasta assume calore dall'acqua di filatura ma rimane sempre fra i 60 e i 65 °C, temperatura non sufficiente per abbattere i batteri anticaseari. Peraltro utilizzare latte crudo è una vera sfida, ma auspicabile, perché il casaro non è in grado di assicurare una fermentazione lattica corretta, in quanto si sviluppano in tutti i casi anche fermentazioni da batteri della flora originaria, che possono determinare scarsa acidificazione lattica a vantaggio di acidificazioni anomale. Solo con un ottimale innesto le problematiche che possono insorgere utilizzando latte crudo possono essere limitate, se non evitate.

Inoculo dei batteri lattici
Dopo la pastorizzazione del latte avviene l'inoculo con fermenti lattici, termofili, di medio potere acidificante, che consentono una lenta acidificazione della pasta, soprattutto durante la lunga acidificazione in caldaia. I metodi di acidificazione possono essere alcuni, il primo è quello naturale tramite inoculo di lattoinnesto o sieroinnesto (vedi mozzarella di bufala o alcuni caciocavalli) oppure selezionata tramite batteri provenienti da colture liofilizzate. L'importante è che i batteri lattici utilizzati siano di alta qualità, e consentano al casaro di verificare l'incremento acidimetrico, che deve avvenire con

lentezza ma con progressione. I fermenti da utilizzare devono essere termoresistenti per superare senza danni l'incremento di temperatura che avviene durante la filatura. D'altra parte non devono neppure avere caratteristiche molto proteolitiche perché la mozzarella dev'essere consumata fresca e quindi non necessita di maturazione spinta. Un'altra qualità dei fermenti da utilizzare è quella di essere in grado di concludere le fermentazioni al raffreddamento del prodotto, e quindi non procurare una post-acidificazione.

Ovviamente i batteri lattici non devono essere eterofermentanti per non determinare fermentazioni gasogene. Ne deriva che lo *Streptococcus s. thermophilus* ha le caratteristiche ideali per fare la mozzarella da consumare fresca. Per quanto riguarda l'innesto di lattoinnesto è da segnalare che non si deve utilizzare questo tipo di acidificante con caratteristiche troppo spinte, al massimo dev'essere inoculato con acidità di 16-18 °SH/50 per ottenere un incremento, in miscela, di 0,1-0,3 °SH/50. Il ragionamento vale anche se si utilizza un buon sieroinnesto la cui acidità dev'essere compresa fra 16 e 20 °SH/50, con incremento della miscela, pari a quello ottenibile dal lattoinnesto. Per quanto riguarda la scelta di fermenti selezionati è bene inoculare tali fermenti preferibilmente liofilizzati, con sosta di rivitalizzazione di almeno 30 minuti. Si sa, naturalmente, che a differenza degli innesti naturali, che consentono un'immediata vitalità ai batteri, quelli selezionati non aiuteranno il casaro durante la fase di coagulazione ma interverranno in seguito, per l'acidificazione. Per fare questo tipo di formaggio è anche possibile utilizzare batteri mesofili, che però determinano una più rapida acidificazione, una proteolisi piuttosto spinta, e di conseguenza possono portare difetti al formaggio derivanti da effetti gasogeni e formazione di sapore amaro.

Caglio e coagulazione

Uno degli aspetti che solitamente non vengono considerati attentamente per la produzione della mozzarella è la scelta del caglio in funzione delle sue proprietà enzimatiche, e in relazione agli effetti proteolitici che influiscono sul grado di filiabilità.

Un maggiore effetto proteolitico implica la formazione di un filo (corda) più corto rispetto a quello che si otterrebbe in mancanza di proteolisi. Nel metodo di preacidificazione citrica la caseina non ha effetti proteolitici, in quanto il tempo di acidificazione è corto e, qualsiasi sia il caglio utilizzato, gli enzimi non avviano il processo determinando, come caratteristica della corda, alta elasticità. Considerando la preacidificazione citrica, il dosaggio di caglio o coagulante microbico diminuisce in quanto a pH acidi l'effetto coagulante aumenta e il risultato della filatura è quello di ottenere una pasta di ottima elasticità.

Utilizzando caglio (di vitello) per la tecnica di fermentazone naturale determinata da microrganismi, a causa della capacità della cagliata di mantenere al suo interno acqua determinata dall'effetto dell'acidità iniziale del latte, vi sarà effetto proteolitico. Mentre nel caso di acidificazione citrica è consigliabile l'utilizzo di coagulante microbico per attenuare l'effetto proteolitico di post-filatura.

Operata la fase di inoculo dei batteri lattici, avviene l'addizione di caglio o coagulante specifici. Il piccolo caseificio utilizza da sempre il caglio di vitello (1:10.000-118/120 IMCU) mentre oggi si tende a utilizzare anche il coagulante microbico, che si dice determini minori problematiche dal punto di vista proteolitico. Naturalmente utilizzando caglio di vitello si deve fare attenzione al dosaggio di chimosina e pepsina, quest'ultima non deve superare il 20% nella miscela coagulante.

Per altri formaggi a pasta filata è buona norma utilizzare anche cagli in pasta di agnello o di capretto, che concedono al caciocavallo o al provolone maggior capacità di maturazione e sentori olfattivi e aromatici sicuramente più interessanti. Tornando al caglio o al coagulante è bene non eccedere nella quantità, è corretta una dosi pari a 20-30 ml/hl per il formaggio ad acidificazione lattica, mentre per quello ad acidificazione citrica può essere leggermente superiore.

La temperatura di coagulazione, sempre termofila, dev'essere compresa fra i 36 e i 38 °C, mentre temperature inferiori possono portare a formaggi meno morbidi. La sinergia fra la temperatura di coagulazione e il tipo di innesto determina prodotti differenti come si può verificare dalla Tabella 5.

Tabella 5

ACIDIFICAZIONE CON FERMENTI NATURALI O SELEZIONATI	
Cagliata acida	**Cagliata prevalentemente presamica**
acidificazione con innesti naturali (lattoinnesto o sieroinnesto)	blanda acidificazione con fermenti selezionati
coagulazione a 34-36 °C	coagulazione 35-38 °C
tempistica di coagulazione di breve durata (9-10' per la presa e 20 per il taglio)	tempistica di coagulazione più lunga (10' per la presa e 20-25' per il taglio)
prodotto più morbido	prodotto morbido

La cagliata, che dev'essere di buona consistenza, ovvero presentarsi alla prova con spacco netto, deve essere tagliata sempre in due tempi, un primo taglio a dimensioni di cm 4×4×4 con spada o lira dedicata in modo lento, delicato, e un secondo taglio fino alle dimensioni di una nocciola con successiva lenta agitazione. Fra un taglio e l'altro la cagliata rimane in sosta per un tempo variabile fra i 5 e i 10 minuti. Il concetto essenziale per la fase di taglio è che, al termine, il siero consenta la titolazione di 2,5-2,7 °SH/50. Questo incremento acidimetrico assicura la successiva fase di acidificazione. La fase di taglio e il suo metodo corretto è molto importante: è qui che avvengono, se si commettono errori come per esempio un taglio troppo energico o una successiva agitazione spinta, le prime perdite di resa sia di grasso (slattamento) che di sostanza proteica.

Acidificazione lattica

La successiva fase di acidificazione è strettamente legata alla prima finora descritta, e porta con sé i giusti trattamenti ma anche i passati errori. Se si considera il lungo tempo di sosta della pasta, è corretto pensare che la prima acidificazione del latte, la successiva fase di coagulazione e infine il taglio siano davvero fasi di estrema importanza. Ora la pasta, sia che venga estratta su tavoli spersori oppure che rimanga in caldaia sotto il siero, deve sostare a temperatura costante per tutto il tempo necessario.

Il tempo di acidificazione è molto importante, tempi troppo rapidi, ovvero inferiori alle 2 ore e mezza possono portare a una pasta debole, mentre tempi troppo prolungati possono determinare una pasta troppo fibrosa, asciutta e dura. Il tempo ideale per l'acidificazione è di 3 ore e 30'. Uno degli errori tecnologici che si commettono in caseificio è lo scarso controllo dell'incremento acidimetrico della pasta e del siero. È invece un'azione fondamentale, perché l'acidità troppo bassa non consente la filatura mentre un'acidità spinta determina un'eccessiva demineralizzazione, per cui ne consegue una pasta scarsamente elastica.

La fase di acidificazione termina quando la pasta ha raggiunto il giusto pH, 5,1-5,0 per il latte di vacca e 4,9-4,8 per il latte di bufala, e quando il casaro si è accertato, con la prova di filatura, che il momento è quello corretto. Non tutti i casari dispongono di pHmetro o acidimetro, per questo effettuano la prova di filatura per capire se la pasta è pronta.

La prova di filatura consiste nel prelevare una piccola porzione di pasta acidificata e provare con l'acqua bollente il suo stato. Se l'allungamento della fibra della pasta raggiunge il metro mantenendo la sua lunghezza, la pasta è pronta alla filatura. Se invece la pasta è troppo elastica ovvero ritorna su se stessa, è scarsamente acida. Al contrario, quando la pasta si spezza vi è troppa acidità. E ora avviene la filatura, la pasta deve subire un trattamento termico indispensabile affinché la mozzarella possa in seguito essere formata.

Filatura

La pasta, al termine dell'acidificazione, ha mantenuto una percentuale di acqua nonostante la sineresi indotta appunto dall'acidità durante la lunga sosta sotto siero o sul banco. È necessario, prima di essere filata, che la pasta perda ancora acqua, e per questo è consigliabile una breve sosta a temperatura ambiente che non deve mai essere inferiore ai 20 °C. Successivamente la pasta subisce un trattamento meccanico, il taglio, che dev'essere effettuato in due tempi, il primo riducendo la massa in fette piuttosto grosse, di 4-5 cm, e poi il secondo, dopo una breve sosta, che deve ridurre ulteriormente la pasta in fette di 1-1,5 cm di spessore. Il secondo taglio, quello che precede la filatura, non dev'essere troppo spinto perché provocherebbe una perdita di peso e di grasso, tale da influire sulla resa.

In molti casi, soprattutto se si tratta di mozzarella da latte di bufala, la pasta viene ridotta, sminuzzata da apposite macchine, affinché la filatura possa essere più rapida. Ciò consente di mantenere un buon rapporto pasta/acqua residua all'interno della pasta caseosa. Una delle condizioni però è quella di elevare la temperatura dell'acqua di filatura e portarla prossima alla bollitura.

Il filatore deve sempre accertarsi che il pH della pasta sia corretto e non "scappi", ovvero aumenti di acidità. La filatura avviene con immissione di acqua calda, che dev'essere in quantità pari a 2 o 3 volte il peso della pasta da filare. La temperatura dell'acqua può variare da un minimo di 58-60 °C a un massimo di 68-72 °C (nello specifico per il latte di bufala) con un rapporto importante in funzione del contenuto di acqua e grasso della pasta in filatura (Tabella 6). Solitamente però si utilizzano temperature più elevate, che possono raggiungere anche 85-90 °C.

Tabella 6

TEMPERATURA DI FILATURA IN RAPPORTO AL CONTENUTO D'ACQUA E GRASSI DELLA PASTA		
grasso	25%	35%
acqua	60%	50%
temperatura filatura	58-63 °C*	68-72 °C* (bufala)

* Fonte: Mucchetti, 2006

Quando è più alto il contenuto di grasso e bassa la percentuale di acqua, la temperatura di filatura necessariamente dev'essere alta. Al contrario, con l'aumento del contenuto di acqua, si deve utilizzare bassa temperatura dell'acqua.

Qualora, a parità di tipologia di latte, venga effettuato un taglio della cagliata grosso, per mantenere alta l'umidità, minore dev'essere la temperatura dell'acqua di filatura. Tale situazione è ottimale per la mozzarella mentre per caciocavallo o provolone, il cui taglio della cagliata è di minori dimensioni con minore ritenzione idrica, la temperatura dell'acqua di filatura deve aumentare. Tutto ciò influisce sulla resa e sul trattenimento dell'acqua da parte della pasta. In fase di filatura la pasta assorbe acqua tanto da aumentare la resa, a condizione che la sua temperatura interna risulti compresa fra 60 e 65 °C. Qualora la temperatura della pasta superi i 65 °C avviene slattamento e il grasso fuoriesce. Anche l'acidità dell'acqua di filatura è determinante e il suo pH deve mantenersi a 6, e qualora la pasta fosse troppo acida si renderebbe necessario abbassare la temperatura dell'acqua. Viceversa, se la pasta fosse poco acida si renderebbe necessario innalzare di 2 o 3 °C la temperatura dell'acqua. Il risultato dell'ottenimento dei giusti parametri consentirà alla pasta di inglobare acqua fino alla misura del 4%.

La maglia caseinica a contatto con l'acqua di filatura, se non subisce stiratura, fonde ma non assume la tipica fibrosità orientata, determinata dall'azione meccanica.

La corda (fibra) che si ottiene con la filatura è composta delle caseine demineralizzate e dall'acqua, disposta lungo le corde, nella quale appare il contenuto grasso in emulsione che tende a mantenere dissaldate, distanti, le corde stesse. Una pasta di mozzarella di buona qualità, in particolare se vaccina, deve essere rappresentata da una fibrosità orientata e ben evidente.

Qualora durante la fase di filatura avvenga la salagione, bisogna fare molta attenzione alla quantità di sale da immettere. Troppo sale determina difetti sia sul formaggio, che si spellerà, che sulla resa, provocando una perdita di acqua per azione osmotica. Da segnalare anche che una pasta troppo acida non assorbe acqua e una filatura troppo lenta (lunga) determina una perdita di grasso.

La filatura deve in qualche modo interrompere la fase acidimetrica della pasta evitando una dannosa post-acidificazione. Un'azione successiva che implementa l'arresto dell'acidificazione è il consolidamento della pasta formata tramite raffreddamento in acqua gelida. Una buona filatura deve provvedere ad allungare la pasta, le fibre, e il filatore ha il compito di tenere sotto controllo l'acidità della pasta, dell'acqua di filatura e le rispettive temperature. La formatura manuale o meccanica della pasta dev'essere seguita immediatamente dal rassodamento e dal raffreddamento, che avvengono con l'immissione delle forme in acqua, possibilmente corrente a temperatura di 16-18 °C per le lavorazioni manuali e 6-8 °C per quelle meccaniche e industriali. Non vi deve essere dunque uno shock termico, che comporterebbe la classica spellatura sulla superficie esterna del formaggio.

L'arresto dell'acidificazione consente di evitare gessature, che sarebbero un difetto gravissimo. D'altra parte è bene fare attenzione all'acqua di filature, che è di facile contaminazione anche da batteri come lo *Pseudomonas*, che pigmenterebbe il formaggio con colorazioni blu, azzurre ma anche di diverse tonalità. Per ovviare a questo grave difetto non bisogna mai esporre le forme alla luce diretta. Terminata la formatura, il rassodamento e il raffreddamento, è possibile salare in salamoia i formaggi non salati durante la filatura. La salatura in salamoia deve avvenire in soluzioni concentrate a 12-15 °Bé (gradi Baumé) e alla temperatura massima di 10 °C. Salamoie troppo salate portano alla desquamazione della pelle esterna della mozzarella, a sapore salato eccessivo nella parte esterna del formaggio, a una ben visibile viscidità e a volte spappolamento del formaggio. Attenzione: anche una scarsa salatura porta alla desquamazione del formaggio.

Il formaggio è pronto per essere conservato nel liquido di governo, che dev'essere predisposto a temperature piuttosto basse, 4-6 °C, leggermente salato e dosato affinché il suo pH corrisponda a quello del formaggio. Anche il liquido di governo, se non è ben dosato, può portare a desquamazione.

Il liquido di governo ha importanti funzioni: mantenere umida e morbida la superficie esterna favorendo la formazione e le caratteristiche della pelle, mantenere il grado di salatura del formaggio, o completarlo, e determinare il fattore di conservabilità del formaggio stesso. Inoltre, la qualità del liquido di governo è determinante per evitare alcuni aspetti correlati alla proteolisi del formaggio, che può essere influenzata dal residuo di enzimi del caglio o dall'effetto proteolitico dei fermenti starter utilizzati, che può determinare stracchinamento. Tale effetto devastante può essere causato anche da un eccessivo passaggio in soluzione del calcio.

In realtà la preparazione del liquido di governo è strettamente connessa alla tipologia di latte utilizzato, alla tecnologia e all'acqua che si ha a disposizione. In molti casi il liquido di governo è composto di sola acqua (soprattutto nel caso che la mozzarella venga consumata fresca in 1-2 giorni), oppure con aggiunta di acido citrico o siero per correggere l'acidità, o anche di sale per correggere, o addirittura salare, il formaggio.

La salatura

Azione del sale

La salatura potrebbe essere considerata l'ultima fase tecnologica della trasformazione del latte, in realtà è la prima fase che consente poi al formaggio di maturare. Il sale, come si sa, è un ottimo conservante perché rallenta la crescita batterica e di conseguenza permette al prodotto salato di mantenere le proprie caratteristiche a lungo, o meglio fino a quando intervengono altri fattori che ne diminuiscono sia l'effetto che la qualità. D'altra parte il sale consente di dare gusto e sapore, indispensabili nel formaggio. Sono anche altre le funzioni del sale, basti pensare all'effetto osmotico che esercita sulla pasta del formaggio in salatura e al contributo che fornisce per la crescita batterica sulle croste lavate. La salatura avviene solitamente al termine delle fasi tecnologiche, quando il formaggio ha già assunto la sua forma e ha subìto, se necessaria, la stufatura. Salare il formaggio però non è un procedimento scontato né facile, perché ci sono alcune regole che bisogna rispettare affinché l'azione del sale sia un contributo solo positivo.

Tabella 1

AZIONI ED EFFETTI DEL SALE NEL FORMAGGIO		
Fase	**Azione**	**Effetto**
in salatura	osmotica	consente alla pasta del formaggio di rilasciare acqua (spurgo terziario)
	formazione della crosta	contribuisce alla corretta formazione della crosta
	antibatterica	l'azione del sale funge da conservante
durante la maturazione	antibatterica	l'azione del sale funge da conservante
	favorisce crescita batterica sulla crosta	la sua azione insieme all'acqua contribuisce alla crescita di *Brevibacterium linens* determinando morchia
	distribuzione	conferisce sapore

La salatura, che può essere effettuata sia in salamoia che a secco, va sempre fatta quando il formaggio ha superato l'eventuale fase di stufatura e quando le forme si sono raffreddate, in modo che l'azione batterica, l'acidificazione, sia terminata o almeno rallentata. Sbagliare il momento della salatura e la sua intensità può determinare difetti anche gravi nel formaggio. L'azione del sale contribuisce alla formazione della crosta che, nei formaggi a pasta semidura e dura, è determinante per la protezione del formaggio stesso e di conseguenza per il proseguimento della maturazione. Il sale entra lentamente nella pasta del formaggio, inizialmente in forte concentrazione nella parte esterna per poi, gradualmente, distribuirsi in quella interna.

Ci sono alcuni sistemi di salatura che sono adottati in funzione del tipo di formaggio ma anche dell'organizzazione del caseificio. Spesso, dovendo salare centinaia di forme è impensabile la salatura a secco o in salamoia, in questi casi bisogna ricorrere a salature alternative.

La salatura è essenziale anche per determinare l'elasticità di una crosta, finalità che per le paste molli si raggiunge associandovi una buona stufatura, che possa sopportare il movimento della forma di formaggio (inevitabile in fase di maturazione) senza rompersi, screpolarsi o semplicemente formando microfori. Per i formaggi a pasta molle e semidura forse il concetto è scontato ma non lo è per i formaggi a pasta dura e soprattutto quelli di tipo grana, che solitamente sono di grossa pezzatura, la cui crosta è dura, rigida e di grande spessore. Ma se la crosta di questi formaggi non avesse un minimo di elasticità, nel lungo tempo di stagionatura, spesso anni, potrebbe assumere difetti irreparabili. Eppure nonostante la sua durezza è ammissibile il concetto di elasticità, apparentemente non visibile e controllabile.

Un ulteriore aspetto del risultato di una salatura ben fatta è quello di evitare, supportato da giusti ambienti di maturazione, la formazione di un'unghia, sottocrosta, di grande spessore. L'irrigidimento della crosta e la sua impermeabilizzazione, magari a causa di una salatura rapida e a grande concentrazione di sale, possono creare il problema dell'unghia, che diventa un grave difetto non solo visivo ma olfattivo e aromatico del formaggio.

Salatura a secco

Questo metodo di salatura è senza dubbio il migliore in quanto il sale, con il contributo dell'umidità che per osmosi esce dal formaggio, penetra in tutto il volume della forma. Il casaro, in presenza di forme piuttosto asciutte, dovrà provvedere a inumidire la superficie del formaggio prima di porre il sale sulle facce e sullo scalzo, una sorta di starter che avvierà una corretta salagione. Ci penserà poi l'umidità interna a trasmettere nella pasta del formaggio il sale ormai in soluzione.

Per salare a secco è bene utilizzare sale di media granulometria, a volte anche sale fino, ben asciutto, e operare in un ambiente molto umido, perché ambienti troppo asciutti velocizzano la formazione della crosta, compromettendo la salatura. Al contrario della salamoia, per la salatura a secco è possibile utilizzare anche sali integrali, ovvero non raffinati. Per salare a secco solitamente si sparge il sale sulla faccia superiore e sullo scalzo poi, in un secondo tempo, sulla faccia inferiore capovolgendo il formaggio. In funzione della dimensione del formaggio è possibile salare in due tempi diversi anche solo le facce. Questo dipende molto dall'altezza dello scalzo e dal peso del formaggio.

Nella Tabella 2 vengono indicati i tempi di salatura in funzione del peso del formaggio e della sua tipologia, ma il casaro dovrà decidere la quantità di sale da utilizzare e i tempi, anche in funzione delle abitudini locali, ovvero in base alle esigenze sensoriali del consumatore.

Tabella 2

SALATURA A SECCO NEI FORMAGGI DI DIVERSA TIPOLOGIA			
Formaggio	**Granulometria sale**	**Dimensione formaggio**	**Come salare**
pasta molle umidità > 50% senza crosta, casatella, stracchino, squacquerone	fino	peso fino a 300 g	salare anche solo una faccia del formaggio con pochissimo sale fino
pasta molle con crosta	media	peso fino a 2 kg h scalzo max 6-8 cm	cospargere di sale una faccia del formaggio in due tempi distanziati fra loro di 12 ore; a scelta salare anche lo scalzo (12+12)
pasta semidura	media	peso 2-3 kg h scalzo max 9 cm	cospargere di sale una faccia del formaggio in due tempi distanziati fra loro di 24 ore (24+24)
pasta dura	media	peso 2,5-5 kg h scalzo max 12 cm	cospargere di sale una faccia del formaggio in due tempi distanziati fra loro di 36 ore (36+36)
pasta semidura/dura	media	oltre 5 kg h scalzo max > 12 cm	per salare formaggi di medie-grandi dimensioni potrebbero occorrere molto tempo e salature a più riprese

Mi è capitato più volte di assistere all'estrazione della pasta, messa nelle fuscelle, leggermente pressata a mano e subito salata a secco. In queste condizioni, soprattutto se il latte non ha subìto alcun innesto, la pasta estratta non ha iniziato la fermentazione che avverrà successivamente. Salare in questa fase è molto dannoso per il formaggio, perché il sale penetrando nella pasta, e soprattutto nella parte esterna, ne inibirà del tutto le fermentazioni. La pasta del formaggio diventerà dura, gommosa, priva di occhiatura, estremamente salata e, peggio ancora, impedirà alla pasta nel centro del formaggio di spurgare correttamente, con conseguenti difetti anche gravi.

Un aspetto positivo e allo stesso tempo interessante della salatura a secco è che il sale penetra lentamente e, quasi potesse regolarsi da solo, cessa l'assorbimento o lo rallenta molto lasciando sulla faccia del formaggio a volte anche molti grani di sale. Non ci si deve quindi preoccupare se si cosparge la superficie del formaggio con una quantità che pare eccessiva di sale. Meglio trovare un po' di sale al termine della salatura, che non ne rimanga affatto.

Salatura in salamoia

La salatura in salamoia è molto più pratica di quella a secco ma può essere anche più problematica. Già la preparazione della salamoia dev'essere eseguita rispettando alcuni parametri che vanno dalla scelta del sale alla preparazione dell'acqua ed eventualmente alla lieve acidificazione della soluzione salina. Mentre per la salatura a secco è possibile utilizzare sale integrale non raffinato, per la salamoia è necessario sale anche di grossa dimensione ma raffinato. La presenza di microrganismi nel sale può portare a grosse problematiche nel formaggio e anche a imputridimento della salamoia.

La microflora della salamoia è fortemente influenzata dall'innesto effettuato nel latte che diventa dominante anche nel formaggio. Un diverso contentuto della salamoia è determinato anche dalla refrigerazione del latte o meglio dalla temperatura alla quale è stato sottoposto prima della trasformazione. Infatti, qualora il latte abbia subito stoccaggio a temperature inferiori a 4-5 °C, nella salamoia si troveranno batteri psicrofili in quantità ben superiore a quella creatasi dal mantenimento del latte a temperature di riporto, ovvero superiori a 8 °C.

Analizzare una salamoia è di grande importanza, in quanto se la sua carica batterica è superiore a quella del formaggio, si innesca una contaminazione al formaggio stesso. L'analisi microbiologica deve essere effettuara in contemporanea sulla salamoia e sulla parte esterna del formaggio. Appurato che l'elemento contaminante non è il formaggio ma la salamoia, bisogna rigenerare la soluzione salina.

L'azione della salamoia nella pasta del formaggio è caratterizzata dall'osmosi, che determina la fuoriuscita dell'acqua dal formaggio e di conseguenza l'addolcimento della soluzione salina. Infatti può sembrare impossibile ma anche all'interno di una soluzione il formaggio subisce uno spurgo importante tanto da determinare, con il tempo, un indebolimento dell'acidità della salamoia, che ovviamente va tenuta sotto controllo. La salatura in salamoia ha anche un'altra funzione oltre a quella specifica, cioè quella di contribuire al raffreddamento della pasta del formaggio. La temperatura media di una salamoia è di 15 °C ma possono essere utilizzate salamoie anche più fredde. Questo non vuol dire che le forme possano essere poste in salamoia ancora calde, ma a temperatura inferiore ai 20 °C.

Bisogna considerare che più umidità contiene il formaggio, maggiore è la penetrazione del sale nella pasta. Anche il tempo influisce sulla quantità di sale che viene assorbito dalla pasta del formaggio, ma l'assorbimento è sempre in fase decrescente. Già dopo alcune ore il sale entra nella pasta in quantità inferiore a quella che penetrava appena immerso il formaggio nella salamoia.

Un fattore molto importante per la salamoia è il tipo di contenitore nel quale la soluzione salina dovrà svolgere la sua azione. La salamoia è una soluzione di acqua e sale alla quale però contribuiscono il siero disperso dalle forme, e quindi un apporto di acidità, il lattosio residuo, sali minerali e una discreta carica batterica che contribuisce al mantenimento dell'acidità. Per questi fattori non tutti i materiali sono idonei a contenere salamoie; alcuni, come il rame e il ferro, sono proprio controindicati, mentre altri sono specifici: l'acciaio inox, il vetro ceramica, alcuni materiali plastici idonei a contenere alimenti, ma anche il legno e il cemento.

È da segnalare che soste di molti giorni all'interno di vasche di acciaio possono portare un contenuto di ferro nell'immediato sottocrosta in quantità doppia rispetto a quello rilevato in formaggi salati in vasche di vetroresina (Mucchetti, 1996b).

Un altro parametro importante è quello relativo all'acidità della salamoia, che deve corrispondere all'acidità del formaggio che si sala. Da questo si evince che ogni formaggio dev'essere salato in una salamoia appositamente preparata. Il formaggio immerso nelle nuove salamoie concede acidità alla soluzione, il cui pH viene normalizzato in pochi giorni. Ciò contribuisce alla formazione di una crosta corretta e anche a un buon mantenimento della soluzione nel tempo.

Si consideri che maggiore è la concentrazione del sale, maggiore e più rapido sarà il suo assorbimento nel formaggio. È quindi necessario fare attenzione a non concentrare troppo la salina, soprattutto per i formaggi a pasta molle, in quanto una eccessiva velocità di assorbimento tende a impedire l'azione osmotica, asciugando rapidamente la parte esterna del formaggio a discapito di quella interna, che rimane umida a causa di un limitato spurgo.

In ogni caso la salamoia, che ha una discreta concentrazione batterica, dev'essere periodicamente controllata.

Tabella 3

CONTROLLO SALUTE DELLA SALAMOIA		
Tipo di controllo	**Strumento di misura**	**Osservazioni**
acidità	pHmetro acidimetro	controllare frequentemente il pH del formaggio e della salina, devono essere simili; testare l'acidità con questi parametri: pH = 5,1-5,0, °SH/50 = 10-15
temperatura	con termometro elettronico, (non utilizzare quello a colonna in vetro)	la temperatura dev'essere sempre costante; non immergere formaggi che hanno temperatura superiore a 20 °C
concentrazione sale	utilizzare il pesa-sale (densimetro)	nei cali di concentrazione aggiungere sale oppure salare a secco la porzione di formaggio che emerge dalla salamoia

segue →

Tipo di controllo	Strumento di misura	Osservazioni
pulizia	con rete o colino inox	mantenere la pulizia della salamoia eliminando residui di pasta e insetti; tenere coperta la vasca con teli traspiranti in nylon
analisi microbiologica	campioni in laboratorio	da effettuare se si riscontrano mutazioni del pH o alterazioni dell'odore
verifiche periodiche	acidità, pulizia, concentrazione sale	controlli periodici consentono alla salamoia di durare a lungo; se conservate bene le salamoie vecchie salano meglio di quelle nuove

La quantità di soluzione impiegata per la salagione dev'essere molto superiore alla quantità di formaggi in essa immersi. Le forme di formaggio non devono essere stipate fra loro ma rimanere ben distanti, in salamoie che devono avere un rapporto acqua/peso formaggio di 4:1.

Tabella 4

PROBLEMATICHE DELLA SALAMOIA		
Salamoia	**Effetto**	**Osservazioni**
nuova	assorbimento molto spinto	rispetto alle salamoie già in uso la nuova salamoia tende a penetrare con maggiore concentrazione estraendo dal formaggio sali minerali, acidi grassi e proteine; regolare il pH aggiungendo siero
bassa acidità (pH > 5,10)	assorbimento anomalo del sale e perdita di acido lattico dal formaggio	si verificano problemi anche a causa della decalcificazione della salamoia che provoca danni alla crosta determinandone morchia e successiva degenerazione; per rigenerare la salamoia aggiungere siero fino a ottenere il pH corretto
con diminuzione della salinità	difetti sulla crosta del formaggio	si possono verificare problemi di elasticità della crosta con conseguenti spaccature; aggiustare la concentrazione salina aggiungendo sale
vecchia	vedere rigenerazione salamoia	una vecchia salamoia è migliore di una nuova se è ben mantenuta

Un formaggio, per essere salato in modo ottimale, dovrebbe rimanere completamente sommerso dalla salamoia o al più fuoriuscire solo con la superficie della faccia. Formaggi che galleggiano vistosamente, o che addirittura rimangono sospesi in salamoia, denotano già grosse problematiche microbiologiche causate da batteri altamente gasogeni. Per un buon mantenimento delle salamoie è importante provvedere a frequente agitazione e rimescolamento.

È possibile controllare la salamoia anche osservandola e annusandola attentamente. Una buona salamoia deve conservare un colore verdognolo, limpido, e odorare di una buona acidità che ricorda quella del siero. Qualora non ci fossero queste condizioni la salamoia potrebbe avere problematiche anche serie. È in ogni caso importante, qualora il casaro dubitasse delle condizioni della salamoia, effettuare opportuni controlli e analisi.

Tabella 5

RIGENERAZIONE DELLE SALAMOIE		
Tipo di rigenerazione	**Motivo**	**Cosa fare**
depurazione	perde limpidezza, odora di formaggio	portare la salamoia a temperatura di ebollizione, 100 °C, e filtrare; successivamente aggiungere il sale necessario per ripristinare la salinità e calce idrata per correggere l'acidità, riportarla a pH 6
pulizia	saline sporche, con presenza di residui di formaggio ed eventuale grasso, sentori olfattivi fruttati o al massimo rancidi	pulire la salamoia frequentemente, eliminando residui di grasso; la salina deve poter essere al buio
riposizionamento della salina	la salina presenta odori strani ma non putridi, ammoniacali o rancidi	il locale di salatura potrebbe non essere sufficientemente arieggiato
eliminazione salina	presenta odori di putrefazione o ammoniacali	sostituire la salina dopo aver ben sanificato i contenitori; può avvenire se si usa sale sporco o integrale non raffinato

La salinità di una salamoia si misura in gradi Bé oppure con la quantità in percentuale di sale per litro di acqua.

Come preparare una salamoia? Esistono alcuni sistemi per preparare una buona salamoia e partono sempre dal presupposto che si utilizzi acqua buona, pulita e priva di cloro. Ma non sempre si può. L'acqua per la salamoia può essere utilizzata naturale o pastorizzata. Naturalmente se si utilizza naturale è bene che vengano effettuate le dovute analisi batteriologiche per accertarsi della sua qualità e per prevenire danni anche seri al formaggio che verrà immerso. È comunque sempre bene lasciare che l'acqua, prima del suo utilizzo, rimanga esposta all'aria anche per 24-48 ore.

Tabella 6

FORMAGGI IN SALAMOIA				
Tipologia formaggio	Concentrazione sale	Concentrazioni più utilizzate		Tempo
		Gradi Bé	g sale/ litro	
pasta molle e piccoli formaggi	12-14%	11,5	130,3	variabile anche pochi minuti
		13,3	154,1	
		15,3	185,6	
pasta molle/ semidura	16-18%	15,3	185,6	variabile; piccole caciotte possono essere salate in una o più ore
		16,7	198,7	
		18,6	229,6	
pasta semidura/ dura	20-22%	18,6	229,6	per formaggi di 8-10 kg possono essere sufficienti 2 giorni; solitamente per formaggi di grandi dimensioni si calcola 1 giorno per ogni kg di formaggio
		20,4	256,1	
		22	270	
Nota: per stabilire correttamente il tempo di salatura è necessario ricorrere a ripetute prove, che devono essere diversificate in relazione all'umidità, al volume, al peso e alla quantità di grasso presenti nel formaggio.				

Fonte: Salvadori del Prato, 1998

Per lo scioglimento del sale possono essere utilizzate alcune tecniche fra le quali il riscaldamento dell'acqua e l'agitazione della stessa durante l'introduzione del sale. Per piccole salamoie è bene introdurre il sale in teli o sacchi di lino, che dovranno essere sospesi sopra la vasca di salamoia e immersi nell'acqua per non più di 1/10 del loro volume. In questo modo il sale entra in soluzione piuttosto rapidamente.

Durante il discioglimento del sale è positivo effettuare agitazione, rimescolamento dell'acqua e del sale che tende a depositarsi sul fondo della vasca. L'agitazione e il riscaldamento fino alla pastorizzazione migliorano la struttura della salamoia e le sue caratteristiche batteriologiche.

Prima di utilizzare la salamoia è bene agitarla a lungo e controllarne il pH, aggiustandolo eventualmente con l'introduzione di siero residuo dalla lavorazione del formaggio che in seguito dovrà essere salato.

Salatura in caldaia o in pasta

Oltre che alle salature a secco e in salamoia, senza dubbio le più utilizzate, è possibile salare il formaggio con altri sistemi, spesso molto interessanti se impiegati per alcune tipologie di formaggio. Indubbiamente salare un formaggio una volta formato e al termine dell'eventuale stufatura è di gran lunga meglio che provvedere con altre soluzioni, ma se le quantità di formaggio prodotte sono notevoli allora è necessario optare per la salagione nel latte o in pasta. Immaginiamo quindi di dover salare un numero considerevole di formaggi a pasta molle come lo stracchino o lo squacquerone cospargendoli con sale, magari a mano.

Salatura del latte

Per le grandi produzioni, soprattutto delle paste molli per le quali diventa problematica una manipolazione delle forme, capita che si debba optare per la salatura in caldaia, metodo che oggi viene sempre più utilizzato per la sua praticità e rapidità. Salare direttamente il latte è un'operazione positiva, purché la tipologia di formaggio alla quale si applica non abbia problemi di coagulazione o di maturazione. Si sala nel latte soprattutto per fare formaggi come lo squacquerone, lo stracchino, la crescenza, ovvero quelle tipologie che non devono stagionare a lungo e che non hanno particolari esigenze microbiologiche. Infatti il sale nel latte limita l'eventuale contaminazione da batteri anticaseari, funge da conservante, impedisce la conseguente formazione di occhiatura in stufatura, ma soprattutto tende a standardizzare la quantità di sale presente nel formaggio, evitando errori che potrebbero avvenire se si optasse sia per la salatura a secco sia per quella in salamoia.

La salatura nel latte viene fatta dopo la rivitalizzazione dei fermenti selezionati o dopo l'inoculo di lattoinnesto, ma sempre prima del caglio. L'agitazione successiva è molto importante per disciogliere completamente il sale.

Fino a qualche tempo fa questo tipo di salatura non era utilizzato in Italia ma poi, vista la versatilità dell'azione e visti i risultati, alcuni caseifici hanno iniziato con questa pratica che oggi è molto diffusa, anche in quelli di piccole dimensioni.

SCHEMA DI SALATURA DEL LATTE

latte in caldaia → innesto naturale o selezionato → sosta (se necessaria) →
sale (400-700 g/q) → caglio

Il sale che normalmente si utilizza è di medio-piccola granulometria ma è possibile utilizzare anche sale fino. L'importante è che il sale sia raffinato e non grezzo.

La salatura nel latte ha comunque un riflesso osmotico nel formaggio anche dopo che è stato posto in cella. Per questo l'utilizzo della catena del freddo, anche in celle ventilate, limita molto l'azione di spurgo e di post-acidificazione.

Salatura in pasta

Per alcuni formaggi è possibile salare direttamente la pasta una volta estratta e posta sul tavolo spersore. È il caso di formaggi come l'Asiago DOP pressato, nei quali la pasta, una volta estratta dalla caldaia e lasciata spurgare, viene poi tagliata. Questo è il momento importante della salatura per i formaggi di questa tipologia, perché la pratica della frugatura impedirebbe una salatura ottimale se eseguita a secco o in salamoia. Non è da escludere la doppia salatura, che avviene dopo la prima in pasta e, successivamente alla pressatura, con l'immissione delle forme in salamoia. Questa tecnica consente un'ottimale formazione della crosta.

Un altro tipo di salatura mista è quella che si può effettuare, sempre per formaggi a pasta pressata, in tre fasi: nel latte, in pasta e in salamoia.

SCHEMA DI SALATURA DELLA PASTA NEI FORMAGGI PRESSATI

estrazione cagliata → sosta per spurgo → taglio pasta →
salatura (800-1000 g/q di latte) → mescolatura

La salatura in pasta è utilizzata anche per alcune paste filate come la mozzarella. La pasta, una volta raggiunta l'acidità di filatura, viene tagliata a fette, salata e poi filata. Oppure la salatura avviene durante la filatura, con immissione di sale o di una soluzione salina irrorata nell'acqua di filatura. È una tecnica specifica della mozzarella acidificata con acido citrico, ma oggi utilizzata anche per le mozzarelle ad acidificazione naturale, un metodo rapido quindi. Il sale però, immesso nella pasta durante la fase di filatura, determina un ulteriore spurgo della pasta stessa rendendola più asciutta, più elastica e più dura. Normalmente nella fase di filatura la pasta caseosa aumenta di peso in quanto assorbe acqua. La salatura in pasta ne diminuisce la quantità d'acqua agendo per osmosi. Il sale utilizzato in questo modo dovrà essere fino affinché possa disciogliersi più rapidamente.

SCHEMA DI SALATURA DELLA PASTA NEI FORMAGGI A PASTA FILATA FRESCHI

estrazione cagliata acidificata → taglio pasta → sale in acqua di filatura → filatura

---

La salatura in filatura è più adatta alla mozzarella da pizza, la cui pasta deve comunque risultare più uniforme, più asciutta e compatta.

Tabella 7

PROBLEMI LEGATI ALLA SALATURA		
Causa	**Effetto**	**Difetto**
eccesso di sale	osmosi eccessiva	pasta del formaggio più asciutta
	rallentamento della maturazione per inibizione della proteolisi	determina poco aroma e gusto nella pasta del formaggio a breve stagionatura
	crosta del formaggio più dura	può determinare unghia dura e spessa e inibire l'azione batterica privando la pasta e l'unghia di occhiature
scarsità di sale	solubilizzazione della pelle	determina sfaldature sulla pelle della pasta filata fresca
	azione antibatterica limitata	possibile assunzione di sapori e aromi anomali e marciume
eccesso di fermentazioni (propionica, butirrica) [1]	l'azione di salatura può essere compromessa	il formaggio può essere compromesso per scarsità di conservante (sale)

PROBLEMI LEGATI ALLA SALATURA		
Causa	**Effetto**	**Difetto**
salatura anticipata	salare il formaggio subito dopo l'estrazione e la formatura (pasta calda) inibisce l'azione batterica [2]	danno evidente all'unghia, che si presenta grossa, dura e priva di occhiature, la pasta nel cuore del formaggio rimane umida e molto occhiata, spesso amara
saline vecchie mal tenute	contaminazioni batteriche anticasearie	difetti della crosta e contaminazione del formaggio; presenza di micrococchi o coli ma anche di lieviti e muffe

[1] Immagine 8, p. 258, Immagine 9, p. 258, Immagine 11, p. 259, Immagine 21, p. 264.
[2] Immagine 15, p. 261.

La salatura è quindi una fase molto delicata per qualsiasi tipologia di formaggio. Il casaro dovrà fare molta attenzione alle saline, alla loro concentrazione di sale e alla temperatura. Le saline possono avere problematiche anche serie determinate anche dagli ambienti di salatura. Ogni tipo di salatura dev'essere tenuta sotto stretto controllo e il casaro dovrà scegliere il modo di salare in funzione del formaggio che deve ottenere. La quantità di sale che penetra nel formaggio può essere anche un fattore territoriale, tanto che in alcune regioni si preferiscono formaggi più salati che in altre regioni. Ciò dipende anche dal fatto che alcuni alimenti utilizzati nel territorio sono più o meno saporiti. Per esempio in Toscana si utilizza pane insipido, scialbo, senza sale, per cui il formaggio dev'essere più saporito, così come il prosciutto toscano, che ha una maggior concentrazione di sale rispetto ad altri prosciutti nazionali.

La maturazione
e la stagionatura

13

Maturazione dei formaggi

Se è vero che il formaggio si fa in caseificio è anche vero che in stagionatura avvengono mutazioni determinanti a carico delle proteine e dei grassi, tali da conferire al formaggio caratteristiche fondamentali, il sapore, l'odore, l'aroma, la struttura della pasta. Tutto ciò avviene per merito o a causa delle fermentazioni, dei batteri lattici, degli enzimi presenti già nel latte di partenza e nel caglio, delle muffe dell'ambiente di maturazione e di quelle inoculate dal casaro. Sono importantissime anche le caratteristiche del locale di stagionatura, per la presenza di batteri, muffe, temperatura e umidità intrinseci, autoctoni. Ma il parametro che è sempre necessario per l'ottenimento delle caratteristiche organolettiche dei formaggi, sia che si tratti di formaggi freschi che di formaggi a lunga stagionatura, è il tempo.

Capita spesso di discutere sul significato di maturazione e di stagionatura, cercando di capire quali formaggi debbano maturare e quali stagionare. Sul vocabolario, al verbo "maturare", leggiamo quanto segue: «Nell'industria casearia, m. dei formaggi, complesso di trasformazioni biochimiche, subite dalla caseina del formaggio durante la sosta delle forme nei magazzini dei caseifici, che conferiscono all'alimento un sapore caratteristico»[1]. Ebbene la maturazione è la conseguenza di un tempo di stagionatura. È proprio la stagionatura che consente al formaggio di maturare. Si capisce che senza stagionatura il formaggio non può acquisire le proprie caratteristiche organolettiche.

Il formaggio quindi ha bisogno di tempo, durante il quale avvengono quelle mutazioni chimiche, biologiche e di conseguenza fisiche che permettono alla pasta di assumere connotazioni organolettiche sempre diverse. Potrà sembrare strano ma anche un formaggio che si consuma fresco ha bisogno della sua specifica e brevissima maturazione. Ciò che avviene all'interno del formaggio è proprio un graduale cambiamento, una grande modifica che solo enzimi e batteri possono provocare.

Il formaggio come un bio-reattore naturale? Sì.

---

[1]   www.treccani.it.

La maturazione svolge, quindi, un ruolo determinante nella trasformazione e la si può definire come mutazione strutturale della cagliata in sostanze più semplici.

Proprio dalla cagliata, sin dall'immissione del caglio nel latte, avvengono le prime fasi della proteolisi che continua poi nel formaggio, e i batteri ne sono largamente responsabili con le loro azioni fermentative e proteolitiche.

Gli effetti enzimatici e microbiologici influenzano dunque la maturazione del formaggio, ma sono necessarie alcune condizioni ambientali determinanti, la temperatura e l'umidità, che devono essere regolate, se non naturali, in funzione del formaggio da stagionare. Ovviamente i formaggi a pasta molle necessiteranno di condizioni ambientali ben diverse da quelle per i formaggi a lunga stagionatura, per cui il caseificio dovrà dotarsi di diversi locali di maturazione a seconda delle tipologie di formaggi in produzione. Anche la quantità di grasso e di sale influenza la maturazione.

La temperatura dei locali di stagionatura è il fattore più importante, ed è facile capire che più alta è la temperatura più si accelera la maturazione del formaggio e viceversa. Lo stesso discorso vale per l'umidità, che influisce non solo sulla maturazione ma anche sull'umidità superficiale del formaggio e di conseguenza sulla crosta. Le caratteristiche organolettiche del formaggio sono quindi fortemente influenzate dai fattori ambientali, dal tempo di maturazione e dalla temperatura.

L'umidità influisce molto anche sul peso del formaggio, un ambiente molto umido consente al formaggio di mantenere umidità nella pasta, considerando che più il formaggio è umido, più è soggetto a perdita di umidità. Anche per quanto riguarda la crescita delle muffe, l'umidità ha una forte influenza.

Le componenti enzimatiche del latte e del formaggio, siano esse naturali o introdotte con il caglio, come la lipasi e la pepsina, sono determinanti per la maturazione della pasta del formaggio. Esse causano l'indispensabile degenerazione delle proteine, tanto da influenzare odori e sapori nella pasta del formaggio.

L'azione del caglio per la coagulazione del latte non si interrompe dopo questa fase ma ha un suo strascico, che si definisce attività residua. Tale attività è strettamente legata alla tipologia del formaggio e soprattutto al suo contenuto di acqua, tant'è che quest'ultimo cala sensibilmente nei formaggi a pasta semicotta e cotta che, per definizione o per associazione, sono formaggi a pasta semidura e dura. Qualora la tecnica di trasformazione preveda una cottura della cagliata che supera i 50 °C, l'attività residua è pressoché nulla. Non c'è ancora la certezza scientifica della totale denaturazione dell'attività del caglio, poiché è stata individuata la presenza di un peptide, alfaS1-CN 24-199 (Gaiaschi et al., 2000; Addeo et al., 1997; Ferranti et al., 1997) in un campione di Grana Padano, che aumenta con il procedere della stagionatura del formaggio. Tale fenomeno sarebbe correlato alla chimosina e alla pepsina.

Secondo Fox e McSweeney il peptide alfaS1-CN 24-199 è correlato alla cottura della cagliata (oltre 50 °C) e alla presenza della catepsina D (proteasi acida), enzima proteolitico che provoca la scissione delle proteine in peptidi e amminoacidi.

Vi è un forte legame tra le condizioni ambientali dei locali di maturazione e l'acidità del formaggio, perché quest'ultima influisce sulla crescita batterica nella pasta e sulla crosta. L'acidità inoltre regola l'azione degli enzimi contenuti sia nel latte di partenza che nel caglio, ovvero la chimosina e la pepsina. Da questo si evince che la fase di maturazione non è altro che una digestione causata dalla presenza di enzimi, la quale trasforma le proteine, i grassi e i sali minerali, ognuno in modo diversificato. Tali trasformazioni si possono oggettivamente notare in alcuni formaggi freschi, ovvero come la cagliata appena estratta dalla caldaia, inodore e insapore, diventi rapidamente formaggio.

Tabella 1

FATTORI RESPONSABILI DELLA MATURAZIONE DEL FORMAGGIO	
Derivanti da	**Causa maturazione**
latte	enzimatica se da latte crudo (proteolisi e lipolisi)
caglio	enzimatica da chimosina e pepsina e lipasi (proteolisi e lipolisi)
fermenti lattici	fermenti ad attività proteolitica ed enzimatica e da *Penicillium*, *Brevibacterium linens*
altri fermenti	lieviti, muffe, micrococchi
reazioni chimiche	amminoacidi e acidi grassi

Proteolisi

La proteolisi comporta mutazioni fisiche e chimiche che sono responsabili del sapore e della tessitura della pasta, consiste nella naturale degenerazione delle proteine ed è la principale responsabile della maturazione del formaggio.

L'effetto proteolitico avviene per intervento di alcuni agenti enzimatici, come la pepsina contenuta nel latte e nel caglio, e per la proteinasi originata dai batteri lattici. Uno degli enzimi particolarmente responsabili della proteolisi, la plasmina, deriva dal latte, è termoresistente tanto che nel latte pastorizzato la sua azione proteolitica aumenta in quanto non trova chi la contrasta. La più importante caratteristica della plasmina è quella di rimanere all'interno della cagliata e di conseguenza nella pasta caseosa, ma a parte ciò non si conosce ancora la vera influenza che ha sul formaggio.

La proteolisi, importante fenomeno di trasformazione delle proteine, avviene già durante lo stoccaggio del latte per avere la sua massima azione durante la maturazione del formaggio. Fondamento della proteolisi sono gli enzimi, proteine altamente specializzate dotate di incredibili proprietà, come quelli presenti nel caglio che determinano una proteolisi selettiva, che consiste nella rottura del legame della k-caseina con conseguente formazione del coagulo presamico, mentre nella coagulazione lattica la proteolisi selettiva causa, per la forte acidità (punto isoelettrico a pH 4,60), la perdita della carica elettrica da parte delle caseine, che per questo precipitano. Si consideri che nella cagliata presamica, il cui risultato deriva dal distacco della K-caseina causato dagli enzimi del caglio, non avviene l'idrolizzazione della caseina originaria ma del parafosfocaseinato ovvero della caseina già in fase proteolitica.

La proteolisi, detta anche "secondaria", avviene durante la maturazione del formaggio. Durante questa fase, molto importante perché il formaggio assume sapori e aromi, le proteine degradano per l'intervento degli enzimi che derivano dal latte, dal caglio e dai microrganismi presenti nel latte o inoculati. Per questi aspetti vi è uno stretto legame tra la proteolisi e la duplicazione dei batteri lattici starter. La proteolisi è indispensabile per le fermentazioni successive alle fasi di trasformazione, delle quali l'ultima, ammesso che vi sia, è la stufatura, ed è subordinata all'attività proteolitica che ha il suo principale riflesso dall'azione batterica stessa.

Gli enzimi prodotti dai batteri lattici hanno una forte dipendenza dalla tipologia di innesto inoculato e naturalmente dalla tecnologia di trasformazione, e proprio per la molteplicità degli enzimi prodotti scaturiscono le vere differenze tra un formaggio e l'altro appartenenti alla stessa tipologia. La proteolisi del formaggio determinata dall'azione microbico-enzimatica è importante a tal punto che analizzando il risultato delle idrolisi della caseina è possibile stabilire l'età del formaggio. Un esempio è quello dell'acido piroglutammico, amminoacido presente nei formaggi di tipologia grana, la cui presenza è subordinata dall'inoculo del sieroinnesto. Tale amminoacido è misurabile in rapporto alla stagionatura del formaggio e appare dopo due mesi di maturazione.

Durante la fase di degradazione delle proteine avviene la formazione di peptidi (proteasi), spesso amari, e poi, sempre per la continua degenerazione, avviene la trasformazione (liberazione) in amminoacidi (peptidasi) che si configura come l'ultimo passaggio della proteolisi. La massima concentrazione degli amminoacidi corrisponde al punto ottimale della maturazione, oltre avviene la loro diminuzione che comporta un decadimento della qualità del formaggio. Gli amminoacidi, e in parte i piccoli peptidi, sono i veri responsabili dei sapori ma anche di alcuni difetti nel formaggio, così come la degradazione del parafosfocaseinato può determinare la struttura della pasta caseosa. È doveroso ricordare che gli amminoacidi delle proteine sono 20, tra i quali la tirosina, che è di interesse caseario. È stata isolata la prima volta proprio dal formaggio, e il suo nome deriva dal greco *tyròs* (formaggio). Troviamo la sua presenza in forma cristallina nei formaggi di lunga stagionatura come il Grana Padano e il Parmigiano Reggiano DOP. Fa parte del gruppo R, insieme alla fenilalanina e al triptofano, amminoacidi aromatici.

La proteolisi quindi caratterizza una modificazione delle proteine, le loro qualità e quantità ed è determinante in funzione del formaggio che ne subisce l'attività. Per un formaggio fresco l'attività proteolitica dev'essere spinta, al contrario per un formaggio di lunga stagionatura deve essere limitata.

La fase di maturazione del formaggio può essere influenzata anche dalle muffe, spesso fortemente proteolitiche ovvero capaci di modificare, anche in tempi brevi, la tessitura della pasta come nel caso delle croste lavate o fiorite. Questa situazione porta al rammollimento della parte del sottocrosta, una sorta di proteolizzazione spinta. I batteri lattici hanno una funzione molto importante per la maturazione del formaggio a causa della loro azione di formazione di azoto solubile indispensabile per la formazione di amminoacidi e peptidi. Gli enzimi da loro prodotti, proteolitici, degradano le caseine in polipeptidi, responsabili anche questi degli aromi e dei sapori del formaggio.

Degradazione delle proteine

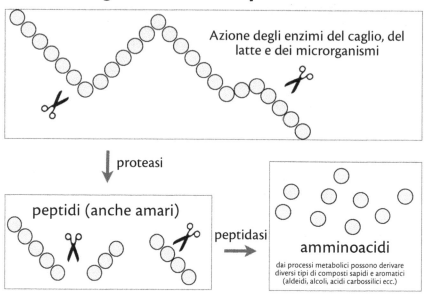

Azione degli enzimi del caglio, del latte e dei microrganismi

proteasi

peptidi (anche amari)

peptidasi

amminoacidi

dai processi metabolici possono derivare diversi tipi di composti sapidi e aromatici (aldeidi, alcoli, acidi carbossilici ecc.)

Trasformazione degli amminoacidi

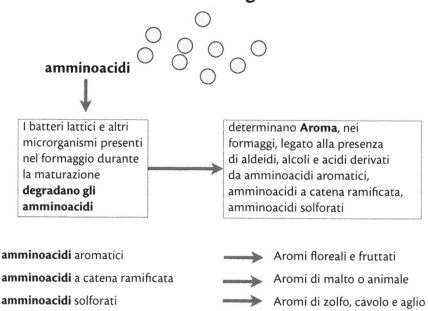

amminoacidi

I batteri lattici e altri microrganismi presenti nel formaggio durante la maturazione **degradano gli amminoacidi**	determinano **Aroma**, nei formaggi, legato alla presenza di aldeidi, alcoli e acidi derivati da amminoacidi aromatici, amminoacidi a catena ramificata, amminoacidi solforati

amminoacidi aromatici ⟶ Aromi floreali e fruttati

amminoacidi a catena ramificata ⟶ Aromi di malto o animale

amminoacidi solforati ⟶ Aromi di zolfo, cavolo e aglio

Come abbiamo visto, la proteolisi è un processo molto complesso che può essere rallentato o accelerato dagli enzimi e dai batteri presenti naturalmente o immessi nel latte dal casaro.

Tornando agli enzimi del caglio, la chimosina ha un debole potere proteolitico mentre la pepsina, viceversa, ne ha grande influenza. Il casaro deve contare su questi enzimi sempre presenti nel caglio per condizionare la maturazione del formaggio. In sintesi è molto importante la scelta del tipo di caglio in funzione del suo contenuto enzimatico (%) di chimosina e pepsina.

Tabella 2

PROTEOLISI	
Fattori che influenzano la proteolisi	**Effetti**
pepsina presente nel caglio	maggiore è la concentrazione di pepsina, più rapida è la maturazione del formaggio
temperatura ambiente di stagionatura	maggiore è la temperatura, minore è il tempo di maturazione
umidità ambiente di stagionatura	maggiore è l'umidità, minore è il tempo di maturazione

Lipolisi

Lipolisi o irrancidimento idrolitico

La lipolisi è un processo che avviene per azione di alcuni enzimi del latte, in particolare la lipasi, e dei componenti lipolitici del caglio. La sua azione è diretta ai trigliceridi in quanto liberano gli acidi grassi che sono uniti al glicerolo. In funzione della tipologia degli acidi grassi liberi si possono verificare effetti positivi o difetti durante la maturazione del formaggio. La lipolisi, nella sua azione, influenza una parte degli acidi grassi, quelli a corta catena (Tabella 3) che concedono odori e sapori accentuati, come l'acido butirrico e l'acido capronico. L'elevata digeribilità del grasso del latte è determinata dalla presenza significativa di acidi grassi a corta e media catena.

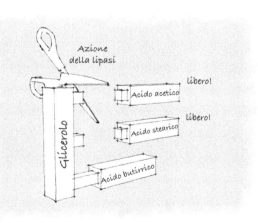

Trigliceride, separazione
degli acidi grassi

La diversa alimentazione degli animali influenza le caratteristiche del grasso: quando tale alimentazione è verde gli acidi grassi insaturi aumentano influenzando il valore nutrizionale (qualità del grasso) e diminuisce il punto di fusione del grasso stesso. Nei latti di pecora e di capra i trigliceridi sono costituiti per la maggior parte da acidi grassi a corta catena, è presente circa il doppio degli acidi grassi saturi (C6-C12)[2] e in particolare da C6 a C8, e i globuli di grasso, essendo molto più piccoli di quelli vaccini, possono essere "scappati" dalla cagliata. Ovviamente la lipolisi dei formaggi ovini e caprini ha un'influenza superiore a quella dei formaggi vaccini e di conseguenza gli aromi si svilupperanno maggiormente.

Alcuni di questi aromi portano effetti molto positivi alle caratteristiche sensoriali del formaggio mentre altri determinano gravi difetti.

Tabella 3

LIPOLISI	
Fattori che influenzano la lipolisi	**Azioni che tendono a innescare la lipolisi**
la lipasi, enzima presente nel latte e/o nel caglio, agisce in particolare sulla membrana che normalmente protegge il globulo di grasso	sbattimento o centrifuga del latte e del siero
	sbalzi repentini della temperatura
	omogeneizzazione del latte

La lipolisi, anche senza l'influenza di fattori endogeni come la lipasi aggiunta, ha una sua azione naturale autonoma. Il latte, maltrattato, ovvero che ha subìto azioni che hanno influenzato la lipolisi come la rottura della membrane dei globuli di grasso, innesca un'attività schiumogena che implementa l'azione lipolitica stessa.

La lipasi, enzima di origine mammaria presente nel latte, principale responsabile dell'idrolisi, agisce in condizioni di temperatura ideali, 35-40 °C a seconda dell'origine animale, ma è resa inattiva dalla pastorizzazione, dalla presenza di acidità, dall'ossigeno, dal sale e dalla refrigerazione del latte.

Le lipasi acida e alcalina sono determinanti per la lipolisi di alcuni formaggi, come gli erborinati per l'azione dei penicillium, e l'inserimento nel latte, tramite caglio, di lipasi gastrica e pregastrica. Nei formaggi stagionati a pasta filata, come provoloni e caciocavalli, la lipasi contenuta nel caglio di capretto o agnello provoca idrolisi indirizzata all'acido butirrico.

I microrganismi lattici non hanno solitamente caratteristiche lipolitiche, anche se la loro presenza è predominante in funzione del fatto che sono parte dello starter, per la loro caratteristica di non possedere lipasi. Possono avere una blanda influenza nel caso si attivi esterasi (enzimi che catalizzano la scissione idrolitica degli esteri di acidi organici), capace di idrolizzare monogliceridi e digliceridi nella fase lipolitica già avviata.

---

[2]   La sigla C seguita da un numero indica il numero degli atomi di carbonio.

La lipolisi è ostacolata dai metalli pesanti, che sono però responsabili dell'irrancidimento ossidativo. Il latte di capra è il più sensibile all'azione lipolitica a causa della dimensione dei globuli di grasso che, essendo piccolissimi, hanno una superficie superiore rispetto ai globuli di grasso di altre lattifere. Questo è il motivo per cui i formaggi caprini maturano più rapidamente e sono maggiormente soggetti a uno sviluppo aromatico molto rapido. Parlare di lipolisi significa affrontare alcune tematiche a essa legate che sono importantissime ai fini caseari e che permettono di capire la provenienza di alcuni dei principali difetti che si possono riscontrare nel formaggio. A fronte di ciò, bisogna distinguere la lipolisi e associarla al termine tecnico "irrancidimento", che nel caso che abbiamo appena analizzato porta effetti organolettici positivi al formaggio. Purtroppo l'irrancidimento è da considerare anche come processo di degradazione, nel senso negativo della parola. Vedremo ora di distinguere gli effetti spesso negativi dell'irrancidimento.

Irrancidimento chetonico

L'irrancidimento chetonico è un'alterazione enzimatica e chimica, che viene provocata dalle muffe ed è, in senso positivo, la caratteristica principale dei formaggi erborinati. È inoltre provocato da lieviti e da batteri. L'enzima provocatore di questo tipo di irrancidimento è la β-ossidasi che determina l'ossidazione. La β-ossidasi è prodotta da alcune muffe come quelle che si utilizzano per i formaggi erborinati e a crosta fiorita. Il latte riscaldato, e di conseguenza i globuli di grasso, favoriscono l'irrancidimento chetonico che interviene solo sugli acidi grassi liberi ed è fautore, in quanto produttore di metilchetoni, 2-eptanone e 2-pentanone, ma anche aldeidi, alcoli ed esteri dell'odore e dell'aroma caratteristico dei formaggi con il penicillium. Ma nei formaggi che non hanno le caratteristiche tipiche dell'erborinatura è da considerarsi un grave difetto.

Irrancidimento ossidativo

È una grave modificazione chimica che avviene per l'assorbimento di ossigeno da parte degli acidi grassi insaturi. Essa determina un cambiamento, anche radicale, delle proprietà organolettiche del formaggio e diventa pericolosa se giunge a provocare tossine. Un assorbimento di ossigeno più intenso comporta innalzamento del Redox[3]. Inoltre provoca difetti al formaggio molto importanti a causa della formazione di aldeidi e chetoni. L'irrancidimento ossidativo è particolarmente influenzato dai metalli pesanti e dalle lavorazioni effettuate in caldaie di rame, e può essere anche veicolato nel burro dal siero residuo della lavorazione di formaggio di tipo grana. Un fattore che può condizionare e influenzare questo tipo d'irrancidimento è l'esposizione del formaggio alla luce, quella soprattutto proveniente dalle finestre poste nelle sale di maturazione. Uno dei difetti che si riscontrano nei formaggi in cui la presenza di irrancidimento ossidativo è in terminazione, è lo sbiancamento della pasta (Immagine 12, p. 260), in quanto i globuli di grasso diventano bianchi a causa dalla scomparsa dei caroteni. Dal punto di vista

---

[3]   Reazione chimica in cui cambia il numero di ossidazione degli atomi, cioè tutte le reazioni in cui si abbia uno scambio di elettroni da una specie chimica a un'altra.

sensoriale nei formaggi "ossidati" sono evidenti odori e aromi di carta, cartone o pesce, difetti a volte insopportabili per i sensi. L'ossidazione, inoltre, inibisce l'azione della lipasi. Per prevenire questo tipo di irrancidimento è possibile utilizzare, inserendolo nel latte da trasformare, acido ascorbico, ma solo nella produzione di formaggi per i quali non è espressamente vietato.

Il casaro deve prestare molta attenzione, durante la trasformazione, a non danneggiare il latte e di conseguenza i globuli di grasso che sono parte fondamentale del formaggio in quanto, oltre che a comporre la resa, consentono al formaggio stesso di acquisire quelle particolari caratteristiche organolettiche che lo contraddistinguono. La componente grassa del latte è fortemente influenzata dall'ambiente e dall'alimentazione delle lattifere, tanto da determinare particolarmente la tipicità di un formaggio tradizionale.

Tabella 4

ACIDI GRASSI INFLUENZATI DALL'AZIONE LIPOLITICA				
Acidi grassi (sigla)	Stato fisico	Sapore	Acidi grassi liberati dalla lipasi	Acidi grassi liberi ove interviene l'irrancidimento chetonico
(C2) acetico	volatile	sì		
(C3) propionico	volatile	sì		
(C4) butirrico	volatile	sì		
(C5) valerianico	volatile	sì		
(C6) capronico	volatile	sì		
(C7) enantico	volatile	sì		
(C8) caprilico	volatile	sì		
(C10) caprinico	liquido	sì		
(C12) laurico	liquido	no		
(C14) miristico	liquido	no		
(C16) palmitico	liquido	no		
(C18) stearico	solido	no		
(C18) oleico	liquido	no		
(C18) linoleico	liquido	no		

Glicolisi

La glicolisi è un processo metabolico anaerobico, ovvero ha luogo senza la presenza di ossigeno. Ha la caratteristica di favorire i processi metabolici del lattosio soprattutto nella cagliata e nelle prime fasi di fermentazione come la sineresi e la salatura. Per meglio chiarire quanto sia importante la glicolisi basti pensare che, in condizioni di mancanza di ossigeno, condizione anaerobica, il glucosio è trasformato in lattato per mezzo di una via metabolica detta "fermentazione lattica".

La maturazione del formaggio è molto influenzabile anche dal punto di vista microbiologico, basti pensare all'azione batterica atta alla trasformazione del lattosio. È vero che la maggiore azione dei microrganismi avviene nella cagliata, nella pasta estratta e magari posta in stufatura, ma essa continua anche durante la maturazione del formaggio. Tanto importante se si pensa ai formaggi erborinati che acidificano fino a pH inferiori a 4,8 e che rimangono a tali pH anche per oltre un mese. Ma proprio per la crescita delle muffe l'acidità della pasta e della crosta può tendere alla neutralità.

In tutti i formaggi comunque avviene, durante la maturazione, diminuzione di acidità, in un rapporto tra l'acidità iniziale della pasta del formaggio con quella finale della maturazione. Più la pasta iniziale è acida, maggiore sarà la disacidificazione. Questa mutazione è determinata da molti fattori, che possono essere enzimatici e microbiologici. In definitiva, anche se il lattosio viene metabolizzato in breve tempo, in funzione del tipo di formaggio, al termine della maturazione vi è sempre un grado più o meno intenso di acidità.

Ambienti per la maturazione dei formaggi

Quando il casaro decide di fare un formaggio, qualsiasi sia la sua tipologia, dev'essere consapevole che successivamente alla caseificazione avviene una fase molto importante, la maturazione. La maturazione del formaggio non è una fase banale e dev'essere compiuta nelle migliori condizioni ambientali. Oggi, per assolvere al compito di produrre formaggi di qualità, non si può più lasciare al caso la scelta del luogo di maturazione, per cui è bene che il caseificio si organizzi per accogliere in stagionatura le varie tipologie di formaggi. In caseificio si fa certamente molto lavoro ma per ottenere la giusta qualità del formaggio si deve operare maggiormente durante la fase di maturazione o stagionatura.

In verità il formaggio risulterà tale solo dopo la salatura perché le mutazioni che avverranno in maturazione influenzeranno molto la riuscita del prodotto finale. Se lo stesso formaggio in maturazione viene conservato in luoghi diversi, diversi saranno i risultati. Durante questa importante fase avvengono mutazioni chimiche e fisiche determinate dalla temperatura, dall'umidità e dalle condizioni microbiologiche che sono presenti nel locale in cui i formaggi vengono posti.

Il casaro consapevole deve saper operare prima in caseificio e poi nell'ambiente di maturazione. Ogni fase della caseificazione è decisiva per l'ottenimento del formaggio progettato e nulla dev'essere lasciato al caso, ne andrebbe delle caratteristiche del prodotto finito.

Nei locali di maturazione sono importanti prevalentemente la temperatura e l'umidità, che devono essere impostate in funzione del formaggio che vi si pone. In effetti vi sono strette connessioni tra la temperatura e l'umidità, quest'ultima è spesso sottovalutata e impostata a minime percentuali, magari per evitare la crescita superficiale delle muffe, ma tale prassi spesso provoca danni irreparabili al formaggio. L'umidità giustamente impostata degli ambienti contribuisce alla formazione corretta della crosta, che ha poi riflessi sull'azione osmotica e di conseguenza sulla resa del formaggio. Inoltre contribuisce allo sviluppo dei microrganismi indispensabili sulla superficie esterna del formaggio, che ne influenzano il giusto tempo di maturazione.

Un caseificio che produce formaggi di varie tipologie, dalla pasta molle alla pasta dura, dovrà permettersi di effettuare la maturazione dei formaggi in ambienti diversi con metodi di cura diversificati.

Questo è un problema che andrebbe affrontato anche dal commerciante che si occupa di formaggi, perché spesso capita che nella stessa cella refrigerante vengano conservati formaggi di ogni tipologia. L'incapacità di conservare i formaggi, sia da parte del caseificio che del negozio, può portare anche a deterioramento o alla formazione di difetti anche gravi nella pasta o sulla crosta del formaggio. Oggi la domanda di formaggio è notevole, come sono notevoli le diversità delle tipologie prodotte, per questo le abitudini del passato sono ormai superate. Un tempo per la stagionatura ci si accontentava di un ambiente naturale, una grotta, una cantina fresca, una ghiacciaia, che però era adatta più che altro a formaggi dalla pasta semidura o dura. I formaggi a pasta molle sono per lo più una "invenzione" recente, con l'avvento delle celle frigorifere è possibile conservarli al meglio.

La maturazione del formaggio non è quindi un meccanismo automatico, al contrario è un fattore destabilizzante dei componenti della pasta caseosa che va tenuto sotto osservazione, proprio come un medico fa con il suo paziente. Oggi si trovano ambienti di stagionatura naturali idonei soprattutto per formaggi a pasta semidura e dura, ma sono pochi. In effetti c'è un ritorno, una ricerca di grotte, anfratti, vecchi fabbricati magari con la cantina, che si crede possano dare eccellenza ai prodotti. Ancora più spesso, proprio nelle cantine o grotte, il casaro deve comunque intervenire installando impianti di raffreddamento, di umidificazione o di deumidificazione, per adattare al meglio ogni posizione dell'ambiente allo scopo di evitare tempi di maturazione diversificati o non adatti alle tipologie da stagionare. In questi casi la microflora ambientale rimane attiva ma le condizioni ambientali sono modificate, adattate.

Negli ultimi anni è nata anche una moda, così penso possa essere definita, ovvero quella di stagionare anche formaggi a pasta semidura per anni. Si parla addirittura di maturazioni di un decennio o più per formaggi che possano rimanere intatti, almeno fisicamente. Ma di cosa deve tener conto il produttore per decidere il giusto tempo di maturazione del suo formaggio? Ovviamente nel caso dei formaggi per i quali sono stati stilati disciplinari di produzione il ragionamento è certo, cioè il casaro deve sostenere tutte le fasi di trasformazione e di stagionatura affinché il prodotto giunga alla maturazione e alla successiva vendita, nei tempi prestabiliti. Non ci sono naturalmente disciplinari che contemplino un limite massimo del tempo di maturazione, ma sicuramente essi prevedono un tempo minimo. Ciò non significa che il formaggio possa restare sulle tavole di legno in eterno.

Sia per i formaggi con disciplinare sia per quelli dove non vi sono regole scritte, il tempo di maturazione, mi piace ripeterlo, è stabilito da molti fattori che seguono tutto l'arco della filiera, dal latte all'ambiente di stagionatura, per cui il casaro deve poter stabilire il punto massimo di maturazione, per non dover optare alla vendita nel momento in cui le caratteristiche chimiche, fisiche e batteriologiche si trovino in fase "calante" e così le caratteristiche organolettiche. La trasformazione delle caseine in peptidi, spesso amari soprattutto nelle paste semidure e semicotte, è verificabile con l'assaggio del formaggio, e ha dei limiti temporali. Se le fasi di trasformazione sono state eseguite correttamente, i peptidi proseguiranno la loro vita trasformandosi in amminoacidi e i peptidi amari scompariranno, o meglio non avranno riflessi sensoriali negativi. A quel punto il formaggio è a un buon livello di maturazione e quindi può presentare caratteristiche organolettiche di buona qualità. Ciò non significa iterrompere la maturazione.

Questo è un esempio che conferma alcuni punti essenziali e suggerisce l'intervento del casaro.

- Il casaro deve verificare le caratteristiche organolettiche del formaggio in tempi di maturazione diversi.
- Il formaggio in seguito alla proteasi può risultare amaro. Proseguire con la maturazione per verificare se l'effetto svanisce.
- Se il formaggio (pasta molle o semidura) si deforma o presenta crosta avvallata (facce concave) o molto deformata, è perché la sua pasta ha mantenuto una grande quantità di acqua, che spesso fuoriesce rapidamente, e le possibilità dell'insorgere del sapore amaro aumentano, soprattutto nei formaggi vaccini e caprini. In queste condizioni il formaggio va consumato subito, prima che i difetti possano degenerare ulteriormente.
- I formaggi a pasta semidura, soprattutto se da latte del pascolo (o d'alpeggio), vanno tenuti sotto controllo fino al momento in cui i sentori organolettici presentano sensazioni vegetali, fruttate (anche di frutta secca), floreali e speziate. A quel punto la maturazione può essere considerata di ottimo livello. Meglio non proseguire ulteriormente con la maturazione.
- Il limite temporale di maturazione per un formaggio a pasta dura può essere riscontrato all'assaggio, prova dello spillo o carotiere, fin quando non si notano odori e aromi di carta, cartone o addirittura pesce. L'irrancidimento ossidativo è iniziato. Il formaggio

deve essere consumato. Vero anche che la formazione di amminoacidi cristallizzati è un ottimo segnale di maturazione, ma non lo è se successivamente la pasta del formaggio tende a sbiancare.

In conclusione è bene non esagerare con i tempi di stagionatura per qualsiasi tipologia di formaggio, accertando che, sia dal punto di vista aromatico che strutturale, la pasta assuma le caratteristiche della tipologia che il casaro desidera ottenere. Dal punto di vista sensoriale è bene che il casaro si rivolga a un tecnico per non cadere in un giudizio fortemente influenzato dalla soddisfazione di aver ottenuto un bel prodotto. Bello dev'essere, il formaggio, ma non solo.

Formaggi a pasta molle

I formaggi a pasta molle sono per lo più prodotti da latte pastorizzato, quei pochi a latte crudo appartengono alle DOP o a produzioni per le quali è stata richiesta deroga alle ASL. La legislazione prevede che un formaggio a latte crudo debba essere consumato dopo 60 giorni di maturazione, tempo necessario affinché si autosanifichi da eventuali problematiche come nel caso vi sia inquinamento da stafilococchi. È chiaro che un formaggio che matura al massimo 60 giorni può rientrare nella classe dei freschi o in quella dei formaggi di breve stagionatura.

La conseguenza di ciò è che il formaggio a pasta molle non solo dev'essere fatto, in caseificio, con tecniche appropriate ma anche conservato in ambienti le cui caratteristiche consentano al prodotto di maturare al meglio per un consumo sicuro. Parlando di formaggi a latte pastorizzato, il loro consumo è consentito, naturalmente, anche solo dopo 24 ore dal termine della caseificazione, purché rientrino nella catena del freddo.

I formaggi appartenenti alla classe dei freschi, ovvero quelli che si consumano al massimo entro 15 giorni, sono solitamente formaggi ad alto contenuto d'acqua, anche superiore al 60% e normalmente senza crosta. Può sembrare strano ma questi formaggi sono particolarmente delicati, soggetti a inquinamenti ambientali e a volte, se mal conservati, possono assumere problematiche batteriologiche anche pericolose. Di conseguenza è molto importante che la loro conservazione, anche durante la maturazione, avvenga in perfette condizioni igieniche.

Quando si parla di igiene non ci si riferisce solo alla pulizia dei locali e dei supporti in cui vengono posti i formaggi ma anche, e soprattutto, alle condizioni di temperatura e umidità del locale di maturazione.

Nella Tabella 5 vengono suggerite le condizioni di conservazione di alcune tipologie di formaggio.

Gli ambienti in cui vengono fatti maturare i formaggi a pasta molle devono essere particolarmente puliti e spesso sterilizzati. È alto il rischio che avvengano contaminazioni soprattutto superficiali, sulla crosta del formaggio, a volte anche pericolose per la salute. Bisogna tenere, in modo particolare, controllate le muffe.

Tabella 5

CONDIZIONI AMBIENTALI PER LA MATURAZIONE DI FORMAGGI A PASTA MOLLE					
Formaggio	Ambiente di maturazione	Tempo di maturazione giorni	Temp. maturazione °C	Umidità %	Temp. conservazione °C
coagulazione lattica, caprini lattici	cella	3-21	4-7	85-88	4
squacquerone, casatella, stracchino	cella (ventilata e statica)	1-3	4-6	85-90	4
pasta filata fresca, mozzarella	direttamente nel liquido di governo	1	8-10	in acqua	4
caciotta vaccina, ovina senza crosta	cella	5-15	4-6	85-88	4-5
caciotta vaccina, ovina con crosta	cella, cantina, grotta	21-60	6-8	85-88	4-6
crosta lavata	cella, grotta	45-75	4-6	85-90	4-6
erborinati	cella	50-75	3-4	90-95	4

Tabella 6

FORMAGGI A PASTA MOLLE – PROBLEMI PIÙ FREQUENTI IN MATURAZIONE			
Formaggio	Problemi	Motivi	Soluzioni
coagulazione lattica, caprini lattici	formazione occhiature	temperatura elevata	controllo della temperatura
	formazione di pelle	temperatura elevata o ambiente troppo aerato	modificare le condizioni ambientali, aumentare l'umidità
	fioritura muffe anomale	inquinamento ambientale	sanificare l'ambiente asportando gli scaffali e sterilizzandoli
squacquerone, casatella, stracchino	fuoriuscita di siero (spurgo anomalo)	temperatura elevata	diminuire la temperatura, utilizzare cella ventilata
pasta filata fresca, mozzarella	la pelle si sfalda, si spella	temperatura elevata e liquido di governo anomalo	controllare la temperatura dell'acqua di governo e la sua acidità che deve essere come quella del formaggio
	pasta gessata o spugnosa	continua l'acidificazione	abbassare la temperatura dell'acqua di raffreddamento e controllare quella del liquido di governo
	pelle dura, salata	liquido di governo anomalo	abbassare la concentrazione di sale
	presenza di funghi/muffe	igiene ambiente	risanamento ambienti e liquido di governo eventualmente con sorbato di potassio

segue →

Formaggio	Problemi	Motivi	Soluzioni
caciotta vaccina, ovina senza crosta	abbassamento delle forme	temperatura elevata e/o spurgo secondario non corretto	acidificare maggiormente in stufatura per uno spurgo corretto; abbassare la temperatura in maturazione
	formazione di crosta indesiderata	temperatura/ umidità	elevare l'umidità ambientale ed eventualmente abbassare la temperatura; attenzione alle correnti d'aria
caciotta vaccina, ovina con crosta	crepe e fessurazioni superficiali	temperatura/ umidità	controllare la temperatura (troppo elevata?); troppo arieggiamento del locale ed eventualmente inumidire le forme
	rammollimento della crosta	troppa umidità ambientale	abbassare l'umidità dell'ambiente
crosta	debole colorazione	mantenimento in maturazione	lavare con metodo la crosta e rivoltare le forme con frequenza; eventualmente inserire nella salamoia di lavaggio la morchia di formaggi ben riusciti
	muffe anomale o macchie	inquinamento ambientale	sanificare i locali di maturazione e le tavole
erborinati	basso sviluppo della muffa	ambientali	controllare l'umidità ambientale
		foratura otturata	ripetere la foratura
	screpolatura crosta	temperatura/ arieggiamento	abbassare la temperature e l'arieggiamento/aumentare l'umidità ambientale

I supporti per la posa dei formaggi, si parla naturalmente di formaggi con crosta, possono essere di legno o di materiale plastico traforato, materiali che consentono una buona traspirazione del formaggio. Se si utilizza il legno è bene che i formaggi da maturare siano abbastanza asciutti, per evitare che si attacchino alle tavole; qualora accadesse, è bene asportare le tavole sporche per una profonda pulizia e sterilizzazione. Anche i supporti di plastica vanno lavati periodicamente, soprattutto se i formaggi sono soggetti a formazione di morchia superficiale.

Per quanto riguarda i formaggi senza crosta, è buon uso utilizzare celle ventilate e celle statiche. Le prime permettono al formaggio di concludere rapidamente l'acidificazione in quanto raffreddano velocemente e anche, come per esempio nello squacquerone, la formazione di una protezione della superficie esterna del formaggio che impedisce uno spurgo anomalo, in post-acidificazione, fattore che deve essere assolutamente evitato anche per altri formaggi che non presentano la crosta. La cella statica invece consente meglio la maturazione e una migliore regolazione dell'umidità ambientale. Relativamente agli erborinati il discorso è simile a quello delle paste molli senza crosta ma la temperatura dev'essere bassa e soprattutto costante dovendo la pasta conservare una forte acidità per un lungo tempo, almeno fino a quando i penicillium incominciano la loro azione proteolitica.

Se per i formaggi a pasta semidura e dura vige, oggi, la mania di stagionare quasi in eterno, per i formaggi a pasta molle si tende ad accelerare la proteolisi in modo molto spinto, allo scopo di ottenere cremificazione. Purtroppo questo aspetto è altamente degenerante per le caseine che spesso, in presenza di elevate quantità di acqua, non solo cremificano ma si liquefanno (Immagine 26 p. 267), creando orribili colature al momento dell'apertura del formaggio. L'effetto negativo di questo stato non è solo visivo, anche se il consumatore lo vede come un pregio, ma lo è dal punto di vista organolettico. L'eccessiva cremificazione porta quasi sempre alla scomposizione rapida delle caseine in peptidi di basso peso molecolare, spesso amari, che non possono trasformarsi in amminoacidi sia perché influenzati dall'acqua sia per mancanza del tempo a loro indispensabile per trasformarsi. Se poi l'eccessiva cremificazione è causata anche dalla presenza di muffe ambientali o penicillium inoculati nel latte, l'effetto peggiora ulteriormente. Nei peggiori dei casi oltre al sapore amaro, è presente odore e aroma di ammoniaca, che può essere accettabile, se di bassa intensità, nei formaggi erborinati, ma mai in altre tipologie.

Formaggi a pasta semidura e dura

I formaggi a pasta semidura sono associabili alla tipologia dei formaggi di breve e media stagionatura. Il loro contenuto di acqua, che varia fra il 45 e il 35%, non consente loro una rapidissima maturazione ma neppure una lunga stagionatura. Diversamente dai formaggi a pasta molle, però, questi formaggi possono con discreta facilità maturare anche in ambienti la cui umidità e temperatura sono naturali. Il latte che viene utilizzato per i formaggi a pasta semidura può essere pastorizzato o crudo, visto che la loro maturazione supera solitamente i 60 giorni per poi prolungarsi anche fino a 180.

Il fattore tempo diventa molto importante ed è indispensabile affinché i formaggi assumano le tipiche proprietà organolettiche. In questa tipologia sono molti i formaggi tradizionali che conservano la loro tipicità da molto tempo, a volte da secoli.

La storia infatti ci ha tramandato soprattutto formaggi a pasta semidura e dura, perché era innato, nella cultura dei nostri avi, il senso della conservazione e quasi mai si producevano formaggi freschi se non in famiglia per l'uso giornaliero o al massimo settimanale.

La pasta semidura che si associa spesso alla pasta semicotta ha quindi particolari necessità ovvero deve maturare rapidamente e a volte lentamente.

I formaggi a pasta semidura possono essere guidati alla maturazione già dalle fasi di caseificazione, in particolare con la scelta del caglio. Un caglio molto proteolitico, ovvero con percentuale di pepsina elevata o addirittura maggiore di quella della chimosina, influenza molto la maturazione del formaggio. La pepsina non ha un'azione immediata sulla pasta del formaggio, per cui non serve un caglio proteolitico se la maturazione è inferiore ai 30-40 giorni. Dopo questo periodo la proteolisi, particolarmente aiutata dalle condizioni dell'ambiente di maturazione, inizia a dare risultati importanti.

Tabella 7

CONDIZIONI AMBIENTALI PER LA MATURAZIONE DI FORMAGGI A PASTA SEMIDURA					
Formaggio	Ambiente di maturazione	Tempo di maturazione giorni	Temp. maturazione °C	Umidità %	Temp. conservazione °C
pasta semicotta tecnologia d'alpe	celle statica o ambiente naturale	60-120	8-12	83-88	5-7
pasta filata, caciocavallo, provolone	celle o ambienti naturali	30-90	8-12	85-88	4-6
pasta semicotta e/o pressata, formaggi a breve stagionatura	cella	25-60	6-8	85-90	4-5
pecorini	celle o ambienti naturali	30-75	6-10	85-88	5-7

Attenzione: se si sceglie un caglio con pepsina ≥ 50% bisogna lavorare il latte consapevolmente, la pasta in caldaia deve spurgare correttamente sia in semicottura che eventualmente fuori fuoco. Ciò consente di evitare che nella pasta del formaggio rimanga un eccessivo contenuto d'acqua che può determinare, vista la proteolisi spinta, difetti come l'amaro. Un'altra fase che può provocare difetti al formaggio è la salatura, che non deve mai essere troppo elevata per non determinare problematiche alla crosta e all'unghia, difetti di tessitura tali da rendere la pasta del formaggio poco elastica. L'elasticità non è sempre una caratteristica del formaggio a pasta semidura ma lo è spesso e ciò è determinato dalla tecnica della semicottura e dalla quantità d'acqua presente, e quindi difetti come le sfoglie o le screpolature della crosta possono influenzare la scelta del tempo di stagionatura.

Gli ambienti naturali sono molto importanti per questi formaggi, lo sono molto di più che per le paste molli. Infatti, la stagionatura in grotte, cantine o altri locali dove non esiste un condizionamento forzato concede al formaggio caratteristiche organolettiche tipiche, autoctone, molto importanti. Le muffe presenti in questi ambienti aiutano molto la maturazione delle paste semidure ma bisogna evitarne gli eccessi, pulendo spesso i formaggi, spazzolandoli se le muffe sono secche oppure lavandoli.

La pulizia può essere effettuata semplicemente utilizzando una spazzola e acqua corrente, oppure una spugna. Operazioni, queste, da fare solo se il formaggio presenta una crosta ben formata e resistente. È importante anche la cura dell'ambiente di stagionatura, la pulizia, il controllo delle assi, il loro rivoltamento e l'eventuale oliatura delle forme una volta pulite e ben asciugate.

Tabella 8

FORMAGGI A PASTA SEMIDURA – PROBLEMI PIÙ FREQUENTI IN MATURAZIONE			
Formaggio	**Problemi**	**Motivi**	**Soluzioni**
pasta semicotta tecnologia d'alpe (foto n. 2 p. 341)	occhiatura localizzata	umidità localizzata	rivoltare le forme con maggiore frequenza
	muffa (*geotricum*) eccessiva	ambiente inquinato	effettuare regolare pulizia delle scaffalature, igienizzandole con prodotti antibatterici
	presenza di macchie rossastre, giallastre [1]	presenza di micrococchi	lavare frequentemente le tavole di legno e sanificarle; spazzolare e lavare anche le forme, che devono essere riposte sulle assi ben asciutte
	infossamento delle facce del formaggio	umidità eccessiva della pasta	asciugare bene la pasta in caldaia e/o in stufatura
	rammollimento della crosta	troppa umidità	arieggiare il locale di maturazione, cambiare di posizione le forme meno bagnate con quelle bagnate
	larve	insetti (mosche) presenti nel locale di maturazione	mantenere pulite e asciutte le forme evitando l'accesso agli insetti; pulire le forme attaccate anche togliendo parte di esse; curare maggiormente la pulizia dei locali
	odori indesiderati	pulizia/ arieggiamento	arieggiare bene gli ambienti, controllare che non vi siano troppi formaggi, troppo vicini fra loro, troppo umidi; sanificare l'ambiente, i muri, i pavimenti, le tavole di legno
pasta filata, caciocavallo, provolone	screpolature della pasta	asciugatura	controllare l'asciugatura una volta estratta dalla salamoia; controllare le correnti d'aria nel locale di stagionatura; pasta troppo umida
pasta semicotta e/o pressata, formaggi a breve stagionatura	eccessiva formazione di muffe	troppa umidità nell'ambiente; eccessiva umidità nella pasta del formaggio	deumidificare l'ambiente e/o asciugare meglio la pasta in caldaia o in pressatura
pecorini	infossamento delle facce	pasta troppo umida	asciugare bene la pasta in caldaia e/o in stufatura
crosta lavata	crepe, screpolature [2]	eccessiva umidità o cambi di temperatura	mantenere costante l'umidità e la temperatura; non superare il 93-95% di umidità

[1] Immagine 18, p. 263, Immagine 31, p. 269.
[2] Immagine 17, p. 262.

I formaggi a pasta dura hanno problematiche diverse da quelli finora trattati, infatti il mantenimento consente loro di stagionare anche a lungo. La bassa percentuale di acqua, nelle paste dure, impedisce il nascere di gravi difetti come le screpolature, piuttosto tipiche dei formaggi a pasta semidura, purché le condizioni ambientali siano consone. Le paste dure di lunga stagionatura hanno bisogno di lentezza, una sorta di tranquillità, sia nella fase di spurgo che di maturazione. Per questo la temperatura e l'umidità dei locali di stagionatura devono essere mantenute costanti con la massima precisione. Gli sbalzi repentini rischiano di compromettere una produzione che può essere concessa al consumatore anche dopo molto tempo, a volte molti anni.

La temperatura può variare anche di molto, ma solitamente per stagionare un formaggio a pasta dura varia fra i 10 e i 15 °C. Così come l'umidità, che non deve mai essere troppo o troppo poco elevata: troppa umidità non consoliderà la crosta, che invece deve indurire, lentamente ma obbligatoriamente. Poca umidità porterebbe alla rottura o alla screpolatura della crosta con conseguente infiltrazione di muffe, acari o semplicemente di polvere. Anche la pulizia delle forme è fondamentale. Guai a lasciare muffe per troppo tempo sulla superficie del formaggio, che tenderebbe ad ammorbidire la crosta con evidenti reazioni anche di rottura. Lavare le forme, spazzolarle ed eventualmente ungerle è un'operazione indispensabile. L'olio di lavaggio permette di mantenere una superficie sulla quale le muffe troverebbero molto problematico insediarsi e la successiva pulizia ne sarebbe facilitata.

Formaggi a pasta filata

Parlare di formaggi a pasta filata è sempre riduttivo, essi costituiscono una parte importantissima della filiera italiana tanto che oggi rappresentano un contributo essenziale all'industria, in particolare per l'esportazione in tutto il mondo. Un tempo i formaggi a pasta filata, quelli a pasta semidura e dura venivano fatti asciugare all'aria, spesso anche al sole. Oggi questo non è più possibile, servono ambienti idonei, magari non troppo tecnologici, affinché possa avvenire una maturazione corretta e autoctona, e soprattutto si possano creare le condizioni che consentano di impedire alle muffe nocive di infestare i formaggi. Per quanto riguarda invece i formaggi freschi, la mozzarella e la scamorza, qualora quest'ultima non debba essere affumicata, l'ambiente di mantenimento, più che di maturazione, è la cella statica. Se si parla di formaggi che devono stagionare, come caciocavalli o provoloni, è necessario che le fasi proteolitiche e lipolitiche vengano influenzate da condizioni ambientali costanti, ma soprattutto che prima della stagionatura avvenga l'asciugatura, in modo da favorire un buono spurgo. Perciò è importante una fase di stufatura in ambienti a temperatura costante di 22-30 °C con umidità del 90%. Una stufatura corretta permetterà la chiusura della pasta e la formazione di una crosta elastica che proteggerà il formaggio in maturazione.

Si ricordi inoltre che in fase di stagionatura il formaggio perde peso a causa della diminuzione del contenuto d'acqua; questo accade con l'influenza particolare derivante dall'umidità dell'ambiente più che dalla sua temperatura. Questa regola vale non solo per i formaggi a pasta filata ma per tutti i formaggi. In generale la maturazione dei formaggi a pasta filata dura continua in celle o in ambienti naturali dove la temperatura è regolata tra i 6 e i 12 °C con umidità mai superiore all'80%. Soprattutto se il formaggio è lasciato maturare in ambienti naturali è indispensabile provvedere alla pulizia delle forme e alla loro eventuale cappatura con olio o sostanze naturali tradizionali. La crosta dei formaggi a pasta filata è di norma molto sottile e quindi molto delicata anche se dura, per cui l'infestazione di muffe o la troppa umidità ambientale sono deleterie non solo per la superficie esterna del formaggio ma anche per la pasta interna.

La ricotta

Non ci sono altri latticini le cui caratteristiche soddisfano la maggior parte dei consumatori come la ricotta. Senza considerare le caratteristiche nutrizionali, che sono molto importanti per il contenuto di proteine, sieroproteine, sali minerali e vitamine, la ricotta possiede peculiarità organolettiche molto interessanti.

Insomma, piace molto anche nelle diverse versioni che la tradizione italiana prevede nelle regioni dove vige la cultura della pastorizia e dell'allevamento. Soprattutto è, per il casaro, una fonte economica di grande importanza, specie se si lavora latte vaccino, e una variabile rispetto al formaggio che non può mancare nel banco vendita.

La ricotta non è un formaggio, perché è a tutti gli effetti una sottoproduzione della lavorazione del latte che subisce una doppia cottura, si dice, in quanto il riscaldamento del siero è secondo al riscaldamento del latte che si effettua per fare formaggio. Come per il formaggio il mantenimento della ricotta avviene anche per lungo tempo, se trattata nei modi locali, adattati in funzione delle abitudini alimentari.

La tradizione ci insegna che la ricotta può essere consumata per lo più fresca ma anche affumicata, come prevede la tradizione alpina, oppure salata o essiccata al forno, come usa in Sicilia. Nelle realtà casearie italiane non sempre avviene la produzione della ricotta, tant'è che negli stabilimenti dove si produce Parmigiano Reggiano e Grana Padano DOP, il siero, una volta scremato, è condotto in stabilimenti o allevamenti dove viene smaltito. Diversamente avviene nelle piccole aziende della penisola e in particolare al Centro e al Sud dove il siero è impiegato principalmente per ottenere la ricotta, sia essa di origine bovina, ovina, caprina o bufalina.

L'ottenimento della ricotta non è sempre scontato perché non da tutti i formaggi si ottiene il siero adatto alla flocculazione delle sieroproteine. D'altra parte anche il latte d'origine è molto importante e influente sulla formazione della ricotta, in quanto maggiore è il contenuto di sieroproteine minore è la difficoltà di fare ricotta.

La ricotta è quindi il derivato diretto del siero, per cui è d'obbligo fare alcune considerazioni su di esso, nel quale sono disciolte molte componenti tra le quali le sieroproteine e i sali minerali. Il siero è un composto complesso anche se, rispetto al latte, manca delle caseine e del grasso, principali componenti della pasta del formaggio. È un concentrato di vitamine fra le quali la B2 (riboflavina), liposolubile, molto presente e importante in quanto detiene funzioni benefiche per la cura dei tumori e delle malattie cardiocircolatorie, porta beneficio alla vista ed è responsabile del colore giallo del siero.

I componenti essenziali, che partecipano alla flocculazione della ricotta, sono le sieroproteine, il cui valore biologico è forse poco considerato, così come la sua elevata digeribilità in quanto, giunte nello stomaco, non subiscono la coagulazione. Inoltre hanno un buon contenuto di amminoacidi ramificati che influiscono positivamente sulla formazione della massa muscolare.

Tabella 1

Proteine	Valore biologico (%)
sieroproteine	95
uovo (tuorlo)	93
latte	86
caseine	75
carne bovina	70
soia	70
grano	61

Fonte: Pizzichino, 2006

Dalla lavorazione del formaggio, rimangono nel siero minuscoli residui di caseine e, nel caso di una trasformazione corretta, di grasso in piccolissime percentuali, pari allo 0,2-0,5%. La ricotta è quindi il risultato di una coagulazione caldo-acida (precipitazione delle sieroproteine) del siero (lattoalbumine) che spesso, soprattutto se da latte di vacca, dev'essere aiutata con l'innesto di un acidificante. Le sieroproteine, che sono solubili nel latte, non vengono influenzate dalla coagulazione presamica e quindi rimangono per lo più nel siero. L'unica pratica che consente alle sieroproteine di essere inglobate in un reticolo caseinico presamico è la lavorazione del cacioricotta, formaggio tipico italiano che, prima della coagulazione, prevede il riscaldamento del latte a temperature anche di 90 °C.

La qualità e le caratteristiche organolettiche della ricotta sono fortemente influenzate dalla tipologia e dalle caratteristiche chimiche del latte iniziale e soprattutto dai componenti del siero, in relazione al tipo di formaggio che è stato prodotto.

Per ottenere la ricotta è necessario che il siero residuo della lavorazione del formaggio sia dolce, ovvero di acidità compresa fra 2 e 2,4 °SH/50. Qualora la lavorazione del formaggio lasci un siero eccessivamente acido, è possibile disacidificarlo con una soluzione di soda caustica, oppure con l'aggiunta di acqua. Molti casari aggiungono al siero una minima quantità di latte affinché la ricotta diventi più morbida e più gustosa, aumentando anche la resa, ma in questo caso può aumentare la quantità di caseine aggregate alle sieroproteine rispetto a quanto avviene utilizzando solo siero.

Per evitare che gli enzimi del caglio residui nel siero denaturino le caseine, la temperatura ideale per aggiungere latte è compresa tra i 40 e i 50 °C, oppure oltre i 60 °C. In questa logica, per ottenere una migliore aggregazione delle caseine alle sieroproteine e annullare l'azione dei già citati enzimi del caglio residui nel siero, è auspicabile aggiungere il latte al siero quando quest'ultimo raggiunge la temperatura di 70-72 °C.

Le proteine del siero in fase di flocculazione accorpano i globuli di grasso. L'aggiunta di latte o panna al siero, soprattutto in grandi dosi, contribuisce alla formazione di un coagulo composto principalmente da caseine, proteine insolubili e, in minor quantità, dalle sieroproteine solubili (albumina), determinando una struttura più facile da raccogliere ma capace di rassodare eccessivamente se troppo riscaldata. Ciò va a modificare non solo la composizione chimica della ricotta ma le sue caratteristiche organolettiche. Savini (1950) afferma, in relazione al latte aggiunto al siero, che *"questa aggiunta deve essere considerata una frode"*. Un altro autore, Ilardi (1980), affermava altresì che al siero vaccino deve essere aggiunto il latte mentre in quello ovino tale aggiunta va a peggiorare le caratteristiche organolettiche della ricotta.

Studi hanno dimostrato che un'aggiunta di latte superiore al 20% della totalità del siero porta la concentrazione di caseine, proteine insolubili, alla pari di quella delle sieroproteine, determinando una minore digeribilità e una maggiore grassezza del prodotto finito. In alcuni territori italiani, come per esempio nel Centro, vige l'usanza di rompere la cagliata, da latte ovino, con lo spino di legno consistente in un getto (pollone) di biancospino o di pero selvatico, in modo molto vivace, determinando quindi uno slattamento piuttosto spinto. Tale slattamento va ad aumentare la percentuale di grasso nella ricotta, che diventa molto morbida ma con l'effetto, però, di perdere piuttosto rapidamente la sua conservabilità.

Anche il sale è importante per fare la ricotta: non conferisce al prodotto finito una particolare sapidità ma influisce come coadiuvante per la flocculazione. Il sale dev'essere utilizzato in dosi non superiori a 1-1,5% del peso della ricotta che sarà ottenuta e va immesso in caldaia quando il siero ha raggiunto 63 °C. La temperatura finale che dev'essere raggiunta affinché avvenga la flocculazione è molto variabile. Con siero di latte ovino sono sufficienti 82 °C (a volte anche meno di 80 °C) mentre con siero vaccino può essere indispensabile arrivare anche a 90 °C. Anche l'eventuale aggiunta di latte o panna determina una variabile sulla temperatura di flocculazione, che va tenuta in grande considerazione.

Solitamente per acidificare il siero, ormai alla temperatura d'inoculo, vengono impiegati acidificanti come l'acido citrico monoidrato o acido lattico, agra o lattofermento, oppure miscele saline solitamente composte da cloruro di calcio, di magnesio e di sodio. Un siero troppo acido, spesso derivante dalla trasformazione del latte in formaggi a pasta molle, determinerà una ricotta dai fiocchi molto piccoli e spesso difficili da recuperare, a discapito della resa, a volte molto bassa. Al contrario, un riscaldamento troppo elevato cuoce la ricotta rendendola grumosa, dura e demineralizzata e dall'aroma di latte cotto. Ne deriva che un siero, durante la lavorazione della ricotta, acidificato troppo produrrà ricotta molto fine, difficile da raccogliere, in quanto l'acidità andrà a sciogliere i fiocchi in fase di flocculazione.

Per una giusta acidificazione del siero è bene attenersi ai dati della Tabella 2.

Tabella 2

ACIDITÀ E TEMPERATURE OTTIMALI PER OTTENERE RICOTTA			
Prodotti base per ricotta	pH	°SH/50	Temperatura di flocculazione
latte intero	5,7-6,0	7,0-7,5	82-85
latte con siero	5,5-5,8	8,0-8,5	84-87
siero	5,4-5,7	8,5-9,0	> 87

Fonte: Salvadori del Prato, 1998

Le sieroproteine subiscono destabilizzazione a causa del riscaldamento e dell'acidificazione che ne modifica il pH. Tale destabilizzazione aumenta qualora aumentino il riscaldamento e l'acidificazione. Tali fenomeni provocano inizialmente la precipitazione delle globuline, che possiedono un alto peso molecolare, in seguito dell'albumina e in fine della β-lattoglobulina (β-LG) e la α-lattoalbumina (α-LA).

Pur agendo in modo corretto in ogni fase della produzione di ricotta vaccina, si ravvede una raccolta di sieroproteine che non supera l'80% (Shahani, 1978). La scotta quindi continua a contenere un discreto contenuto di proteine del siero in soluzione, cioè che non si saldano a quelle in flocculazione.

Come si produce

Per ottenere una buona ricotta è sempre bene conoscere le caratteristiche del siero di partenza, soprattutto la sua acidità nominale, che non deve superare i 2,4 °SH/50. Qualora non necessiti acidificare è bene attenersi alle caratteristiche naturali del siero e lasciare che la ricotta floculi senza forzature: è spesso il caso del siero derivante dalla lavorazione di latte ovino.

Sempre in tema di forzature, un metodo adottato per consentire il riconoscimento dei sentori sensoriali della ricotta ovina (ottenuta però dal siero vaccino) è quello di aggiungere lipasi pregastrica (di agnello) alla panna che sarà miscelata, in seguito, al siero. La panna miscelata alla lipasi, prima del suo utilizzo, dovrà essere mantenuta in sosta per due o più ore.

Il riscaldamento del siero può avvenire in doppi fondi riscaldati a vapore o ad acqua calda, per iniezione diretta del vapore o a fuoco diretto. Durante il riscaldamento è bene non agitare il siero, a eccezione del riscaldamento a fuoco diretto per il quale una lieve agitazione, o meglio un lieve sfregamento del fondo della caldaia con attrezzo di legno, sono necessari per impedire dannose attaccature sul fondo della caldaia. La tecnica prevede quindi alcune fasi importanti che il casaro deve seguire tenendo conto del siero da utilizzare e del risultato da ottenere, che per ogni formaggio prodotto è sempre diverso. Da ciò si evincono alcune considerazioni che sono strettamente tecnologiche, anche in funzione delle macchine o attrezzature in dotazione al caseificio. È necessario fare alcuni riferimenti al metodo di riscaldamento e alla velocità di incremento della temperatura che, in funzione dei metodi operativi, sono strettamente collegati. In molti caseifici, dove vige l'utilizzo di impianti a vapore, si utilizzano tine in acciaio o in plastica per il riscaldamento del siero tramite iniezione diretta del vapore. Questo metodo è senz'altro il più rapido per raggiungere la temperatura di flocculazione della ricotta, ma va tenuta sotto controllo la velocità con cui il vapore riscalda il siero. Si consideri anche che l'immissione di vapore apporta un discreto volume di acqua, pari al 10-14% (Mucchetti e Neviani, 2006), disacidificando quindi il siero. Il casaro, in questo caso, dovrà provare la quantità di vapore immesso per capire soprattutto la consistenza della ricotta che ne deriva ma anche la perdita della ricotta, che spesso capita di ritrovare sul fondo della tina. Questo effetto, ovvero la perdita di ricotta, che naturalmente si riflette sulla resa, non è esclusivo del riscaldamento diretto con il vapore ma anche di altre tecniche, come il riscaldamento tramite polivalenti sia a vapore sia ad acqua calda.

La perdita sul fondo della caldaia della ricotta può essere determinata o dalla velocità di riscaldamento del siero oppure dalle scorrette dosi di acidificante immesso per ottenere la flocculazione. Tornando alla velocità di riscaldamento, alcuni autori come Wetherup, 1999, affermano che, ai fini della resa, è preferibile riscaldare lentamente con macchine a scambio di calore sia esse ad acqua che a vapore, piuttosto che con l'iniezione diretta del vapore nel siero. Oltre a una migliore resa, il lento riscaldamento determina un coagulo che detiene maggiori capacità di drenaggio del siero e quindi capace di migliorare la struttura della ricotta.

Tabella 3

TECNOLOGIA DELLA RICOTTA				
63 °C	**70-72 °C** (facoltativo)	**80 °C**	**82-87 °C**	**Sosta**
aggiunta sale max 1-1,5% (del peso della ricotta da ottenere)	aggiunta latte 5-25%	prelevare siero e acidificarlo con acido citrico o discioglierlo in acqua fredda (12-20 g/q/siero)	controllo del pH (D.E. 5,8-6,0) del siero e inoculo acido	< 5 minuti e raccolta

La precedente tabella riguarda in modo specifico la tecnologia della ricotta da siero vaccino e caprino, mentre per il siero ovino e, a volte, bufalino spesso non avviene correzione dell'acidità, in quanto le sieroproteine affiorano solo al raggiungimento della temperatura, che si attesta a circa 80-82 °C. Anche per questi sieri comunque è possibile acidificare e ciò può accadere nel momento in cui avviene la risalita della prima polvere, ovvero l'affioramento dei primi fiocchi di ricotta. L'aggiunta di acido al latte ovino o bufalino è una pratica specifica della produzione di ricotta da solo siero, in quanto va a favore di una maggiore morbidezza del prodotto finito.

Al raggiungimento della temperatura di 78-80 °C, avviene un'azione schiumogena, soprattutto nel caso di riscaldamento a iniezione diretta, e la schiuma prodotta deve essere estratta. Dopo tale azione, e in riferimento specialmente al siero di latte vaccino, il casaro può decidere di prelevare un'aliquota di siero entro il quale disciogliere l'acidificante. Si tenga presente che questa operazione dev'essere effettuata alla temperatura di 78-80 °C, quando le sieroproteine non sono ancora nelle condizioni di flocculare. La soluzione acida potrà quindi essere immessa nel siero caldo seguendo le indicazione della tabella 1. Una volta avvenuto l'affioramento, magari aiutato da un lieve movimento con una pala sul fondo della caldaia, è bene lasciare che il coagulo rassodi in un tempo di 10-20 minuti. Una sosta troppo prolungata consentirà la formazione di grumi più o meno consistenti (cotti) con perdita di cremosità della ricotta. Tale azione di "cottura" aiuta però nel caso si intenda fare ricotte salate, affumicate o da stagionare. Certo è che una ricotta derivante dall'acidificazione del siero con acido citrico o lattico, anziché con una miscela di sali minerali, assumerà maggiore cremosità, ma la sua raccolta sarà più difficoltosa e, a volte, la resa può essere compromessa. La parte coagulata depositata sul fondo della caldaia non va raccolta o peggio miscelata a quella affiorata, in quanto quest'ultima presenta una maggiore acidità, un sapore ben percepibile all'assaggio, e anche una forte astringenza. Nemmeno una seconda acidificazione del siero, dopo aver raccolto la ricotta, porta a livelli qualitativi accettabili. È bene quindi provare più volte, anche con acidificanti diversi, per raggiungere un buon rapporto qualità-resa. Solitamente queste problematiche non avvengono con il siero di latte ovino e bufalino, ma sono piuttosto comuni con il siero di latte di capra.

La raccolta manuale va effettuata con spannarola forata. Dalla spannarola il gocciolamento deve avvenire in caldaia, sul siero e non sulla ricotta affiorata. È indispensabile operare con delicatezza soprattutto cercando di non tagliare lo strato di ricotta in senso orizzontale. Ciò può avvenire solo nel caso vi siano spessori importanti e quando la flocculazione è di elevata consistenza (ricotta idonea alla stagionatura). È quindi opportuno sollevare la ricotta immergendo totalmente la spannarola nel siero e recuperando l'intero spessore della ricotta. Pur agendo con delicatezza è bene non tergiversare nell'estrazione poiché questa fase può portare, se troppo lenta, a contaminazioni che vanno a inficiare la durata di conservazione.

Una volta fatta la ricotta e lasciata spurgare, il casaro deve necessariamente provvedere alla sua conservazione in cella, a temperatura di 4 °C o, dopo aver coperto la ricotta con carta alimentare, spargendo la carta stessa con ghiaccio.

Quando si tratta di ricotta di pecora, lo spurgo può essere prolungato in ambiente per alcune ore, ma in seguito essa deve essere comunque raffreddata in cella. In relazione alla sua conservabilità bisogna considerare che nella ricotta risiedono microrganismi termodurici e, in seguito all'estrazione, può avvenire una contaminazione dall'ambiente.

Si è soliti pensare che la ricotta, a causa dell'alta temperatura di affioramento, sia esente da contaminazioni da parte di batteri patogeni. Non è proprio così, infatti i batteri che possono essere presenti nel latticino sono la listeria e la salmonella. Sono contaminazioni legate particolarmente alla sua conservazione o alla non corretta fase che segue l'estrazione dalla caldaia, ovvero il momento dello spurgo e del raffreddamento. Quindi il tempo che viene impiegato per lo spurgo della ricotta, in funzione dell'igiene delle fuscelle e dell'ambiente può determinare non solo limiti alla sua conservazione, ma anche alla qualità del prodotto.

La ricotta dev'essere trattata come fosse un formaggio fresco tenendo presente che mentre il formaggio è stato salato, la ricotta no. In mancanza di sale e di conservanti la ricotta è facilmente soggetta a inquinamento ambientale ed è deperibile in pochi giorni. Il poco sale introdotto in caldaia non ha funzione conservante, ma agisce esclusivamente da coadiuvante della flocculazione.

Conservazione della ricotta

Abbiamo già detto che la ricotta è un latticino facilmente deperibile e, come i formaggi freschi, ha vita corta, di pochi giorni. Ma a differenza di uno stracchino o di una casatella, che hanno una scadenza oltre la quale devono essere consumati rapidamente, la ricotta può essere conservata abbastanza a lungo utilizzando alcune tecniche particolari ma piuttosto semplici.

La giusta abitudine dell'uomo di conservare gli alimenti ha portato a studiare le modalità più consone al territorio di origine per far sì che questo eccellente latticino possa non solo durare a lungo ma anche diventare buono.

Tabella 4

METODI DI CONSERVAZIONE DELLA RICOTTA		
Ricotta	Come si fa	Maturazione massima suggerita
salata	una volta spurgata la ricotta, salarla e metterla in ambiente naturale o cella	90 giorni
infornata	dopo una leggera salatura infornare a 150-180 °C e lasciare fino all'imbrunimento della superficie esterna	30 giorni
affumicata	lasciare la ricotta 2-3 giorni ad asciugare all'aria e salare, pochi grani di sale grosso, poi affumicare con fumo freddo indiretto di legno di faggio o truciolo di abete e larice	30 giorni
stagionata (e/o erborinata)	come la ricotta salata; cambia l'ambiente di stagionatura, che deve essere del tutto naturale e possedere la presenza di muffe del tipo *Penicillium roqueforti*	60 giorni

In Italia ogni territorio ha caratteristiche proprie e diversificate a tal punto che le abitudini alimentari sono strettamente legate ai prodotti della terra e a ciò che la natura concede. Sulle Alpi infatti vi è una natura prettamente boschiva e quindi una forte presenza di legname, in altri territori della penisola c'è il mare e di conseguenza la natura dona il sale. Lo sfruttamento delle risorse naturali è da sempre una sorta di atto vitale ed è così anche per la conservazione. Il mantenimento della ricotta segue in un certo qual modo le abitudini locali, che portano il casaro a caratterizzare il proprio prodotto con le risorse naturali specifiche del territorio.

La ricotta è appunto uno degli alimenti, forse il più versatile, che si presta alla manipolazione con lo scopo di diventare un prodotto "stagionato".

Il burro

La diversa densità dei globuli di grasso e la loro aggregazione rispetto alla parte magra del latte consentono la separazione della panna. Dalla scrematura anche parziale del latte, prevalentemente vaccino, poiché i globuli di grasso del latte di pecora e capra sono molto più piccoli di quelli di vacca, e quindi non sensibili all'affioramento, si ottiene una miscela composta principalmente da grasso, oltre che da una piccola parte liquida. Questa miscela, che si può ottenere per affioramento o per centrifuga del latte o del siero, è usata per molti scopi alimentari o come ingrediente per preparazioni sia alimentari industriali che gastronomiche. Dal punto di vista caseario il grasso ricavato può essere utilizzato per aumentare la parte lipidica del latte e ottenere formaggi a doppia panna, oppure addizionato al siero per migliorare le qualità organolettiche della ricotta. Ma la vera funzione del grasso è determinata, soprattutto nel territorio alpino, dalla produzione del burro. Si pensi che gli antichi Romani appresero la trasformazione del burro nei Paesi nordici ma che per la sua grassezza e untuosità non lo consumavano. Il burro nasce proprio nelle zone fredde nelle quali, oltre che per motivi energetici, tradizionali e gastronomici, veniva utilizzato per apportare calorie tanto indispensabili.

Oggi la dieta mediterranea vede il burro come un alimento da non utilizzare, anche se alcuni medici come il dottor Dwight Lundell, cardiochirurgo americano, ha affermato che non sono i grassi saturi e il colesterolo a provocare l'infarto. Lundell suggerisce: « Mangiate fonti di carboidrati complessi, come frutta e ortaggi. Eliminate oli ricchi di omega-6 e tutti i cibi che li contengono. Usate olio extravergine e burro biologici. I grassi animali, inoltre, contengono pochi omega-6, danno meno infiammazione e sono più sani degli oli polinsaturi ». Così la teoria dei nostri "vecchi", cioè che il burro fa bene, torna a farsi più forte. La denominazione di "burro" è quindi « riservata al prodotto ottenuto dalla crema ricavata dal latte di vacca e al prodotto ottenuto dal siero di latte di vacca, nonché dalla miscela dei due indicati prodotti, che risponde ai requisiti chimici, fisici e organolettici indicati ai successivi artt. 2 e 3 » (definizione legislativa L. 23 dicembre 1956, n. 1526).

Il burro è ottenibile non solo dal grasso di latte vaccino ma anche da altri latti, è però necessario che chi lo commercializza indichi la sua origine. Il contenuto di grasso nel burro dev'essere almeno dell'80%, mentre per il burro di qualità la legislazione non specifica analiticamente i requisiti necessari. Dal punto di vista commerciale la normativa consente anche la produzione di burro leggero purché abbia un ridotto contenuto di grasso pari al 60-62% o di burro leggero a basso contenuto di grasso pari al 39-41%. Il burro, come definito dalla normativa del 1926, ancora attuale, deriva solo dal grasso di latte vaccino, che è il più idoneo a causa della dimensione e variabilità dei globuli di grasso, i quali più facilmente si avvicinano fra loro e si uniscono, soprattutto nella fase di affioramento. In un latte omogeneizzato il grasso perde le sue caratteristiche tipiche e la capacità di affiorare, non avendo più i connotati indispensabili per la burrificazione. Oggi in Italia, vista l'interessante ricerca della variabilità alimentare, vi sono alcune realtà che stanno mettendo a punto la produzione di burro da latte di pecora, capra e bufala, ma con scarsi risultati dal punto di vista commerciale.

Dal punto di vista tecnologico il burro è il risultato della rottura della membrana dei globuli di grasso, che può avvenire per sbattimento o per centrifugazione. Dai globuli di grasso, la cui membrana protettiva viene rotta, fuoriesce una sostanza fluida che consente l'unione dei globuli danneggiati in un'unica massa solida. Il burro quindi si ottiene dalla panna agitata che, per tale agitazione, deve formare schiuma. Per questo la percentuale di grasso dev'essere elevata. Deve avvenire irrancidimento lipolitico con liberazione degli acidi grassi in modo da abbassare la tensione superficiale. Anche il colore del burro ha molta importanza, esso dipende dalla presenza di caroteni, associati alla vitamina A, che ne sono il colorante esclusivo. Qualora le lattifere vengano alimentate a foraggio verde, i caroteni concederanno al burro, in modo anche piuttosto evidente, un bel colore giallo tendente anche all'ambrato. Il grasso è, come detto, utilizzabile per fare il burro, che sicuramente è un valore aggiunto per la resa casearia ma viene anche usato per produrre il mascarpone e la panna alimentare, naturalmente in seguito a pastorizzazione.

Tecnica di burrificazione

La scelta del metodo di estrazione del grasso dipende fortemente anche dalla quantità di latte che si trasforma in caseificio e da ciò che poi si deve ottenere trasformando il latte residuo. Il metodo tradizionale di affioramento, definito anche processo discontinuo, ha come limite la scarsa velocità di separazione della parte grassa dalla parte liquida e proteica del latte. D'altra parte la pratica dell'affioramento provoca anche la separazione di batteri sporigeni, che segue l'andamento del grasso. Tale procedimento è considerato una parziale sanificazione del latte, che in seguito sarà trasformato in formaggio. L'affioramento si ottiene ponendo il latte in bacinelle, che in ambiente alpino erano e sono ancora, anche se meno utilizzate, di rame stagnato. Esse vengono immerse all'interno di fontane in cui avviene lo scorrimento continuo di acqua fredda, la cui temperatura varia da 10 a 18 °C. In altri ambienti, vedi per esempio per la produzione di Parmigiano Reggiano DOP, il latte viene posto in bacinelle di acciaio alte non più di 10-15 cm entro le quali, causa l'altezza limitata, avviene l'affioramento del grasso in modo piuttosto rapido, visto il limitato spessore del latte depositato, in confronto a quanto avviene nelle bacinelle di rame stagnato. Tale pratica mantiene intatti i globuli di grasso, che verranno successivamente rotti durante la zangolatura.

Altra pratica di separazione del grasso è la centrifugazione, definita processo continuo, che accelera di molto la separazione stessa. Anche piccoli o medi caseifici sono in grado di optare per questo metodo di sgrassatura del latte, in quanto esistono centrifughe di piccole dimensioni che permettono la separazione del grasso dal latte ma anche dal siero. La centrifugazione del latte, soprattutto con macchine obsolete, può portare alla rottura dei globuli di grassi, fattore che però ha implicazioni positive per la burrificazione, in quanto può accelerare i tempi di aggregazione dei globuli stessi nella zangola.

Con la centrifuga è possibile estrarre grasso anche dal siero, residuo della trasformazione casearia, e anche dalla scotta, residua dell'affioramento della ricotta. Naturalmente la resa in grasso, che ha rilievo in relazione alla tipologia di formaggio precedentemente fatto, è piuttosto bassa ma per i caseifici che lavorano quantità di latte superiore ai 15 ql/giorno può diventare una ulteriore fonte di reddito. La qualità del siero e della scotta, che dipende anch'essa dalla tipologia di formaggio fatto, è molto importante per l'utilizzo del grasso che si estrae. Infatti la tecnica di trasformazione del latte in formaggio determina, oltre l'acidità, anche la qualità del grasso residuo. Per esempio dalla lavorazione di formaggi d'alpe come il Montasio, il Monte Veronese e la Fontina, formaggi DOP, il siero residuo è dolce e ha la giusta acidità per la trasformazione del grasso in burro. Al contrario il siero residuo della mozzarella o dello stracchino è di elevata acidità, che passa al grasso e di conseguenza al burro.

Caratteristiche principali del burro, oltre alla consistenza grassa, sono l'odore e l'aroma, che spesso sono naturali, soprattutto se si utilizza grasso da latte d'alpeggio, o indotti se si inoculano nella panna batteri eterofermentanti capaci, fermentando, di produrre aromi. Quindi dalla fermentazione provocata dallo *Streptococcus diacetilactys*, che produce acido lattico, avviene il metabolismo dei citrati con produzione di diacetile. Si possono considerare due tipi di burrificazione, la prima da panna pastorizzata e la seconda da panna affiorata da latte crudo, per la cui produzione è necessario ottenere deroga dalle ASL. Da grasso pastorizzato lo schema di burrificazione è quello riportato nella figura seguente.

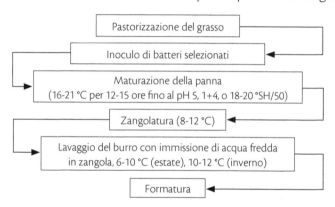

Per quanto riguarda il burro da latte crudo lo schema di burrificazione si modifica per alcuni aspetti importanti. Innanzitutto può non essere utilizzato l'inoculo di fermenti come lo *Streptococcus diacetilactys* e vengono modificate anche le temperature, che devono essere più fredde.

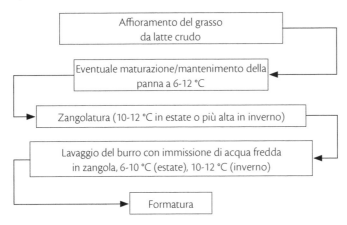

Il lavaggio del burro è molto importante perché consente di eliminare il latticello residuo e una buona parte della carica batterica presente, ma è anche un'azione controproducente dal punto di vista della resa e del gusto che ne viene a perdere. È bene quindi utilizzare poca acqua e lavorare con rapidità. Dopo il lavaggio e prima della formatura è necessario lavorare il burro affinché perda acqua e ossigeno che, se rimanessero intrappolati nella massa grassa, potrebbero provocare ossidazione anticipata con irrancidimento anche rapido.

È anche bene ricordare che il burro, nella fattispecie i globuli di grasso, è molto sensibile ai raggi ultravioletti e ne risente in tal modo da irrancidire rapidamente anche se mantenuto in celle a basse temperature. Alcuni sentori sensoriali importanti che denotano appunto un irrancidimento del burro sono l'odore e l'aroma di cartone. Per il suo mantenimento è necessario confezionarlo immediatamente dopo la formatura e sono indispensabili ambienti molto freddi e privi di luce per la sua corretta conservabilità. Il consumatore, una volta acquistato il prodotto, potrà conservare il burro in freezer, purché venga consumato in breve tempo.

Al di là delle affermazioni del dott. Dwight Lundell (2013), tanto contestate e da pochi apprezzate, qualche anno fa il burro è stato rivalutato anche da insigni personaggi della medicina. «È tempo di rivalutare dieteticamente il burro che è un alimento ricco, con pregi non trascurabili ma che richiede un controllo attento dell'uso e del consumo, per poterne cogliere tutti i benefici. Era stato quasi cancellato dalle tavole per essere sostituito dagli oli vegetali e purtroppo anche dalle margarine.» Il dott. Calabrese[1] dopo aver considerato i diversi componenti, anche i più discussi e meno salubri, del burro afferma che: "In tempi recenti la situazione è decisamente cambiata, infatti, diversi acidi grassi

....
[1]   https://www.gcalabrese.it/le-proprieta-nutrizionali-del-burro/

hanno impatti diversi sui lipidi nel sangue e alcuni, come lo stearico e il laurico, possono addirittura determinare un aumento del colesterolo HDL, quello buono, che protegge le arterie. Nel burro sono poi abbondanti gli acidi grassi saturi a catena corta, dal butirrico al laurico, che hanno mostrato diversi possibili effetti positivi: si tratta di grassi che vengono metabolizzati molto rapidamente per la produzione di energia, specie da parte delle cellule della parete intestinale per le quali sono i principali carburanti, e sono ottimi per l'alimentazione di soggetti molto attivi. Inoltre alcuni studi ne hanno evidenziato un'azione antimicrobica, antivirale e perfino antitumorale."

Certo è che i casari, a seguito di dichiarazioni così promettenti, possono sfruttare il momento e decidere per la burrificazione, facendo però attenzione che il burro in questione sia biologico, sano e magari proveniente dal grasso del latte di alpeggi.

Resa casearia

Gestione del caseificio

Fare il formaggio è un compito importante affidato al casaro che, spesso, nelle piccole aziende è anche il conduttore dell'azienda stessa. Non è mai così se ci si riferisce alle medie e grandi produzioni, dove vige un'organizzazione molto ampia regolata per le specifiche attività, che vanno dalla produzione medesima alla valutazione della qualità, a ciò che riguarda il ricevimento e l'analisi del latte, e naturalmente all'amministrazione.

Una delle mansioni specifiche dell'amministrazione, ma anche del controllo generale e in particolare di quello che si riferisce alla gestione specifica del caseificio, è l'osservazione delle tecnologie in atto o la progettazione di quelle nuove. In questo contesto una buona amministrazione opera anche sulla verifica e il calcolo preventivo di un fattore determinante per l'azienda, la resa casearia. Questa, infatti, è senza dubbio l'aspetto più importante per la definizione del bilancio consuntivo, ovvero quello che deriva dal lavoro già svolto, e di quello preventivo che, previa verifica del bilancio consuntivo, può determinare la progettazione delle trasformazioni a venire.

Se per le grandi aziende tutto ciò è matematico, ovvero programmato, e quindi risulta certo, per le piccole aziende, soprattutto quelle a conduzione interna, dove il rappresentante e titolare si occupa di mille mansioni, magari anche di fare formaggio, il produrre un bilancio consuntivo e preventivo diventa quasi una "perdita di tempo", cioè la loro redazione non è il primo pensiero. Di conseguenza anche il calcolo della resa casearia è limitato a una singola produzione, magari per ogni tipologia di formaggio effettuata. È però indubbio che il calcolo della resa casearia non può essere sottovalutato, e quindi effettuato una sola volta, in quanto la manualità del casaro e la sempre diversa qualità del latte non consentono di standardizzare tale aspetto. È quindi molto importante fare delle considerazioni che possano aiutare l'amministratore dell'azienda a verificare la convenienza o l'inopportunità di produrre un determinato latticino.

Fattori che influenzano la resa casearia

La resa casearia è il risultato di un calcolo che tiene conto di tanti fattori e risulta difficile, in particolare, in previsione di una determinata produzione. La qualità del latte, le metodologie di produzione, l'esperienza e la sapienza del casaro sono alcune delle cause di una buona o cattiva resa, che solitamente viene calcolata in relazione a 100 litri di latte. Si è abituati a pensare che il fattore principale che influisce sulla resa casearia sia il contenuto di grasso e proteine del latte, che pur essendo componenti importanti non sono sempre determinanti per il calcolo della resa stessa. Altri fattori, come per esempio il contenuto di acqua, lo sono di più.

Dal punto di vista analitico, considerando i componenti del latte, oltre che il contenuto di proteine e grasso, vanno esaminati altri fattori, come il residuo secco, che rappresenta la totalità di ciò che rimarrebbe se si togliesse tutta l'acqua, e che le grandi aziende tengono in grande considerazione, e il punto di congelamento che rappresenta, e spesso ne diventa un fattore di controllo, la quantità di acqua contenuta nel latte (– 0,52/0,565 °C). Entra in campo anche il peso specifico del latte che, anche in conseguenza del contenuto di acqua, deve avere valori nella media (1,028/1,033 per g/ml).

Un aspetto del tutto tecnologico, strettamente connesso alle fasi di produzione, sono le operazioni che il casaro effettua in caseificio. Questo si traduce in particolare modo nel rapporto che intercorre tra le proteine, le caseine e il grasso. Se si pensa che per fare il formaggio siano necessari pochi passaggi, come la coagulazione e la rottura del coagulo ottenuto, ci si sbaglia davvero, perché queste due apparentemente semplici operazioni sono determinanti non solo per ottenere il formaggio programmato ma anche per la resa. Si sa che il caglio è fondamentale per la produzione di formaggi a coagulazione presamica, ma forse non si prende in dovuta considerazione che sia la tipologia di caglio sia la sua quantità immessa nel latte possono essere motivo di alta o scarsa produzione, soprattutto in presenza di un ottimale o scarso contenuto di caseina. Un latte che contiene un elevato contenuto di proteine, quindi capace di coagulare in modo ottimale, non ha solo la capacità di mantenere le caseine ma nel suo contesto, il reticolo caseinico, la cagliata è in grado di trattenere la maggior parte dei globuli di grasso, lasciando il siero ben pulito.

Per quanto riguarda la caseina, bisogna fare una considerazione fondamentale che si riferisce al tipo di caseina contenuta nel latte.

Spesso il casaro non si preoccupa di valutare il contenuto proteico del latte nelle sue specifiche caratteristiche che si riferiscono ai tipi di caseine, come la k-caseina che si può distinguere in tipo A e B. Quest'ultima, la B, presenta caratteristiche di grande attitudine alla caseificazione ed è capace di influenzare, in modo positivo, la resa casearia.

È stato dimostrato che le caratteristiche ottimali, per la caseificazione, della k-caseina di tipo B portano a un aumento di resa, a seconda naturalmente della tipologia di formaggio, variabile tra il cinque e il dieci per mille, che se ben calcolato rappresenta un importante risultato economico.

Anche in fase di trasformazione il casaro deve fare attenzione ai tempi di coagulazione, che per ogni tipologia di formaggio devono rientrare entro certi limiti, in modo che abbiano la giusta consistenza. Pensare quindi che per fare quel determinato tipo di formaggio possa essere corretta la consistenza del coagulo a prescindere dal tempo di coagulazione è del tutto sbagliato, anche per il riflesso che tale condizione può avere sulla resa.

Il contenuto di proteine e le azioni che il casaro si preoccupa di espletare durante le fasi della trasformazione devono essere supportate anche da una buona acidità nominale del latte, che contribuisce alla buona riuscita delle diverse fasi. Una buona acidità, ovvero compresa tra 3,40 e 3,80 °SH/50 (in funzione delle diverse specie di latte; per il latte di capra i valori possono essere anche più bassi), contribuisce a una buona azione del caglio e delle specifiche fermentazioni sia naturali sia selezionate. Tutto ciò si riflette sulle variazione chimiche, microbiologiche e fisiche del latte, della cagliata e del formaggio, con miglioramento della resa casearia.

Naturalmente nel latte sono presenti anche i sali minerali, tra i quali il calcio e il fosforo, determinanti per il loro contributo essenziale: senza di essi non avverrebbe la coagulazione del latte, per la formazione di un ottimale reticolo caseinico.

Dovendo analizzare i componenti del latte che rendono attiva o passiva la trasformazione casearia, è bene fare alcune considerazioni su ciò che può determinare un fattore negativo, o meglio un aspetto controproducente per il casaro. L'allevatore in primis e poi il casaro sono tenuti a far analizzare il latte in funzione delle specifiche normative vigenti, ma anche in funzione delle necessità determinate dal fatto che il latte deve essere utilizzato per scopi caseari. Sembra banale dirlo ma quando un latte deve essere trasformato è assolutamente necessario analizzarlo spesso per verificare non solo la sua salubrità ma anche le sue caratteristiche chimiche, fisiche e batteriologiche, importantissime per comprendere la reale funzionalità del latte per le diverse fasi di trasformazione ma anche se vi è adeguatezza o meno per la resa casearia. Se ho già scritto che le proteine e i grassi sono importanti per una buona resa, ora bisogna analizzare l'effetto contrario che alcuni fattori risultanti dalle analisi possono portare a un abbassamento di resa, a volte drastico. L'effetto delle cellule somatiche, infatti, può determinare un abbassamento della resa qualora la loro presenza superi limiti che a volte non sono specificati dalle normative. Infatti se per il latte vaccino il limite è di 400.000/ml, per gli altri latti (ovino, caprino e bufalino) non vi sono specifiche limitazioni. Ma il contenuto di cellule somatiche va comunque tenuto sotto controllo, non solo perché è significativo della salute degli animali di ogni specie, ma anche perché influisce sulla qualità e quantità delle proteine del latte. Un elevato contenuto di cellule somatiche porta a una diminuzione delle caseine e a un aumento delle sieroproteine, fattori controproducenti per le fasi di trasformazione. Di riflesso avviene un calo della resa, a volte davvero importante, e naturalmente della qualità del formaggio ottenuto.

Dopo questa analisi dei componenti del latte e delle loro capacità e caratteristiche casearie o anticasearie, è necessario fare una dissertazione sulle caratteristiche genetiche delle diverse specie di lattifere.

Oggi capita di frequente che ci si avvicini al mondo animale per scopi professionali e che le aziende o i privati interessati a questo mondo lavorativo debbano scegliere la specie animale e la razza per intraprendere la lavorazione del latte. Solitamente tale scelta viene effettuata in funzione della quantità di latte che le lattifere possono produrre.

Ebbene, la selezione per capacità produttiva delle lattifere non è mai esaustiva, anzi, spesso una grande produzione di latte può essere controproducente a causa delle sue caratteristiche a volte non ottimali per la trasformazione in formaggio e latticini. È opportuno, quindi, prendere in esame la capacità produttiva degli animali ma anche le caratteristiche generali del latte prodotto. Per esempio una razza vaccina che oggi sta prendendo piede in tutta la penisola è la Bruna, originariamente Bruna alpina, che, pur producendo minori quantità di latte rispetto alla Frisona, ha caratteristiche molto importanti per capacità di trasformazione tali che può portare a un aumento della resa casearia anche dell'1%.

Non vanno dimenticati altri fattori che inducono a ottenere un latte le cui caratteristiche diventano importanti per la resa. L'alimentazione delle lattifere è uno di questi, tanto importante non solo per l'ottenimento di una grande quantità di latte ma anche per le sue caratteristiche chimiche e fisiche. È ovvio che animali rinchiusi in stalla e magari super alimentati con prodotti altamente proteici possono produrre latte in grande quantità, carico di proteine e grassi. Tuttavia in questi casi la qualità organolettica del latte è discutibile, soprattutto se confrontata con quella di latti da lattifere al pascolo. Non solo, bisogna pure verificare la qualità delle proteine e dei grassi, quest'ultimi tanto variabili appunto in funzione della tipologia di alimentazione. Un ulteriore aspetto che contribuisce positivamente o negativamente alla resa casearia, in quanto capace di determinare molte variabili, è il clima. La salute dell'animale, la qualità del latte e anche le fasi della trasformazione possono influenzare le caratteristiche del prodotto caseario, così come le condizioni di temperatura e umidità presenti nell'ambiente di produzione. Nei caseifici dove non esiste un impianto di climatizzazione, la temperatura e l'umidità sono variabili in funzione della stagione e diventa impossibile stabilire con esattezza la resa casearia.

Un altro fattore che influisce molto sulla resa è determinato dall'ambiente di maturazione del formaggio. Capita spesso di trovare forme con le facce concave, ovvero stringate da una forzata stagionatura, di formaggi la cui tecnologia è inidonea a una lunga maturazione. In questi casi l'acqua che per evaporazione fuoriesce dal formaggio determina una notevole perdita di peso e quindi un drastico calo di resa casearia, irrecuperabile anche con il prezzo del formaggio elevato.

Con questa lunga dissertazione ho pensato di affrontare molti aspetti relativi alla resa in caseificio, che non escludono altri prodotti della trasformazione casearia come tanti latticini. Se è vero che per il formaggio le problematiche di calo o crescita di resa sono davvero tante e tutte molto significative, per altri prodotti come la ricotta, tradizionalmente italiana, alcune tesi portano a comprendere, per esempio, che le cellule somatiche sono certamente a svantaggio della conta delle caseine, ma a vantaggio di un aumento, a volte smisurato, delle sieroproteine. Ciò non significa che nel caso di elevata concentrazione di cellule somatiche il casaro debba per forza mirare a produrre tanta ricotta, anzi, in questo caso la resa casearia è da considerarsi pressoché annullata perché le ricotte ottenute in questa malaugurata circostanza non sono certo di qualità e la loro durata è davvero breve, tanto che molti casari preferiscono non mettere in vendita tale prodotto.

Un altro aspetto che porta l'azienda a considerare nuove tecniche è quello relativo alla trasformazione del latte in latticini freschi, oltre che formaggi, yogurt o creme spalmabili. Sono prodotti che devono essere supportati da attrezzature specifiche spesso molto costose, ma che possono innalzare la resa casearia anche in modo molto significativo, portando all'azienda utili davvero interessanti. Nel calcolo della resa l'amministratore dovrà tenere conto che la diversificazione tecnologica in caseificio è molto importante e quindi progettare le tipologie di formaggio idonee e affiancare a tali produzioni quelle di latticini freschi, yogurt, creme e latti acidi in generale. Senza dimenticare, proprio perché in Italia è molto importante, il prodotto tradizionale, che dev'essere sempre la punta di diamante del caseificio.

Calcolo della resa casearia

La resa casearia è quindi la sintesi di una buona organizzazione del caseificio, di una buona progettazione dei prodotti da ottenere e del loro risultato. Non è difficile calcolare una resa casearia in funzione di ciò che si sta facendo, ovvero calcolare il peso della totalità dei prodotti in relazione al latte utilizzato, come per esempio del formaggio, con la sottoscritta formula:

$$\frac{P_f}{P_l + P_{fer} + P_s} \cdot 100$$

Dove:
P_f = peso del formaggio al termine della salatura (kg)
P_l = peso del latte
P_{fer} = peso dei fermenti (naturali o selezionati)
P_s = peso del sale (kg)

La difficoltà entra in gioco quando si vuole stabilire la resa casearia preventivamente alla trasformazione. Come si sa in Italia sono prodotti centinaia di formaggi, e ognuno di essi ha caratteristiche diverse. Vuoi per la tipologia di latte e le sue caratteristiche, o per la tecnologia di trasformazione che influisce sul contenuto di caseine, grassi e acqua nel formaggio.

Anche la manualità del casaro porta ogni giorno all'ottenimento di formaggi più o meno umidi, più o meno proteici o più o meno grassi. Il calcolo della resa è quindi un problema quasi irrisolvibile per le piccole aziende che non hanno la possibilità giornaliera di analizzare latte e formaggio. Possono comunque essere in grado di calcolare la resa, con discreta precisione, considerando i fattori conosciuti desunti sia da analisi specifiche che da calcoli su prove casearie e produzioni già in atto.

In riferimento alle formule, che in seguito indicherò, è di maggiore importanza la tecnica di produzione più che le caratteristiche intrinseche del latte. Se è vero che la previsione della resa è fattibile per ogni tipo di formaggio, è anche vero che per fare tale formaggio vanno valutate le temperature di inoculo dei fermenti nonché le temperature di coagulazione e di conseguenza la fase del taglio della cagliata. Un buon taglio, che segue un'ottimale cagliata, va a decretare la tipologia del formaggio e la sua resa. È vero che la qualità del latte influisce sulle caratteristiche del formaggio, anche se non c'è rapporto tra la qualità del latte e la resa casearia riferita al prodotto finito.

Studiosi e tecnologi hanno, nel tempo, studiato il miglior metodo di calcolo della resa casearia, ma tutti hanno finalizzato tale calcolo a un singolo formaggio. Può essere evidente o al di più banale, ma fare una previsione di calcolo con l'utilizzo di un'unica formula è davvero impossibile, basti pensare al contenuto di acqua che per esempio contiene il Parmigiano Reggiano e quello nel Taleggio. Evidentemente servono formule ben diverse che contengano parametri numerici del tutto personalizzati per ogni singola tecnologia. In ogni caso è però evidente che il contenuto nel latte di grasso e proteine e il contenuto del formaggio progettato, ovvero l'acqua che ne determina la tipologia molle, semidura e dura, e i sali minerali, sono alla base di queste formule.

Van Slyke studiò un metodo di calcolo della resa casearia per alcuni formaggi, e alla base delle formule ricavate vi è il tenore di grasso e delle proteine calcolati in funzione delle perdite perpetrate durante la tecnica di trasformazione. Ernstrom et al. (1981), utilizzando come base lo studio di Van Slyke, hanno adattato tale formula per il calcolo della resa ottenibile dalla mozzarella da pizza. Sarà evidente, dalla formula, la presenza di due coefficienti (G e C) e di due variabili numeriche che sono usate appunto nel calcolo della resa della mozzarella in questione.

$$\frac{(0,86G + C - 0,36) \cdot 1,22}{100 - U} \cdot 100$$

Dove:

0,86 è la percentuale di recupero del grasso nel formaggio, ovvero il grasso che rimane nel formaggio al termine delle fasi di trasformazione del latte

G = % grasso nel latte

C = % caseine nel latte

0,36 = perdita delle caseine, ovvero la percentuale di proteine che viene dispersa nel siero durante la trasformazione del latte (anche dalle azioni che possono slattare il latte o la cagliata)

1,22 = coefficiente di aumento del peso in funzione dei sali e altre sostanze solide nel latte

U = umidità relativa contenuta nel formaggio

È evidente che i coefficienti G e C sono imputabili alla sola mozzarella per pizza e che per altri formaggi tali coefficienti cambiano. Sono proprio questi coefficienti a fare la differenza nel calcolo della resa tra un formaggio e l'altro. Per essere ulteriormente precisi, va detto che la tecnica adottata e la capacità del casaro sono alla base del calcolo dei coefficienti C e G, tant'è che ogni caseificio deve poter fare le giuste prove e analisi per giungere a un corretto calcolo.

Molto spesso nella produzione di formaggi tradizionali italiani, il casaro effettua operazioni manuali tali da rompere il reticolo caseinico con esagerata velocità, magari utilizzando lo spino di legno che non è certamente un attrezzo tagliente, e a causa di ciò il coefficiente G e il parametro 0,86 della suddetta formula variano notevolmente. In questi casi diventa impossibile fare una previsione di resa. Quest'ultima è quindi un calcolo difficile e a volte impossibile, in quanto le variabili di recupero di caseine e grassi sono tante e diverse di caseificio in caseificio in funzione appunto delle tecniche adottate e, qualora gli animali siano allevati allo stato brado, il latte presenterà ogni giorno diversità anche sostanziali.

Un altro autore, Peter A. (1949), ha studiato un metodo di calcolo della resa che possa avere valenza generale in diversi tipi di formaggio suddividendoli per categoria:

● formaggi a pasta molle
● formaggi a pasta semidura
● formaggi a pasta dura

ovvero per tipologia di formaggi in funzione del loro contenuto di acqua. Il calcolo quindi viene espresso tramite un coefficiente che Peter va ad associare a tali tipologie, per essere applicato alla seguente formula.

$$\frac{P_f \cdot E_{sl} - P}{E_{sf}} \cdot 100$$

P_f = peso del formaggio (kg)/100 kg di latte
E_{sl} = estratto secco del latte
E_{sf} = estratto secco del formaggio

Dove:

P = coefficiente da applicare ai formaggi a pasta molle: 6,3-6,5
P = coefficiente da applicare ai formaggi a pasta semidura: 6,2-6,3
P = coefficiente da applicare ai formaggi a pasta dura: 6,0-6,2

Altri autori, in relazione alle formule citate, hanno studiato alternative in funzione delle diverse tipologie di formaggio imputabili al loro contenuto di grassi, come i formaggi magri, semigrassi e grassi. Per giungere a un corretto calcolo di previsione della resa, sono ascrivibili, ai piccoli caseifici, calcoli empirici desunti dalle lavorazioni per ogni singolo formaggio che comunque, nel caso le lavorazioni fossero manuali, subiscono variabili a volte importanti.

Uno degli aspetti più importanti nelle lavorazioni artigianali è la capacità del casaro di trattenere la giusta acqua nel formaggio, sia per il corretto impiego e selezione degli agenti fermentativi, sia per le azioni meccaniche come il taglio della cagliata.

Le variabili che il latte quotidianamente presenta sono alla base di un corretto calcolo della resa. Questo è quindi un motivo che porta l'industria a standardizzare il latte ogni qualvolta intraprenda la trasformazione casearia.

Il risultato del calcolo, sia consuntivo ma soprattutto preventivo, della resa casearia è quindi influenzato da più fattori e azioni: il mantenimento della salute degli animali e la loro corretta e bilanciata dieta, il recupero di ogni componente del latte con un corretto e costante mantenimento delle tecniche di trasformazione, un'ottimale selezione dei ceppi che portano alla fermentazione e alla successiva maturazione del formaggio, che dev'essere condizionata dal giusto locale in relazione alle tipologie di formaggi o latticini prodotti.

I difetti dei formaggi

Oltre a occuparsi di "fare" il formaggio, il casaro deve anche seguire attentamente e con competenza le fasi di stagionatura. Spesso, capita solitamente nelle medie o grosse aziende, che il reparto stagionatura è gestito da addetti che non lavorano nel caseificio. Ciò comporta che il casaro, non gestendo la fase di maturazione, non è in grado di verificare e comprendere gli eventuali difetti del formaggio né, quindi, di capire e risolvere gli eventuali errori che possono essere commessi a causa di una tecnica errata o di altri fattori intrinseci alla lavorazione.

È molto importante quindi che il casaro si occupi anche della stagionatura del formaggio, oppure che si confronti spesso con chi la segue. Il formaggio si fa certamente in caseificio ma è in maturazione che avvengono mutazioni chimiche e fisiche tali da modificare anche in modo molto rilevante i risultati previsti. Lo stesso formaggio, fatto dalla stessa cagliata, può assumere caratteristiche organolettiche ben diverse se posto a maturare in ambienti diversi.

È l'ambiente di stagionatura, in particolare, a far sì che il formaggio progettato assuma le caratteristiche volute. Ma è anche vero che i difetti che si riscontrano durante la fase di stagionatura per lo più derivano da errori tecnologici effettuati durante la lavorazione. Ecco perché il casaro deve obbligatoriamente conoscere non solo le fasi di lavorazione ma anche le reazioni e le modificazioni chimiche e fisiche che avvengono nel formaggio durante la maturazione.

In questa "scienza", perché proprio di scienza si tratta, le problematiche sono infinite, come sono infinite le cause che provocano i difetti del formaggio. Bisogna partire dal concetto che non esiste un formaggio perfetto, la natura prende sempre il sopravvento anche se si è capaci di applicare una tecnica eccellente, per fortuna. Ma la scienza oggi ci insegna che l'uomo, il casaro, può comprendere molti aspetti importanti, relativi alle varie fasi di lavorazione, e quindi impegnarsi a risolvere i problemi a essi connessi.

Un altro fattore che aiuta molto il casaro nel prevenire i difetti del formaggio è la conoscenza della materia prima, il latte, ma anche dei coadiuvanti tecnologici, i fermenti, il caglio e il sale. L'insieme degli ingredienti è determinante per fare un buon formaggio e, come ho già ripetuto, è fondamentale che il casaro conosca a fondo le problematiche legate anche all'alimentazione delle lattifere, alla loro salute e alla mungitura. È la cultura, relativa soprattutto agli aspetti caseari, che aiuta il casaro a lavorare al meglio per fare formaggi di qualità.

In alcuni casi i difetti dei formaggi devono essere considerati tali solo se sono devianti rispetto allo standard del formaggio che si analizza. Questo ragionamento può essere sviluppato anche in funzione di un disciplinare di produzione che ne caratterizza, tramite una tecnica di trasformazione, il formaggio specifico.

I difetti dei formaggi sono talmente tanti che è quasi impossibile elencarli tutti, e lo stesso difetto può essere provocato da varie mutazioni, legate al latte, ai fermenti o ad altre cause. Diventa quindi un'impresa ardua, con la descrizione o con le tabelle che seguono, completare la casistica dei difetti in caseificazione, ma per avere una buona traccia ho cercato di sintetizzare, mettendo in evidenza principalmente il difetto visibile o riscontrabile con i sensi e associandovi la causa e gli effetti, anche tramite immagini.

Forma e crosta

L'aspetto esterno del formaggio è di fondamentale importanza, non solo per il consumatore ma anche per il produttore, il casaro. Mi capita spesso di visitare ambienti di stagionatura e trovarvi formaggi spaccati, eccessivamente ammuffiti o altre forme difettate e vedere che il casaro non ne è minimamente preoccupato. Il casaro consapevole deve preoccuparsi dell'aspetto esterno del formaggio non solo perché se sano è più bello ma anche per un'associazione difetto/qualità. Il formaggio spaccato non è mai di prima qualità. Ho assaggiato un formaggio che un noto affinatore aveva venduto, a un prezzo esorbitante, a un amico il quale ne faceva un vanto (dell'acquisto). Il formaggio era notevolmente spaccato, aperto ed eccessivamente cremificato all'interno, difetti che, a dire dell'affinatore, ne erano i principali pregi. Ma l'affinatore era inconsapevole della lordura del formaggio che aveva stagionato malamente.

Purtroppo anche molti casari dei difetti del loro formaggio fanno pregi, che pregi non sono. Il formaggio è vivo, non solo all'interno ma anche all'esterno, e molti difetti della crosta o della superficie esterna della forma sono causati dalla pasta e dalla sua vitalità. Le problematiche della forma del formaggio vanno risolte alla base, ovvero dal latte di partenza, dalle fasi di lavorazione e, soprattutto, dagli ambienti di maturazione e/o stagionatura. Inventare, o semplicemente fare, un formaggio significa avere la pratica necessaria per poterlo non solo produrre ma anche stagionare. Un ottimo casaro, capace di fare ogni tipo di formaggio, deve sapere anche che senza l'ambiente giusto per maturare quel formaggio, della sua capacità non saprà che farsene. Fare un formaggio a pasta molle e non avere una cella necessariamente dedicata significa non ottenere quel formaggio, a discapito non solo della qualità ma anche delle caratteristiche salutistiche del prodotto.

Nella tabella sottostante sono riportati i fattori da tenere sotto stretta sorveglianza e da non tralasciare mai.

Tabella 1

DIFETTI RISCONTRABILI NELLA PARTE ESTERNA DELLA FORMA DEL FORMAGGIO			
Difetto	**Causa**	**Effetto**	**Cosa provoca**
forma deformata [1]	eccessiva umidità della pasta	scarso spurgo della cagliata o in stufatura; scarsi rivoltamenti delle forme in maturazione	può portare a eccesso di proteolisi con liquefazione della pasta e sapore amaro; nei formaggi a pasta dura le facce si contraggono, diventano concave [2]
crosta eccessivamente dura e unghia spessa [3]	salatura	salatura prima dello spurgo, della stufatura o a pasta calda, elevata temperatura in stagionatura	inibisce l'effetto batterico nella parte esterna del formaggio anche per notevole spessore
crosta e pasta secche	cagliata troppo acida, spurgo spinto	eccesso di caglio, errata acidificazione del latte o ambiente di maturazione troppo asciutto	la crosta si secca e può screpolare, la pasta presenta fessurazioni
screpolature della crosta [4]	stagionatura	troppo caglio, eccesso di acidità, ambienti di stagionatura non idonei	eccessive correnti d'aria, cambi frequenti della temperatura e dell'umidità ambientale, ma anche eccessiva salatura
macchie sulla crosta [5]	tavole di legno in stagionatura	micrococchi	formazione di macchie rosse, gialle, arancioni, marroni
larve	presenza di insetti	deposizione uova della *Piophila casei*	aromi intensi, anche rancido; formaggio non commerciabile
acari	tavole di legno in stagionatura	polvere dall'odore caratteristico	colonie di acari fungifagi (si nutrono di muffa)
morchia	umidità ambiente	rammollimento della superficie della faccia e rallentamento della formazione della crosta	odore di ammoniaca, probabile putridume
eccessiva umidità della crosta	scarsi rivoltamenti	diversa distribuzione dell'occhiatura	se si rivoltano poco le forme si rischia di ottenere un formaggio con una faccia umida, bagnata, e una asciutta; la pasta, in questo caso, avrà occhiatura distribuita solo verso la faccia umida

segue →

Difetto	Causa	Effetto	Cosa provoca
muffe e lieviti [6]	scarsa pulizia ambientale, nell'aria e nell'acqua	crescita di muffe a pelo di gatto (Mucor) grigie e nere di diversa lunghezza delle ife	determinano cattivi odori e sapore anomalo; colorazioni strane; si combatte irrorando nell'ambiente *Penicillium candidum*, asciugando bene le forme e regolando l'umidità e la temperatura ambientale
	scarsa pulizia dell'acqua in caseificio	colorazioni anomale da *Pseudomonas*	determina colorazioni rosa, azzurre, anche fluorescenti, sapore amaro e sensazione di piccantezza; si debella con la disinfezione dell'acqua
	sugli attrezzi e sulle pareti del caseificio	muffa a pelle di rospo, con crosta rugosa, grassa, che si stacca dalla pasta del formaggio	massima pulizia delle attrezzature in caseificio; regolare la temperatura ambientale abbassandola; irrorare *Geotricum candidum* sulle pareti
	nell'aria, nei foraggi secchi, nella terra, nei formaggi trascurati e vecchi	muffa *Penicillium Album* o *Glocum* dal pelo grigio-verde	abbassare il tenore di umidità in caseificio asciugando le attrezzature e le pareti; eliminare attrezzi di legno come vecchie cassette e non depositare vecchi formaggi già inquinati

[1] Immagine 13, p. 260.
[2] Immagine 22, p. 265.
[3] Immagine 15, p. 261.
[4] Immagine 17, p. 262.
[5] Immagine 18, p. 263.
[6] Immagine 1, p. 254.

La parte esterna del formaggio è quindi fondamentale e spesso le anomalie si riscontrano appunto nel suo aspetto. Nel formaggio, che vi sia la crosta oppure che ne sia sprovvisto, i difetti si riscontrano immediatamente, nelle irregolarità dei colori, nelle deformazioni della forma, nelle aperture a fessura o nelle spaccature. Anche la presenza delle muffe può essere un problema, solitamente quelle di colore nero o grigio, che difficilmente portano benessere all'ambiente e di conseguenza al formaggio. Come in tutte le fasi di lavorazione anche nella stagionatura bisogna ottemperare a quelle piccole regole che impediscono al formaggio di difettare: la pulizia degli ambienti e del formaggio stesso, il controllo della temperatura, che dev'essere sempre costante per non provocare difetti né alla crosta né alla pasta, il controllo severo dell'umidità, che influisce anche sull'elasticità nella crosta. Recentemente ho letto un articolo nel quale si affermava che la crosta è la parte più stagionata del formaggio e quindi la più buona. Evidentemente chi scriveva non aveva alcuna conoscenza della materia, poiché la sua affermazione era del tutto riduttiva e anche fuorviante in quanto banalizzava la vera importanza e soprattutto le caratteristiche fisiche, chimiche e batteriologiche che la crosta del formaggio porta con sé. Se ragioniamo da tecnici dobbiamo non solo dare importanza alla crosta del formaggio in quanto involucro che aiuta la maturazione della pasta caseosa, la protegge e la conserva, ma anche considerare l'aspetto prettamente salutistico, che spesso viene sottovalutato. Non a caso spesso la crosta non è edibile, ma lo può essere se il casaro acquisisce la sapienza di ciò che serve a ottenere una buona crosta. Non di meno deve comprendere ciò che avviene sulla crosta durante la fase di maturazione del formaggio.

Oltre ai difetti che possono portare le muffe non si deve trascurare, soprattutto in relazione ai formaggi a pasta semidura ma ancora maggiormente per quelli a pasta dura, l'effetto che possono portare gli acari.

Gli acari (*Acarus siro*, *Tyrogliphus longiori*) meritano una particolare menzione. Sono dei piccolissimi ragnetti dal corpo molle che infestano la crosta dei formaggi, e rosicandola ne creano una polvere finissima, spesso lasciando segni molto accentuati nella crosta stessa. A volte possono essere caratterizzanti del formaggio ma se ingeriti in grandi quantità possono anche provocare disturbi gastrici, o, a contatto con la pelle, irritazione. Gli acari si nutrono di muffe e, quindi, l'integrità della crosta è da tenere sotto controllo: se questa è screpolata o rotta, gli acari seguiranno la muffa infiltrata all'interno della forma. Sono molto difficili da combattere e una buona pulizia delle tavole in ambiente di maturazione è strettamente necessaria. Gli acari possono sopravvivere e moltiplicarsi agevolmente a temperature superiori ai 20 °C ma non disdegnano ambienti freddi, anche a 4 °C. A causa del loro corpo molle, soffrono il sale e quindi una buona pulizia delle forme con soluzione salina rallenta la loro azione.

Caratteristiche organolettiche

Il lavoro del casaro è decisamente edificante quando il consumatore apprezza il prodotto, frutto di un'instancabile lavorazione. Il casaro deve anche pensare che solitamente al consumatore piace un po' tutto, anche il formaggio difettoso. Questo fatto non deve indurre il produttore a continuare negli errori che portano al difetto, ma a impegnarsi a risolverlo, anche se inizialmente ciò può portare a un calo delle vendite. Il casaro quindi deve assumersi per primo la responsabilità di giudicare il proprio prodotto. È vero anche che è difficile per chi produce il formaggio giudicare il risultato del proprio lavoro, ma è molto importante che ciò avvenga. Il formaggio non è un alimento qualsiasi, in Italia ha valenza storica, tradizionale, e deve necessariamente conservare – e, perché no, migliorare – le sue caratteristiche organolettiche.

Le caratteristiche organolettiche del formaggio possono mutare per mille motivi, ambientali, tecnologici ecc., ma vi sono alcuni aspetti che non vanno trascurati. Per esempio riscontrare il sapore amaro in un formaggio significa rilevare un difetto spesso anche molto grave.

L'amaro dipende prevalentemente dal risultato della proteasi, ovvero di peptidi a carico delle proteine, e per essere percepito vi deve essere una elevata concentrazione dei peptidi amari. Può conferire un sapore amaro anche l'alimentazione delle lattifere, tanto che alcuni nutrimenti come le rape trasferiscono l'amaro al latte e di conseguenza al prodotto trasformato.

L'effetto della presenza di batteri psicrofili può comportare attività lipolitica con il risultato che alcuni monogliceridi, digliceridi e anche acidi grassi possono conferire il sapore amaro. Anche i microrganismi possono avere influenza sul sapore, infatti alcuni ceppi di lattococchi svolgono un ruolo importante per la formazione dell'amaro, poiché la loro rapida duplicazione comporta un elevato aumento della carica batterica già nella cagliata e svolge grande attività proteolitica.

Altri ceppi, come per esempio *Lactococcus Casei*, hanno la capacità proteolitica inversa, ovvero quella di degradare i peptidi amari.

Sono pochi i formaggi per i quali l'amaro è tollerato, il Pannerone di Lodi e alcuni formaggi d'alpeggio. Ma, come per l'amaro, vi sono anche difetti legati agli odori e agli aromi, più o meno determinati da cattiva lavorazione o da latte non certo adatto alla caseificazione.

Per evitare i difetti di natura organolettica, che si riscontrano assaggiando il formaggio ma anche solamente annusandolo, bisogna fare molta attenzione soprattutto alle fasi tecnologiche, che spesso ne sono la principale causa.

Tabella 2

DIFETTI RISCONTRABILI NELL'ODORE, NELL'AROMA E NEL SAPORE DEI FORMAGGI			
Difetto	**Causa**	**Effetto**	**Cosa provoca**
amaro (sapore)	latte refrigerato 4-6 °C	crescita di batteri psicrotrofi e coliformi [1]	produzione di enzimi proteolitici
	mungitura sporca con carta o telo bagnato	proliferazione di batteri enterococchi	gli enterococchi sono batteri lattici non gasogeni ma molto lipolitici
	pepsina	proteolisi	eccessiva proteolisi che può anche influire sulla pasta del formaggio cremificandola
	spurgo insufficiente	umidità elevata nella pasta del formaggio	proteolisi e lipolisi spinte
	salatura	sale o cloruro di calcio in eccesso	assunzione dell'amaro che comunque sparisce con il lavaggio della bocca con acqua
rancido (odore e aroma)	latte refrigerato	batteri psicrotrofi	enzimi proteolitici, causa di lipolisi accentuata
	gonfiore tardivo	clostridi butirrici [3]	acido butirrico e acetico con formazione di anidride carbonica e idrogeno

segue →

Difetto	Causa	Effetto	Cosa provoca
sapone (odore e aroma)	lipolisi spinta o latte di fine lattazione troppo grasso	azione microbiologica di batteri e funghi	insaponificazione determinata da spurgo insufficiente, temperature di trasformazione troppo elevate; causa, troppa lipasi
stalla/letame (odore e aroma)	mungitura sporca, pulizia del capezzolo con carta o telo bagnato	proliferazione di batteri enterococchi	gli enterococchi sono batteri lattici non gasogeni ma molto lipolitici
putrido (odore e aroma)	salamoia inquinata	carica batterica della salamoia eccessiva	inquinamento del formaggio
	inquinamento batterico	*Clostridium sporigenes* e *C. bifermentas*	batteri attivi e danno alle proteine del latte
carta, cartone, pesce (odore e aroma)	invecchiamento anomalo o eccessivo del formaggio, esposizione del formaggio alla luce	ossidazione dei globuli di grasso	irrancidimento ossidativo che può essere provocato da cagliate molto asciutte e contatto del latte con rame e ferro
ammoniaca [2] (odore e aroma)	eccessiva umidità della pasta e cattiva stagionatura	innalzamento del pH	eccessiva proteolisi, cattiva conservazione del formaggio, locali troppo umidi
cloro (odore e aroma)	eccesso di lavaggio attrezzature, spesso con detergenti basici e scarso risciacquo	soprattutto si rileva nei formaggi a pasta molle	odori di cloro, di detergente
caramello (odore e aroma)	eccesso di riscaldamento del latte	nelle paste molli a latte pastorizzato	reazione di Maillard

[1] Immagine 2, p. 255.
[2] Immagine 13, p. 260.
[3] Immagine 9, p. 258.

Pasta e occhiatura

Dopo aver analizzato le caratteristiche della forma e della crosta è doveroso considerare la pasta del formaggio nelle sue innumerevoli tipologie. Quando tagliamo il formaggio e lo apriamo, l'effetto visivo è immediato e ci consente di osservare le caratteristiche più importanti della pasta del formaggio, la compattezza, l'occhiatura, i difetti determinati dai gas e anche il grado di umidità conservata. Non è mai edificante aprire un formaggio e trovare in esso spaccature, gonfiori strani, sfoglie eccessive, umidità colante e altri piccoli o grandi difetti visibili. Dobbiamo essere consapevoli che anomalie della pasta nella stragrande maggioranza dei casi provocano difetti di natura organolettica, quindi modificazioni negative dell'odore, del sapore e dell'aroma. Non è mai di qualità un formaggio che si presenti difettato nella pasta così come non lo è, l'ho già scritto, nella crosta. I difetti nella pasta del formaggio sono di varia natura, che può essere associata al latte di partenza, alla tecnica, alla stagionatura. Ma alcuni difetti sono anche determinati dalla natura, dagli enzimi presenti nel latte e nel caglio, dai batteri naturali o inoculati dal casaro, dalle caratteristiche dell'ambiente in cui viene prodotto e nel quale viene fatto stagionare il formaggio.

In ogni caso, i difetti della pasta del formaggio sono innumerevoli e spesso inspiegabili. Sarà il casaro a dover tentare di sopprimere le fonti dei difetti più evidenti, soprattutto quelle che portano il prodotto a problematiche organolettiche, sensoriali e a volte salutistiche. Il difetto della pasta del formaggio è più evidente se a rappresentarlo sono le occhiature, che sono lo specchio della qualità. L'occhiatura è comunque dimostrazione di tipicità e quindi non è sempre un difetto, anzi, spesso ne caratterizza il formaggio. Detto ciò, è buona norma riconoscere le occhiature anomale, quelle che si generano a causa della formazione ingiustificata di gas e che modificano l'odore, l'aroma e a volte il sapore del formaggio. Mi piace rilevare che un formaggio senza occhiature è sinonimo di formaggio senza difetti, ma anche per questo ci sarebbe da discutere. Spesso la pasta del formaggio, pur essendo senza occhiature, può conservare altre problematiche, anche microbiologiche, ovvero la presenza di batteri omofermentanti, che, come si sa, non producono gas ma concedono odori particolarmente sgraditi, come quello di letame, che è causato spesso da enterobatteri.

Solitamente la formazione di occhiature e la loro rapidità o lentezza a portare gonfiore vengono associate a due fattori temporali: il gonfiore precoce e quello tardivo. Vero è che stabilire con esattezza la reale comparsa del gonfiore è pressoché impossibile, la scienza non ha ancora scoperto la verità assoluta, tanto che il gonfiore da clostridi, sinonimo di gonfiore tardivo, è stato rilevato anche in formaggi freschi, come la mozzarella.

Gli aspetti fondamentali di una buona pasta sono quindi da valutare per ogni tipo di formaggio nelle caratteristiche che deve necessariamente avere, e bisogna considerare che se per un formaggio esiste un difetto grave, per un altro lo stesso difetto può diventare, se non un pregio, una caratteristica.

Tabella 3

DIFETTI RISCONTRABILI NELLA PASTA E DALL'OCCHIATURA DEI FORMAGGI			
Difetto	**Causa**	**Effetto**	**Cosa provoca**
occhiatura irregolare diffusa o spaccature della forma	gonfiore precoce (del decimo giorno)		batteri citrato-fermentanti gasogeni

segue →

Difetto	Causa	Effetto	Cosa provoca
gonfiore della forma con formazione di occhiatura molto diffusa di varia dimensione e forma solitamente associata a pasta molto umida	gonfiore precoce [1]	batteri del tipo coliformi, *Escherichia coli*, *Aerobacter aerogenes*, ma anche batteri eterofermentanti, spesso associati a poca igiene. I lieviti possono determinare occhi rotondeggianti nelle paste molli ad alto contenuto di acqua; fermentazione da batteri psicrofili determina un incremento di occhiatura estremamente fitta e irregolare da coliformi	formazione di anidride carbonica e altri gas
sfoglie [2]	acidità elevata	troppo innesto o eccessiva acidità in stufatura o sullo spersore, eccesso di caglio	diminuisce l'elasticità alla pasta
fessure o sfoglie	lieviti [3]	temperatura elevata	formazione di occhiatura di forma ellissoidale o tonda
spaccature della forma, caverne nella pasta o occhiature di grandi dimensioni	gonfiore tardivo con produzione di anidride carbonica e idrogeno	batteri butirrici soprattutto per la presenza di insilati nei dintorni della stalla [4]	odore tipico butirrico, putridume, rancido
occhiature rotonde di medie o grandi dimensioni	gonfiore propionico [5-8]	batteri propionici	tipici occhi rotondi e piuttosto lucidi ma non umidi, diffusi in modo non uniforme
pasta e crosta colorata	mutazioni microbiologiche e/o chimiche	batteri *Pseudomonas* o coliformi [6]	colorazioni blu, gialle, rosse o altre pigmentazioni
	presenza di ferro	batteri o *Penicillium*, contaminazioni provocate dal contatto del latte con attrezzi in rame o ferro	colorazioni azzurre o verdi
	mutazioni microbiologiche	batteri fecali o ammoniaca presente nei locali di stagionatura	colorazione della pasta a macchie o diffusa, rossa o rosa
occhiatura fitta, pasta spugnosa	gonfiore precoce	batteri psicrofili che favoriscono innalzamento del pH e coliformi	occhiatura irregolare molto diffusa e pasta molto proteolitica

segue →

Difetto	Causa	Effetto	Cosa provoca
gessatura	acidità elevata	spurgo troppo repentino delle forme e pH < 4,8-4,7	pasta gessosa, friabile, di colore bianco
rammollimento [7]	mutazioni microbiologiche chimiche repentine	latte mastitico o eccessive cellule somatiche, spurgo anomalo, eccessiva proteolisi	pasta liquefatta, colature e rottura della crosta
cuore ossidato	degenerazione eccessiva del lattosio	glicolisi eccessiva	la pasta del formaggio risulta parzialmente (nel cuore della forma) scolorita e umida

[1] Immagine 2, p. 255.
[2] Immagine 4, p. 256.
[3] Immagine 1, p. 255.
[4] Immagine 9, p. 258.
[5] Immagine 28, p. 268.
[6] Immagine 3, p. 255.
[7] Immagine 13, p. 260.
[8] Immagine 28, p. 268.

Difetti di origine microbiologica

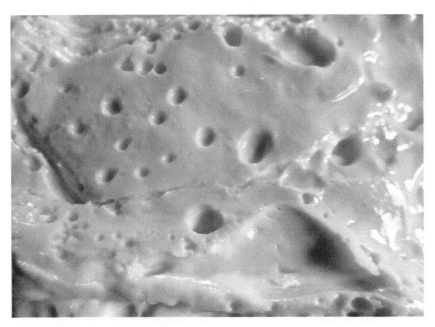

Immagine 1 (Tabella 25 a p. 35, p. 127, Tabella 1 a p. 248)
Occhiature da lieviti in uno stracchino.

Immagine 2 (Tabella 6 a p. 77, Tabella 11 a p. 162, Tabella 2 a p. 250, Tabella 3 a p. 253)
Occhiatura da coliformi in un formaggio pecorino a pasta molle.

Immagine 3 (Tabella 6 a p. 77, Tabella 3 a p. 253)
Pigmentazione rosa, da coliformi, in un formaggio a pasta semidura.

Immagine 4 (p. 184, Tabella 3 a p. 253)
Sfoglie e occhiatura anomala in un formaggio a pasta semidura. Il difetto non porta ad alterazioni sensoriali eccessive.

Immagine 5 (FOTO: *Maria Sarnataro*) (p. 184)
Sfoglie in un caciocavallo.

Immagine 6 (p. 45, p. 53, Tabella 6 a p. 77)
Occhiatura da batteri psicrofili in un formaggio a pasta semidura determinata da un'eccessiva refrigerazione del latte. I batteri psicrofili, determinando un innalzamento del pH, favoriscono l'azione fermentativa nei coliformi.

Immagine 7 (p. 53, Tabella 6 a p. 77, Tabella 10 a p. 261)
Occhiatura da psicrofili e coliformi nella pasta al termine della stufatura in un formaggio a pasta semidura da latte di pecora, determinata da un'eccessiva e prolungata refrigerazione del latte. Si noti l'effetto anche sulla faccia del formaggio.

Immagine 8 (FOTO: *Maria Sarnataro*) (Tabella 25 a p. 34, Tabella 7 a p. 202)
Occhiatura determinata da fermentazione propionica in un provolone.

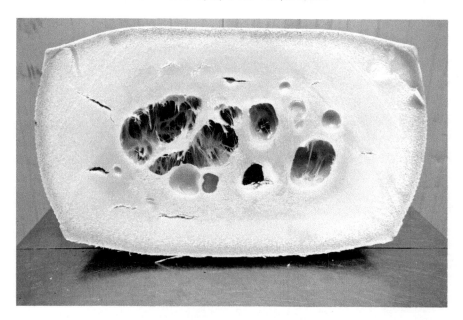

Immagine 9 (FOTO: *Fernando Marzillo*) (Tabella 25 a p. 34, Tabella 6 a p. 77, Tabella 7 a p. 202, Tabella 2 a p. 250, Tabella 3 a p. 253)
Esplosione della pasta da fermentazione butirrica in un formaggio a pasta dura. Si possono anche notare alcuni occhi di origine propionica.

Immagine 10 (p. 39 "lisozima", Tabella 6 a p. 77)
Gonfiore della pasta da fermentazione butirrica, in un formaggio vaccino a pasta semidura. Le spaccature sullo scalzo e sulla faccia hanno fatto fuoriuscire i gas, sgonfiando il formaggio.

Immagine 11 (FOTO: *Maria Sarnataro*) (Tabella 25 a p. 34, Tabella 6 a p. 77, Tabella 7 a p. 203)
Gonfiore della pasta da fermentazione butirrica in un caciocavallo. Si possono anche notare alcune occhiature di origine propionica.

Immagine 12 (FOTO: *Maria Sarnataro*) (p. 211)
Gonfiore di un formaggio a pasta dura di latte misto vacca-capra. Presenza di occhiature anomale e di origine propionica. È evidente uno sbiancamento della pasta a causa di irrancidimento ossidativo in atto.

Effetti di origine microbiologica, enzimatica e ambientale

Immagine 13 (Tabella 10 a p. 161, Tabella 1 a p. 247, Tabella 3 a p. 254)
Pasta in un formaggio a crosta fiorita colante per effetto proteolitico. Una proteolisi spinta porta il formaggio a un eccesso di maturazione con pasta liquefatta di colore anomalo, spesso anche molto amara.

Immagine 14 (p. 81)
Pasta in un formaggio erborinato. Si notino (nella carotatura) le fessurazioni determinate dai lieviti.

Immagine 15 (p. 180, Tabella 7 a p. 203, Tabella 1 a p. 247)
Unghia dura e spessa in un formaggio pecorino a pasta semidura, determinata da errata salatura. In questo caso la salatura, a secco, è stata effettuata subito dopo la formatura e prima della stufatura. Si noti, nell'unghia, l'assenza di occhiature.

Immagine 16 (Tabella 1 a p. 248)
Unghia eccessiva in un pecorino stagionato in ambiente troppo asciutto, la cui pasta, molto umida, ha subito post-acidificazione e ha gessato.

Immagine 17 (Tabella 8 a p. 221, Tabella 1 a p. 247)
Spaccature della crosta in un formaggio a pasta semidura a crosta lavata, causate da eccessivo sale e umidità errata in maturazione. Il difetto può essere causato anche da eccessivo uso di caglio.

Immagine 18 (Tabella 8 a p. 221, Tabella 1 a p. 247)
Macchie da micrococchi sulla superficie della faccia del formaggio a pasta dura.

Immagine 19 (Tabella 6 a p. 77)
Occhiatura da coliformi in un formaggio a pasta semidura. In alcuni formaggi è da considerarsi un difetto.

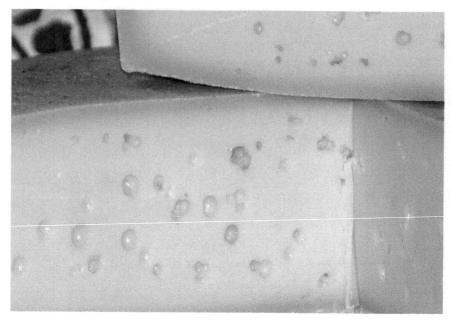

Immagine 20 (vedi Immagine 6, p. 257)
Lo stesso tipo di formaggio della foto n. 6 dopo aver corretto la temperatura di stoccaggio del latte della mungitura serale e averla innalzata di 4-5 °C.

Immagine 21 (Tabella 7 a p. 142)
Occhiatura propionica in un formaggio a pasta semidura. In questo caso l'occhiatura è volutamente rappresentativa della tipologia di formaggio.

Immagine 22 (Tabella 1 a p. 247)
Deformazione delle facce di un formaggio a pasta dura causata da eccessiva evaporazione dell'alta percentuale di umidità presente nella pasta.

Immagine 23 (FOTO: *Maria Sarnataro*)
Formaggio caprino eccessivamente stagionato. Proteolisi spinta e spaccature.

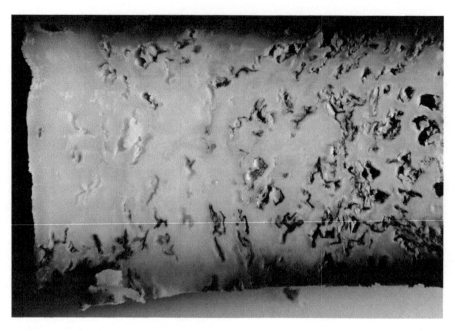

Immagine 24 (Tabella 8 a p. 78)
Erborinato caprino con occhiatura irregolarmente distribuita, da *Leuconostoc mesenteroides*. Si noti l'ingiallimento della pasta per eccesso di maturazione.

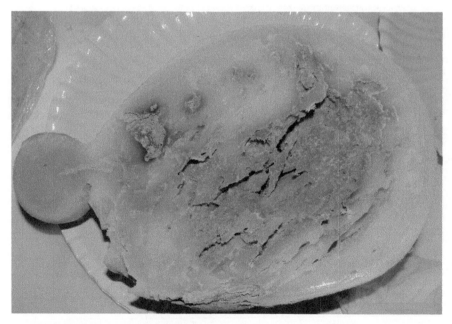

Immagine 25 (FOTO: *Maria Sarnataro*)
Caciocavallo eccessivamente stagionato. Proteolisi spinta, marciume.

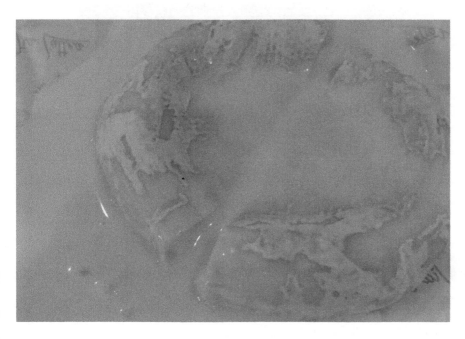

Immagine 26 (FOTO: *Francesco Tombesi*) (p. 219)
Caciotta eccessivamente proteolizzata. Proteolisi spinta, liquefazione.

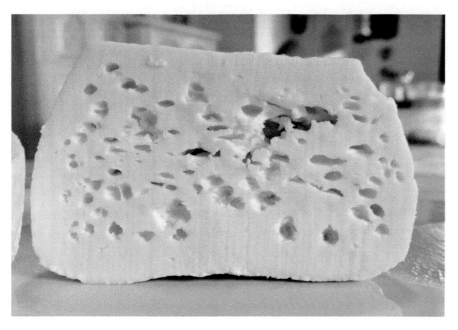

Immagine 27 (p. 39 "lisozima", Tabella 8 a p. 78)
Marzolina di capra con occhiatura da *Leuconostoc mesenteroides* e clostridi butirrici.

Immagine 28 (Tabella 25 a p. 34, Tabella 3 a p. 253)
Marzolina di latte caprino con occhiatura da batteri propionici.

Immagine 29 (p. 215)
Cacio vaccino a pasta molle sottoposto a maturazione spinta a temperatura superiore a 12-15 °C. Si noti la concavità e la rugosità della faccia superiore causata da eccessiva e rapida evaporazione.

Immagine 30 (p. 86 e p. 173).
Formaggio elaborato la cui pasta ha gessato in seguito a post-acidificazione.

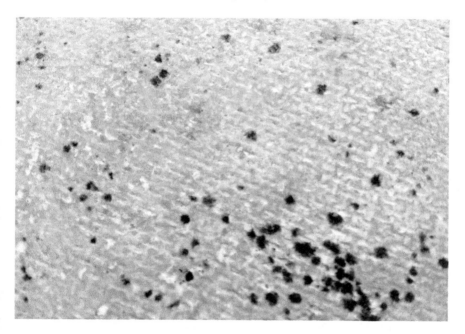

Immagine 31 (Tabella 8 a p. 221)
Crosta di un formaggio a pasta semidura pressata, con presenza di micrococchi.

L'analisi sensoriale del casaro

Durante le fasi di caseificazione il casaro adotta metodi ed effettua azioni che gli consentono di decidere come comportarsi durante il lavoro. Utilizza sempre i sensi, il tatto, l'olfatto e naturalmente la vista. Il casaro consapevole non solo utilizza i sensi per le varie verifiche, anche tecnologiche, ma si serve proprio di essi, analizzando il latte e poi la cagliata e così via.

È forse un concetto poco conosciuto ma il primo assaggiatore di formaggio, qualificato e naturalmente professionale, è proprio il casaro.

Professionalmente chi lavora il latte è colui che conosce ogni aspetto della filiera e i sentori sensoriali che gli alimenti utilizzati concedono. Non esiste nulla di artefatto, di sintetico, di innaturale negli ingredienti che compongono il formaggio e quindi si parla semplicemente di coadiuvanti o additivi che si utilizzano per molti scopi e che sono molto diversi fra loro. Si parte innanzitutto dal latte, che è una sostanza molto complessa come sono complessi i suoi singoli componenti, per poi passare al caglio o al coagulante, che nonostante vengano preparati in laboratori specializzati altro non sono che derivati da prodotti animali o vegetali lavorati e predisposti all'uso caseario.

Se pensiamo al latte o al caglio viene naturale supporre che sono il fulcro della caseificazione, senza i quali il formaggio non potrebbe essere fatto. Ma servono anche i batteri, i fermenti lattici che vivono nel mondo animale o vegetale, i cosiddetti microbi, quegli esseri di dimensioni microscopiche che vivono in simbiosi con qualsiasi alimento o elemento vivente o non vivente.

Tempo fa, in una conferenza, una microbiologa affermava che il corpo umano è costituito per almeno il 70% da batteri. Non sono in grado di confermare se questa affermazione sia corretta dal punto di vista numerico, ma certamente, al di là dei numeri, è un esempio molto importante per capire quanta influenza abbiano i batteri nella vita dell'uomo.

Se torniamo a parlare del formaggio possiamo affermare, senza ombra di dubbio, che i batteri sono i fautori della sua vitalità, perché influenzano la fermentazione del latte, le prime fasi della nascita della pasta caseosa e l'effettiva formazione e maturazione. Le tipologie di fermentazione possono essere veramente tante, tali da rendere semplice o complesso il formaggio. Parlo naturalmente della complessità o semplicità organolettica, ovvero di quelle caratteristiche che consentono al consumatore e all'esperto di apprezzare o disprezzare il nostro prodotto preferito.

Dopo aver motivato che tutto quello che fa il casaro gira attorno a un mondo vitale, possiamo considerare alcuni punti essenziali per capire perché, per il casaro, l'uso dei sensi è così importante.

Cos'è l'analisi sensoriale

L'analisi sensoriale è il metodo scientifico che consente di misurare, attraverso gli organi di senso, la qualità di un prodotto alimentare. La sua prima applicazione venne effettuata attorno alla metà del XX secolo in California presso l'Università di Davis. Oggi, dopo molti studi e ricerche, l'analisi tramite i sensi viene applicata a diversi alimenti: naturalmente al formaggio ma anche al vino, al miele, alla birra e ad altri alimenti importanti per la nostra cultura gastronomica. In Italia, chi si cura dell'analisi sensoriale del formaggio è l'ONAF, Organizzazione nazionale assaggiatori di formaggi. Anche le tecniche di assaggio e di valutazione descrittiva e qualitativa sono curate dall'ONAF, che studia in continuazione l'evolversi della scienza sensoriale.

Per capire quanto siano importanti i sensi, pensiamo al consumatore che acquista un prodotto, il quale ha due modi per farlo. Il primo è semplicemente quello di acquistare un alimento che già conosce, il secondo è quello di avvicinarsi a un alimento che non ha mai assaggiato.

Nel primo caso il consumatore ha già giudicato positivamente l'alimento che conosce e che ha già consumato, perché è intenzionato a riacquistarlo. L'ha già assaggiato e per questo ha capito che le sue caratteristiche organolettiche sono conformi al suo gusto e probabilmente anche a quello dei suoi famigliari. Con questo comportamento, spesso inconsapevolmente e magari senza entrare nel dettaglio, ha già analizzato con i sensi l'alimento in questione.

Nel secondo caso il consumatore acquista il nuovo alimento senza averlo mai assaggiato, ma come deve fare? Il primo aspetto da considerare è che, avendo deciso di acquistare un prodotto sconosciuto dal punto di vista sensoriale, deve averlo riconosciuto da una pubblicità o averlo visto in vetrina o aver avuto un suggerimento da una persona che ha già avuto modo di assaggiarlo. Ha effettuato un'analisi indiretta, tramite i sensi di altri.

Anche in questo modo il consumatore acquirente ha già utilizzato alcuni sensi, la vista per esempio, se ha deciso davanti al televisore di provare l'alimento pubblicizzato, o l'udito, per ascoltare chi gli ha suggerito l'acquisto.

Quindi i sensi sono utilizzati sempre, anche se non ci rendiamo conto della loro enorme importanza.

Il casaro, anche in modo inconsapevole, utilizza i sensi, infatti non trascura mai, in nessuna delle fasi della lavorazione, alcune prove decisive per la riuscita qualitativa del formaggio. Le prove sensoriali che il casaro mette in atto devono essere svolte ogni giorno e in tutte le fasi della lavorazione, nel latte e nei coadiuvanti che hanno vita biologica certamente limitata. Per questo le loro caratteristiche possono mutare anche considerevolmente e anche in breve tempo. L'uso dei sensi in caseificio è importantissimo, tanto che senza di esso il casaro tende ad adattare le fasi di lavorazione esclusivamente ai tempi, rischiando di diventare schiavo dell'orologio.

Chi trasforma il latte è consapevole che la lavorazione, relativa allo stesso formaggio ma in giorni diversi, subirà sicuramente piccole varianti determinate dal riconoscimento tecnico-sensoriale effettuato dal casaro.

È importante che il casaro non applichi le regole di caseificazione solo con la manualità e la tecnica imparata, ma utilizzi il "buon senso" che gli permette di personalizzare la "sua" produzione.

L'uso dei sensi in generale per analizzare un prodotto, un formaggio, non è una cosa facile, soprattutto per il casaro. È indispensabile innanzitutto convincersi che l'analisi sensoriale agevola il lavoro ma soprattutto permette di considerare, con un metodo di giudizio unico nel suo genere, la qualità dei prodotti utilizzati per la trasformazione del formaggio. In questa sezione si cercherà di stimolare il casaro ad assaggiare tutto ciò che in caseificio gli capita fra le mani, a farlo in continuazione per poter stimolare i ricettori a inviare al cervello i segnali adeguati affinché possa "archiviare" la memoria dei sentori che andrà in seguito a riconoscere.

Non trascurate mai di osservare, toccare, guardare, assaggiare il latte, il formaggio e i suoi derivati, vi accorgerete con il tempo quanto sia importante.

Come e perché si usano i sensi

Bisogna innanzitutto sfatare il significato dell'analisi sensoriale, che la maggior parte delle persone identifica come una pratica destinata solo agli esperti o agli appassionati che intendono avvicinarsi a un determinato prodotto. Come ho già scritto, invece, l'analisi a carico dei sensi viene effettuata da tutti noi anche solo per giudicare un alimento. Certo è che chi intende utilizzare i sensi in modo professionale deve avere una preparazione adeguata, per cui è utile rivolgersi alle organizzazioni o alle associazioni preposte a un determinato prodotto.

Allora come deve fare il casaro per avvicinarsi in modo professionale alla tecnica sensoriale?

Innanzi tutto è importante capire un concetto: i sensi inviano i dati raccolti, siano essi tattili, visivi, olfattivi, al cervello che li recepisce e li analizza, magari riconoscendoli. È quindi un fattore soggettivo, il riconoscere un determinato sentore? In parte sì; quando si tratta per esempio di riconoscere il grado di acidità di uno yogurt, vari soggetti potrebbero graduare diversamente questo sapore. L'importante però è che i vari soggetti riconoscano che lo yogurt è acido o che nel formaggio da assaggiare vi è una componente acida. A livello professionale l'analista sensoriale dovrà essere molto più preparato dell'assaggiatore amatoriale per riuscire a emettere un giudizio molto preciso.

Il casaro ha un compito importante e decisivo per giudicare i prodotti utilizzati in laboratorio. Non è determinante che il giudizio del casaro sia identico a quello di un assaggiatore professionale, è importante invece che il casaro riconosca, nei prodotti da lui utilizzati, i sentori normali e quelli anomali, sia delle materie prime che di quelle in fase di trasformazione.

Assaggiare non significa introdurre in bocca una piccola porzione di alimento; ciò è molto riduttivo, l'assaggio consiste in una serie di azioni che permettono a tutti i sensi di operare al meglio. Queste azioni servono, come già detto, a stimolare i sensi che tramite i ricettori nervosi consentono al cervello di elaborare i dati ricevuti; per questo, e per ottemperare al meglio la fase di assaggio, l'assaggiatore dev'essere ben concentrato e pensare esclusivamente a quello che si predispone a fare. Per questo, solitamente chi assaggia in modo professionale deve avere la possibilità di operare in condizioni di assoluta rilassatezza e l'ambientazione è molto importante.

Il laboratorio di analisi sensoriale è stato concepito appositamente allo scopo di mettere l'assaggiatore nelle condizioni ideali, che gli permettano di affrontare il suo compito in modo che non vi siano stimoli o condizionamenti tali da compromettere il lavoro, il tutto secondo la norma UNI ISO 8589 (Analisi sensoriale – Criteri generali per la progettazione di locali destinati all'analisi). È situato in un locale nel quale sono appositamente realizzati box, postazioni singole dove condurre valutazioni sensoriali sotto controllo, in condizioni ambientali costanti, tali da impedire distrazioni.

In un caseificio è praticamente impossibile predisporre uno spazio professionale per l'assaggio dei prodotti anche perché il casaro dev'essere in grado di analizzare il latte, i coadiuvanti e i suoi derivati in rapidità, ovvero sfruttando i pochi momenti liberi della sua giornata lavorativa. È anche vero che il laboratorio del casaro non permette una grande concentrazione, sono troppi i rumori di sottofondo e le distrazioni visive sono veramente tante. Per questo il compito di analizzare con i sensi durante la lavorazione, è veramente complesso per il casaro, molto difficile ma indispensabile.

Quando il casaro, nella fase della coagulazione del latte, tocca la cagliata per saggiare il momento idoneo al taglio, dev'essere ben concentrato perché sbagliare in questo caso significa compromettere tutta la trasformazione in atto.

In realtà tutta la giornata lavorativa del casaro è impostata su una decisa elaborazione da parte del cervello, sia per la complessità dell'organizzazione che per la responsabilità che esso ha nei confronti della buona riuscita del prodotto. La componente umana in caseificio è davvero molto importante.

Il caseificio, pur non essendo l'ambiente idoneo per analizzare un prodotto, è l'ambiente in cui il casaro lavora e lì deve anche riuscire a stabilire ogni azione e a percepire le sensazioni atte alla corretta trasformazione. La concentrazione, la capacità di isolarsi nonostante le forti distrazioni, la volontà di percepire gli stimoli, la curiosità di capire sono determinanti, e tutto ciò è possibile solo con motivazione e volontà molto forti. Guardare, toccare, annusare, in primis, servono a memorizzare ciò che analizziamo. Per capire se il latte ha un odore anomalo il cervello deve aver già archiviato l'odore del latte normale, e così per le altre fasi della lavorazione.

Naturalmente il casaro non dovrà limitare l'analisi dei sensi solo in caseificio e per i prodotti in lavorazione ma anche, in seguito, sul formaggio da lui prodotto. Qui la cosa si fa più complicata, perché non è semplice per chi fa il formaggio essere giudice di se stesso. Il casaro consapevole normalmente non è mai soddisfatto pienamente della riuscita del suo formaggio e lavora alacremente per migliorarlo, migliorando la sua tecnica ma soprattutto la sua conoscenza.

Fare formaggio è un'arte

Se è vero che il lavoro del casaro è da considerarsi "arte casearia", è ovvio pensare che lo stesso casaro agisca come un artista e gli artisti sono sottoposti a critica. Nel nostro caso l'opera d'arte da criticare è il formaggio, e la critica viene dal consumatore e dall'esperto. Qual è la critica più importante? Quella del consumatore o quella dell'esperto di formaggi? Il consumatore è colui che fruisce del lavoro del casaro, colui che acquista, che spende, che mangia e che eventualmente torna a comperare volentieri il prodotto già assaggiato. È un critico di prim'ordine, perché senza il suo apprezzamento non vi sarebbe l'acquisto, con chiare conseguenze per il produttore. Ma il consumatore, spesso, è anche influenzato dalla pubblicità, dal consiglio dell'amico, dall'aspetto visivo del formaggio, dalle condizioni ambientali e territoriali in cui vive. Lo stesso prodotto mangiato in zona di produzione risulterà diverso se mangiato in un territorio diverso da quello originario. Sono quindi molte le variabili che permettono al consumatore di valutare il formaggio acquistato, e dunque il giudizio qualitativo del consumatore non ha un'importanza decisiva per il casaro che produce il formaggio.

In verità il consumatore non esprime un vero e proprio giudizio sensoriale perché alla domanda «perché ti piace il mio formaggio» non è capace di rispondere, non riesce a motivare in modo corretto il suo apprezzamento, come non è capace di spiegare perché non gli piace.

Spesso il casaro ragiona così: «Il mio formaggio si vende, significa che piace».

Può essere vero, il fatto che piaccia, ma ciò non significa che il formaggio sia di qualità. Ciò è dimostrato dal fatto che il consumatore acquista, al supermercato o al discount, prodotti di derivazione industriale spesso realizzati con materie prime di scarsa qualità e magari non si reca al vicino caseificio dove potrebbe acquistare prodotti artigianali, curati e buoni. Il casaro deve capire che con quest'affermazione si blocca la spinta a migliorare, si impedisce al caseificio di progredire, si banalizza il formaggio, come purtroppo avviene spesso con il prodotto industriale. Il giusto ragionamento invece dev'essere quello di cercare sempre di migliorare il proprio prodotto, sia esso formaggio o altro alimento. Per adempiere a questo è necessaria l'umiltà, ovvero la disponibilità a non giudicare da sé il proprio prodotto ma a chiedere il parere all'esperto o agli esperti, che sono in grado di comprendere meglio il formaggio e magari di suggerire al casaro come migliorare. Non ci si deve preoccupare se il formaggio che si vende molto ogni tanto subisce piccoli cambiamenti di qualità, anzi, il pensiero di proporre al consumatore un formaggio migliore dev'essere di stimolo per il casaro. Vorrà dire che se a qualcuno piaceva di più il formaggio precedente, a molti altri piacerà di più quello migliorato. Partiamo quindi dal concetto che il formaggio perfetto non esiste, esiste il formaggio buono, quello eccellente ma non di più. Anzi, meglio sarebbe passare da un giudizio di gradevolezza del buono-non buono (facilmente fraintendibile), del mi piace-non mi piace (valutazione personale), all'oggettività della valutazione per capire se il formaggio corrisponde a ciò che il casaro ha progettato e che viene richiesto da uno specifico disciplinare di produzione.

L'analisi sensoriale effettuata dal consumatore e dall'esperto è determinante se l'ascolto del casaro è attento e preparato a ricevere anche le critiche, e se in caseificio si applica per verificare, con i sensi, tutto ciò che utilizza.

Nel momento in cui il latte, i batteri lattici, il caglio, gli additivi sono di alta qualità, e il casaro ne è consapevole, il passo successivo è quello di lavorare con grande serietà, con la volontà di continuare a migliorare un prodotto eccezionale come il formaggio che, a volte, è la natura stessa a fare. L'azione dell'uomo è fondamentale, ma ci sono formaggi che si fanno da soli, ovvero quei casi in cui il casaro ne guida solamente la semplice trasformazione e lascia che siano l'ambiente, la temperatura, l'umidità naturale a fare la loro importante parte. Ma anche in questi casi l'uomo ha bisogno di capire, comprendere tutto ciò che avviene nelle fasi tecnologiche, anche con l'uso dei sensi.

Il casaro assaggiatore

Se è vero che l'analisi sensoriale è il frutto del lavoro di esperti che giudicano un prodotto alimentare, è pure vero che prima di giudicare il prodotto finito si può giudicare ciò che compone il prodotto stesso. Il casaro quindi si trova in prima fila fra tutti coloro che si occuperanno del formaggio ed è il vero responsabile della filiera, prima ancora dell'allevatore, anche se in ordine cronologico dovrebbe essere il contrario. Il casaro deve avere la capacità di criticare costruttivamente anche il lavoro di chi gli fornisce il latte.

A maggior ragione, se il casaro è anche allevatore ha la possibilità di seguire con grande cognizione di causa tutto il processo, dalla salute all'alimentazione delle lattifere, alla mungitura e così via. Deve preoccuparsi non solo della qualità dei componenti del formaggio ma del formaggio stesso, nella fase di presentazione al consumatore. Non deve trascurare l'aspetto della forma, la sua pulizia e l'eventuale etichettatura e confezionamento, che possono essere determinanti per la scelta del consumatore. In primis deve comunque rimanere il concetto della qualità organolettica del prodotto finito.

Questo ragionamento, che può sembrare legato al solo caseificio artigianale o industriale, rispecchia invece un modo di concepire il formaggio che deve appartenere a tutti, sia al grande caseificio che al pastore che si sposta continuamente per alimentare le pecore. Sono condizioni che possono anche diventare sinonimo di qualità, scopo principale del casaro. Questi, a causa della sua attività, si inserisce in una fascia intermedia fra il consumatore e l'esperto, perché lavorando il latte e producendo formaggio non ha la capacità critica né del consumatore né dell'esperto, ma ha la forte responsabilità di creare un prodotto che possa ottenere un giudizio positiva da parte di tutti.

Come provvedere a migliorare la qualità del formaggio? Non esiste una risposta certa, cercheremo di guidare il casaro, nei paragrafi che seguono, nel mondo "vero" del formaggio, dove si opera, si valuta, si assaggia per giudicare la qualità.

Organi di senso

Negli animali la vita biologica è rappresentata principalmente dagli organi di senso, che permettono, soprattutto all'uomo, di vivere. Senza i sensi parte della vita non ci appartiene, ci sfugge, ci manca. I sensi ci permettono di muoverci, di compiere quelle funzioni indispensabili per la sopravvivenza, di mangiare, camminare, scegliere in autonomia con cosa alimentarci e, senza ombra di dubbio, di scegliere il miglior modo di affrontare la realtà.

Guardare e toccare sono strettamente legati alla nostra esistenza, ma ancora di più lo sono annusare e gustare, perché nel mondo animale rappresentano la vera essenza dell'esistere. Un animale come il cane concentra la sua azione più rappresentativa nell'olfatto, annusa tutto e di tutto riconosce i vari aspetti, anche quello caratteriale. Un tempo anche l'uomo aveva queste grandi doti, necessarie alla sua sopravvivenza.

Oggi, purtroppo, abbiamo perso tanto di quel fare, a discapito di giudizi consapevoli su tutto ciò che ci circonda. Qualche tempo fa al termine di una degustazione, naturalmente di formaggi, vengo avvicinato da una signora che lamentava la maleducazione del figlioletto perché anche al ristorante annusava tutto prima di mangiare. Bene, la signora in questione non aveva capito nulla, mentre il bambino aveva già compreso che se un alimento non è piacevole alla prova olfattiva non può essere piacevole neppure a quella gustativa.

Se parliamo del formaggio come oggetto vedremo che nel banco di un negozio di gastronomia avrà più successo quello ben etichettato, lucidato e ben trattato. Tornando invece alle caratteristiche sensoriali del casaro, vediamo nel dettaglio quali devono essere le applicazioni, considerando che tratterò i sensi nell'ordine in cui il casaro applica la sua azione.

Vista: cosa osservare

In qualsiasi circostanza il primo senso che viene utilizzato è la vista. Tutto gira intorno a quello che vediamo, che osserviamo, tanto che spesso siamo condizionati dalle sensazioni visive. Quando camminiamo lo facciamo guidati dagli occhi, quando acquistiamo il formaggio per prima cosa lo vediamo, quando facciamo il formaggio ci lasciamo guidare, sempre, dalla vista. Con la vista abbiamo anche la possibilità immediata di recepire e associare il gusto di un prodotto. Se acquistiamo un gelato, magari un ghiacciolo, associamo immediatamente il colore arancione al gusto di arancio, il bianco al limone, il verde alla menta, così come per il formaggio il bianco può essere associato al formaggio fresco, il giallo al formaggio di pasta semidura e il marrone al formaggio stagionato.

Il casaro associa il colore agli ingredienti del formaggio che utilizza in caseificio, il latte, il siero, il formaggio finito, le muffe sul formaggio e così via. Ma per il senso della vista non è importante solo il colore, ci sono anche la luminosità, le ombre, la forma delle cose e la loro dimensione.

Il casaro inizia il suo lavoro osservando le attrezzature e valutandone la pulizia, verificando l'aspetto generale del caseificio, delle pareti interne della caldaia e degli attrezzi utilizzati. Se fatto con minuzia, questo modo di analizzare le cose in caseificio diventa un vero autocontrollo, che è supportato dalle attrezzature e da prodotti atti a pulire, a disinfettare e a sanificare.

L'occhio del casaro cade per abitudine e ripetizione su tutto ciò che viene fatto in caseificio, soprattutto su ciò che fa mentre trasforma il latte, e proprio dal latte iniziamo questo viaggio dei sensi.

Come dev'essere, come si presenta, quali sono le caratteristiche visive del latte? È banale osservare una sostanza apparentemente semplice, almeno dal punto di vista visivo?

No, non è banale, è importante, anche perché il latte, prima di entrare in caldaia, è già stato in qualche modo manipolato dall'uomo nella fase di mungitura, in quella atta al suo mantenimento o in altre azioni connesse alla refrigerazione.

Tabella 1

CARATTERISTICHE VISIVE DEL LATTE		
Latte	**Aspetto**	**Effetto**
colore	bianco	colore normale, determinato dal naturale colore delle proteine; le lattifere sono alimentate con insilati o affienati; aspetto normale del latte ovino, caprino e bufalino
	avorio scarico	colore di un latte bovino le cui lattifere sono allevate al pascolo; dubitare sempre: se il colore tende al marrone è possibile la presenza di enterococchi fecali (i capezzoli sono stati lavati con acqua e non asciugati); associare la prova visiva con quella olfattiva
	sfumature rosa	aspetto anomalo, possibile presenza di sangue
aspetto	trasparenza (latticello)	il latte nel sottostrato del grasso affiorato si presenta limpido, abbastanza trasparente; quando scaricando il latte appare questa situazione, è consigliabile interrompere lo scarico
	schiuma superficiale	il latte ha subìto una movimentazione eccessiva, o in refrigerazione o in pompaggio; le proteine hanno subìto un danno; possibile azione proteolitica anticipata
	untuosità superficiale	i globuli di grasso hanno subìto un maltrattamento in centrifuga o in pompaggio; possibile azione lipolitica anticipata
	presenza di micro-oggetti estranei	la filtrazione non è stata effettuata correttamente, meglio filtrare
	pellicina superficiale	temperatura ambientale bassa; agitare bene prima della fase di inoculo fermenti o di aggiunta del caglio, magari scaldando leggermente il latte

In seguito alla presa in carico del latte il casaro interviene con le altre fasi della caseificazione, come l'inoculo dei fermenti lattici e del caglio. La fase di fermentazione del latte può essere effettuata con l'inoculo di lattoinnesto o di sieroinnesto, acidificanti preparati direttamente in caseificio e proprio per questo prodotti dell'acidificazione molto delicati. Il casaro che ha preparato un innesto naturale sa per esperienza che l'acidificazione provvede a dare un risultato che visibilmente non ha confronti o paragoni. Le colture batteriche infatti non subiscono alterazioni del colore e della luminosità, pertanto dal punto di vista visivo il casaro non può comprendere la qualità dell'innesto preparato. Per ottemperare a questi controlli si rimanda alla sezione olfattiva.

Per quanto riguarda il caglio, è bene fare qualche precisazione. Il caglio è il risultato di severe trasformazioni dell'abomaso di vitelli, agnelli e capretti e si presenta sotto forma di pasta, liquido o polvere. Sono sostanze che possiedono caratteristiche ben evidenti anche all'occhio e quindi è possibile verificarne la conservazione, anche se non con la massima precisione, allo scopo di individuare qualsiasi problema che possa essere verificato anche con la prova olfattiva.

Tabella 2

CARATTERISTICHE VISIVE DEL CAGLIO		
Tipo di caglio	Deve essere	Situazione anomala
caglio in pasta	giallo brillante	opacizzazione, inscurimento
	verde scuro (altri colori)	
caglio liquido	varia da colore bianco a giallo chiaro o bruno in funzione della ditta produttrice, del titolo e del rapporto di chimosina-pepsina	opacizzazione, inscurimento
	trasparente, limpido, assente da depositi	perdita di trasparenza e limpidezza
caglio in polvere	colore molto chiaro, anche bianco	presenza di grumi, probabile mantenimento in presenza di umidità
	ottima solubilità	fatica a sciogliersi nell'acqua fredda

Una delle fasi determinanti che il casaro compie durante la trasformazione è il controllo e la verifica della cagliata, la trasformazione chimica ma soprattuto fisica del latte. Durante questa fase, cioè da quando il casaro ha immesso il caglio o il coagulante nel latte, in caldaia avvengono alcune mutazioni che devono essere verificate, spesso anche di continuo, come il punto di presa e il termine della coagulazione. Dalle osservazioni visive è possibile capire, molto spesso, la situazione in atto ed eventualmente intervenire o semplicemente provvedere al passaggio da una fase a quella successiva. Durante le successive fasi il casaro "butta l'occhio" sempre, costantemente.

Tabella 3

CARATTERISTICHE VISIVE DELLA CAGLIATA		
Verifica	Azione	Effetto
del tempo di presa	introdurre un dito nel latte cagliato, verificare se rimane in modo costante la colorazione (bianco) sul dito, leggermente fioccato	il tempo di presa può variare anche in modo significativo in funzione della quantità d'innesto e/o di caglio introdotti
mutazioni della superficie	cagliata umida, brillante e lucida	presenza di acqua (la cagliata suda) sulla superficie, la cagliata è idonea al taglio per formaggi a pasta molle a crosta lavata
consistenza della cagliata	introdurre un dito per poi risollevarlo all'interno della cagliata in modo da verificare la qualità del taglio	le cagliate umide o asciutte presentano un tipo di taglio diverso, da un taglio slabbrato a un taglio netto
	appoggio del dorso della mano sulla cagliata	la cagliata risulta asciutta quando sul dorso della mano non rimane traccia; qualora rimanga una pellicina bianca la cagliata è umida
taglio della cagliata	verifica delle dimensioni dei grumi durante la rottura	i grumi devono risultare di dimensione, sia essa grande o piccola, omogenea ma di forma irregolare; troppa regolarità nella forma dei grumi provoca minore adesione fra di loro

Tatto: cosa e come toccare

Dopo aver visto il formaggio sulla tavola o esposto dal rivenditore viene il desiderio di assaggiarlo. Ma per farlo è necessario prenderlo continuando a osservarlo, magari ungendosi la mano o sopportando l'idea di percepire sulle dita la sabbiosità di un formaggio a pasta dura, granulosa. Con queste semplici azioni è già stato utilizzato il secondo senso, il tatto. Si consideri che le informazioni che derivano dal tatto sono precisissime, tanto da permetterci di definire, per ogni alimento analizzato, la sua forma, la struttura, la superficie, la collocazione spaziale e la temperatura. Il casaro, oltre a osservare i prodotti a sua disposizione, associa spesso le analisi visive a quelle tattili, cioè guarda e tocca contemporaneamente, e giudica. Se dovessimo togliere il senso del tatto a un casaro gli avremmo tolto anche il lavoro. Tutti i casari toccano, nelle fasi di caseificazione, i risultati del loro lavoro e considerano queste azioni più importanti di quanto non avvenga nel vedere ciò che si fa. È bene osservare e saggiare con la mano, e a volte anche con la bocca, ma sempre in sinergia con il vedere ciò che appare, ciò che si trasforma.

Le osservazioni tattili riguardano non solo le sensazioni meccaniche, ovvero quelle che ci consentono di capire la consistenza e la forma, ma anche le sensazioni termiche, quelle che ci fanno sentire il caldo e il freddo. I sentori tattili sono recepiti da tutto il corpo, dai muscoli e dalla pelle in generale.

Tabella 4

CARATTERISTICHE TATTILI DELLA CAGLIATA		
Verifica	**Azione**	**Effetto**
del punto di presa	fase che comporta anche l'uso della vista e viene effettuata introducendo un dito nel latte cagliato	il casaro deduce l'inizio del tempo di presa verificando la lieve patina di colore bianco che rimane sul dito
del momento di tagliare la cagliata	si utilizzano la vista e il tatto; in particolare il tatto determina con precisione il momento opportuno per tagliare la cagliata	cagliata molle: la cagliata si presenta molto umida e al contatto con il dito introdotto si apre con facilità, si slabbra a sollevarla e si sfalda; è idonea solitamente per le paste dure; il dito o la mano rimangono bagnati e sporchi
		cagliata dura: la cagliata si presenta piuttosto asciutta, ben elastica e quando si rompe con il dito e lo si solleva, il taglio che ne consegue è netto, pulito; questo tipo di cagliata si può catturare con la mano chiusa e il pezzetto raccolto denoterà elasticità, consistenza; solitamente si giunge alla cagliata dura, asciutta, per le paste molli
del momento di estrarre la cagliata	pasta molle	verifica della presenza di una pellicina che avvolge il grumo di pasta, prova della rottura della stessa pellicina che deve deformarsi e rendere il grumo umido non bagnato; la prova consiste anche nel verificare che i grumi, presi in mano, non si uniscano e concedano la sensazione di essere molto elastici, tanto da rimbalzare al movimento della mano
	pasta semidura	verifica della consistenza dei grumi che devono essere piuttosto asciutti, ben formati e leggermente umidi alla prova dello schiacciamento fra le dita; ruotando la mano aperta all'interno della caldaia i grumi devono passare all'interno delle dita in modo fluido, scorrevole; se la pasta è semicotta o cotta durante il riscaldamento continuare a saggiare la consistenza dei grumi tastando, schiacciando la pasta; associare la prova con la vista per verificare la fase di unione dei grumi; un'ulteriore prova tattile per le paste semidure è quella di prelevare con una mano un po' di pasta e farne una pallina da introdurre in bocca; alla masticazione deve notarsi stridio, quasi un rumore simile a quello che può emanare una pasta gommosa
	pasta dura	durante la fase di cottura (eventuale) saggiare continuamente i grumi, solitamente molto piccoli, fino a quando, alla prova di schiacciamento con le dita, non ne risulta una pasta asciutta, quasi fibrosa; prova di masticazione, appallottolare energicamente un po' di pasta e introdurla in bocca; se alla masticazione la pasta stride, significa che ha raggiunto un ottimo stato di asciugatura

Per quanto riguarda le sensazioni tattili che dobbiamo ricercare nel contatto con il formaggio o con il latte e la cagliata, dobbiamo far riferimento in special modo alle mani e alla bocca con la quale anche il casaro effettua prove meccaniche.

Come capita per gli altri sensi, anche per il tatto le sensazioni percepite vengono registrate dal cervello e memorizzate. Memorizzare correttamente le azioni e la consistenza della cagliata consente al casaro di evitare errori tali da produrre formaggi sempre di diversa consistenza. Una delle fasi cruciali, per la quale il casaro deve fare riferimento e applicare la tecnica con l'utilizzo della memoria tattile è quella del taglio della cagliata. È un'azione che si compie con il contatto fisico delle mani e della bocca con le sostanze e la materia utilizzate in caseificio, decisivo per la buona riuscita del lavoro progettato.

Le verifiche da effettuare nelle fasi descritte dalla Tabella 4 sono naturalmente indicative; ogni casaro dovrà decidere, in funzione del formaggio che andrà a fare, la consistenza della cagliata e il momento opportuno per tagliarla ed estrarla. Il concetto però è sempre quello: fatta una prima caseificazione, il casaro dovrà memorizzare non solo le azioni ma anche le sensazioni tattili, che gli serviranno successivamente per fare altre volte lo stesso formaggio. Per il casaro esperto ciò è piuttosto semplice, conosce perfettamente la cagliata, le reazioni da essa espletate e quindi non trova difficoltà a ricordare come ha precedentemente provveduto alla lavorazione. Il casaro neofita dovrà avvalersi di tanta pazienza e concentrazione, ma dopo alcune lavorazioni comprenderà l'importanza di apprendere e memorizzare le sensazioni che si percepiscono durante la trasformazione. Solitamente gli errori grossolani che si possono commettere in caseificio sono causati da poca concentrazione o dalle distrazioni che, strano a dirsi, avvengono proprio nei momenti più importanti. In alcuni casi, spesso in pastorizia, il casaro decide di effettuare il taglio quando lo spino di legno rimane diritto al centro della cagliata.

È una prova che si tramanda dalle generazioni passate, ma non consente di valutare la consistenza della cagliata con sufficiente precisione, è una semplice prova visiva. A questa prova può essere affiancata anche quella tattile, con le mani, che consente di stabilire con precisione la giusta consistenza della cagliata. Il casaro non deve quindi usare solo azioni tradizionali che gli consentono di ripetere movimenti abituali, ma cercare di percepire sensazioni sensoriali, per evitare che la consistenza dell'elemento che va a valutare sia diversa ogni volta.

Olfatto: annusare per comprendere

L'organo olfattivo, come tutti sanno, è il naso, per l'uomo ma anche per la maggior parte degli animali. È il ricettore più complesso della nostra anatomia e anche quello che concede le sensazioni più difficili da recepire. Annusare e riconoscere gli odori è la prova sensoriale più difficile, per la quale è necessario tanto allenamento. Ma è anche la prova più utile per il consumatore, per l'esperto e per il casaro. Quando annusiamo, il cervello ci permette di capire se il prodotto che stiamo analizzando ci piace o ci repelle. La scelta dell'alimento deve passare da questa prova che a volte tanto difficile non è, soprattutto se l'odore che percepiamo è sgradevole; in questo caso ci permette immediatamente di escludere l'alimento che lo emana.

Gli odori sono il frutto di composti chimici che percepiamo in modo diverso. In realtà il naso raccoglie le molecole più leggere, ovvero quelle definite "volatili", che hanno un odore proprio, come per esempio le molecole di diacetile, dalle quali percepiamo l'odore di burro, o la molecola di paratolilmetilchetone, che odora di fieno. Ma se pensiamo che riusciamo a percepire gli odori con il solo naso ci sbagliamo di grosso. In realtà il naso è solamente il contenitore che riesce a catturare le molecole volatili mentre ad agire sono i neuroni olfattivi, cellule con terminazioni digitiformi specializzate, dette "ciglia", posizionati nell'epitelio olfattivo e comunicanti con il bulbo olfattivo, il quale trasferisce le informazioni al cervello. Per cui ogni molecola che raggiunge la cavità nasale sollecita i neuroni olfattivi.

L'odore, quindi, è una sensazione che si ha a causa del passaggio delle molecole olfattive nella cavità nasale, che però non è raggiungibile solo dal naso ma anche dalla bocca. Infatti, quando mangiamo e associamo il prodotto a un determinato sentore significa che tramite la cavità retronasale le molecole hanno raggiunto il bulbo olfattivo. In questo caso viene recepito non l'odore ma l'aroma del prodotto.

Per il casaro è molto importante sfruttare l'olfatto e quindi utilizzare semplicemente il naso. Come ho già detto, la prova olfattiva del casaro è molto difficile, anche perché in caseificio le distrazioni sono tante ma soprattutto gli odori si accavallano, anche per le loro complessità, e sono molte le molecole volatili che si coprono a vicenda. Un caseificio molto pulito consente anche di limitare il vagare di molecole volatili e naturalmente di non odorare molto. Ma gli odori non spariscono solo per la buona pulizia, e in caseificio, nell'ambiente, si deve recepire un odore lattico fresco o cotto ma non di più.

Per recepire un odore è necessario che il prodotto annusato contenga acqua, o meglio: se si presenta piuttosto asciutto è bene non solo annusarlo ma anche introdurlo in bocca, masticarlo aggiungendo saliva e provvedere alla prova aromatica tramite la cavità retronasale. In caseificio vengono utilizzate, oltre che il latte, altre sostanze che aiutano il casaro nella difficile prova della trasformazione.

Queste sostanze spesso sono prodotte direttamente nel caseificio, come il lattoinnesto e il sieroinnesto, e quindi possono essere tenute sotto stretta osservazione, anche olfattiva, mentre sostano in incubazione. Il casaro, che non lascia al caso neppure l'incubazione del lattoinnesto, se ben allenato può carpire l'odore della giusta acidità e decidere il momento della titolazione o della misurazione del pH. Così come può capire, sempre annusando, le sensazioni che emana il caglio nelle sue varie forme. La Tabella 5 aiuta il casaro a comprendere quali azioni deve compiere e in quale momento per fare alcune verifiche di carattere olfattivo.

Oltre agli odori tipici dei prodotti che si utilizzano in caseificio con il preciso scopo di fare il formaggio, vi sono altri odori associabili a fattori esterni o a prodotti che interessano la pulizia dei locali. Spesso capita di entrare in caseifici e rimanere sconvolti per l'eccessivo odore emanato da prodotti come la soda caustica e il cloro. È bene ricordare che il latte è un eccellente substrato per l'assorbimento di batteri e di odori, per cui l'uso sconsiderato di prodotti profumati o molto odorosi rischia di compromettere il vero odore e il vero aroma del formaggio.

Tabella 5

CARATTERISTICHE OLFATTIVE DEL LATTE, DEI COADIUVANTI E DEI SUOI DERIVATI IN TRASFORMAZIONE			
Sostanza	Odore normale	Prova	Anomalie
latte	odore tipico, da latte	il latte non ha un odore facilmente descrivibile se non definendolo proprio odore lattico fresco; per recepirlo al meglio è bene riscaldarlo ad almeno 20 °C; qualora fosse impossibile recepire l'odore per cause esterne, è bene passare alla prova aromatica introducendo in bocca un sorso di latte e, dopo aver chiuso con due dita il naso, rilasciarle ed espirare	il latte può avere l'odore classico o non aver odore: ciò è un segnale di buona qualità; non deve odorare di stalla, di rancido e di acido; durante l'alpeggio, dopo una giornata piovosa, il latte può assumere un odore di cuoio bagnato; la misura del pH può essere la conferma della troppa acidità del latte
caglio in pasta	forte odore animale ben definito	annusare il caglio direttamente nel barattolo	odori di rancido e muffa denotano un caglio non utilizzabile
caglio liquido	odore animale di media intensità ben definito e a volte leggermente pungente	annusare nel contenitore dopo aver agitato bene	odore di stalla o rancido, odore troppo pungente
caglio in polvere	odore animale di bassa intensità	annusare nel contenitore o dopo aver sciolto il caglio	odori anomali come il rancido o eccessivo odore animale
lattoinnesto	acidità controllata	a seconda del grado il lattoinnesto deve avere odore acido; si inizia a recepire odore acido quando si raggiungono 8-10° SH/50; ad acidità di 14-20° SH/50 l'odore è simile a quello dello yogurt	quando subentrano odori di latte cotto o di stalla è bene non utilizzarlo
sieroinnesto	forte acidità	il sieroinnesto ha normalmente acidità superiori a 20° SH/50, per questo si recepisce odore acido molto forte che però non è associabile allo yogurt	odore acido scarso denota un sieroinnesto non pronto o non riuscito
latte coagulato	privo di odore	annusare la cagliata all'interno della caldaia	la cagliata deve risultare priva di odore o concedere un lievissimo odore acido, piacevole e mai fastidioso

segue →

Sostanza	Odore normale	Prova	Anomalie
cagliata	priva di odore	durante l'estrazione e dopo, la pasta non deve avere nessun odore e nemmeno sapore	qualora si notassero odori estranei, sono avvenute contaminazioni in caseificio

I composti chimici sono percepiti dai ricettori olfattivi e sono i responsabili dell'odore del latte. Tali composti dipendono dal metabolismo degli animali anche in funzione della loro specie. Le varie molecole odorose sono influenzate, inoltre, dall'alimentazione a cui sono sottoposte le lattifere ed è stato dimostrato (Bbugaud et al., 2001; Modo et al., 1996) che alcuni terpeni, sostanze aromatiche contenute nell'erba, passano nel latte. Le azioni tecnologiche per la trasformazione casearia per l'ottenimento di formaggio vanno a influenzare, se non modificare, le caratteristiche odorose del latte crudo di partenza.

Percepire l'odore del latte è importante soprattutto se il latte proviene da lattifere allo stato brado e quando la mungitura è manuale o semimanuale. Le contaminazioni possono essere eccessive e quindi il latte può assumere immediatamente odori particolarmente sgradevoli. La presenza di odore animale nel latte può essere assoggettata anche a contaminazione da enterococchi, causata soprattutto da una mungitura sporca. Se non si riuscisse, con l'esperienza, a riscontrare la causa di un odore anomalo del latte, un'analisi microbiologica potrebbe trovare dati interessanti e aiutare molto a risolvere le cause.

L'olfatto e l'aroma sono il risultato estremo della formazione del casaro, che per raggiungere una buona preparazione ha necessità di allenamento, ovvero di esercizio giornaliero, per poter memorizzare i sentori riscontrabili con i sensi ma soprattutto quelli olfattivi. Riconoscere l'odore del latte, le sue sfaccettature che spesso portano all'acidità, significa avere una buona memoria olfattiva.

È anche vero che in un ambiente conosciuto come la propria casa o il proprio caseificio è facilmente assimilabile l'odore tipico e altrettanto facilmente il nostro olfatto si adatta trovando difficoltà a recepire gli odori. Ecco perché, se si ha la possibilità, è bene provvedere alle prove sensoriali in un ambiente diverso dal caseificio, magari attiguo, dove non imperversano gli odori classici del locale di lavoro.

Tabella 6

PRINCIPALI COMPOSTI ODOROSI IN LATTI DI DIVERSA SPECIE*					
Composto odoroso	**Descrizione dell'odore**	**Vacca %**	**Bufala %**	**Capra %**	**Pecora %**
etil-butanoato	fruttato, fragrante, dolce	36	17,5	34	29
non identificato	latte caldo, formaggio affumicato	0	7,5	0	0
eptanale	erbaceo, verde, oleoso	1,1	2,6	1,4	5

segue →

Composto odoroso	Descrizione dell'odore	Vacca %	Bufala %	Capra %	Pecora %
dimetilsulfone	zolfo, latte caldo, bruciato	14	3,7	1,7	7
1-octen-3-olo	funghi, terra, umido	3	17,2	7	13
etil-esanoato	vegetale, frutta acerba	37	6,5	37	28
nonanale	verde, grasso	4,4	16,6	3,3	3
ertil-octanoato	floreale	0,1	3,1	0	0
indolo	fragrante, gelsomino, stalla	1,4	20	11	6
non identificato	pesca	0	1,8	1,2	2,7

* Presenza espressa come percentuale relativa del valore complessivo del CHARM (Combine Hedonic Response Measurements) test eseguito per cromatografia di sniffaggio

Fonte: Moio et al., 1993

Sapori e gusto

Dopo aver parlato della vista, del tatto e dell'olfatto, che sono molto significativi in caseificio, è bene accennare anche alle altre sensazioni sensoriali che chiunque di noi, mangiando, percepisce. Non sono determinanti per il casaro ma lo sono in seguito, se intende poi assaggiare con professionalità il formaggio che ha prodotto. Il casaro, infatti, non deve solamente essere il produttore di una specialità casearia ma ne dev'essere il primo assaggiatore, che definirei ufficiale. Le caratteristiche intrinseche del casaro gli impediscono di classificare qualitativamente il formaggio da lui prodotto ma può provvedere a dare un giudizio tale da riscontrarne i difetti. Chiaramente, per diventare un vero esperto, magari assaggiatore di formaggi, è bene che si preoccupi di partecipare ai corsi preposti per i quali ONAF è specializzata, oppure a corsi privati di altre organizzazioni o a professionisti. L'aspetto sensoriale del formaggio è molto complesso ma una buona conoscenza delle tecniche di assaggio fornisce al casaro una sostanziale base culturale che cambierà il suo modo di comprendere il formaggio e anche il suo modo di operare. È quindi molto importante investire in questo campo, formarsi ad assaggiare, a riconoscere i difetti di ogni natura del formaggio e a qualificarne le caratteristiche organolettiche.

Gusto

Il gusto è una sensazione chimica che si percepisce in bocca e che assimila i sapori, gli aromi e le sensazioni strettamente legate al tatto. Fra l'altro anche le sensazioni trigeminali che si percepiscono tramite i nervi facciali, e non dalla lingua, se sono presenti, vanno a completare il gusto di un alimento. Quando viene meno la capacità olfattiva, sia nasale che retronasale, spesso a causa di un raffreddore, viene meno anche la ricezione del gusto, mancano le sensazioni essenziali per completare la complessa percezione gustativa dell'alimento in assaggio. Infatti, mentre il bulbo olfattivo non permette un'analisi dell'odore e dell'aroma, la lingua continua, tramite le papille gustative, a funzionare e concede quindi la possibilità di analizzare i sapori.

Sapore

Abbiamo già considerato nei paragrafi precedenti l'aroma e il tatto, per cui ora accenneremo al sapore di un alimento che molto spesso viene scambiato per l'aroma. Quando si pensa a un alimento che "sa di banana" si pensa che quel prodotto ha il sapore della banana. In realtà, recepire il sentore di banana significa aver riconosciuto l'aroma della banana e non il sapore. Per meglio comprendere il concetto è bene sapere che si definisce "sapore" la sensazione singola o multipla che si percepisce con la lingua. La lingua, organo del gusto e del sapore, è un muscolo sulla cui superficie sono presenti le papille, diversamente distribuite in funzione della loro tipologia.

All'interno delle papille sono poste le gemme, i veri e propri ricettori del sapore. Le papille si suddividono in specie fungiformi, quelle posizionate sulla punta della lingua e sui suoi bordi, le papille foliate che si trovano sui bordi, le papille circumvallate poste nella parte posteriore e le papille filiformi che non sono interessate alla ricezione del sapore.

I sapori riconosciuti come tali nei Paesi occidentali sono il dolce, l'acido, il salato e l'amaro. Anche per il formaggio sono i quattro sapori che si ricercano nella pratica dell'assaggio. I quattro singoli sapori sono riconosciuti tramite le papille gustative in varie zone della lingua e ciò consente, con una buona concentrazione, di facilitare a chi degusta il compito di riconoscere i dati relativi al sapore.

Dolce punta
Salato parte laterale anteriore/posteriore

Acido parte laterale/mediale
Amaro parte superiore/posteriore

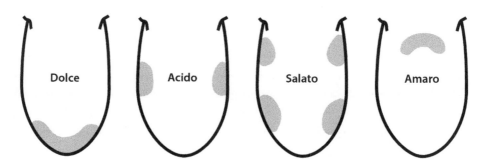

Il sapore ha grande importanza anche per il casaro, che tramite esso riesce a riconoscere il salato, che è determinante per dare sapidità alla pasta, e l'amaro, che dev'essere sempre considerato un difetto a volte molto grave. Anche durante le varie fasi della caseificazione è possibile determinare il sapore dei prodotti lavorati; il latte per esempio, che dev'essere sempre dolce, può assumere sapore acido (da non confondere con l'aroma e l'odore) qualora vi fossero fermentazioni in atto. Oppure la dolcezza della cagliata, che normalmente non ha gusto ma se si riconduce il sapore dolce alla presenza del grasso allora ne è concepibile il riscontro. È bene ricordare che nel formaggio la sensazione del dolce non è da attribuire alla presenza di lattosio – esso se ne è già andato parzialmente o totalmente a causa delle fermentazioni – ma del grasso che, se non ha subìto danni meccanici, concede appunto questo sapore. Dire che il Parmigiano Reggiano DOP è dolce è pura verità, anche se in questo tipo di formaggio non vi è più presenza di lattosio (fattore dipendente dal tempo di stagionatura).

Per quanto riguarda il salato, invece, la sua minima o elevata presenza è dovuta esclusivamente alla salatura che il casaro effettua e quindi è un sapore controllabile e modificabile. Qualche tempo fa in una trasmissione televisiva c'era chi affermava che il sale è un componente naturale del latte, invece nel latte non c'è sale ma solo sali minerali, che naturalmente non concedono sapidità né al latte né all'oggetto della sua trasformazione, il formaggio.

L'acidità è invece una caratteristica di quasi tutti i formaggi, in particolare di quelli freschi, in cui le fermentazioni sono all'apice della loro azione, mentre nei formaggi a lunga stagionatura l'acidità è sempre più bassa, ma spesso è riscontrabile proprio con l'assaggio. Se si pensa che il formaggio è un prodotto a fermentazione naturale è ovvio pensare anche che nel formaggio "vecchio", dove continuano, anche se in modo ridotto, le fermentazioni, l'acidità è sempre un fattore presente.

L'amaro invece, come si è ripetutamente detto, è un fattore estraneo al formaggio, perché non è in natura all'interno del latte. L'uomo è molto sensibile a questo sapore perché esso riconduce alle problematiche salutistiche alle quali l'amaro è collegato, le sostanze tossiche in particolare. Il sapore amaro appare solamente dopo la trasformazione del latte. È una mutazione chimica dovuta a molti fattori, tutti riconducibili a errori di caseificazione o per aver trascurato, magari inconsapevolmente, di intraprendere fasi tecniche per la prevenzione dell'amaro.

Il casaro ha quindi grandi responsabilità in merito al sapore che avrà il formaggio prodotto e per questo è bene che nell'espletamento del progetto tecnologico non trascuri nulla, a partire dalla fase fermentativa del latte, nella scelta e nel dosaggio degli innesti.

La scheda tecnologica

Quando si lavora il latte si segue sempre uno schema tecnologico che tiene in considerazione le materie prime, il latte, i fermenti, il caglio e anche i tempi che occorrono per la trasformazione. In pratica, è uno schema che il casaro ha memorizzato, se ripete spesso quella tecnologia, ma che può non aver ancora imparato se la tecnica che sta utilizzando è per lui nuova.

Solitamente il casaro che intende fare un nuovo formaggio stabilisce una scaletta delle operazioni da effettuare che lo aiuta durante la trasformazione. Che il formaggio sia il frutto del progetto del casaro o di un tecnologo, è necessario registrare, in una sorta di memorizzazione, le informazioni di tutte le fasi della trasformazione in una scheda tecnologica, un "diario" del formaggio, da compilare durante la lavorazione, che viene utilizzato anche per l'autocontrollo ma soprattutto come sorta di memorandum che serve specialmente in previsione di un miglioramento qualitativo del prodotto.

Tramite la scheda tecnologica il casaro può verificare se sono stati commessi errori di trasformazione ma anche capire perché il formaggio è risultato un prodotto eccellente. Migliorare significa misurare e, in questo caso, migliorare significa controllare e confrontare le diverse lavorazioni.

Il casaro consapevole compila una scheda tecnologica ogni volta che fa il formaggio e, prima della ripetizione della lavorazione, rilegge i dati precedentemente registrati. Potrebbe sembrare una perdita di tempo, visto che la memoria consente al casaro di ripetere la lavorazione senza ulteriori consultazioni, ma nel momento della necessità, senza il conforto della scheda tecnologica, diventa impossibile stabilire la causa di un difetto del formaggio che spesso è determinato dalle condizioni originarie del latte o da un errore commesso in trasformazione. La compilazione della scheda è un'azione fondamentale sia per il casaro del grande stabilimento che per quello a carattere artigianale o semplicemente per il pastore.

Per un corretto sistema di caseificazione è bene che chi opera in caseificio mantenga un comportamento specifico, ovvero non trascuri di modulare le azioni con la massima precisione. Ciò vale sempre, dalla corretta misurazione del latte al preciso dosaggio dei fermenti da inoculare, al preciso peso o volume del caglio da addizionare, e non trascuri mai di regolarsi, oltre che con l'orologio, con i sensi, per i quali ho già speso molte parole. La precisione in caseificio è determinante per potere, se necessario, modificare la lavorazione anche nei più piccoli dettagli.

Quando si riscontra che il formaggio prodotto ha difetti particolari, è necessario consultare le schede tecnologiche per meglio comprendere da dove nasce il difetto. Nel rifare il formaggio è bene modificare non più di una fase della trasformazione per evitare che poi non si riesca a comprendere quale, di quelle modificate, ha portato a risolvere il problema. La scheda è quindi uno strumento essenziale per chi desidera migliorare la produzione o semplicemente capire a cosa portano le fasi della trasformazione.

Compilazione

La scheda tecnologica è uno strumento flessibile che ogni casaro prevede di compilare con i dati necessari per il tipo di formaggio che si appresta a fare. Infatti, ogni tipo di formaggio necessita di una scheda diversamente compilata, sulla quale vengono trascritti dati personalizzati. Per meglio comprendere la scheda tecnologica ho suddiviso le operazioni in quattro parti che corrispondono alle fasi di trasformazione.

La prima parte è completa dei dati generali, il nome del formaggio che si va a fare, il latte di origine e le sue caratteristiche acidimetriche.

Sulla scheda in testo chiaro sono riportati i dati tecnici del formaggio da fare e in neretto i dati che devono essere inseriti dal casaro al momento della lavorazione.

La compilazione della scheda è a scopo dimostrativo e non tiene conto di uno specifico formaggio.

Dati generali

SCHEDA tecnologica di lavorazione	Nome del formaggio:_____				
Data: _____	U. di misura	Dati	Tempistica/ dati	Tempistica/ dati di lavorazione	Note
latte in caldaia	hl	**4**			**ovino crudo**
acidità nominale del latte (3,55-3,70)	°SH/50	**3,65**			
pH latte (a 20 °C 4,0-4,30)	pH	**6,6**			

Nella colonna *Dati* andranno indicati dal casaro i valori riscontrati nelle misurazioni, come la quantità del latte che si lavora in caldaia e la sua qualità acidimetrica. Nella colonna *Tempistica/dati* saranno a posteriori trascritti i riferimenti temporali che necessitano per fare il formaggio o le caratteristiche che devono avere certi coadiuvanti.

Inoculo dei fermenti e coagulazione

Dopo aver raccolto il latte in caldaia e aver analizzato il pH e l'acidità nominale, avviene la fase di preparazione del latte alla coagulazione.

Qualora il latte debba essere inoculato con fermenti lattici, selezionati o naturali, il casaro inizierà a preoccuparsi di seguire attentamente la tabella di marcia ovvero di rispettare il progetto caseario o di ripetere il formaggio già fatto precedentemente, eventualmente apportando le varianti necessarie.

Nel procedere con la lavorazione si dovrà fare riferimento a quanto descritto nella prima colonna (1) ovvero alle informazioni che servono a guidare il processo e la colonna *Tempistica/dati* (2) che informa dei tempi da rispettare.

Azzerando l'orologio al momento dell'inoculo dei fermenti si dà avvio alla lavorazione (3).

Prima fase (1)	U. di misura	Dati	Tempistica/dati (2)	Tempistica/dati di lavorazione (3)	Note
fermenti mesofili+*Lactis-Cremoris* o *Leuconostoc*	g				**fermenti liofilizzati**
inoculo dei fermenti (temp. di inoculo 33 °C)	°C	**33,5**	0	**0**	
controllo acidità miscela (incremento di 0,2 °SH/50)	°SH/50	**3,8**	0,3	**0,3**	
salatura in caldaia	g				**nessuna**
caglio ml 20-35 di caglio liquido di vitello titolo 1:10.000 (agitazione 1')	ml	**120**			**30 ml/hl**
inizio coagulazione	ora		0,32	**0,32**	
termine coagulazione (25-30')	ora		0,57	**0,59**	**coagulo buono**

Una volta registrata l'acidità della miscela, successivamente all'inoculo dei fermenti lattici, ovvero del latte + i fermenti, avviene il momento di cagliare il latte rispettando la tabella di marcia indicata sempre nella prima colonna (1).

Il casaro misura il caglio previsto e lo immette in caldaia agitando la miscela in modo regolare e per almeno 2 minuti.

Inizia quindi la coagulazione, che terminerà all'incirca come previsto, il cui momento sarà registrato in colonna (3).

Taglio della cagliata

La seconda fase operativa, che consiste nell'indurre la cagliata a spurgare, è la fase della sineresi indotta. Il casaro taglierà la cagliata in uno o due tempi e ne registrerà i dati (3) sulla scheda in riferimento a quelli progettati (2).

Seconda fase (1)	U. di misura	Dati	Tempistica/ dati (2)	Tempistica/ dati di lavorazione (3)	Note
1° taglio (4×4×4)			0,52	**0,57**	
inizio sosta (5')	ora		0,53	**0,58**	
2° taglio (nocciola) e sosta facoltativa (5')	ora		0,58	**1,03**	
agitazione lenta (tempo determinato dall'analisi tattile del casaro e prova dell'acidità 3,00-3,20 °SH/50)	°SH/50	**3,1**	1,03	**1,08**	**si può estrarre**

Estrazione e stufatura

La lavorazione giunge al termine con l'estrazione della pasta e il riempimento delle fuscelle che poi saranno poste in stufatura. La scheda tecnologica sarà compilata nei suoi campi più importanti, il taglio che dovrà seguire le indicazioni, colonna (1) con la tempistica prevista.

Terza fase (1)	U. di misura	Dati	Tempistica/ dati (2)	Tempistica/ dati di lavorazione (3)	Note
estrazione del siero (2/3)	ora		1,15	**1,18**	
messa in fuscelle (fuscelle a fondo piatto)	ora		1,2	**1,24**	
inizio stufatura, controllo dell'acidità nominale (3,00-3,20)	°SH/50	**3,2**	1,3	**1,35**	**acidità nella norma**
termine stufatura (controllo del pH nella pasta del formaggio)	pH	**5,1**	4	**4,15**	**controllo battitura ok**
in cella a 4-6 °C (12 ore)					

È terminata la fase dell'estrazione. Ora è necessario proseguire la compilazione della scheda con i dati che si riferiscono alla salatura e alla successiva maturazione del formaggio.

Salatura e maturazione

Quarta fase (1)	U. di misura	Dati	Tempistica/ dati (2)	Tempistica/ dati di lavorazione (3)	Note (4)
salatura a secco 12+12 (12 ore per ogni faccia del formaggio)	per ore		12	**12**	**12-14 °C umidità > 90%**
in cella (6-8 °C)	giorni		15	**15**	
rivoltamento (ogni 2 giorni)	giorno				**eventuale pulizia forme**
controllo locali di maturazione che devono essere puliti e privi di *Penicillium geotrichum*, infestante					

Terminata la compilazione della scheda è indispensabile, per non perdere l'opportunità di segnalare la buona o cattiva riuscita del formaggio, indicare nel campo *Note* (4) tutto ciò che si ritiene indispensabile per concludere la filiera in modo corretto.

Il casaro non deve dimenticare di assaggiare il formaggio prima di consentirne la vendita, solo così potrà verificare la buona riuscita di tutte le fasi di trasformazione.

Curva di acidificazione

La scheda tecnologica è uno strumento indispensabile in caseificio sia se redatta su carta sia se digitale. Per il casaro che già la utilizza, la sua compilazione è automatica, tanto che con l'uso continuativo rientra nelle normali fasi della trasformazione. È auspicabile allegare alla scheda la curva di acidificazione, che come vedremo è fondamentale anche più della scheda stessa.

Tutte le fasi della trasformazione ruotano attorno al fattore microbiologico, alle fermentazioni e alla misurazione, che esegue il casaro o chi per lui, delle note acidimetriche rilevabili sia con la titolazione, °SH/50, sia con la misura del pH.

Tali informazioni, che sono indispensabili non solo per la lavorazione che si sta facendo ma anche per le successive, vengono inserite nella scheda tecnica nell'apposita colonna, insieme ai tempi che rappresentano le diverse fasi.

Per l'immediata lettura dei dati diventa più pratico, però, trasformare la scheda in un grafico, che rappresenti l'andamento acidimetrico nei vari tempi della trasformazione. Tale grafico, o curva di acidificazione, può essere redatto in due modi diversi. Il primo è quello di scrivere i dati che sono stati registrati sulla scheda in seguito alla sua compilazione, e il secondo quello di scriverli mentre si compila la scheda tecnologica, o in sua sostituzione.

In pratica sono le tempistiche e la capacità del casaro che consentono di utilizzare il primo o il secondo metodo di compilazione.

La compilazione della curva acidimetrica è determinante e facilita molto la comprensione di ciò che avviene in caseificio durante le diverse fasi.

Diventa un documento importante sia la gestione del manuale di controllo, sia come mezzo comparativo delle precedenti lavorazioni e, soprattutto è essenziale, per quelle successive, per le quali è strumento progettuale.

I tempi di lavorazione indicati sulla curva in coincidenza alle misurazioni acidimetriche consentono di leggere l'evoluzione del pH o dell'SH/50 in modo chiaro e permettono, sovrapponendo una curva a un'altra, l'immediata percezione dei cambiamenti avvenuti o di quelli che si intendono effettuare.

CURVA DI ACIDIFICAZIONE ELABORATA

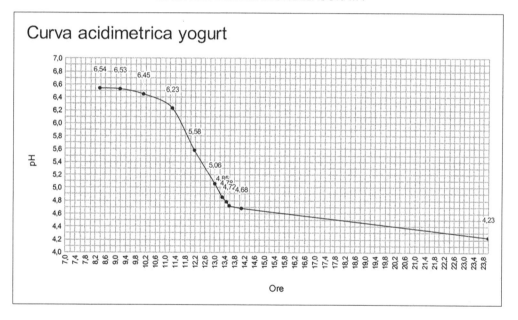

Il soprastante grafico è il risultato del rilievo del pH durante le diverse fasi della trasformazione di un latte vaccino in yogurt. La curva è il risultato finale dell'elaborazione digitale di tali dati.

Nei punti rilevati dal casaro sono stati scritti i valori del pH, verificabili sull'asse verticale in riferimento ai dati temporali (espressi in ore), rilevabili sull'asse orizzontale. Per la redazione della curva acidimetrica dello yogurt non è necessario scrivere in riferimento a ogni misurazione del pH la fase in cui è stato effettuato il rilievo, ma per quanto riguarda una curva redatta per la trasformazione di un formaggio tali dati sono indispensabili, proprio come si può vedere nella curva sotto riportata, che è stata compilata dal casaro al termine della trasformazione e sulla quale sono stati riportati i dati che il casaro stesso ha ritenuto utili.

CURVA DI ACIDIFICAZIONE REDATTA DAL CASARO
DURANTE LA TRASFORMAZIONE

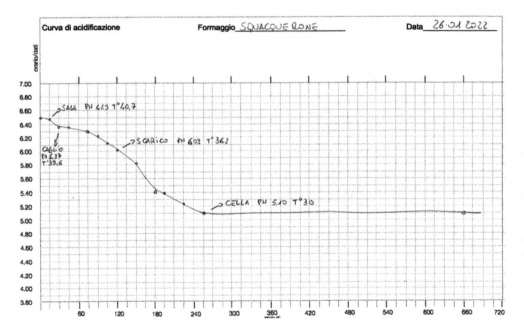

La curva, che è stata disegnata dal casaro al termine della trasformazione di latte vaccino in formaggio squacquerone, dimostra che tale elaborato è del tutto personalizzabile e adattabile alle diverse necessità. Nel caso specifico i dati riportati sono quelli che servivano a definire un aspetto acidimetrico della trasformazione, ovvero si era compreso che per migliorare il prodotto era necessario tenere sotto controllo la fascia compresa tra lo scarico della cagliata nelle forme e il momento in cui lo squacquerone doveva essere posto in cella refrigerata.

Le fasi da registrare sulla curva possono essere diverse da quelle indicate nel soprastante elaborato; il casaro sa quali possono diventare i punti critici analizzabili e confrontabili con altre lavorazioni.

Come risulta evidente dall'elaborato che segue, la cui curva è stata redatta in modo digitale, si possono desumere molti parametri inscritti alle fasi della trasformazione casearia, che il casaro può tenere come documentazione ma soprattutto come fattore di rielaborazione del procedimento. Rielaborare il procedimento significa modificare una o più fasi, solitamente una alla volta, per capire se il procedimento stesso può portare a migliorare il risultato finale ovvero il formaggio.

Nel caso, per esempio, di una curva acidimetrica che dimostri che l'estrazione del formaggio è avvenuta nel momento di massima velocità di fermentazione, si dovrà optare per una soluzione affinché l'estrazione possa avvenire con una tempistica diversa.

CURVA DI ACIDIFICAZIONE ELABORATA IN SEGUITO
ALLA REGISTRAZIONE DEI DATI DA APPOSITA APPLICAZIONE INFORMATICA

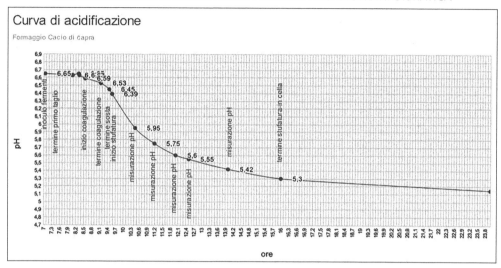

Per fare un esempio di come può avvenire un confronto acidimetrico si faccia riferimento all'elaborato che segue dove sono tracciate due diverse linee: due curve di colore grigio e nero.

La prima, quella grigia, sulla quale sono indicate le misurazioni del pH, riuguarda la lavorazione eseguita per ottenere formaggio stracchino. Il casaro ha notato che la velocità di acidificazione è stata troppo spinta, in quanto il pH desiderato al termine della stufatura è avvenuto in un tempo molto breve, e il gocciolamento del formaggio non era ancora teminato.

È necessario quindi allungare i tempi, magari anche solo di pochi minuti, affinché lo spurgo coincida con il termine dell'acidificazione desiderata. Il casaro deve quindi progettare la successiva prova aiutato dall'inserimento nel grafico di una seconda curva, quella nera.

La curva verde, infatti, indica che il casaro ha previsto un rallentamento dell'evoluzione acidimetrica soprattutto nella fase di massima velocità di fermentazione, quella compresa tra i pH 5,55 e 5,15. Ciò ha comportato, con la verifica sistematica della successiva trasformazione, che il raggiungimento del pH 5,10 è avvenuto in concomitanza con il termine del gocciolamento delle forme.

La curva di acidificazione è davvero uno strumento di aiuto al casaro, e ciò che rende indispensabile questo elaborato grafico è il fatto di essere immediatamente leggibile anche per il profano che lo vede per la prima volta.

Vi sono casari che hanno sostituito la scheda tecnologica con la curva e che archiviano tale grafico senza trascurare di leggerlo e comprenderlo ogni qualvolta si accingono a trasformare il latte in quella tipologia di formaggio, anche se è di frequente produzione in caseificio.

CURVA DI ACIDIFICAZIONE E CURVA DI ACIDIFICAZIONE PROGETTATA
PER NUOVA PROVA DI TRASFORMAZIONE

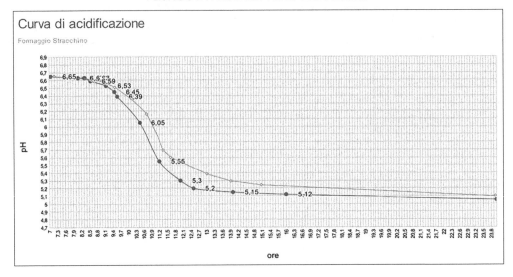

Altri casari preferiscono non dilungarsi troppo nella scrittura della curva e indicano esclusivamente le fasi di maggiore interesse. I più scrupolosi invece compilano sia la scheda che la curva durante la trasformazione e, proprio per questo, verificano immediatamente ciò che avviene durante le diverse fasi tecnologiche.

Per maggiore dovizia di particolari la curva di acidificazione può essere completata dall'inserimento, nei diversi momenti in cui viene misurato il pH, anche della temperatura. Ciò aiuta molto il casaro che, con immediata percezione visiva, può verificare e progettare eventuali modifiche alle fasi della trasformazione intervenendo esclusivamente sulla temperatura. Infatti molto spesso gli errori che portano a difetti dei formaggi dipendono dalla gestione complessiva della temperatura, ovvero da quella di innesto dei fermenti e la durata dei tempi di rivitalizzazione, a quella della coagulazione del latte e, per maggiore rilevanza, la temperatura di sosta in stufatura. Spesso quest'ultima fase viene sottovalutata e, soprattutto nei periodi invernali, quando la temperatura del laboratorio di trasformazione si abbassa, è necessario intervenire per mantenere a giusti livelli la temperatura delle forme in stufatura.

Un'ottimale compilazione della scheda si può vedere nell'elaborato che segue dove, oltre alla curva acidimetrica, è stata disegnata anche la cura delle temperature che, rilevate al momento della trasformazione, danno immediata visione di ciò che è avvenuto.

CURVA DI ACIDIFICAZIONE E DI TEMPERATURA*

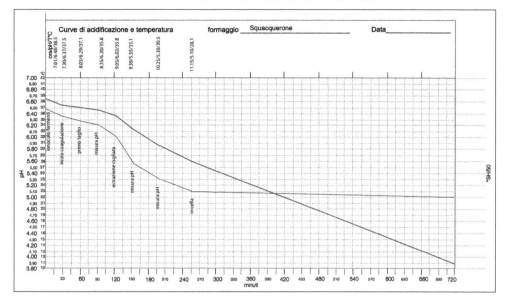

* Curva di acidificazione (pH linea grigia) implementata da curva della temperatura °C (linea nera).
Si notino le diverse fasi della trasformazione.

Scheda completa

Scheda tecnologica di lavorazione	Nome del formaggio: _____				
Data: _____	U. di misura	Dati	Tempistica/ dati	Tempistica lavorazione	Note
latte in caldaia	hl				
acidità nominale del latte (_____)	°SH/50				
pH latte (a 20 °C)	pH				
fermenti _____	g				
inoculo fermenti (temp. di inoculo ____°C)	°C				
acidità miscela (incr. di _____°SH/50)	°SH/50				
salatura in caldaia	g				
caglio ml ____ di caglio titolo _____	ml				
inizio coagulazione	ora				
termine coagulazione (_____')	ora				
1° taglio (_____)					
inizio sosta (_____')	ora				
2° taglio (____) event. sosta (____')					
agitazione _____	°SH/50				
estrazione del siero (_____)	ora				
estrazione dentro _____	ora				
inizio stufatura acidità siero (_____)	°SH/50				
termine stufatura pH pasta	pH				
in cella a ___°C					
salatura a secco/salamoia	per ore				
in maturazione	giorni				
rivoltamenti	giorno				

Curva di acidificazione generica

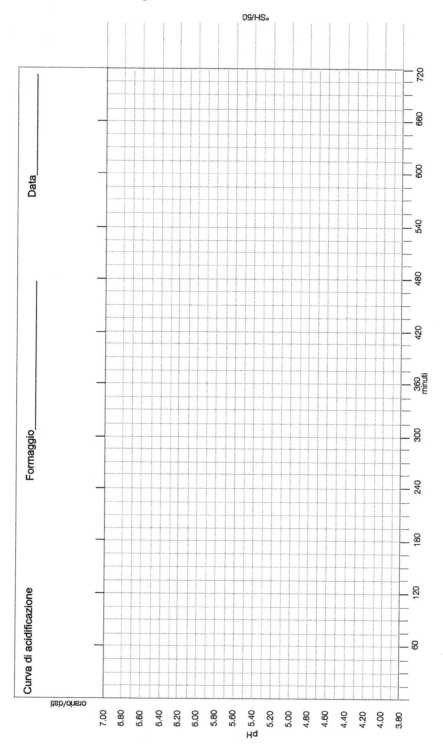

La tecnologia di alcuni formaggi

Dopo la lettura e lo studio di questo libro, il casaro o il neofita avrà compreso che non esiste una fase della tecnologia che passi inosservata o, meglio, che non vada considerata con la dovuta attenzione. Il casaro deve iniziare il suo lavoro con la convinzione di avere molte responsabilità nei confronti del consumatore e naturalmente di se stesso. Il formaggio, frutto maturo di tutti i nostri ragionamenti, finisce con imbandire la tavola di colui o coloro che poi ne fruiscono. La trasformazione casearia è quindi una parte della filiera che serve a produrre un alimento, nel nostro caso un formaggio, a fermentazione continua, vivo e capace di rimanervi anche molti anni. Il formaggio dunque è un alimento che deve poter concedere innanzitutto salute e poi godimento.

Questa breve premessa introduce un ragionamento: il casaro, innanzitutto, deve aver l'opportunità di lavorare un latte sano e buono. Partendo dal presupposto che in caseificio arrivi un latte adatto, con tutte le caratteristiche per la trasformazione, il casaro avrà il principale compito di scegliere e osservare alcune norme di comportamento che non sono stabilite da alcuna legge se non dal buon senso e dalla preparazione individuale, che è parte integrante della capacità di fare un buon formaggio.

Quando il latte è in caldaia iniziano le operazioni di trasformazione che il casaro ha precedentemente previsto. Ma la trasformazione in sé, presa come la somma di azioni meccaniche prestabilite e regolate dall'orologio o dalle macchine, non porta ad alcun risultato di qualità, anzi ne determinerà il contrario. Il casaro invece, prima di iniziare a lavorare, deve comprendere il latte a lui affidato, come un prodotto della natura che va conosciuto, soprattutto con le analisi di laboratorio, la titolazione e la misurazione del pH. È ovvio che non si possono espletare analisi di laboratorio batteriologiche tutte le mattine, ma la titolazione e la misurazione del pH si possono, anzi, si devono fare.

Come potrebbe, il casaro, inoculare fermenti lattici senza conoscere le principali caratteristiche del latte? Quanto lattoinnesto deve inoculare? Quale incremento acidimetrico deve considerare nella miscela? E di conseguenza, quanto caglio deve utilizzare per ottenere una coagulazione corretta nel tempo prestabilito? Il casaro capace di pazientare davanti a una caldaia piena di latte avrà la possibilità di fare scelte mirate, oculate, corrette, che lo porteranno con più facilità a ottenere un formaggio buono.

Osservare, misurare e comprendere: queste le prime azioni del casaro. Non ha importanza che si lavori il latte della stessa stalla da anni, il latte, o ciò che accade in stalla e poi in caseificio, è sempre diverso, tutti i giorni. E tutti i giorni il casaro deve concepire il proprio lavoro come una sfida nei confronti del latte, che sembra modifichi il suo stato quasi per dispetto.

È bene quindi dosare i coadiuvanti in funzione di quelle che sono le condizioni giornaliere del latte che si sta trasformando e non di ciò che è prestabilito. Ovviamente il risultato deve poter essere il formaggio buono, e per raggiungere ciò il lavoro del casaro deve mirare alla manipolazione oculata e ragionata delle sostanze definite "ingredienti" e delle materie che si incontrano durante la trasformazione, iniziando dal latte, passando poi alla cagliata, alla pasta caseosa, alla pasta nelle fuscelle e infine al formaggio.

Trasformare per ottenere il formaggio progettato quindi, ma operare in funzione delle caratteristiche del latte. A volte, in seguito alle analisi del pH e della titolazione, capita di scegliere una lavorazione diversa da quella progettata. In questo caso il casaro ha appreso molto, il latte non è adatto a fare il formaggio previsto ma lo è per farne un altro.

I formaggi italiani sono numericamente impossibili da censire. Oltre ai formaggi di denominazione come le DOP, le STG e le IGP esistono alcune centinaia di PAT, ovvero le Produzioni Agroalimentari Tradizionali, che contemplano la stragrande maggioranza dei formaggi tipici regionali. Poi, vista la meravigliosa fantasia del casaro italiano, possiamo annoverare nella lista dei formaggi tradizionali molte altre centinaia di formaggi che definirei appunto "di fantasia".

Immaginate, allora: se si dovessero scrivere le schede tecniche di tutti i formaggi nazionali non si giungerebbe certamente a scrivere un libro, tanto meno un manuale. Oppure si potrebbe anche descrivere la tecnica relativa a un formaggio, ma senza la possibilità di entrare nello specifico dettaglio, perché sarebbe impossibile effettuare la prova di trasformazione di tutti per dare giuste nozioni.

Una scheda tecnologica che si rispetti è quella che viene scritta da chi ha studiato non solo la tecnica, manuale o meccanica, ma anche le variabili acidimetriche, ovvero come si comportano il latte prima, la pasta già tagliata e il siero poi, in considerazione dell'incremento del pH e dell'acidità titolabile.

La reazione del latte agli enzimi del caglio, all'innesto dei fermenti naturali o selezionati non è mai uguale e non solo per le diversità che esistono fra latti di varie specie, ma anche fra latti della stessa specie animale. Ogni zona del territorio peninsulare è talmente diversa dalle altre che non permette una standardizzazione del latte, almeno in natura. Questo fattore impedisce di uniformare le tecniche casearie su tutto il territorio nazionale e, spesso, ci impedisce proprio di fare un formaggio che magari è tipico di una zona poco distante.

Per fare bene il formaggio è quindi necessario conoscere a fondo il latte che si utilizza, sia esso autoctono o di provenienza sconosciuta. Se decidessimo di fare una buona fontina a Napoli con latte campano avremmo certamente enormi difficoltà, così come nel fare del provolone ad Aosta. Tutto è fattibile, con la conoscenza soprattutto della microbiologia applicata alla caseificazione, ma attenzione, a tutto c'è un limite. Il casaro consapevole deve provare e provare ancora per ottenere la tipologia di formaggio che si accinge a fare, e non dev'essere mai tranquillo, deve sempre essere consapevole che la scheda tecnica che ha utilizzato non è la "Bibbia" del formaggio. La vera tecnologia è quella che il casaro provvede a studiare, verificare e formalizzare, solo dopo aver capito a fondo il comportamento del latte e della cagliata ma anche del formaggio in stagionatura. La scheda tecnologica è seriamente pronta solo dopo aver riscontrato, nel prodotto al consumo, che si sono raggiunti veramente gli scopi di trasformazione che hanno concesso di ottenere il formaggio, dal punto di vista organolettico, così com'era stato progettato. La lettura e la resa pratica di una scheda tecnologica dev'essere sempre confortata dalla consapevolezza che la prima volta non si otterrà il risultato previsto. Il latte, nostra base di partenza sempre, dev'essere adatto a fare un certo tipo di formaggio. Se, per esempio, volessimo utilizzare un latte ad acidità 4 °SH/50 per fare lo squacquerone, non potremmo certo ottenere tale formaggio, perché l'acidità del latte iniziale è già superiore a quella della miscela che dovremmo ottenere con l'innesto dei fermenti. Volendo insistere, potremmo avere come risultato un formaggio a pasta molle, magari anche buono, ma per niente simile allo squacquerone.

Bisogna quindi che il casaro, in tutta umiltà, si renda conto che non sempre è possibile trasformare il latte con la certezza di ottenere un buon formaggio. Sono la preparazione e la consapevolezza di ciò che si va a fare che permettono al casaro di lavorare al meglio. Le caratteristiche sempre diverse del latte ci insegnano a non prendere sotto gamba le fasi di trasformazione, nessuna; dall'immissione del latte in caldaia al termine della stagionatura ognuna di loro dev'essere trattata come fosse unica, perché sono uniche le operazioni che in ogni fase devono essere applicate. Anche nelle grandi aziende, che per rendere il prodotto sempre uguale standardizzano il latte, si riscontrano giornalmente delle problematiche assoggettabili alla materia prima.

Le schede tecniche che esamineremo sono di alcuni formaggi tra i quali alcuni tipici italiani come le paste filate, ma anche di altri che indurranno, spero, il casaro a usare la fantasia lavorandoci in modo attento e mirato. Ogni tecnica è supportata dalle indicazioni acidimetriche che, come sarà ormai risultato evidente, sono determinanti e senza le quali non si otterrebbe il formaggio.

È anche vero che trasformare il latte seguendo alla lettera queste schede è pressoché impossibile. Le variabili durante la trasformazione sono talmente numerose che sicuramente vi capiterà di dover comprendere perché le linee guida tecnologiche devono essere, anche se per poco, modificate.

Ma è proprio da qui che il casaro deve partire, affidandosi alle schede ma nello stesso tempo confidando in una nuova scheda che, compilata, può diventare la "sua tecnologia". Per ottenere un buon formaggio, il casaro deve continuare a provare e ogni volta apportare piccolissime variazioni alla lavorazione o alle lavorazioni precedenti, per poter arrivare a qualificare la tecnologia prescelta. Chiaramente vi sono alcuni parametri intoccabili, come il pH di filatura, e nulla in questo caso si può inventare. Ma se un latte esprime la sua vitalità semplicemente incrementando l'acidità con piccole variazioni riscontrabili con la titolazione, altri latti possono dare gli stessi risultati con un andamento acidimetrico decisamente diverso.

Le schede che seguono sono il risultato di uno studio e di una ricerca che mi hanno visto produrre il formaggio molte volte in laboratorio, anche considerando alcune tecniche che ho potuto assimilare in anni e anni di frequentazione presso caseifici piccoli, medi e grandi. Tutte le esperienze fatte in laboratorio e presso molti casari sono state di utilità culturale importantissima e di stimolo per l'approfondimento della materia casearia. Da tutto ciò è nata l'ispirazione per scrivere questo manuale.

Formaggi a pasta molle

I formaggi a pasta molle, al contrario di quello che si può pensare, sono sempre stati l'oggetto principale del sostentamento delle case di un tempo, quando esistevano ancora i piccoli allevamenti famigliari. Chi possedeva una vacca e alcune pecore o capre doveva per forza di cose trarre beneficio dal latte che veniva munto giornalmente. Solitamente il latte veniva impiegato come alimento di immediato consumo, e quindi spesso neppure trasformato, ma chi lo trasformava si preoccupava non solo di ricavare un prodotto da stagionare in cantina, per una giusta causa di conservazione, ma di ottenere un formaggio che potesse essere utilizzato subito, nell'immediato o solo dopo pochi giorni. In Italia abbiamo molti esempi di questi formaggi che, in funzione del territorio, potevano essere associati agli attuali a pasta molle freschi.

Per esempio il Raviggiolo, tipico delle colline e montagne romagnole, che prendeva altri nomi come Raveggiolo o Ravaggiolo a seconda del territorio di origine. In realtà questo è un formaggio che veniva fatto dalle famiglie di tutto l'arco appenninico che collega l'Adriatico al Tirreno e che separa l'Emilia Romagna dalle altre regioni a sud. Questo è solo un esempio, che vede nel formaggio fresco il vero sostentamento giornaliero delle famiglie, della cui produzione solitamente si occupava la donna.

Oggi la tradizione di trasformare il latte in formaggi a pasta molle ha assunto una valenza commerciale molto importante, tanto che non solo i grandi caseifici se ne occupano ma anche i piccoli, che hanno compreso quanto importante sia trasformare per ottenere una resa maggiore. Quindi i formaggi tradizionali, che sono molti, vengono tuttora prodotti, sempre più, e molti di essi sono riconosciuti come denominazioni europee. Basti pensare alle DOP come il Taleggio, la Casatella Trevigiana, lo Squacquerone di Romagna, la Robiola di Roccaverano e altri formaggi non meno importanti al Centro, come la Casciotta d'Urbino.

Questa categoria di formaggi è comunque tipica del Nord, anche perché il latte che si predilige è quello vaccino, maggiormente presente in quest'area.

Dal punto di vista commerciale questi formaggi sono apprezzati sempre di più dal consumatore, che li trova poco impegnativi e li associa, spesso sbagliando, a prodotti dietetici, leggeri, dei quali ci si può abbuffare. Non è proprio così, perché il latte con cui si fanno i formaggi a pasta molle è sempre intero o addirittura a doppia panna. Malgrado ciò, questi formaggi sono talmente ricercati che anche nei caseifici delle malghe o delle masserie vengono oggi adottati e aggiunti alle liste dei prodotti trasformati.

Tecnologicamente il formaggio a pasta molle non è per nulla banale, il mio pensiero è che fare un formaggio di questo tipo, ovvero ad alto contenuto d'acqua, che sia natural-mente buono, non è per nulla facile.

Come detto, questa tipologia di formaggi ha un elevato, se non elevatissimo, conte-nuto di acqua che può raggiungere il 65%. Una così elevata componente acquosa nel formaggio può influire sulle caratteristiche gustative, solitamente di bassa intensità, e a volte renderle banali. Anche il contenuto di grasso è importante, esso consente di implementare le caratteristiche odorose e aromatiche ma influisce anche sulla dolcezza del formaggio, mentre l'acqua esercita un effetto contrario. Il problema sta nel fatto che il casaro non deve pensare esclusivamente al fattore resa casearia, che sarebbe una que-stione veramente banale, ma a quello che in realtà intende ottenere, un buon formaggio.

Infatti, prima di accingersi a fare formaggi a pasta molle è bene considerare alcuni aspetti. Come ben sappiamo, la tecnologia casearia è il frutto di una progettazione che vede il casaro in procinto di trasformare il latte in pasta, in funzione di molti fattori, la sua pre-parazione e le sue attrezzature. Per fare questo tipo di formaggio però è molto incisiva la scelta delle attrezzature, iniziando dalla caldaia o dal tino di coagulazione per finire con l'ambiente di maturazione. Mi capita spesso di ascoltare casari, abituati a fare formaggi tipici tradizionali a pasta semidura e dura, intenzionati a produrre anche formaggi a pa-sta molle, per accontentare la clientela ma anche per ottenere una resa casearia superio-re e un incasso immediato. Purtroppo mi capita anche di vedere alcuni di loro desistere dall'iniziare una nuova produzione; ciò avviene quando il casaro si rende conto che per fare pasta molle è necessario un rinnovamento del caseificio, con un ammodernamento e l'acquisto anche di nuove tecnologie, come per esempio una cella frigorifera. In effetti una delle fasi più importanti della produzione dei formaggi freschi o a breve stagiona-tura ad alto contenuto d'acqua è proprio la maturazione, che deve sempre avvenire seguendo la catena del freddo. Non è possibile trasformare il latte in questi formaggi se non si è in possesso del locale adatto alla loro breve o addirittura brevissima vita.

Un'altra fase determinante (non che non lo siano tutte) è quella dell'acidificazione della pasta una volta estratta dalla caldaia. Il latte viene coagulato e la cagliata tagliata, per conservare nella futura pasta quel contenuto d'acqua che serve a classificare il formaggio. Ma all'estra-zione la pasta ha un contenuto d'acqua notevole, non certamente adatto a far sì che la ma-turazione possa avvenire senza difettare. Deve quindi avvenire un'azione di sineresi piuttosto spinta che permetta alla pasta del formaggio di assumere le caratteristiche volute. Perché ciò avvenga in modo corretto è indispensabile che si inneschino le fermentazioni necessarie a sviluppare acido lattico e la conseguente acidità. È infatti l'acidità determinata dai batteri lattici che agisce sullo spurgo, tanto che se ciò non avviene la pasta del formaggio rimane umida, a volte bagnata, tanto da arrecare difetti spesso irreversibili al formaggio. Quando capita di assaggiare formaggi a pasta molle e di riscontrare in loro il sapore amaro, significa, nella maggioranza dei casi, che la pasta non ha acidificato e spurgato sufficientemente. Inoculare correttamente il latte e seguirne la curva acidimetrica è quindi determinante. Le schede tecnologiche dei formaggi proposti si esplicano nella loro specifica importanza osservando le varie fasi che determinano acidità e rispettando i tempi necessari all'incremento acidimetrico.

I formaggi a pasta molle sono sempre molto delicati, facilmente deperibili e soprattutto, se non sono trattati nel modo corretto in caseificio, possono portare a patologie anche gravi. Il mio suggerimento è quindi di considerare positivamente la trasformazione del latte in pasta molle ma di non banalizzare la trasformazione.

Si vedranno, nelle schede che seguono, i parametri tecnici in funzione anche della maturazione del formaggio che, come detto, è una fase importantissima da seguire con sistematica precisione, facendo molta attenzione alla temperatura e all'umidità.

Aspetti tecnici

La progettazione di nuove tecniche di trasformazione, indispensabili a chi si accinge a lavorare il latte per la prima volta ma anche a chi già lo lavora e desidera promuovere un nuovo formaggio, deve tenere in considerazione molti aspetti che non sono solo connessi alle attrezzature. Queste naturalmente sono molto importanti e il casaro deve sempre confrontarsi con esse, ma la trasformazione del latte in formaggi a pasta molle è applicabile, tenendo presente alcuni concetti generali che possono essere di aiuto.

Il latte, innanzitutto, deve avere un buon contenuto di grasso, che per questa tipologia di formaggi è indispensabile affinché il formaggio possa assumere caratteristiche organolettiche di buon livello, con particolare riferimento al sapore. Infatti, questi formaggi, a maggior ragione rispetto ad altri, devono risultare di sapore prevalentemente dolce, con sentori di bassa acidità e mai amari.

Un'attitudine molto importante del latte, per questa tipologia di formaggi, è quella alla fermentazione, oltre naturalmente alle caratteristiche chimiche indispensabili per una corretta coagulazione e maturazione. La capacità fermentativa del latte è importante affinché i batteri lattici possano operare con rapidità, durante tutte le fasi della trasformazione. Per ottenere buoni risultati i fermenti lattici, soprattutto se selezionati, vanno scelti in modo accurato. Tale scelta non deve essere limitata al suggerimento di chi li vende, ma è necessario accertarsi della componente batterica presente nelle confezioni. La scheda tecnica, che deve sempre essere allegata al fermento acquistato, è indispensabile sia per conoscere la componente batterica, sia per le modalità di utilizzo, sia per leggere correttamente la curva acidimetrica. Qualora quest'ultima non fosse compresa nella scheda tecnica dei fermenti è bene richiederla al fornitore. La curva acidimetrica allegata alla scheda tecnica dei fermenti non è del tutto esaustiva, in quanto redatta in funzione di acidificazione dei fermenti su terreni diversi da quelli del latte che andrete a lavorare, ovvero su latte UHT, in polvere ecc., ma se letta con competenza è sempre molto utile.

La scelta dei fermenti lattici è importante anche per un altro aspetto. Spesso le paste molli sono trasformabili con acidificazione pre-coagulazione, cioè il latte deve poter acidificare sensibilmente prima dell'inserimento del caglio. Una coagulazione acido-pre-amica, quindi, per la quale i ceppi batterici utilizzati devono poter agire rapidamente facendo scendere sensibilmente il pH. Per ottenere questi risultati può essere utile che il casaro provveda a preparare il lattofermento, meglio se in giornata oppure il giorno precedente la trasformazione.

La coagulazione che segue l'innesto dei fermenti lattici, qualora sia presamica, va effet-tuata mirando a utilizzare una dose di caglio sufficiente, mai eccessiva, affinché la cagliata ne risulti piuttosto compatta, generalmente asciutta e alla prova del taglio con spacco netto. Raramente la cagliata dev'essere bagnata e molle.

Per quanto riguarda il latte ovino e bufalino, la cagliata non deve mai essere troppo consi-stente in quanto perderebbe la capacità di essere lavorata. Per questi latti è bene considera-re che una buona cagliata è quella che, in seguito al primo taglio, non continua a rassodare. Per ottenere questo effetto bisogna gestire la quantità di caglio con molto giudizio. Per quanto riguarda il latte caprino, invece, molto spesso, causa la dimensione delle micelle di caseina, è necessario aumentare la dose del caglio facendo molta attenzione ai cagli il cui contenuto di pepsina è elevato. È quindi meglio che tale contenuto non superi il 25%.

Lo spurgo indotto della cagliata deve essere il risultato di due tagli, a volte tre, mai meno di due. Il rilascio del siero dalla cagliata, per questa tipologia di formaggio, deve essere guidato e mai effettuato con movimenti o agitazioni eccessive, allo scopo di evitare slat-tamento e perdita di grasso dal reticolo caseinico.

Un occhio di riguardo va alla stufatura, sempre indispensabile se si usano fermenti sele-zionati ma anche naturali, magari il lattoinnesto qualora se ne conoscano le componenti batteriche. Oltre alla tecnica della stufatura, che si può leggere negli appositi capitoli, è molto importante tenere sotto controllo la curva acidimetrica. Infatti, uno degli aspetti più importanti durante la fase della stufatura, e che ne va a determinare il termine, è quello di osservare, al raggiungimento del pH desiderato, che sia conclusa anche la goc-ciolatura del siero. La sineresi deve essere del tutto terminata. Ciò comporta per il casaro un'attenta riflessione che possa servire a modificare la curva, affinché il termine della gocciolatura del siero dalla pasta corrisponda al pH progettato. A quel punto le forme possono essere trasferite in cella refrigerante.

L'inserimento della pasta nelle fuscelle è altrettanto importante. La pasta caseosa, ridot-ta in piccoli grumi delle dimensioni di noce o di nocciola, spesso idonee per le paste molli, deve essere consolidata in caldaia. Ciò significa ottenere una pasta ben chiusa pro-tetta da una pellicina, un involucro, capace non solo di trattenere la giusta quantità di acqua, ma di assumere elasticità e resistenza in modo da non doversi rompere o, peggio, spappolare durante l'estrazione, sia essa manuale, sia soprattutto meccanica.

Dopo la fase di stufatura le forme devono essere poste in cella, ventilata se i formaggi sono ad alto contenuto di acqua, come gli stracchini, le cresenze ecc., o in cella statica per i formaggi su cui deve formarsi la crosta, che deve risultare sempre sottile e priva di unghia. Un controllo del pH nella pasta, successivamente alla trasformazione, per almeno due-tre giorni serve a verificare se i formaggi non abbiano subito post-acidificazione, che può essere determinata spesso da acidificazione e/o spurgo irregolare nelle diverse fasi della lavorazione.

Ogni formaggio deve poter contare sulla corretta forma, pezzatura e peso. Per questo, nelle schede che seguono, sono indicati i simboli delle fuscelle o delle fascere utili a dare forma e dimensione al formaggio.

Legenda

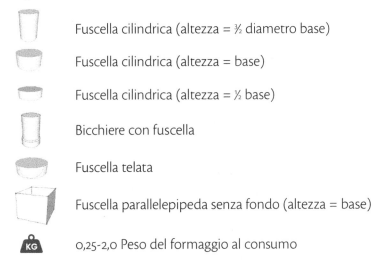

Fuscella cilindrica (altezza = ⅔ diametro base)

Fuscella cilindrica (altezza = base)

Fuscella cilindrica (altezza = ½ base)

Bicchiere con fuscella

Fuscella telata

Fuscella parallelepipeda senza fondo (altezza = base)

0,25-2,0 Peso del formaggio al consumo

Cacioricotta

Il cacioricotta è un formaggio antico. I Romani lo producevano utilizzando rametti di fico il cui lattice operava da coagulante o, per lo stesso scopo, i fiori di cardo selvatico i cui stami venivano essiccati e lasciati macerare in acqua. È un formaggio tipico del Sud, prodotto in particolare da latte di capra e pecora (e nello specifico con l'utilizzo di caglio di agnello o capretto in pasta) e, spesso con ottimi risultati, anche con il latte di bufala.

Al contrario del latte di pecora che, dopo il riscaldamento ad alte temperature e il raffreddamento, mantiene la sua capacità di coagulare, il latte vaccino perde l'attitudine alla coagulazione, per cui è necessario abbondare con la dose di caglio, del quale è bene scegliere un titolo elevato.

Per il cacioricotta vaccino è preferibile ottenere una pasta morbida, da utilizzare dopo brevissimo periodo di maturazione anche in relazione alla scelta di inoculare o meno fermenti lattici; nel caso del latte vaccino è auspicabile l'innesto dei fermenti innanzitutto allo scopo di concedere acidità, che fa da conservante, e anche per ottenere caratteristiche organolettiche specifiche. L'utilizzo di fermenti selezionati termofili porta alla formazione di composti capaci di concedere l'odore e l'aroma dello yogurt, mentre l'uso di fermenti mesofili aromatizzanti concede prevalentemente l'aroma del burro.

In relazione al latte di pecora la capacità di coagulazione del latte dopo il trattamento termico è pressoché mantenuta e quindi non vi sono difficoltà a ottenere una cagliata dalla consistenza tale da essere lavorata per ottenere formaggi a pasta dura, capaci anche di stagionare per periodi relativamente lunghi. Il latte caprino sopporta piuttosto bene il trattamento termico, e la sua capacità di coagulare in modo ottimale è influenzata soprattutto dalla razza da cui deriva. Non vi sono però dubbi sulla riuscita di questo formaggio, che può essere ottenuto a pasta sia molle sia dura. Per quanto riguarda il cacioricotta di bufala, formaggio che oggi viene prodotto con una buona frequenza, la sua capacità di coagulare il latte è pressoché immutata dopo il trattamento termico e la sua riuscita risulta quasi sempre scontata.

Il casaro, qualsiasi latte utilizzi per l'ottimale riuscita del formaggio e il corretto recupero delle sieroproteine, deve poter ricercare la corretta temperatura massima di riscaldamento del latte facendo riferimento alla temperatura di flocculazione della ricotta che, per fare cacioricotta, può essere innalzata di 1 oppure 2 °C. Anche la temperatura di coagulazione ha la sua importanza e dev'essere ricercata in rapporto alla quantità di caglio da utilizzare, che consentirà di ottenere la giusta consistenza della cagliata. Proprio per queste considerazioni qualora si utilizzi latte vaccino è bene immettere il caglio a temperature a volte abbondantemente al di sopra dei 40 °C. Al contrario per gli altri latti è possibile coagulare a temperature anche inferiori a 40 °C. Le prove di coagulazione comunque vanno fatte in riferimento alla tipologia di cacioricotta che si intende produrre, se a pasta molle o pasta dura. Uno degli aspetti tecnologici a cui il casaro deve porre particolare attenzione è lo sviluppo acidimetrico del formaggio, soprattutto se il latte è stato innestato con fermenti lattici, la cui acidità prodotta può diventare percepibile sia come sapore sia come sensazioni olfattive, che però vanno contenute per poter percepire prevalentemente la dolcezza.

Un ulteriore difetto nel cacioricotta è l'irrancidimento ossidativo, spesso causato da un eccessivo tempo di maturazione.

Il cacioricotta è un formaggio caratterizzato dalle diverse tradizioni regionali e soprattutto dalle diverse tecniche adottate in caseificio, che possono portare a variabili di natura reologica, ovvero della consistenza della pasta.

Dal punto di vista gustativo e aromatico vi possono essere grandi differenze, ma ciò che non deve mai mancare è il riconoscimento olfattivo e aromatico della ricotta.

CACIORICOTTA	Categorie del formaggio	KG 0,2-0,6
Formaggio tipico caprino o pecorino ma che può essere fatto anche con latte vaccino. In quest'ultimo caso il formaggio è a pasta molle senza crosta da consumarsi fresco entro 10 giorni. La pasta è molto umida, senza occhiatura di colore bianco. Il sapore è dolce e l'aroma lattico ricorda il latte fresco e la ricotta.	• Origine • Trattamento del latte • Coagulazione • Temperatura di lavorazione • Contenuto d'acqua • Contenuto di grasso • Tempo di stagionatura	capra, pecora, vacca sterilizzato presamica pasta cruda pasta molle grasso fresco o breve

Latte	Sterilizzato di **capra** o **pecora** o **vacca**	
Coadiuvanti	**Batteri:** Termofili o *Mesofili aromatizzanti* (facoltativi)	
	Caglio: in pasta di capretto	

Tecnologia

- Riscaldamento del latte alla temperatura di 85-90 °C se si utilizza latte caprino e ovino. Per il latte vaccino è bene conoscere la temperatura di affioramento della ricotta da siero misto a latte o panna. Solitamente non si superano 84 °C.
- Raffreddamento alla temperatura di 34-36 °C.
- Inoculo fermenti selezionati.
- Sosta per riattivazione fermenti di 30-40'.
- Introduzione del caglio di capretto in dose di 60 g/hl.
- Coagulazione in 70-80' (latte vaccino); gli altri latti impiegano 50-60'.
- Taglio delicato della cagliata a dimensioni di mais.
- Lenta agitazione per circa 5-10'.
- Sosta sotto siero per 30'.
- Estrazione in fuscelle.
- Stufatura per 2 ore.
- Sosta a temperatura ambiente per 24 ore.
- Rivoltare le forme almeno una volta nelle 24 ore.
- In cella a 4 °C per 12 ore.
- Leggera salatura a secco con sale fino, in sosta per 12 ore.
- Rivoltamento delle forme e leggera salatura a secco con sale fino nella seconda faccia, in sosta per 12 ore.
- Sosta di 24 ore in cella a 4 °C, dopo di che si può consumare.

Note: utilizzando il latte vaccino la lavorazione è piuttosto difficile perché questo latte non sopporta il riscaldamento ad alte temperature. Il risultato non è quindi scontato e bisogna fare più prove per verificare i tempi e soprattutto la consistenza della cagliata.

Caciotta pecorina

Questo è un formaggio che solitamente viene prodotto in piccoli o medi caseifici in alternativa al classico pecorino a pasta semidura o dura. La caciotta di pecora è un formaggio tipico del Centro Italia e nello specifico della regione Marche. Assume la denominazione di casciotta e, se si fa riferimento ai formaggi a denominazione di origine protetta, di Casciotta di Urbino. È un formaggio comune anche in Toscana, nella fattispecie del Pecorino toscano DOP (tenero), ma appartiene a questa tipologia di formaggi anche il Pecorino delle Balze Volterrane DOP (fresco).

In ogni regione della Penisola, però, la caciotta di pecora è diventata un formaggio abbastanza comune, la tecnologia di produzione è semplice nel caso si utilizzi latte pastorizzato, ma abbastanza complessa se derivato da latte crudo.

Nel caso si utilizzi latte crudo è bene provvedere all'inoculo di fermenti lattici per evitare, visto che il contenuto di acqua è superiore al 45%, lunghe fermentazioni attivate da batteri anticaseari.

Con l'utilizzo di fermenti lattici è bene optare per la stufatura, utile per raggiungere il pH desiderato e al contempo per spurgare correttamente le forme, evitando quindi post-acidificazione.

E sempre nel contesto del latte crudo, e in funzione delle eventuali attività gasogene di batteri eterofermentanti, è consigliabile produrre formaggi di non più di 2 kg di peso, in modo da evitare possibili deformazioni delle facce e dello scalzo: spaccature, screpolature e altri danni alla crosta.

Per quanto riguarda gli innesti il casaro può utilizzare sia i batteri termofili sia i mesofili, nella consapevolezza che questi ultimi sono quasi sempre in grado di produrre diacetile, precursore di odore e aroma di burro. È quindi una scelta che il casaro deve ponderare, soprattutto se utilizza latte crudo. Sta di fatto che utilizzare batteri mesofili, soprattutto eterofermentanti, significa aromatizzare il formaggio. Qualora il latte dimostri scarsa attitudine ad acidificare e di conseguenza difficoltà a fermentare in fase di stufatura, è possibile optare per l'inoculo di una miscela di batteri termofili e mesofili. In questi casi è bene operare con coagulazione acido-presamica prevalentemente termofila, magari prolungando la fase di rivitalizzazione dei fermenti, mentre la stufatura va effettuata a temperatura prevalentemente mesofila.

In relazione al tempo di maturazione, è d'obbligo la scelta del caglio/coagulante. Qualora si tratti di caglio, è possibile utilizzare un titolo 1:10.000 o IMCU 110, con rapporto chimosina/pepsina 80/20. È possibile inoltre utilizzare un caglio 75/25 se si intende accelerare, ma non troppo, l'effetto proteolitico durante la breve maturazione del formaggio.

Per quanto riguarda l'uso di un coagulante vegetale può essere utilizzato, vista anche la facile reperibilità, il coagulante derivante dal cardo selvatico, *Cynara cardunculus*, facendo però attenzione che esso può concedere al formaggio sapore amaro, in particolare modo favorito dalla quantità di acqua presente nella pasta. Il casaro, valutando la possibilità di rendere meno morbida, più compatta e più asciutta la pasta caseosa, va a limitare, se non eliminare, la possibile formazione dell'amaro.

Oggi, una delle aspettative del casaro, soprattutto nei piccoli caseifici, è quella di ottenere caciotte di pecora che cremificano.

La tecnologia che si esegue per produrre questo formaggio non è idonea a ottenere cremificazione della pasta, al contrario, dev'essere proprio evitata, causa formazione di elevato sapore amaro, persistente e irreversibile, e variazioni repentine della pigmentazione della pasta e della crosta.

CACIOTTA PECORINA	**Categorie del formaggio**	🥛 ⚖️ KG 0,8-2,0
Formaggio a pasta molle tipico ovino con crosta, da consumarsi dopo 30 giorni di maturazione. Sapore dolce e aroma lattico di panna o burro fresco, sentori vegetali e di animale (pecora). La pasta è morbida ma relativamente asciutta, abbastanza elastica con occhiatura di dimensioni piccole regolarmente distribuite.	• Origine • Trattamento del latte • Coagulazione • Temperatura di lavorazione • Contenuto d'acqua • Contenuto di grasso • Tempo di stagionatura	latte di pecora pastorizzato/crudo presamica pasta cruda pasta molle grasso breve

Latte	Pastorizzato o crudo **ovino**
Coadiuvanti	Batteri: *Streptococcus s. termophilus* e *Lactococcus l. lactis* in miscela inoculo diretto con fermenti selezionati
	Caglio: liquido di vitello 1:10.000 o in pasta di agnello chimosina/pepsina 75/25

Tecnologia

- Latte in caldaia (dopo pastorizzazione o crudo se in deroga alla normativa) alla temperatura di 38-40 °C.
- Inoculo fermenti selezionati con agitazione per 2'; miscela in sosta per circa 30' o, meglio, fino al raggiungimento di pH 6,5-6,4.
- Temperatura di coagulazione 38-40 °C con caglio, liquido 25 ml/hl, in pasta 20 g/hl.
- Agitazione della durata di 2'.
- Il coagulo dev'essere pronto al taglio in circa 20-25' dei quali 9-11 di presa.
- Primo taglio della cagliata con lira o meglio con lira dedicata a dimensioni di cm 4x4x4.
- Sosta di circa 5' o fino a quando la cagliata rilascia copiosamente il siero e lo stesso è a 2,4 °SH/50.
- Secondo taglio della cagliata con lira a dimensione di nocciola.
- Sosta sotto siero per circa 10'.
- Agitazione lenta fino a quando si è formata, attorno al grumo, una pellicina piuttosto consistente.
- Sosta della massa per permettere alla pasta di depositarsi sul fondo della caldaia.
- Svuotamento della caldaia dal siero fino al livello della pasta.
- Estrazione della pasta, pH 6,40, con il siero residuo dallo svuotamento in fuscelle forate.
- Primo rivoltamento dopo 5'.
- Forme in stufatura; effettuare 3-4 rivoltamenti a distanza di 1 ora fino a pH 5,0-4,9 della pasta.
- In cella statica a temperatura di 4-6 °C fino al mattino dopo.
- Salatura a secco prima su una faccia per 12 ore e poi rivoltamento e salatura sull'altra faccia per altre 12 ore.
- In alternativa salatura in salamoia per circa 12 ore con soluzione a 18 °Bé.
- Maturazione in cella a 6-8 °C per almeno 30 giorni; se si è utilizzato latte crudo la stagionatura minima è di 60 giorni, salvo deroga.

Note: il caglio in pasta di agnello ha titolo variabile fra 1:12.000 e 1:15.000, regolarsi quindi per la quantità da usare.

Pecorino a pasta molle

Mentre è usuale trovare i classici pecorini a pasta semidura e dura, la cui tecnica è tradizionale, oggi, a giusta ragione, i casari che lavorano il latte di pecora si cimentano nella trasformazione per ottenere diverse tipologie di formaggi, tra le quali le paste molli. Un tempo, quando mancavano le celle refrigeranti, i formaggi che venivano fatti dal pastore erano posti a maturare in camere o ambienti naturali fino alla vendita, che spesso non coincideva con la giusta maturazione delle forme. Oggi il casaro consapevole ha la possibilità di conoscere, sotto tutti i punti di vista, il latte che lavora e può considerare l'utilizzo di diverse e moderne attrezzature e macchine, nonché dei coadiuvanti tecnologici e tanto altro.

La tecnologia dei formaggi a pasta molle di pecora segue la modernizzazione degli aspetti appena citati poiché sono necessarie metodologie e ambienti particolari, come per esempio una cella refrigerante che consenta il rapido raffreddamento delle forme. Produrre questa tipologia di formaggi senza effettuare controlli acidimetrici, o meglio senza possedere un pHmetro, vuol dire sfruttare ciò che oggi ci è concesso conoscere. Questo formaggio a pasta molle non trova eccessive difficoltà per essere prodotto, sempre in considerazione del fatto che in Italia, in ogni regione, provincia, comune e località, il latte è sempre diverso, e qundi le fasi di trasformazione devono essere messe a punto.

Viste le peculiarità di questa pasta molle, si consideri la sua produzione con latte pastorizzato o tuttalpiù termizzato, qualora i valori analitici lo permettano. L'utilizzo di fermenti selezionati è obbligatorio così come la loro incubazione a temperature termofile non inferiori ai 43-44 °C.

A queste temperature lo sviluppo acidimetrico apportato dagli streptococchi si pone da starter a quello dei lattobacilli e il latte inizia a fermentare fino al raggiungimento dell'acidità necessaria affinché si possa inserire il caglio.

Per ottenere una pasta molle di questo tipo è necessario che la temperatura di coagulazione venga impostata a 36-37 °C. La cagliata deve risultare abbastanza dura ma velata, ovvero con lieve umidità superficiale verificabile ponendo il dorso della mano sulla superficie della cagliata stessa. Essa deve, inoltre, raggiungere il rassodamento definitivo in 20-25 minuti, dopo di che il casaro può tagliarla e iniziare il controllo dell'acidità, del pH.

È molto importante che in seguito al primo taglio la cagliata non continui a rassodare. Se ciò avvenisse diventerebbe complicato lavorare in caldaia, per ottenere grumi ben formati.

Una buona cagliata è indispensabile anche per ottenere un regolare spurgo, in caldaia, ma anche successivamente sul banco. Dopo aver seguito le indicazioni della scheda che segue, e tenendo sotto osservazione l'incremento di acidità, il casaro può estrarre la pasta ponendola nelle fuscelle in stufatura ad acidificare. La stufatura non deve mai essere forzata tramite l'immissione di vapore o con altri metodi di riscaldamento. È meglio quindi optare per il raffreddamento naturale delle forme anche per personalizzare il formaggio. Le forme vanno poste a maturare in celle frigorifere settate per basse temperature, soprattutto durante le prime due settimane. In seguito è possibile spostare le forme in ambiente, anche naturale, la cui temperatura non deve però superare i 10 °C.

In fase di maturazione è possibile pulire la crosta con una soluzione salina a 16-18° Bè per eliminare le muffe e concedere una pigmentazione rossastra alla superficie del formaggio, senza eccedere nei in lavaggi per non modificare l'aroma, che deve rimanere lattico, e il sapore, che dev'essere dolce.

PECORINO A PASTA MOLLE	**Categorie del formaggio**	KG 1,5-2,0
Formaggio a pasta molle da latte ovino con crosta. Tempo minimo di stagionatura 30 giorni. La pasta è morbida, di bassa cremosità, misurabile per l'aderenza al taglio. Sentori lattici di latte cotto, vegetali e di frutta secca. Sapore dolce con lieve acidità.	• Origine • Trattamento del latte • Coagulazione • Temperatura di lavorazione • Contenuto d'acqua • Contenuto di grasso • Tempo di stagionatura	latte di pecora pastorizzato/termizzato acido/presamica pasta cruda pasta molle grasso breve/media stagionatura

Latte	**Ovino** pastorizzato
Coadiuvanti	**Batteri:** *Streptococcus thermofilus* e *Lactobacillus bulgaricus* - Starter diretto
	Caglio: liquido di vitello 1:10.000-IMCU 110

Tecnologia

- Latte in caldaia alla temperatura di 36-37 °C.
- Inoculo fermenti selezionati alla temperatura di 43-44 °C con agitazione per 1' e sosta di 30'. Oppure inoculo di lattofermento, alla temperatura di coagulazione, con acidità 16-20 °SH/50 fino a incremento di acidità della miscela di 0,5-0,6°SH/50 (1,0/1,5% del latte in caldaia).
- Inserimento caglio, 18-20 ml/hl, alla temperatura di 36-37 °C.
- Agitazione della durata di 2'.
- Il coagulo dev'essere pronto al taglio in circa 20-25'.
- Primo taglio della cagliata con spada, cm 5x5 e 2-3 tagli orizzontali.
- Sosta di 10-15' fino a quando la cagliata rilascia copiosamente il siero.
- Secondo taglio della cagliata con la lira a dimensione di noce grossa.
- Sosta per circa 5-10'.
- Agitazione lenta fino alla formazione, attorno al grumo (noce), di una pellicina piuttosto consistente.
- Sosta della massa per deposito della cagliata sul fondo della caldaia.
- Svuotamento della caldaia dal siero fino al livello della pasta.
- Estrazione molto rapida della pasta in fuscelle senza fondo.
- Primo rivoltamento dopo 5-10' (a completa chiusura della superfice della faccia sottostante).
- Stufatura. Effettuare 3-4 rivoltamenti a distanza di 1 ora fino a pH 5,25-5,0 della pasta e gocciolamento terminato.
- In cella statica a temperatura di 6-8 °C fino al giorno dopo.
- Salatura a secco su una faccia per 12 ore, poi rivoltamento e salatura sull'altra faccia per altre 12 ore.
- Maturazione in cella a 6-8 °C (UM > 90%).
- All'apparizione delle prime muffe fare lavaggio della crosta con salamoia al 22,5% (facoltativo).

Note: la consistenza della pasta può risultare più cremosa abbassando la temperatura di coagulazione di 1-2 °C e abbassando l'acidità della cagliata prima dell'estrazione.

Caciotta termofila

È probabilmente il formaggio più prodotto per la sua buona resa e per le caratteristiche organolettiche, ambite dalla maggior parte dei consumatori.

Una delle prime osservazioni per chi intende produrre questa caciotta mira alla titolazione del latte di origine, che deve risultare ottimale e compresa tra 3,3 e 3,6 °SH/50, acidità che consente una buona coagulazione in tempi relativamente rapidi e una curva acidimetrica regolare che va redatta con la misurazione del pH prima di ogni fase, così come indicato nella scheda allegata. Si prevede, infatti, che in seguito all'ottenimento della cagliata il casaro misuri l'acidità nominale prima del secondo taglio e prima dell'estrazione dalla caldaia, considerando anche la consistenza del grumo e della pellicina di protezione.

La manualità del casaro ha molta importanza: sono necessari un taglio regolare che porta alle dimensioni ottimali dei grumi di cagliata, la capacità di considerare la durezza e la formazione della pelle dei grumi stessi e, dal punto di vista visivo, la colorazione e limpidezza del siero, risultante anche dopo il secondo taglio della cagliata. Una delle componenti tecnologiche più importanti è la temperatura di innesto e coagulazione che deve poter essere stabile fino all'estrazione della cagliata e quindi non diminuire rapidamente per non influire sull'inizio delle fermentazioni e soprattutto sull'andamento regolare della curva acidimetrica.

Dopo il secondo taglio il casaro deve agitare molto delicatamente la cagliata, al fine di ridurre le dimensioni del grumo contemporaneamente alla formazione di una pelle che racchiuderà, nel grumo, l'acqua libera indispensabile per concedere al formaggio le caratteristiche di pasta molle. Il grumo dovrà apparire opaco ed elastico, mentre alla prova di rottura, internamente, la pasta deve risultare traslucida e circondata da un involucro protettivo, la pellicina. A questo punto, verificato il pH e titolato il siero, è possibile estrarre la pasta. I grumi di cagliata devono essere resistenti, non rompersi, soprattutto se estratti per caduta dalla caldaia.

La compattazione della pasta e la coesione dei grumi avverranno in concomitanza di uno spurgo regolare. Ciò eviterà anche eventuali distacchi di continuità, abbastanza frequenti per questa tipologia di formaggio. All'estrazione seguirà la stufatura, che dev'essere controllata con la redazione della curva acidimetrica. Al temine della stufatura e del raffreddamento delle forme, si può provvedere alla salatura che il piccolo caseificio deve poter effettuare, preferibilmente a secco con sale di media grossezza, ma è comunque possibile salare in salamoia. La maturazione delle forme può avvenire in ambienti piuttosto umidi, circa 85%, in quanto a umidità inferiore la crosta può facilmente screpolare. Le forme devono essere pulite frequentemente dalle muffe, ma solo quando si è già formata una sottile crosta, per evitare di cospargere le ife in ogni parte del formaggio, ancora molto umida.

La caciotta termofila è un formaggio da tagliare con un coltello a lama ribassata e sottile, al massimo 1 centimetro, in quanto la pasta deve risultare compatta e cremosa ma non colante. La crosta dev'essere sottile, di colore giallo paglierino senza unghia o al massimo di 1 millimetro. Si consiglia di produrre formaggi di non oltre i 600-800 grammi, dimensione che consente una maturazione abbastanza rapida, ma anche formaggi più piccoli, facendo attenzione a non asciugare troppo la cagliata e di conseguenza le forme.

Per il latte di capra è preferibile utilizzare lattofermento, in grado di attivare immediatamente le fermentazioni. È sufficiente un lieve incremento, pari a 0,02-0,05 pH, per provvedere alla coagulazione.

CACIOTTA TERMOFILA	**Categorie del formaggio**	**KG** 0,6-2,0
Formaggio a pasta molle tipico vaccino con crosta da consumarsi dopo almeno 21 giorni di maturazione. Sapore dolce e aroma lattico di panna o burro fresco, sentori vegetali e fruttati (frutta secca se maturato oltre 45 giorni). La pasta è morbida, abbastanza elastica, a 21 giorni risulta abbastanza cremosa al taglio.	• Origine • Trattamento del latte • Coagulazione • Temperatura di lavorazione • Contenuto d'acqua • Contenuto di grasso • Tempo di stagionatura	latte di vacca crudo/pastorizzato presamica pasta cruda pasta molle grasso breve

Latte	Crudo o pastorizzato **vaccino**	
Coadiuvanti	**Batteri:** *Streptococcus s. termophilus* e *Lactobacillus d. subsp. bulgaricus* in miscela inoculo diretto con fermenti selezionati	
	Caglio: liquido di vitello 1:10.000	chimosina/pepsina 75/25 o 20/80

Tecnologia

- Latte con acidità 3,3-3,6 °SH/50, in caldaia alla temperatura di 38-40 °C.
- Inoculo fermenti selezionati e dopo 2' di agitazione lasciare la miscela in sosta per circa 30'.
- Aggiunta del caglio, 35 ml/hl a temperatura di 38-40 °C con successiva agitazione per 2'.
- Il coagulo dev'essere pronto al taglio in circa 25' dei quali 10-11 di presa.
- Primo taglio della cagliata con lira o meglio con lira dedicata a dimensioni di cm 4x4x4 oppure 5×5×5.
- Sosta di circa 5' o fino a quando la cagliata rilascia copiosamente il siero e lo stesso è a 2,4 °SH/50.
- Secondo taglio della cagliata con lira a dimensione di nocciola o nocciola grossa.
- Sosta della massa per circa 10'.
- Agitazione lenta fino a quando si è formata, attorno al grumolo, una pellicina piuttosto consistente e il siero raggiunge 2,8, max 3,0 °SH/50.
- Sosta della massa per permettere alla pasta di depositarsi sul fondo della caldaia.
- Svuotamento della caldaia dal siero fino al livello della pasta.
- Estrazione della pasta con il siero residuo dallo svuotamento in fuscelle forate.
- Primo rivoltamento dopo 5'.
- Forme in stufatura; effettuare 2-3 rivoltamenti a distanza di 1 ora fino a pH 5,1-5,0 della pasta.
- In cella statica a temperatura di 4-6 °C fino al mattino dopo.
- Salatura a secco prima su una faccia per 12 ore e poi sull'altra (dopo rivoltamento) per altre 12 ore.
- Maturazione in cella a 6-8 °C per almeno 21 giorni.

Note: se si utilizza latte crudo è necessaria deroga dell'ASL. Se da latte pastorizzato è possibile consumare il formaggio dopo 7 giorni come primo sale. Per ottenere una caciotta con maggiori sentori aromatici utilizzare caglio 20/80; in questo caso fare molta attenzione allo spurgo, che dev'essere ottimale.

Caciotta di bufala

Specifiche della trasformazione di questo latte, carico di proteine e grassi, sono le paste filate fresche. Per la produzione di altre tipologie di formaggi, il latte di bufala è piuttosto difficile da lavorare, e il casaro deve prestare decisa attenzione ad alcuni fattori che possono far emergere anche il deprezzabile sapore amaro.

La tecnica proposta è termofila, come per la maggior parte dei prodotti che ho descritto in questo testo, in quanto si adatta a molte tipologie di formaggio, soprattutto a pasta molle. E proprio la pasta molle da latte di bufala può riservare alcune problematiche proprie della specie di latte.

Una delle prime valutazioni va riservata alla scelta del caglio e alla quantità da inserire nel latte. Il latte di bufala ha un'eccellente attitudine a coagulare, tant'è che normalmente vengono impiegate dosi molto basse di caglio. Il punto di presa avviene in pochi minuti e il rassodamento può portare a un coagulo molto duro, asciutto, difficile da lavorare. Per evitare quindi di tagliare una cagliata che continuamente rassoda, è bene fare prove su prove, utilizzando diversi titoli di caglio e quantità da immettere nel latte.

Per il formaggio che si va a trattare nella scheda seguente, la cagliata, al termine del rassodamento, deve risultare piuttosto dura e alla prova di taglio deve presentare uno spacco netto e un taglio asciutto. Come già detto, alla completa formazione della cagliata deve essere terminato il rassodamento, in modo da consentire al casaro un'ottimale lavorazione della cagliata e, di conseguenza, di ottenere la giusta morbidezza della pasta del formaggio e, non di minore importanza, di influenzare positivamente la resa casearia.

L'inserimento dei fermenti lattici deve consentire una lieve acidificazione, misurabile titolando il latte prima dell'inserimento del caglio. La coagulazione deve avvenire in 25-30 minuti, tempo piuttosto lungo per questa tipologia di formaggio, ma tale da impedire un ulteriore rassodamento dopo il taglio della cagliata.

La cagliata va trattata delicatamente, soprattutto nei primi minuti dal taglio a cui è sottoposta, in modo da non rompere o spappolare i grumi. È preferibile, proprio per non danneggiare la cagliata, operare un unico taglio con lira dedicata. Qualora non si fosse in possesso di una lira appositamente predisposta, è possibile effettuare due tagli, il primo verticale con la spada e il secondo, dopo alcuni minuti, con la lira. Dopo aver tagliato la cagliata e iniziato l'agitazione, è indispensabile monitorare il siero con frequenti titolazioni, che consentiranno al casaro di giungere all'estrazione della cagliata. La stufatura non dev'essere spinta, infatti la temperatura del formaggio deve poter scendere gradualmente e lentamente fino al raggiungimento del pH 5,10 o anche leggermente più basso. Attenzione a non scendere oltre pH 4,80 per non ottenere pasta gessata, che per il latte bufalino non è la scelta migliore. La stufatura, quindi, deve poter durare anche fino alle 5 ore. Una stufatura troppo breve può non consentire una regolare sineresi. Allo scopo di mantenere morbida ed elastica la crosta del formaggio, senza però ottenere il risultato di crosta fiorita, al termine della stufatura è possibile irrorare le forme con *Penicillium candidum* disciolto in acqua.

Come tanti formaggi da fermentazione termofila, questa pasta molle necessita di calore non solo in caldaia ma anche nell'ambiente dove viene prodotto. È preferibile quindi produrre la caciotta in ambienti la cui temperatura è di 20 °C o più.

Ottenere un formaggio morbido da latte bufalino non è semplice. Non vi è una fase specifica che porta a buoni risultati, ma sono tutte le fasi della trasformazione a concorrere e quindi il casaro dovrà operare in modo da modificare singolarmente le fasi di produzione.

CACIOTTA DI BUFALA	**Categorie del formaggio**	🥛 ⚖️ **KG** 0,8-2,0
Formaggio a pasta molle la cui maturazione avviene in 3-4 settimane. La crosta è elastica, morbida e asciutta con la presenza di muffette biancastre. La pasta è bianca tendente al grigio chiaro, morbida, con piccole o piccolissime occhiature di forma irregolare. Sentori olfattivi prevalentemente lattici ma anche vegetali e di frutta secca.	• Origine • Trattamento del latte • Coagulazione • Temperatura di lavorazione • Contenuto d'acqua • Contenuto di grasso • Tempo di stagionatura	latte di bufala crudo acido-presamica pasta cruda pasta molle grasso breve o media stagionatura

Latte	Crudo **bufalino**	
Coadiuvanti	**Batteri/muffe:** *Streptococcus s. Termophilus* anche in miscela con *Lactobacillus d. subsp. bulgaricus*	
	Caglio: liquido di vitello 1:20.000-IMCU 235	chimosina/pepsina 80/20

Tecnologia

- Latte in caldaia alla temperatura di 40 °C.
- Inoculo fermenti selezionati.
- 1' di agitazione.
- Dopo 20' dall'inoculo dei fermenti, salare il latte con 600/650 gr/hl (facoltativo).
- Sosta fino a incremento del pH 0,1.
- Inserimento del caglio, 7-10 ml/hl a temperatura di 38-40 °C. Agitare per 1'.
- Coagulo pronto al taglio in 30-35'.
- Taglio della cagliata con lira dedicata cm 3x3x3.
- Sosta fino al raggiungimento di 1,8-2,0 °SH/50.
- Agitazione lenta-delicata fino a 2,8-3,0 °SH/50.
- Estrazione della pasta previa estrazione del 25% del siero.
- Stufatura con 3-4 rivoltamenti fino al raggiungimento di pH 5,1-5,0 della pasta.
- Al termine della stufatura porre le forme di cella a 4-5 °C fino al mattino successivo.
- Facoltativo: irrorare le forme con *Penicillium candidum*.
- Spostare le forme in cella a temperatura di 5-8 °C.
- Maturazione in cella statica per 3-4 settimane.

Note: volendo accelerare la maturazione del formaggio, mantenere in cella a temperatura di 8-10 °C facendo però attenzione perché una proteolisi troppo rapida può portare al sapore amaro.

Casatella di bufala

Per la sua complessità tecnologica, la casatella di bufala può dare molta soddisfazione al casaro.

Come per tutti i formaggi a pasta molle ad alto contenuto di acqua, la tecnologia produttiva è da studiare e seguire con molta precisione e, in particolare modo, non vanno sottovalutate le titolazioni del siero, che determinano i passaggi da una fase all'altra.

La scelta dei fermenti da utilizzare è, come sempre, determinante, ed è da preferire l'inoculo di latto-fermento appositamente prodotto con *Streptococcus thermophilus*. L'acidità dell'innesto non deve superare i 16 °SH/50 e l'incremento acidimetrico della miscela deve rimanere nel range di 0,2-0,2 °SH/50. Per le produzioni di medio-grande quantità è possibile effettuare la salatura del latte, con sale fino, dopo 15-20 minuti dall'innesto dei fermenti. Causa la componente grassa, sempre piuttosto elevata del latte di bufala, la dolcezza del formaggio non manca e quindi le dosi di sale non devono essere eccessive. Chiaramente questo è un fattore che va ponderato anche in funzione delle abitudini alimentari del territorio. Per quanto riguarda il primo taglio della cagliata, nella scheda si indica come dimensione del grumo una noce grossa. Questo è un dato che può variare in funzione della reazione del latte al caglio e della sua capacità di acidificare. Il dimensionamento corretto del primo taglio, quindi, va effettuato in funzione anche della capacità di spurgo, che, se troppo rapida, consente al casaro un taglio a dimensioni superiori. Naturalmente può accadere anche il contrario.

Per un ottimale risultato è bene seguire la curva acidimetrica indicata dalla scheda, soprattutto tra il primo taglio e l'estrazione della cagliata, con la titolazione del siero.

Uno dei difetti che si possono riscontrare in questo formaggio è la perdita di acqua nella confezione. Per evitare questo sgradevole effetto è bene verificare che avvenga un'ottimale chiusura dei grumi e che lo spurgo avvenga in modo regolare. Per quanto riguarda i rivoltamenti durante la stufatura, si può optare per uno o al massimo due, da standardizzare in funzione della discesa del pH.

Raggiunto il pH desiderato bisogna verificare che il gocciolamento delle forme sia terminato e, se così non fosse, è possibile protrarre la stufatura fino a pH 5,00-4,90, ma mai oltre. Ciò impedirà la post-acidificazione in cella.

Le forme dovranno essere poste in cella ventilata al fine di bloccare le fermentazioni in atto e, solo successivamente, spostare le forme stesse in cella statica a 3-4 °C.

La cremificazione del formaggio può avvenire dopo 4-5 giorni, ma è un dato la cui variabilità è determinata dalla tecnica che il casaro applica durante la trasformazione.

CASATELLA DI BUFALA	Categorie del formaggio	KG 0,25-1,0
Formaggio con elevato contenuto d'acqua (60%) senza crosta.	• Origine • Trattamento del latte • Coagulazione • Temperatura di lavorazione • Contenuto d'acqua • Contenuto di grasso • Tempo di stagionatura	latte di bufala pastorizzato acido-presamica pasta cruda pasta molle grasso fresco

Latte	Pastorizzato **bufalino**	
Coadiuvanti	**Batteri/muffe**: *Streptococcus s. termophilus*. Inoculo diretto con fermenti selezionati o, preferibilmente, con lattofermento di acidità 16 °SH/50	
	Caglio: liquido di vitello o di bufalo 1:10.000-1:20.000	chimosina/pepsina 80/20

Tecnologia

- Latte con acidità 4,0-5,0 °SH/50, in caldaia alla temperatura di 42-43 °C.
- Inoculo lattofermento in quantità tale da incrementare l'acidità della miscela di 0,2-0,3 °SH/50, oppure inoculo di fermenti selezionati, in questo caso attendere fino a pH 6,45-6,40.
- Salatura del latte con g 500-700/hl, dopo 15' dall'innesto dei fermenti.
- A 39-40 °C aggiunta del caglio, 18-20 ml/hl (1:20.000) con agitazione per 1'.
- Il coagulo deve presentarsi con taglio netto allo spacco, pronto in 25-30' e non deve rassodare dopo il taglio.
- Primo taglio con spada o con lira dedicata 6x6x6.
- Cagliata in sosta fino ad acidità del siero di 2,4-2,5 °SH/50.
- Secondo taglio con lira fino alle dimensioni di noce grossa.
- Sosta fino ad acidità del siero 3,0-3,2 °SH/50.
- Al termine della sosta, se necessario, agitazione molto lenta, fino alla formazione della pellicina.
- Estrazione delicata in fuscelle e inizio stufatura a cassette avvolte da pellicola.
- Termine stufatura pasta a pH 5,15-5.10.
- Raffreddamento forme in cella ventilata a 3-4 °C.
- Maturazione in cella statica a 3-4 °C per 36 ore.
- Confezionamento.

Note: il raggiungimento al pH di fine stufatura deve corrispondere al termine dello spurgo.

Crescenza

Si differenzia dallo stracchino per la maturazione più rapida, e la consistenza che con il tempo, almeno 3 settimane, può debordare dalla confezione a causa dell'effetto proteolitico. Oggi le industrie tendono a proporre un formaggio più compatto dello stracchino, curandone però la cremosità. Alcune caratteristiche organolettiche che li contraddistinguono sono l'odore decisamente lattico, acido, che ricorda lo yogurt, e il sapore dolce che prevale nettamente su quello acido.

Sono responsabili di queste caratteristiche i fermenti lattici termofili, lo *Streptococcus thermophilus* e il *Lactobacillus bulgaricus*, che solitamente in simbiosi lavorano piuttosto rapidamente. Già all'inserimento del caglio le fermentazioni devono essere attive, quindi è doverosa la coagulazione lattico-presamica. Per questo formaggio, e con buoni risultati, può essere utilizzato anche solo lo *Streptococcus thermophilus*. È importante che nel latte avvenga un incremento acidimetrico importante (0,2-0,4 °SH/50), per il quale il casaro può optare per un lattofermento precedentemente preparato.

Il lattofermento può essere utilizzato sia per il latte vaccino sia, a maggior ragione, per quello caprino, per il quale l'incremento acidimetrico nella miscela può aumentare di qualche decimo (0,3-0,6 °SH/50) ma sempre rimanendo ad acidità non inferiore a 6,4 pH per evitare di allungare i tempi di presa e di rassodamento della cagliata, che può risultare di consistenza insufficiente. Prima dell'introduzione del caglio avviene la salatura del latte, utilizzandone una bassa quantità per non rallentare la fermentazione e per preservare la dolcezza del formaggio. Per la coagulazione si utilizza un caglio di vitello con titolo 1:10.000, IMCU 110, o titolo superiore, senza eccedere in quantità. Queste considerazioni valgono anche per il latte di capra, soprattutto nei cambi di stagione.

La pastorizzazione, risanamento indispensabile per questo formaggio, non modifica le attitudini a coagulare sia nel latte vaccino sia in quello caprino.

Per ottenere una cagliata asciutta, con taglio netto e, successivamente, facile da lavorare il tempo di coagulazione non deve superare i 25 minuti.

Le fasi successive alla rottura della cagliata devono poter portare il grumo a dimensioni di noce, ben chiuso, elastico e protetto da una pellicina robusta, elastica e opaca. I controlli acidimetrici sono importanti sin dal primo taglio e in tutti quelli successivi, che si interrompono al momento dell'estrazione. In fase di stufatura i controlli acidimetrici continuano con le misurazioni del pH. Una volta raggiunta l'acidità desiderata, che per il latte caprino è bene risulti al di sotto di pH 5,00, il formaggio verrà posto in cella preferibilmente ventilata fino al raggiungimento della temperatura di 5-4 °C. Successivamente il formaggio può essere confezionato oppure rimanere in cella statica alla suddetta temperatura per altre 24 ore.

Una delle problematiche più frequenti per la crescenza è la post-acidificazione che avviene in cella di raffreddamento. Ciò capita quando durante le diverse fasi della trasformazione vi sono anomalie, soprattutto nella tempistica, verificabili con la curva di acidificazione, o quando il grumo non chiude correttamente o, ancora, quando al termine della stufatura la pasta spurga ancora copiosamente.

L'industria solitamente estrae la cagliata e la pone in pani da circa 1 chilogrammo che vengono poi tagliati in porzioni da 500 o 250 grammi e successivamente confezionati. È un'operazione che va effettuata a seguito di condizioni ottimali di ogni fase della trasformazione e dopo severi controlli, spesso automatici. Per i piccoli caseifici si suggerisce di non optare per questa soluzione in quanto può portare al ritorno della sineresi, e utilizzare fuscelle capaci di contenere il peso desiderato di formaggio.

CRESCENZA	Categorie del formaggio	🪣 KG 0,25-2,0
Formaggio con elevato contenuto d'acqua 55-60% senza crosta. Il latte utilizzato è vaccino intero ma può essere utilizzato anche quello caprino. Formaggio dal sapore dolce e dall'aroma lattico acido-dolce, ricorda lo yogurt. La pasta è abbastanza cremosa, adesiva senza alcuna occhiatura. La forma del formaggio è cilindrica o delle dimensioni della confezione.	• Origine • Trattamento del latte • Coagulazione • Temperatura di lavorazione • Contenuto d'acqua • Contenuto di grasso • Tempo di stagionatura	latte di vacca o capra pastorizzato presamica pasta cruda pasta molle grasso fresco

Latte	Pastorizzato **vaccino** oppure **caprino**	
Coadiuvanti	**Batteri:** *Streptococcus s. termophilus* e *Lactobacillus d. subsp. bulgaricus* in miscela inoculo diretto con fermenti selezionati o, preferibilmente, con lattofermento di acidità 16-18 °SH/50	
	Caglio: liquido di vitello 1:10.000	chimosina/pepsina 80/20

Tecnologia

- Latte con acidità 3,2-3,5 °SH/50, in caldaia alla temperatura di 38-40 °C.
- Inoculo lattofermento in quantità tale da incrementare l'acidità della miscela di 0,2-0,4 °SH/50, oppure inoculo di fermenti selezionati; in questo caso attendere rivitalizzazione per almeno 30'.
- Salatura: nella miscela g 450-650/hl.
- A 38-40 °C aggiunta del caglio, 40-45 ml/hl per il latte vaccino e 25-35 ml/hl per il latte caprino; agitazione per 2'.
- Il coagulo dev'essere pronto al taglio in 18-25'.
- Primo taglio con spada o con lira dedicata 8x8x8.
- Massa in sosta per circa 30' fino ad acidità del siero di 2,5-2,6 °SH/50.
- Secondo taglio con lira fino alle dimensioni di noce grossa.
- Sosta per circa 30' fino ad acidità del siero 2,8-3,0 °SH/50.
- Al termine della sosta, se necessario, agitazione molto lenta, per 5-10'.
- Estrazione in fuscelle e inizio stufatura.
- Termine stufatura pasta a pH 5,10, per il latte caprino è bene attendere fino a pH 5,0.
- Forme in cella ventilata a 4 °C, raffreddamento almeno 12 ore.
- Spostare le forme in cella statica a 4 °C per 12-24 ore.
- Confezionamento e vendita.

Note: se si utilizzano latte di pecora e fermenti lattici selezionati, prima di cagliare è bene attendere che i batteri abbiano iniziato la loro azione acidificante e la miscela raggiunga pH 6,5-6,4. Alla trasformazione deve seguire necessariamente la catena del freddo. Si consuma subito dopo il termine del processo tecnologico.

Capra a pasta molle

Il latte caprino è conosciuto per le sue caratteristiche di maggiore digeribilità rispetto a quello vaccino. Motivo di ciò sono le dimensioni delle micelle di caseina e dei globuli di grasso, che risultano molto più piccoli rispetto a quelli del latte di altre specie.

Proprio per queste caratteristiche fisiche la lavorazione di questo latte, e in particolare quella che si opera per ottenere formaggi a pasta molle, dev'essere delicata. Le fasi della trasformazione devono essere in grado di non snaturare il latte originario.

Il formaggio caprino, la cui scheda allegata indica le fasi tecnologiche, è a pasta molle di lieve cremosità, e si può realizzare sia a latte crudo sia pastorizzato.

Optando per il latte crudo è preferibile utilizzare la miscela di due munte, delle quali quella serale mantenuta in riporto tra 8 e 10 °C. La miscela composta dal latte della sera e quello della mattina deve essere riscaldata a temperature termofile, affinché vi si possano inoculare i fermenti selezionati idonei. Successivamente alla rivitalizzazione dei fermenti lattici si abbasserà la temperatura in caldaia, fino a 36 e 37 °C.

Per la coagulazione del latte, ma soprattutto per le caratteristiche del formaggio, è bene utilizzare un caglio di vitello che assicuri una buona azione proteolitica. Per questo motivo un caglio con contenuto di pepsina di almeno il 25%, o anche al 50%, può recare buoni risultati.

L'utilizzo di caglio ad alto contenuto di pepsina, che può portare a rapida maturazione il formaggio, deve essere seguito da fasi corrette, soprattutto in riferimento alla sineresi in fase di stufatura. È pur vero, anche, che l'utilizzo di alta concentrazione di pepsina non accelera drasticamente la maturazione fino a 45-50 giorni, ma lo può fare successivamente.

Uno dei difetti che in questa tipologia di formaggio può essere irreversibile è il sapore amaro, che può essere provocato anche dall'effetto proteolitico determinato dal caglio ad alto contenuto di pepsina.

Le fasi che seguono l'introduzione del caglio sono semplici: è sufficiente provvedere attentamente alle misurazioni del pH e verificare, in seguito alla trasformazione, che la curva acidimetrica sia corretta.

A pasta estratta, e dopo pochi minuti, deve avvenire il primo rivoltamento, prestando attenzione che la pasta nella sottostante faccia sia ben chiusa. Il secondo rivoltamento, seguendo le attenzioni del primo, può essere effettuato dopo 15-20 minuti. I controlli in stufatura vanno effettuati soprattutto per la temperatura, che non deve calare troppo rapidamente. Non è necessario abbassare eccessivamente il pH al termine della stufatura, purché il gocciolamento sia terminato. Nel caso il gocciolamento avvenga ancora copioso, si può decidere di prolungare la stufatura fino a pH 5,00. Una volta fredde, le forme devono essere salate. La maturazione avviene in cella o in ambienti naturali alla temperatura di stoccaggio e rivoltati ripetutamente, soprattutto i primi giorni, anche 2 volte al giorno.

Questa tecnica di produzione non è idonea a ottenere la cremificazione della pasta. Al contrario, se ciò avvenisse sarebbe da considerare un difetto anche grave, in quanto può portare a una rapida liquefazione della pasta e all'insorgere di sapore amaro.

CAPRA A PASTA MOLLE	**Categorie del formaggio**	🥛 KG 0,50-0,80
Formaggio a pasta molle di piccola/ media pezzatura con crosta sottile e morbida. La pasta è morbida e senza occhiatura o rada. Le sensazioni olfattive e aromatiche sono lattiche di latte fresco, vegetali appena pronunciate e ircine di bassa intensità. Sapore dolce e di bassa acidità.	• Origine • Trattamento del latte • Coagulazione • Temperatura di lavorazione • Contenuto d'acqua • Contenuto di grasso • Tempo di stagionatura	latte di capra crudo presamica pasta cruda pasta molle grasso fresco

Latte	Crudo o pastorizzato **caprino**	
Coadiuvanti	**Batteri**: (facoltativo ma consigliato) *Streptococcus s. termophilus* e *Lactobacillus d. subsp. bulgaricus* in miscela. Inoculo diretto con fermenti selezionati	
	Caglio: liquido di vitello IMCU 110	chimosina/pepsina 75/25

Tecnologia

- Latte con acidità 3,2-3,5 °SH/50, in caldaia alla temperatura di 39-40 °C.
- Inoculo fermenti selezionati e sosta di 30-40′ (non necessita di incremento di acidità o di 0,02-0,03 pH).
- Portare il latte alla temperatura di 36-37 °C.
- Caglio 35-40 ml/hl.
- Agitazione lenta per almeno 2′.
- Coagulazione in 25-30′.
- Primo taglio con lira dedicata 4x4x4.
- Sosta fino ad acidità del siero 2,3-2,5 °SH/50.
- Secondo taglio fino a dimensione di noce.
- Sosta fino al raggiungimento di acidità del siero 2,7-3,0 °SH/50.
- Agitazione molto delicata per alcuni minuti fino alla formazione di pellicina.
- Deposito della pasta sul fondo della caldaia.
- Estrazione manuale o meccanica in fuscelle.
- Stufatura fino a pH 5,30-5,20.
- In cella a 5-8 °C fino al mattino dopo.
- Salatura a secco in cella su una faccia per 12 ore e successivamente sulla seconda faccia per altre 12 ore, oppure in salamoia a 15-18 °C.

Note: per formaggi a latte crudo attendere 60 giorni prima del consumo. Per formaggi a latte pastorizzato maturazione in 40-45 giorni e consumo immediato.

Raviggiolo o Raveggiolo

Quando, un tempo, le famiglie allevavano una o due vacche, oppure poche pecore, era usuale, a seguito della mungitura, lasciare il latte in un secchio affinché coagulasse in modo naturale. Da ciò ne risultava un formaggio freschissimo che, una volta estratto, veniva adagiato su foglie di felce. Un formaggio che si poteva definire cagliata, per la semplicità con cui si otteneva e per il fatto che non necessitava di lavorazioni particolari. La sua produzione era localizzata sull'arco appenninico, dalle colline di Rimini a quelle di La Spezia, ovvero sul confine tra la Romagna, l'Emilia e le regioni confinanti a sud. In ogni territorio veniva denominato in modo diverso: Raviggiolo in Romagna, Raveggiolo in Toscana e in altri luoghi anche Ravaggiolo. La tecnica era sempre la stessa, a differenza di oggi che è stata modificata sia per ragioni tecnologiche sia per ragioni igieniche e di conservazione. Nasce come formaggio da latte ovino, oggi davvero raro, infatti al consumatore viene proposto quello da latte vaccino.

Nella loro semplicità, le fasi della trasformazione possono essere diverse in funzione delle necessità e volontà del casaro. Nella maggioranza dei casi al latte pastorizzato vengono inoculati fermenti lattici termofili, ma vige ancora la tradizione di non innestare alcun fermento. Le due variabili ovviamente portano a risultati di natura organolettica molto diversi.

Per diverse ragioni è comunque preferibile utilizzare fermenti lattici, capaci di concedere al formaggio gusto, odore e aroma, ma anche per allungare i tempi di conservazione. I batteri lattici da utilizzare possono essere termofili ma anche mesofili, a fermentazione rapida, facendo attenzione a non utilizzare ceppi aromatizzanti. Per esempio è possibile usare, come starter, lo yogurt, magari autoprodotto. Qualora si utilizzino fermenti lattici è auspicabile, una volta ottenuta la cagliata, tagliarla a dimensione di arancia lasciandola successivamente in sosta per alcuni minuti.

Nel momento in cui è avvenuto un copioso spurgo, bisogna agitare la massa in modo lento, delicato, seguito da un'ulteriore sosta. Queste fasi vanno ripetute almeno tre volte, fino a quando la dimensione di arancia si riduce a quella di mandarino.

L'estrazione va effettuata utilizzando fuscelle forate in grado di far spurgare copiosamente la cagliata. Nel caso non si utilizzino fermenti lattici è bene ottenere una cagliata piuttosto dura, ed estrarla con mestoli per adagiarla, con delicatezza, in fuscelle. Deve seguire un rapido raffreddamento in cella ventilata a 4 °C.

Alcune aziende produttrici di Raviggiolo, utilizzando fermenti lattici, diversificano la dimensione del grumo in funzione della dimensione del formaggio confezionato, riducendolo per forme piccole e aumentandolo per forme grandi. In tutti e due i casi, con o senza l'utilizzo di fermenti lattici, a seguito dell'estrazione e del primo rivoltamento, che avviene dopo pochi minuti di spurgo, le forme possono essere confezionate in carta alimentare.

Naturalmente, solo nel caso siano stati utilizzati fermenti, non mancheranno i controlli acidimetrici. La stufatura, che deve essere effettuata in ambienti la cui temperatura non sia inferiore a 28-25 °C, deve assicurare il raggiungimento dell'acidità a valori di 5,2-5,1 pH. Il Raviggiolo è un formaggio di alta resa casearia che va consumato freschissimo, ma si consideri che lo spurgo sarà continuo anche nel frigorifero del consumatore. Soprattutto dopo il taglio l'acqua uscirà copiosamente. Proprio per queste ragioni si suggerisce di predisporre confezioni piccole, 4-8 etti al privato e 1-1,5 chilogrammi al negoziante. Tradizionalmente il Raviggiolo è un formaggio dolce, al quale non viene aggiunto sale, ma oggi, anche solo per motivi di conservazione, una piccola quantità è plausibile. Ciò è fattibile con la salatura nel latte, dosandolo a 400-500 gr/hl o, meglio, effettuando una leggerissima salatura a secco su un'unica faccia, utilizzando sale fino.

RAVIGGIOLO O RAVEGGIOLO	**Categorie del formaggio**	KG 0,8-3,0
Formaggio a pasta molle ad altissimo contenuto di acqua, a volte > 90% da consumarsi subito dopo la trasformazione. La pasta è molto umida, fragile, dai sentori lattici di latte fresco e leggermente aromatici, di yogurt (nel caso di utilizzo di fermenti lattici).	• Origine • Trattamento del latte • Coagulazione • Temperatura di lavorazione • Contenuto d'acqua • Contenuto di grasso • Tempo di stagionatura	latte di pecora o vacca crudo/pastorizzato presamica pasta cruda pasta molle grasso fresco

Latte	Crudo o pastorizzato preferibilmente **ovino ma anche vaccino**
Coadiuvanti	**Batteri**: (inoculo facoltativo ma consigliato) *Streptococcus s. termophilus* e *Lactobacillus d. subsp. bulgaricus* in miscela inoculo diretto con fermenti selezionati, oppure yogurt
	Caglio: liquido di vitello chimosina/pepsina 75/25

Tecnologia

- Latte con acidità 3,4-3,6 °SH/50, in caldaia alla temperatura di 37-39 °C (considerare con attenzione la temperatura del caseificio, che non deve essere < 20 °C).
- (Facoltativo) Inoculo fermenti selezionati e dopo 2' di agitazione lasciare la miscela in sosta per 30'; se si utilizza yogurt dosare all'1%.
- Aggiungere il caglio 60-70 ml/hl.
- Agitazione lenta per almeno 1'.
- Coagulazione in 12-20'.
- Estrazione delicata della cagliata senza rottura, con mestolo in cestini forati.
- Forme in cella a 4-5 °C fino a perfetto raffreddamento.
- Salatura a secco molto leggera con sale fino sulla superficie.
- Deve essere consumato subito.

Note: questo è un formaggio per il quale non si dovrebbe effettuare salatura. Se si sceglie di salarlo, è necessario utilizzare pochissimo sale fino. In Toscana, o in altri luoghi dove si consuma pane scialbo, insipido, questo formaggio viene salato maggiormente.

Formaggella lattica

Nel presente libro si scrive copiosamente della coagulazione lattica e dei metodi di trasformazione a essa legati. Il formaggio è il risultato di un'antichissima tecnica di trasformazione che vede l'utilizzo di fermenti naturali o selezionati mesofili. In Italia è ormai d'uso, soprattutto nelle aziende che allevano capre, la produzione di questo interessante formaggio, ma le tecniche di trasformazione sono quasi sempre diverse. La scheda che segue prevede l'uso di bicchieri che contengono poco meno di 2 litri di latte, tecnica che viene utilizzata soprattutto in Piemonte per la Robiola di Roccaverano DOP, ma anche per altri formaggi lattici.

In effetti il casaro può optare per questo modo di coagulare il latte, che permette uno spurgo senza alcuna rottura della cagliata, oppure optare per una coagulazione in contenitori di più grande capacità (secchi, bacinelle), per poi provvedere alla rottura del coagulo con conseguente infuscellamento. Una delle fasi che diversificano le due metodologie di coagulazione è l'inserimento del caglio, che può essere effettuato a pH del latte diversi. Qualora infatti il casaro provveda alla coagulazione con previsione di rottura e infuscellamento, il caglio può essere inserito a pH compreso tra 6,60 e 6,10, in modo da ottenere una cagliata capace successivamente di spurgare dopo la rottura. Ma è un'opzione che va verificata, sia a causa della razza da cui proviene il latte, sia per le condizioni acidimetriche del latte stesso. In caso contrario, ovvero se la cagliata non sarà soggetta a rottura, l'aggiunta del caglio può essere effettuata a pH inferiori (5,7-5,6), in modo da sfruttare l'effetto solvatazione, per ottenere una pasta meno rigida e più morbida.

Non esiste una standardizzazione per fare questo formaggio ma solo la pazienza del casaro che deve fare prove su prove, facendo attenzione soprattutto alla stagionalità.

Una buona tecnica può essere quella di utilizzare lattoinnesto oppure sieroinnesto derivante dalla precedente trasformazione e prelevato prima di ogni eventuale fase di rottura. Tali innesti naturali andranno poi dosati in funzione del tempo di coagulazione ricercato.

Oggi, molto spesso, è d'uso aggiungere al latte penicillium che conferisce alla superficie del formaggio un bel feltro bianco ma, qualora le condizioni dell'ambiente di maturazione consentano uno sviluppo di muffe specializzate, tale aggiunte diventano inutili.

È certo invece che questi prodotti prediligono ambienti e celle utilizzabili solo per questi formaggi, vista la delicatezza della pasta lattica e le caratteristiche particolari che il formaggio deve assumere.

FORMAGGELLA LATTICA	**Categorie del formaggio**	KG 0,25-0,35
Formaggio lattico a pasta molle di piccole dimensioni tipico caprino ma anche vaccino da consumarsi dopo 7 giorni di maturazione. Sapore acido e aroma lattico di yogurt, sentori vegetali e, con la maturazione, di frutta secca. La pasta è morbida, abbastanza friabile, senza occhiatura, con buccia rugosa dopo i 15 giorni.	• Origine • Trattamento del latte • Coagulazione • Temperatura di lavorazione • Contenuto d'acqua • Contenuto di grasso • Tempo di stagionatura	latte di capra o vacca crudo/pastorizzato lattica pasta cruda pasta molle grasso fresco-breve

Latte	Crudo o pastorizzato preferibilmente **caprino ma anche vaccino**	
Coadiuvanti	**Batteri:** lattoinnesto a 7-9 °SH/50; in alternativa fermenti mesofili omofermentanti o eterofermentanti aromatizzanti selezionati	
	Caglio: liquido di vitello	chimosina/pepsina 50/50

Tecnologia

- Latte con acidità 3,3-3,6 °SH/50, in caldaia alla temperatura di 22-25 °C.
- Se si utilizza lattoinnesto inoculare 1-1,5%.
- Se si utilizzano fermenti selezionati, inoculare e dopo 2' di agitazione lasciare la miscela in sosta per 30-40'.
- Raggiunto il pH 5.6-5,5 della miscela aggiungere caglio nella dose non > 2 ml/hl.
- Agitazione lenta per almeno 2'.
- Travaso della miscela in bicchieri della capacità di l 2,0 (circa l 1,8 di miscela).
- Miscela in sosta fino a pH 4,6.
- Capovolgere i bicchieri nelle apposite fuscelle e lasciare spurgare bene rivoltando alcune volte, delicatamente, le forme.
- Terminato lo spurgo lasciare le forme a temperatura ambiente su teli di lino 12-24 ore.
- Forme in cella a 4-6 °C per 12 ore.
- Salatura a secco con poco sale fino su una sola faccia.
- In cella a 4-6 °C per 2 giorni.
- In cella a 8-10 °C per almeno 2-3 giorni.

Note: utilizzare latte di eccellente qualità con carica batterica < 20.000.

Stracchino tipo squacquerone

Quando si parla di formaggi ad alto contenuto di acqua, come lo stracchino o lo squacquerone, si è portati a pensare che, viste le loro caratteristiche di bassa intensità sensoriale, la tecnica di produzione sia banale, facile. È proprio il contrario, fare questo formaggio e ottenere buoni risultati è davvero complicato. Per iniziare la produzione di questo formaggio è necessario che vi siano le condizioni utili per produrlo, la tipologia di latte, naturalmente, ma soprattutto le attrezzature. Qualora manchi una sola delle condizioni, non solo utili ma indispensabili, questo formaggio non può essere fatto. Ciò che viene descritto nella scheda allegata deve essere ripetuto con la massima precisione. Immediatamente dopo la sua produzione questo formaggio deve raggiungere un livello di maturazione tale da cremificare, in molti casi cedere, deliquefarsi, a causa di una rapida proteolisi. Il casaro deve quindi operare a questo scopo, ottenere un formaggio la cui azione proteolitica abbia inizio già dopo 72 ore dalla trasformazione. E ciò non è facile.

Per quanto riguarda le fermentazioni, vanno affidate allo *Streptococcus thermophilus*, che può essere inoculato nel latte sia come starter diretto sia come lattofermento, solitamente congelato. La sua capacità di acidificare il latte e la cagliata deve essere registrata in una curva di acidificazione che spesso è modificata dalle condizioni originarie del latte, seppure pastorizzato.

La base essenziale per fare questo formaggio deriva appunto da una buona acidificazione che, controllata con il pHmetro, deve risultare il primo punto di attenzione del casaro. Tralasciare ciò significa non ottenere nulla di buono. Ogni fase deve essere preceduta dal rilievo del pH e del controllo visivo e tattile della cagliata.

Solitamente quando si ragiona su questa tipologia di formaggio e sulla sua tecnica, si è portati a pensare che la cagliata debba essere tagliata in modo grossolano, magari a noce grossa o addirittura a mandarino, ma così non è. Proprio perché la tecnologia si basa su una corretta, rapida e importante acidificazione, la cagliata dev'essere tagliata piuttosto piccola, al massimo a cubetti di 2 centimetri di lato, capaci però di trattenere un grande quantitativo di acqua, che sarà indispensabile per innescare un rapido processo proteolitico.

I grumi di cagliata durante la lavorazione devono poter diventare elastici, capaci di autoproteggersi con la classica pellicina, l'involucro esterno, e non diminuire molto di dimensione anche optando per una agitazione prolungata. L'estrazione, manuale o meccanica, deve essere molto rapida e in presenza del siero, i grumi devono poter rimanere integri e spurgare piuttosto rapidamente, seguendo l'abbassamento del pH fino a non gocciolare più all'accesso in cella. I rivoltamenti, spesso solo uno, devono avvenire a pH provati più volte, in quanto questa azione è determinante per conservare il giusto grado di liquido nel formaggio e va a inficiare sulla progressione del pH.

Il raffreddamento deve poter avvenire il più rapidamente possibile in cella ventilata. I tempi di raffreddamento e del successivo mantenimento in cella statica sono da provare e verificare con la massima precisione, magari utilizzando misurazioni del pH anche nelle giornate successive a quella della trasformazione. L'effetto proteolitico può essere visibile già dal terzo giorno ma non è una regola sulla quale il casaro può fare affidamento. In realtà l'effetto di cremificazione, può iniziare anche al quinto giorno o più, l'importante è invece comprendere il livello di cremificazione che può proseguire anche per 10 giorni. Tale cremificazione non deve mai trasformare la pasta del formaggio in liquido ma semplicemente rendere tale pasta in parte cremosa, in parte gelatinosa e in parte dura.

Non si stupisca il casaro se, una volta ottenuti buoni risultati, vi possano essere differenze anche sostanziali tra una produzione e l'altra: questo è lo stracchino con effetto di squacquerone, un formaggio difficile da fare, una tecnica a volte incomprensibile per i risultati. È una sfida, da affrontare con impegno.

STRACCHINO TIPO SQUACQUERONE	Categorie del formaggio	KG 0,3-2,0
Formaggio con elevato contenuto d'acqua > 60% senza crosta. Si consuma subito dopo il confezionamento. Il formaggio inizierà a cedere dopo 2 giorni. Sapore dolce-acido e aroma acido-dolce. La consistenza della pasta è in parte molto umida, grumosa e lattiginosa. La forma e il peso del formaggio sono quelli del contenitore in cui lo si pone.	Origine Trattamento del latte Coagulazione Temperatura di lavorazione Contenuto d'acqua Contenuto di grasso Tempo di stagionatura	latte di vacca pastorizzato presamica pasta cruda pasta molle grasso fresco

Latte	Pastorizzato **vaccino**	
Coadiuvanti	**Batteri:** *Streptococcus s. termophilus*; inoculo diretto con fermenti selezionati o meglio con lattofermento di acidità 16-18 °SH/50	
	Caglio: liquido di vitello 1:10.000	chimosina/pepsina 75/25

Tecnologia

- Latte con acidità 3,1-3,5 °SH/50, in caldaia alla temperatura di 35-38 °C.
- Inoculo lattofermento in quantità tale da raggiungere in miscela l'acidità di 3,9 °SH/50, o pH 6,35; in alternativa inoculo diretto con fermenti selezionati, in questo caso attendere la rivitalizzazione fino all'acidità voluta della miscela.
- Salatura: nella miscela g 400-800/hl.
- Aggiunta del caglio, 35-45 ml/hl nel latte a temperatura di 35-40 °C con successiva agitazione per 1'.
- Il coagulo dev'essere pronto al taglio in circa 20' dei quali 12 di presa.
- Taglio con lira dedicata 2x2x2 (a noce).
- Massa in sosta per circa 40' fino a che la pasta raggiunge pH 6,20-6,15.
- Agitazione molto lenta fino a che la pasta raggiunge pH 6,00- 6,10.
- Estrazione in fuscelle forate.
- Effettuare almeno 1 rivoltamento, dopo 10' se si è in possesso di robot o quando risulta possibile se si rivolta a mano.
- Sosta in caseificio a temperatura ambiente fino a che la pasta raggiunge pH 5,25-5,20.
- In cella ventilata a 4-5 °C fino al mattino successivo.
- In cella statica a 4-5 °C per 24 ore.
- Confezionamento e mantenimento forme a 3-6 °C.

Note: alla lavorazione deve seguire necessariamente la catena del freddo, che è parte essenziale della trasformazione.

Stracchino di pecora

I caseifici che lavorano latte ovino si stanno specializzando per produrre formaggi a pasta molle, vuoi per implementare la resa casearia, vuoi per soddisfare il cliente che ricerca prodotti freschi, morbidi, carichi di acqua. Certo è che con latte ovino il formaggio a pasta molle ad alto contenuto di acqua si può fare, anche con ottimi risultati.

La componente grassa di questo latte, infatti, tende ad addolcire molto il formaggio, sia esso a pasta molle sia a pasta dura, per cui anche se il formaggio detiene un contenuto di acqua attorno al 60-65%, spicca il sapore dolce tipico appunto del latte ovino. Questo è un formaggio la cui tecnica prevede alcuni punti fissi.

Il primo è l'inoculo di fermenti selezionati che il casaro, in funzione dell'attitudine del latte a fermentare, può scegliere optando per fermenti starter o predisponendo, magari il giorno prima, un lattofermento che può essere realizzato con gli stessi starter o con fermenti che l'azienda produttrice prepara appositamente. In ogni caso, è necessario controllare sistematicamente, in ogni produzione, la curva acidimetrica per eventualmente apportare modifiche alle fasi della trasformazione.

L'effetto acidimetrico dello starter o del lattofermento porta alla seconda considerazione, ovvero alla quantità di caglio da utilizzare per ottenere una cagliata ottimale, piuttosto dura ma sostanzialmente ferma, che non rassoda più dopo il primo taglio. Infatti sia il titolo del caglio sia la sua quantità devono essere oggetto di scelta da parte del casaro, che può portare le giuste modifiche. La cagliata dev'essere tale da consentire al casaro di effettuare un'agitazione, lenta ma continua, dopo il secondo taglio. Qualora la cagliata fosse troppo consistente, il casaro si accorgerà che la movimentazione diventa impossibile e il coagulo tenderà a rompersi, a volte spappolarsi: effetti che devono essere evitati.

Un buon coagulo quando raggiunge le dimensioni di noce grossa deve poter ruotare, muoversi agevolmente nel siero e, forzato dall'acidità, deve poter ottenere un involucro resistente, che sia ben visibile alla rottura del grumo. Sostanzialmente questa è la fase più delicata e importante di tutta la trasformazione, che si conclude con una buona stufatura.

Ma il gocciolamento in stufatura può essere compromesso se la cagliata non ha le giuste caratteristiche determinate da quanto sopra scritto.

Uno dei problemi più seri della trasformazione di questo formaggio è la post-acidificazione che può avvenire in cella di raffreddamento. Essa porta sempre alla perdita fuori controllo del siero. Effetto, questo, che continua anche dopo il confezionamento con apparente perdita dell'acqua libera. È un grave difetto che ha ripercussioni sulla conservabilità del formaggio.

Trasformare il latte ovino in questo formaggio necessita quindi di molta attenzione e pazienza.

STRACCHINO DI PECORA	**Categorie del formaggio**		**KG** 0,50-1,0
Formaggio senza crosta, fresco, a pasta molle, ad alto contenuto di acqua. Si può considerare stracchino o casatella, in funzione della cremosità ottenuta. La pasta è bianca senza occhiature, che proteolizza rapidamente determinando cremosità.	• Origine • Trattamento del latte • Coagulazione • Temperatura di lavorazione • Contenuto d'acqua • Contenuto di grasso • Tempo di stagionatura	latte di pecora pastorizzato acido-presamica pasta cruda pasta molle grasso fresco	

Latte	Pastorizzato **ovino**	
Coadiuvanti	**Batteri:** *Streptococcus s. Termophilus* fermenti selezionati a inoculo diretto o lattofermento con acidità 16-18 °SH/50	
	Caglio: liquido di vitello 1:10.000 IMCU 110	chimosina/pepsina 80/20

Tecnologia

- Latte pastorizzato in caldaia alla temperatura di 40 °C.
- Inoculo lattofermento per incremento miscela di 0,3-0,5 °SH/50 (circa 0,5-0,8%) o inoculo di fermenti selezionati e sosta fino a pH 6,45-6,40 della miscela.
- Salatura: alcuni minuti prima dell'aggiunta del caglio salare la miscela con 400-600 gr/hl.
- Aggiunta del caglio, 24/26 ml/hl alla temperatura del latte 40 °C.
- Agitazione per 1'.
- Cagliata pronta al taglio dopo 20-25'.
- Primo taglio con spada o con lira dedicata 8x8x8.
- Sosta di circa 40-45' o fino al pH 6,35-6,30.
- Secondo taglio con agitazione delicata con piatto fino a ridurre la cagliata a noce grossa.
- Sosta di circa 45-50', misura del pH.
- Al termine della sosta, agitazione molto lenta della durata di 5-10'.
- A pH 6,1-6,0, estrazione in fuscelle e inizio stufatura.
- Termine stufatura pasta a pH 5,15-5,00.
- Rivoltamento delle forme prima dello spostamento delle forme in cella.
- Forme in cella ventilata a 4 °C.
- Maturazione: 24-72 ore.
- Confezionamento dopo 72 ore.

Note: i giorni successivi alla produzione, e fino al confezionamento, controllare il pH della pasta che deve rimanere quello di fine estrazione o in lieve risalita.

Spalmabile

Una delle prerogative della coagulazione lattica è quella di ottenere pasta molle ad alto contenuto di acqua che possa essere modellata dal casaro inserendola in confezioni idonee oppure formandola in piccolissime dimensioni, anche manualmente, il cui peso può essere inferiore a 100 grammi.

Chi ha dato l'impulso, anche ai piccoli produttori, è certamente stata l'industria che ha proposto, ormai da decenni, i formaggi in vaschetta sia a latte intero che scremato, dalle indubbie capacità di essere spalmati su pane o crostini, ma anche di essere ingrediente per i dolci. Il piccolo caseificio in forza di ciò e della richiesta del consumatore ha quindi pensato di industriarsi alla produzione di quei formaggi oggi denominati spalmabili.

Una produzione che spesso accompagna quella delle formaggelle lattiche, in quanto la tecnica di produzione è molto simile o addirittura uguale in certi frangenti. Infatti nel momento dell'infuscellamento della formaggella lattica capita solitamente che la parte superficiale della cagliata si presenti compatta e asciutta mentre quella sottostante più bagnata, a volte davvero carica di acqua. Quest'ultima è più adatta a ottenere spalmabile e può essere posta su teli a sgrondare. Il risultato dello spurgo è ottimale per la successiva modellazione e confezionamento.

La presente tecnica è studiata attentamente affinché si adegui all'ottenimento di una pasta che, per le sue caratteristiche, possa essere formata solitamente a piccolo cilindro allungato, magari previa miscelazione o ricoperto di spezie.

Una delle differenze tra la formaggella e lo spalmabile è la temperatura di incubazione dei fermenti lattici che può essere maggiore in quanto, anche se la coagulazione ne viene accelerata, non si creano difetti reologici particolari, come la rigidità. La pasta deve comunque risultare tale da non appiccicare in nessun supporto, cartaceo o plastico, con il quale sarà confezionata. Anche nel caso dello spalmabile si può optare per l'inoculo di penicillium capace di fiorire sulla superficie esterna del formaggio, ma, qualora si intenda poi miscelare spezie, questa azione non è auspicabile.

L'aggiunta del caglio è spesso evitata ma potrebbe, viste le prerogative della solvatazione, essere d'aiuto soprattutto se inserito a pH superiori a 6. Non è bene eccedere sulla quantità di caglio, in quanto la classica coagulazione lattica potrebbe trasformarsi in lattico-presamica con effetti sulla reologia del formaggio, tali da limitare la solubilità e la spalmabilità, determinando invece granulosità della pasta (da non confondere con la sabbiosità o farinosità che invece sono caratteristiche tipiche della tipologia di formaggio).

Lo spalmabile è un formaggio la cui tecnica e i risultati ottenibili sono specifici del latte caprino, ma può essere di ottima qualità anche se originato da latte vaccino.

Una delle variabili da tenere in conto per la lavorazione del latte vaccino è la temperatura di incubazione, che va aumentata di qualche grado.

SPALMABILE	Categorie del formaggio	🍲 🏋 0,03-0,10
Formaggio a coagulazione lattica a pasta spalmabile. Aroma acido e leggermente vegetale. Si adatta anche a essere miscelato con peperoncino o erba cipollina. La forma è quella di fantasia del casaro ma sicuramente di piccolissima pezzatura. Si utilizza anche per fare dolci.	• Origine • Trattamento del latte • Coagulazione • Temperatura di lavorazione • Contenuto d'acqua • Contenuto di grasso • Tempo di stagionatura	latte di vacca o capra pastorizzato lattica pasta cruda pasta molle grasso fresco

Latte	Pastorizzato preferibilmente **caprino ma anche vaccino**	
Coadiuvanti	**Batteri**: (facoltativo ma consigliato) mesofili omofermentanti o eterofermentanti aromatizzanti del tipo *Lattococcus lactis subsp. lactisi* in miscela con *Lattococcus lactis subsp. cremoris*	
	Caglio: liquido di vitello	chimosina/pepsina 75/25

Tecnologia

- Latte con acidità 3,3-3,6 °SH/50, e pH 6,60-6,70 in caldaia alla temperatura di 24-25 °C.
- Inoculo fermenti selezionati e dopo 2' di agitazione lasciare la miscela in sosta per alcuni minuti.
- Aggiungere il caglio 2 ml/hl e agitare per almeno 4'.
- Lasciare in sosta per 16-20 ore fino a pH 4,60 della pasta.
- Estrazione delicata in fuscella forata e telata.
- Lasciare spurgare, per il rassodamento, per 6-8 ore a temperatura ambiente senza movimentare la pasta.
- Spostare in cella a 4-5 °C per 12 ore.
- Togliere dal telo la pasta e inserirla in un contenitore per la salatura a secco con sale fino > 1% del peso della pasta ottenuta.
- Formare il formaggio eventualmente dopo aver aggiunto gli aromi prescelti.

Note: la fase di spurgo è quella che determina la consistenza del formaggio. Aumentare o diminuire il tempo di rassodamento in funzione della consistenza tattile che si desidera ottenere.

Tometta

Il dizionario Hoepli definisce toma: *formaggio semicotto ottenuto da latte vaccino o di capra o pecora, tipico del Vercellese, delle prealpi biellesi e di alcune zone della Lombardia*. In effetti questo formaggio è di nascita piemontese ed era inserito nella tipologia delle paste dure. Oggi, invece, la definizione di toma o tomino è piuttosto generalizzata, infatti non è possibile includere questo formaggio in nessuna tipologia specifica. Mentre il tomino o tometta sono a pasta cruda, molle, di rapida maturazione, spesso commercializzati come formaggi di piccola pezzatura, per i quali si suggerisce la cottura su piastra o su griglia e il cui consumo non deve essere prolungato nel tempo, la toma, invece, rientra nelle tipologie dei formaggi a pasta semicotta, semidura.

La scheda proposta per la tometta, che segue, si riferisce a un formaggio a pasta molle a latte intero di vacca, preferibilmente, misto vacca/capra di piccole dimensioni, al massimo di 300 grammi.

È di facile preparazione anche se è necessario prestare alcune attenzioni nelle fasi di trasformazione. Il latte crudo vaccino, al massimo di due mungiture consecutive, va miscelato in quantità alla pari con il latte caprino, preferibilmente della sola munta mattutina non refrigerata. È possibile lavorare il latte senza l'aggiunta di fermenti, ma è preferibile utilizzare batteri termofili, lo *Streptococcus thermophilus* in miscela con *Lactobacillus bulgaricus*. Vista la composizione della miscela di fermenti suggerita, è auspicabile utilizzare anche lattofermento o yogurt, utili per accelerare la fase acidimetrica optando per la coagulazione acido-presamica. Questa scelta consente di utilizzare il caglio in dosi moderate. L'utilizzo di yogurt è significativo per acidificare immediatamente il latte, soprattutto se crudo, e per determinare un andamento acidimetrico non eccessivamente rapido, anzi a volte molto lento. Per questo si suggerisce di scegliere ceppi batterici di lunga acidificazione.

La tecnica di produzione prevede, quindi, l'inoculo di yogurt che può essere dosato fino al 2,5% del latte in caldaia, e l'inserimento del caglio scelto con rapporto chimosina/pepsina 75/25. Non è necessario utilizzare rapporti in cui la pepsina prevale sulla chimosina in quanto il tempo di maturazione, piuttosto rapido, non consente l'azione proteolitica della pepsina stessa.

Proprio in funzione della rapida maturazione del formaggio, è di sostanziale importanza la formatura. Meglio quindi utilizzare fuscelle a spigolo arrotondato, che consentono una migliore asciugatura delle forme e di conseguenza della crosta.

Essendo un formaggio a pasta molle con un medio-elevato quantitativo di acqua, subito dopo la salatura, da fare a secco, è necessario asciugarlo e rivoltarlo frequentemente spostandolo dalla sua impronta umida, anche due volte al giorno, in modo che non si deformi e non si attacchi ai ripiani, soprattutto se di legno. Durante il periodo di maturazione le forme possono deformarsi. Lo scalzo si abbassa, diventando convesso e le facce si allargano in modo evidente. In seguito a questo apparente effetto, la pasta non deve colare al momento del taglio della forma, deve però risultare di elevata adesività, verificabile sia sulla lama del coltello sia all'assaggio in bocca.

Il casaro stabilirà l'avvenuta maturazione del formaggio nel momento in cui la crosta apparirà sottile, asciutta, di colore giallo paglierino o avorio carico. Perché ciò avvenga solitamente occorrono 12-15 giorni, se le forme vengono mantenute in ambienti la cui temperatura è di 10-12 °C, con umidità non superiore all'80%. Non si deve eccedere nei tempi di maturazione perché l'effetto proteolitico può portare all'insorgere di sapore amaro che risulterebbe irreversibile.

TOMETTA	Categorie del formaggio		KG 0,25-0,30
Formaggio a pasta molle di piccola pezzatura con crosta morbida e sottile. La pasta è umida e cremosa, con sentori lattici di panna fresca, vegetale e se vi è latte caprino anche ircino. Il sapore è dolce, leggermente acido.	• Origine • Trattamento del latte • Coagulazione • Temperatura di lavorazione • Contenuto d'acqua • Contenuto di grasso • Tempo di stagionatura		latte di vacca o misto vacca-capra crudo presamica pasta cruda pasta molle grasso fresco

Latte	Crudo o pastorizzato **vaccino o vaccino-caprino**	
Coadiuvanti	**Batteri**: (facoltativo ma consigliato) *Streptococcus s. termophilus* e *Lactobacillus d. subsp. bulgaricus* in miscela inoculo diretto con fermenti selezionati, o meglio yogurt aziendale	
	Caglio: liquido di vitello	chimosina/pepsina 75/25

Tecnologia

- Latte con acidità 3,3-3,6 °SH/50, in caldaia alla temperatura di 36-38 °C.
- Inoculo di yogurt, 1,5-2,5% o fermenti selezionati, nel qual caso sosta di 30'.
- Caglio 35 ml/hl.
- Agitazione lenta per almeno 4'.
- Coagulazione in 20-25'.
- Primo taglio con lira dedicata 4x4x4.
- Sosta per 10' fino ad acidità del siero 2,4-2,6 °SH/50.
- Secondo taglio a noce.
- Sosta per 5' fino ad acidità del siero 2,8-3,0.
- Agitazione molto delicata per alcuni minuti.
- Deposito della pasta sul fondo della caldaia.
- Estrazione manuale delicata in fuscelle a scalzo arrotondato.
- In stufatura fino a pH 5,35-5,25.
- In cella a 5-7 °C fino al mattino dopo.
- Salatura a secco in cella, scarsa, su ambo le facce in due fasi di 12 ore ognuna.
- Si consuma appena appare la prima crosta sottile, pulita.

Note: visti l'elevata umidità della pasta e il pH relativamente alto al momento dell'estrazione, la maturazione prolungata potrebbe provocare sapore amaro. È bene consumarlo entro 12-15 giorni.

Formaggi a pasta semidura e dura

I formaggi che appartengono a questa classificazione sono per lo più tipici e tradizionali di ogni territorio italiano, soprattutto del Nord, dove esisteva ed esiste ancora la possibilità di effettuare una stagionatura naturale alle condizioni climatiche ideali. In realtà questi formaggi nascono proprio nei territori alpini o appenninici, dove la natura svolge un ruolo determinante. Mentre le paste molli necessitano di seguire la catena del freddo, per non deteriorare rapidamente, i formaggi a pasta semidura e dura sono solitamente appartenenti alla classificazione delle medie e lunghe stagionature. La maturazione di questi formaggi può avvenire a temperature piuttosto alte, 10-15 °C, che spesso corrispondono a quelle dei siti naturali di stagionatura, come cantine e grotte. Storicamente i formaggi a pasta semidura, ovvero quelli che hanno un contenuto d'acqua che varia dal 35 al 45%, necessitano di una stagionatura relativamente breve, di almeno 30 giorni, per essere conservati anche fino a 180. In questi casi si abbracciano alcune delle classi di stagionatura che vanno dalla breve alla lunga.

Mentre i formaggi a pasta semidura sono fatti prevalentemente a latte intero, i formaggi a pasta dura possono essere trasformati anche con latte semigrasso, proprio come nei secoli passati, quando uno degli alimenti più interessanti e ricercati era il burro, la cui produzione avveniva in seguito dalla scrematura per affioramento. Questo aspetto è ancora oggi tradizionale, in particolare per la produzione di alcuni formaggi, soprattutto di tecnologia alpina.

La distinzione fra i formaggi a pasta semidura e quelli a pasta dura è quasi sempre nella fase di cottura della cagliata, che avviene come sorta di semicottura per i primi e di cottura più spinta per i secondi. La fase di cottura della cagliata è quindi molto incisiva per mantenere nella pasta più o meno umidità, e proprio per questo fattore si può parlare di tempi di stagionatura. In Italia i formaggi a pasta semidura si possono definire "da tavola" perché, per le loro caratteristiche, sono spesso oggetto di abbinamento ad altri alimenti, quelli più frequentemente consumati. Quando mai nel frigorifero di casa manca un formaggio avente le caratteristiche delle paste semidure? Sono formaggi che dal punto di vista commerciale hanno una grande importanza per il loro largo consumo e per l'appetibilità. Oggi si tende a trasformare i formaggi a pasta semidura affinché possano essere consumati dopo breve stagionatura, anche meno di un mese, ma le loro migliori caratteristiche organolettiche sono apprezzabili sicuramente dopo alcuni mesi, naturalmente in relazione alla tipologia di formaggio. Si parla quindi di formaggi "facili da mangiare", a volte piuttosto banali purtroppo e, se non lo indica la tradizione o un disciplinare, fatti da latte pastorizzato proprio come la maggior parte dei formaggi a pasta molle. Molti formaggi di questo tipo sono invece il frutto di trasformazioni da latte crudo d'alpeggio di vacche, pecore e capre che godono di un'alimentazione naturale allo stato brado. Sono in particolare i formaggi pecorini del Centro Italia o i vaccini delle Alpi a rappresentare in modo significativo e specifico la migliore qualità della trasformazione casearia. Spesso questi formaggi raggiungono l'eccellenza proprio perché le tecniche di produzione sono mantenute nei secoli e migliorate dalla sempre maggiore preparazione culturale del casaro.

Dal punto di vista tecnologico, oltre che per la tecnica di cottura della cagliata e per il taglio della stessa in modo piuttosto spinto, questi formaggi si differenziano dalle altre tecnologie per l'utilizzo di lattoinnesto e di sieroinnesto. Questo genere di acidificazione del latte, che influisce in modo deciso anche sulla maturazione del formaggio, provvede a determinare formaggi tipici, autoctoni dalle sensazioni aromatiche anche molto intense e certo non banali. Sono gli innesti naturali, evidentemente, a concedere alla trasformazione del latte la flora microbica del territorio in cui viene originato il latte e di conseguenza il formaggio.

Altro fattore di genuinità e di tipicità deriva dall'aspetto, che definiamo autoctono per eccellenza, degli ambienti di stagionatura. Spesso in montagna i formaggi vengono lasciati maturare e anche stagionare in locali naturali come le grotte, il cui tenore di umidità e il grado di temperatura sono costanti durante l'intero arco dell'anno solare.

Questi ambienti, carichi di microflora, consentono una lenta trasformazione chimica e fisica del formaggio, garantendo una stagionatura che porta a eccellenti caratteristiche organolettiche. Una menzione particolare va ai formaggi a pasta dura solitamente a pasta cotta, che devono essere consumati dopo lunga o lunghissima stagionatura. Fra questi i formaggi a pasta granulosa, che proprio a causa della loro tecnologia possono rappresentare il meglio dell'arte casearia mondiale. Esistono anche formaggi particolarmente longevi, come il Bitto, che spesso menziono perché ritengo possa essere altamente rappresentativo della categoria dei formaggi d'alpeggio, a pasta grassa e che proprio per il fatto di essere trasformato dal latte intero può essere considerato un simbolo della natura che concede al formaggio caratteristiche decisamente interessanti.

Sia i formaggi a pasta semidura che quelli a pasta dura sono contraddistinguibili dalla loro crosta che, se non è stata oggetto di lavaggi (Fontina, Puzzone di Moena ecc.) è sempre semidura o dura. Questa tipologia di crosta, definita anche passiva in quanto non partecipa direttamente alla maturazione del formaggio come nel caso delle croste fiorite o lavate, per esempio il Taleggio, ne è la protezione e determina le condizioni di scambio dell'acqua per osmosi e dei gas per capillarità. Un buon formaggio a pasta semidura o dura deve sempre avere una crosta sottile con sottocrosta sottile. Spesso il sottocrosta, o unghia, permette al casaro di identificare difetti osmotici del formaggio o caratteristiche che segnalano l'inadeguatezza dell'ambiente di maturazione.

Aspetti tecnici

In Italia, una delle condizioni determinanti che può concedere l'eccellenza ai formaggi è l'utilizzo del latte crudo. Questa condizione segue dettami legislativi che impongono il consumo del prodotto dopo 60 giorni dalla trasformazione del latte, a meno che non vi sia la regolamentazione determinata da un disciplinare di produzione o la certificazione, in deroga dalla normativa, rilasciata dalle ASL. Per quanto riguarda le tipologie relative alla pasta semidura e dura, la fase di maturazione, determinata dal tempo di stagionatura e naturalmente dall'ambiente, è importante per tipicizzare il formaggio.

Vuole la tradizione, o la buona tecnica, che per fare queste tipologie di formaggi vengano spesso utilizzati innesti naturali come il lattoinnesto, solitamente per le paste semidura, o il sieroinnesto, solitamente per le paste dure. Questi indispensabili coadiuvanti determineranno, soprattutto nella fase di maturazione, quelle caratteristiche organolettiche che nemmeno potremmo ipotizzare se utilizzassimo gli innesti selezionati. È quindi auspicabile l'utilizzo dei fermenti naturali, soprattutto nel caso in cui il casaro non abbia ancora provveduto a ciò. L'utilizzo dei fermenti naturali caratterizza ovviamente il formaggio ma anche il caseificio, e soprattutto il territorio dal quale proviene il latte.

Non possiamo parlare, se non in modo generale, delle fasi di acidificazione del latte perché spesso, soprattutto per le paste dure, la coagulazione è acido-presamica ma altrettanto spesso prevalentemente presamica, come accade per i tanti pecorini del Centro-Sud.

Per quanto riguarda la fase di innesto dei fermenti lattici, qualora naturali, sono a corredo di un'attenta preparazione che porta a vantaggi anche tecnologici, vuoi per la rapidità con cui i batteri producono acidità e vuoi per il fatto che subito dopo l'innesto possa avvenire l'immediato inserimento del caglio. Qualora per la produzione di questi formaggi si utilizzassero fermenti selezionati, sarebbe auspicabile che la coagulazione fosse presamica.

In ogni caso, in seguito all'innesto dei fermenti, la successiva coagulazione deve avvenire allo scopo di ottenere una cagliata ben formata che, in relazione al formaggio che si intende produrre, è sempre diversa. Per questo non è scontato stabilire, per quanto riguarda il coagulo, gli aspetti tecnici, soprattutto se ci si riferisce alle cagliate provenienti dai latti di pecora e di bufala.

Comunque sia, è bene premettere che, mentre per i formaggi a pasta molle i latti di vacca, pecora, bufala e capra sono tutti idonei, per le paste semidure e dure bisogna fare un'attenta valutazione. Ciò in funzione sia delle caratteristiche chimico-fisiche sia per la loro capacità di maturare correttamente, a volte per molti mesi.

Per quanto riguarda i formaggi pecorini la maturazione non deve protrarsi eccessivamente in quanto, per le caratteristiche chimiche e fisiche del latte determinate dalle elevate componenti proteiche e lipidiche, ne potrebbero scaturire gravi difetti. In Italia vige un'abitudine consolidata da generazioni che vede soprattutto il pastore a coagulare il latte ovino senza utilizzare i fermenti lattici, lasciando ai microrganismi originari le funzioni fermentative. È appurato che l'azione fermentativa dei batteri originari è lenta e, spesso, il pH nella pasta caseosa non scende ai valori indispensabili per contrastare i batteri anticaseari. Anche nel settore pastorale sarebbe quindi auspicabile che il casaro si avvalesse dell'inoculo di fermenti naturali, magari il lattoinnesto o, nel caso specifico dei formaggi a pasta dura, la scottainnesto.

Un altro aspetto che oggi viene poco considerato o meglio viene erroneamente considerato, soprattutto per i formaggi a pasta semidura sia da latte vaccino sia da latte ovino, è quello della maturazione, che si pensa possa perdurare a lungo.

Per questo importante aspetto è auspicabile che le fasi della trasformazione delle paste semidure siano distintive di questi formaggi, anche nell'ottica di ottenere quelle caratteristiche organolettiche capaci di esprimere le specifiche componenti del latte, soprattutto nel caso che il prodotto sia il derivato di latte d'alpeggio o pascolo.

Pare banale ciò che ho appena affermato ma una delle capacità del casaro è proprio quella di individuare, dal punto di vista sensoriale, il giusto momento per terminare la maturazione del formaggio. Questo vale anche per le paste dure, spesso irragionevolmente portate ad anni e anni di stagionatura.

La durata della stagionatura è spesso determinata dalla tradizione che evince da uno specifico territorio e va da sé che al Nord sia considerata lunga qualora superi i 12 mesi mentre al Centro e al Sud, solo 4 o 5 mesi. È vero però che questo modo di considerare la stagionatura può essere influenzato dal desiderio del casaro di offrire al consumatore un formaggio importante, magari di punta del caseificio. In realtà tale desiderio può essere mitigato qualora vi sia una buona conoscenza del latte che si lavora e dalla consapevolezza che non sempre il formaggio molto stagionato può presentare un'elevata qualità. Quindi, mentre per un latte di vacca è plausibile anche una lunga stagionatura, per i latti di bufala e capra non è proprio ammissibile. Sono consapevole che queste affermazioni possono riscontrare il diniego di alcuni, ma le caratteristiche chimiche e fisiche di questi latti non sono opinabili, così come non lo sono quelle organolettiche.

Il tempo di stagionatura è quindi un aspetto non trascurabile che andrebbe valutato dal casaro assieme a un esperto, esterno al caseificio di produzione. Un tecnico in grado di assaggiare il formaggio e di valutare attentamente sia le caratteristiche organolettiche positive, sia i difetti.

Per quanto riguarda il latte bufalino è l'elevato contenuto di caseine e di grassi a influenzare fortemente le fasi della trasformazione e ovviamente ne definisce le caratteristiche del formaggio. Basti pensare con quanta forza e rapidità tale latte reagisce al caglio, e la sineresi delle forme sul banco spesso rallentata, per comprendere alcuni degli aspetti che sto trattando. Se si prende in considerazione il latte caprino, si intraprende un ragionamento più immediato. Infatti, le caratteristiche di alcuni componenti del latte, come le caseine, capaci di determinare la "delicatezza" di questo latte e la sua proverbiale "leggerezza", vanno a influire sulla tipologia dei formaggi ottenibili. Se è quindi vero che questo è un latte "delicato", è conseguente il fatto che si adatti a una trasformazione delicata, rispettosa delle caratteristiche intrinseche. Se queste brevi considerazioni non sono sufficienti a comprendere che le paste semidure e dure di capra non sono proprio idonee al latte utilizzato, si possono fare altre considerazioni, quali l'aspetto del formaggio. La pasta del formaggio caprino ha la caratteristica di essere bianca, ciò comporta, anche per il profano, un netto riconoscimento di questa tipologia di formaggi.

Qualora la pasta del formaggio tenda a pigmentare verso il grigio o il verdognolo, le cause possono essere riscontrate sia nell'alimentazione delle capre, sia in una prolungata stagionatura che, oltre a sminuire le caratteristiche del latte originario, può essere appunto causa di difetti importanti.

Il casaro valuti attentamente la tipologia di formaggio caprino da realizzare, anche nel contesto territoriale.

Un ulteriore aspetto che riguarda le paste semidure e dure, provenienti da qualsiasi specie di latte, è l'ambiente di stagionatura, che come per ogni altra tipologia di formaggio è determinante. Uno dei difetti che spesso si osservano particolarmente nelle paste semidure è la formazione dell'unghia, il sottocrosta, piuttosto spesso, di colore molto più scuro della pasta del formaggio. Solitamente un buon sottocrosta deve raggiungere lo spessore massimo di 4-5 millimetri e il suo colore deve essere lievemente più scuro della pasta del formaggio, quasi ne fosse una sfumatura. La formazione della crosta e del sottocrosta possono essere influenzati dalla stufatura delle forme e dalla salatura, e naturalmente dalle condizioni ambientali del locale preposto alla maturazione del formaggio. Ambienti inidonei possono implementare l'effetto osmotico, la trasudazione e l'irrigidimento della crosta, spesso a causa di un'errata ventilazione. Il casaro deve quindi poter controllare questi aspetti, soprattutto nel caso che le forme di formaggio siano di piccole dimensioni. Un sottocrosta di spessore elevato è comunque un difetto, a volte grave.

Ogni formaggio deve poter contare sulla corretta forma, pezzatura e peso. Per questo, nelle schede che seguono, sono indicati i simboli delle fuscelle o delle fascere utili a dare forma e dimensione al formaggio.

Legenda

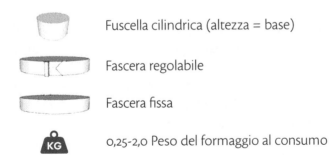

Fuscella cilindrica (altezza = base)

Fascera regolabile

Fascera fissa

0,25-2,0 Peso del formaggio al consumo

Foto n. 1 Cottura della cagliata per formaggio a pasta dura (p. 174, pasta cotta).

Foto n. 2 Formaggio a latte crudo con occhiatura, a pasta semidura d'alpeggio (Tabella 8 a p. 221).

Foto n. 3 Formaggio a latte crudo a pasta chiusa, semidura pressata (p. 184).

Pasta semidura (tecnologia alpina)

L'associazione tecnologica tra pasta semicotta e pasta semidura è una prerogativa specifica dei formaggi vaccini, solitamente trasformati sulle Alpi o Prealpi. In particolare per le paste semidure la tecnica di produzione è antica, sin da quando il burro era una risorsa importante, in quanto molto ricercato e utilizzato per esigenze nutrizionali legate all'assunzione di alimenti energetici, oltre che per motivi organolettici. L'esigenza di sostenersi nel clima freddo delle Alpi era a vantaggio di un'alimentazione grassa, e proprio il burro era il principale attore. Oggi che il burro è molto meno utilizzato rispetto a soli pochi decenni fa, pur essendo stato rivalutato recentemente, i formaggi che derivano dalla semicottura sono pressoché a latte intero, ovvero grassi. In certi luoghi delle Alpi peraltro il latte vaccino è miscelato con piccole dosi di caprino, quando sugli alpeggi le due specie animali convivono. La tecnologia indicata nella scheda che segue non prevede la pressatura della pasta. È indicata anche per il latte di pecora, eventualmente misto con latte di vacca.

È una pasta semidura, quindi con contenuto di acqua pari al 35-45% e la tecnica è basata sulle azioni meccaniche che il casaro effettua durante la trasformazione, ma soprattutto sugli effetti acidimetrici apportati dai batteri lattici, in particolare durante la fase di spurgo sul banco spersore. Tali effetti devono poter consentire uno spurgo regolare, continuo, mai troppo rapido.

Nella miscela di batteri lattici composta da *Streptococcus thermophilus* e *Lactobacillus bulgaricus* deve prevalere il primo, grazie alla sua moderata capacità di acidificare. Si deve prediligere quindi miscele di batteri prevalentemente termofili eventualmente miste con batteri mesofili, per i quali è preferibile scegliere fermenti non aromatizzanti perché capaci di produrre diacetile.

Infatti, la formazione di composti capaci di produrre odore e aroma di burro in un formaggio da latte misto vacca-capra non dev'essere a carico di batteri selezionati.

In fase di taglio della cagliata è opportuno tenere in considerazione che la semicottura ridurrà le dimensioni dei grumi e che la dimensione ottimale dei grumi stessi, al termine dell'asciugatura in caldaia, è quella di un chicco di mais/nocciola. Al termine della semicottura o dell'agitazione fuori fuoco, il casaro, con la prova tattile (utilizzando la mano o le dita) deve decidere quale sia il momento opportuno per far sì che la cagliata si depositi sul fondo della caldaia. Questa fase è di estrema importanza in quanto la pasta si consolida fino al momento in cui può essere tagliata ed estratta a blocchi, delle dimensioni idonee a riempire le fascere o le fuscelle.

La pezzatura preferibile per questi formaggi è di 6-9 chilogrammi, con scalzo variabile tra gli 8 e i 10 centimetri. È quindi avvantaggiato l'uso delle fascere piuttosto che delle fuscelle.

Il primo rivoltamento delle forme va effettuato a circa 20 minuti dall'estrazione, ma se la pasta risultasse piuttosto asciutta è meglio anticipare per dare modo alla faccia superiore di chiudere correttamente. La non chiusura della pasta può determinare un difetto se non si presta attenzione alle forme in questa delicata fase, durante la quale è bene vengano ricoperte con telo di nylon oppure mantenendole in cassoni di stufatura senza forzare la temperatura, anche qualora in caseificio non si raggiunga la temperatura ambientale di 20 °C.

Il pH del formaggio deve scendere lentamente, e la cagliata deve gocciolare fino al pH desiderato. È preferibile effettuare la salatura in salamoia a 15-16 °Bé o, qualora le forme risultino inferiori ai 5 chilogrammi, è possibile salare a secco per un tempo variabile in funzione del peso del formaggio. È preferibile inoltre mantenere i formaggi in maturazione all'interno di celle o ambienti naturali, mai ventilati, dove la temperatura è di 10-12 °C.

PASTA SEMIDURA (tecnologia alpina)	Categorie del formaggio	KG 6-9
Formaggio a pasta semidura tipicamente da latte vaccino oppure misto con capra, max 10-15%. Tempo minimo di stagionatura 45 giorni. Il sapore è dolce o leggermente acido, con aromi lattici di burro fresco o cotto se la stagionatura supera i 60 giorni. Aromi anche vegetali di fieno e, dopo 60-70 giorni, anche di frutta secca (nocciola).	• Origine • Trattamento del latte • Coagulazione • Temperatura di lavorazione • Contenuto d'acqua • Contenuto di grasso • Tempo di stagionatura	latte di vacca o misto capra crudo presamica pasta semicotta pasta semidura grasso media stagionatura

Latte	Crudo **vaccino o misto con capra**
Coadiuvanti	**Batteri:** lattoinnesto max 12-14 °SH/50 (T-incubazione 45 °C) inoculo diretto con fermenti selezionati *Streptococcus s. termophilus* e *Lactobacillus d. subsp. Lactis* in proporzioni variabili
	Caglio: liquido di vitello 1:10.000 chimosina/pepsina 80/20

Tecnologia

- Latte con acidità 3,2-3,75 °SH/50, in caldaia alla temperatura di 34-36 °C.
- Inoculo di lattoinnesto, al massimo l'1%. Oppure inoculo fermenti selezionati e dopo 2' di agitazione lasciare la miscela in sosta per circa 30'.
- Incremento acidità della miscela: 0,1-0,2 °SH/50.
- Aggiunta del caglio, 35 ml/hl a temperatura di 34-36 °C con successiva agitazione per 1'.
- Il coagulo dev'essere pronto al taglio in circa 25-30' dei quali 12-13 di presa.
- Primo taglio della cagliata con spada a dimensioni di cm 8x8 e successivo rivoltamento della parte superficiale con spannarola.
- Sosta di circa 5'.
- Secondo taglio della cagliata con lira o spino a dimensione di nocciola.
- Semicottura della cagliata sotto agitazione fino a 42-44 °C.
- Se necessario effettuare agitazione fuori fuoco fino a una buona asciugatura del grumo.
- Riposo della massa per permettere alla pasta di depositarsi sul fondo della caldaia.
- Sosta per 20' dopo di che effettuare pressatura manuale o con l'utilizzo di cilindro di acciaio forato.
- Sosta di altri 10' prima dell'estrazione; siero, a termine sosta, 2,00-2,20 °SH/50.
- Estrazione della pasta a blocchi tagliati direttamente in caldaia, previa estrazione parziale del siero.
- Posizionamento dei blocchi di pasta in fascere fisse e copertura delle forme con telo di nylon.
- Primo rivoltamento dopo 20'.
- Secondo rivoltamento dopo 90'.
- Togliere il telo dopo 4 ore.
- Altri rivoltamenti, se necessari, fino a pH 5,30-5,20 della pasta e lasciare a temperatura ambiente per 12 ore.

Note: la salatura deve avvenire a forma raffreddata in soluzione di salamoia a 15-16 °Bé.

Pasta semidura pressata

La pressatura è un'azione meccanica che rappresenta una fase tecnologica specifica dei formaggi a pasta semicotta o meglio cotta, per i quali è necessario uno spurgo regolare e a volte intenso.

Il formaggio pressato per antonomasia è quello la cui cagliata, una volta estratta e posta sul banco o nelle fuscelle, viene rotta nuovamente (per definizione, "frugata"), e per il suo riassemblaggio necessita della pressatura. La cagliata deve tornare coesa, spesso chiusa, come per il Castelmagno DOP, ma altrettanto spesso aperta e in questo caso, nel formaggio, vi saranno occhiature e aperture meccaniche, proprio come avviene per l'Asiago DOP a latte intero.

La pressatura è una fase tecnologica importante anche per altri formaggi, come il Montasio DOP, anche se spesso ci si dimentica di classificarli come pressati.

A volte leggera e a volte pesante, la pressatura deve essere progettata insieme alle altre fasi tecnologiche della trasformazione. Non è quindi una fase isolata o facoltativa.

Non si può definire pressatura qualora il peso posto sulle forme risulti in rapporto =< 1/1 con il peso del formaggio. Quindi, il carico che si pone sul formaggio deve superare questo rapporto, tanto che in alcuni casi è di 1/7-8 kg.

La scheda tecnica che segue prevede idonee fasi della trasformazione che portano alla pressatura, tra le quali la selezione dei batteri lattici e la semicottura della pasta. Per quanto riguarda l'innesto dei batteri lattici è preferibile l'utilizzo di lattoinnesto, che assicura l'azione acidificante capace di contrastare i batteri anticaseari, e che sarà di sicuro apporto alle caratteristiche organolettiche al formaggio. Come alternativa al lattoinnesto è possibile utilizzare fermenti termofili starter che inizieranno la loro azione acidificante una volta estratta la cagliata dalla caldaia.

Una delle più importanti fasi di questa trasformazione è il riscaldamento della cagliata, intesa come semicottura, che deve avvenire con lentezza, ovvero con l'innalzamento di 1 °C ogni 2 minuti. Durante la fase di riscaldamento della cagliata, il casaro deve tenere sotto controllo la consistenza e la dimensione dei grumi. Grumi che, dalla dimensione ottenuta dal taglio a chicco di mais, devono ridursi alle dimensioni di cece/chicco di grano. Nonostante si suggerisca di innalzare la temperatura di semicottura a 43-45 °C, non è possibile stabilire tale temperatura con assoluta precisione. È compito del casaro, in funzione del latte che utilizza, della consistenza della cagliata e del grado di idratazione che intende dare alla cagliata, definire l'idonea temperatura massima di semicottura. Una volta avvenuta la semicottura ed eventualmente l'agitazione fuori fuoco, la pasta deve poter scendere sul fondo della caldaia. A questo punto è a discrezione del casaro decidere se raccoglierla dopo pochi minuti, o attendere la sua compattazione e raccoglierla successivamente a blocchi. La raccolta immediata è comunque auspicabile in quanto la pressatura chiuderà al meglio la pasta così come migliore sarà la formatura. Immediatamente dopo l'estrazione, avviene la prima pressatura con rapporto di 1/3 kg. Successivamente, la seconda pressatura (e le eventuali successive) sarà più intensa con rapporto di 1/4 kg. La pressatura impone alle forme di essere racchiuse tra la fascera e le tavole che comprimono il formaggio, situazione che determina un ottimale mantenimento della temperatura. Questa situazione va tenuta sotto controllo soprattutto nei periodi in cui la temperatura del caseificio supera i 20 °C in quanto, in funzione della durata della pressatura, può avvenire un'accelerazione delle fermentazioni. In questo caso la sineresi può essere compromessa e soprattutto può causare un abbassamento incontrollabile del pH.

A seguito della pressatura le forme possono essere lasciate in sosta sul banco spersore, magari ricoperte con un telo umido, fino al mattino successivo.

PASTA SEMIDURA PRESSATA	**Categorie del formaggio**	KG 3-5	
Formaggio a pasta semidura o dura da latte vaccino. Tempo minimo di stagionatura 60 giorni. Il sapore è dolce o con aromi lattici di burro uso. Aromi vegetali di fieno e dopo 60-70 giorni anche di frutta secca e leggermente di animale. La pasta del formaggio è abbastanza elastica con poca o nulla occhiatura di piccole o medie dimensioni irregolarmente distribuita.	• Origine • Trattamento del latte • Coagulazione • Temperatura di lavorazione • Contenuto d'acqua • Contenuto di grasso • Tempo di stagionatura	latte di vacca crudo presamica pasta semicotta pasta semidura o dura grasso media/lunga stagionatura	

Latte	Crudo o pastorizzato **vaccino**	
Coadiuvanti	**Batteri:** lattoinnesto 9-11 °SH/50 (incubazione 44 °C) o diretto con fermenti selezionati *Streptococcus s. termophilus* e *Lactobacillus d. subsp. bulgaricus* in miscela e in proporzioni variabili	
	Caglio: liquido di vitello 1:10.000	chimosina/pepsina 80/20

Tecnologia

- Latte con acidità 3,4-3,7 °SH/50, in caldaia alla temperatura di 34-35 °C.
- Inoculo lattoinnesto 11-14 °SH/50 max 1% o di fermenti selezionati con lenta agitazione per circa 30'.
- Incremento acidità della miscela: 0,1 °SH/50.
- Aggiunta del caglio, 35 ml/hl a temperatura di 34-35 °C con successiva agitazione per 1'.
- Il coagulo dev'essere pronto al taglio in circa 25-30' dei quali 12 di presa.
- Primo taglio della cagliata con spada.
- Sosta di circa 5'.
- Secondo taglio della cagliata con spino a dimensione di mais.
- Inizio semicottura fino a temperatura di 43-45 °C in circa 20' (1° ogni 2').
- Se necessario agitazione lenta fuori fuoco.
- Sosta della massa per permettere alla pasta di depositarsi sul fondo della caldaia.
- Estrazione con telo.
- Posizionamento pasta all'interno di fascere regolabili.
- Prima pressatura per circa 30' (può anche avvenire con pesi) 3 kg/kg di formaggio.
- Rivoltamento delle forme con ritelatura e pressatura per circa 2 ore a 3-4 kg/kg di formaggio.
- Eliminazione del telo e sosta delle forma in caseificio a temperatura ambiente per 12 ore.
- Salatura in salamoia a 15 °Bé.
- Maturazione in ambiente, possibilmente naturale, per 60 giorni alla temperatura di 10-13 °C e UR 85%.

Note: il siero residuo della lavorazione dev'essere a 2,0 °SH/50.

Pasta dura semigrassa

Solitamente, sul settore alpino, lo scopo della scrematura è quello di recuperare il grasso per farne burro, che può essere utilizzato anche aggiungendolo al siero per fare la ricotta. Il grasso in affioramento porta con sé anche una parte di batteri sporigeni che, se così non fosse, potrebbero causare difetti anche gravi al formaggio. È una sorta di pulizia che consente, conseguentemente a una corretta trasformazione del latte, una lunga stagionatura al formaggio.

Questa tipologia di formaggio è in antitesi con molti formaggi d'alpe che al contrario sono prodotti con il latte intero, i grassi d'alpe, come la Fontina DOP e il Bitto DOP. In Valle d'Aosta viene prodotto, in ogni periodo dell'anno, il Valle d'Aosta Fromadzo Dop, formaggio a pasta semigrassa in antitesi alla Fontina già citata.

A parte alcuni formaggi come il Monte Veronese DOP d'Allevo, idoneo a una lunga stagionatura, sull'arco alpino vengono solitamente prodotti formaggi a pasta semidura, la cui maturazione avviene con una media stagionatura.

Ma allora, per produrre formaggi a pasta dura è meglio utilizzare il latte intero o il latte parzialmente scremato? È indubbiamente una scelta del casaro, ma per stagionature che superano i 24 mesi è certamente consigliabile il latte parzialmente scremato. In questi casi l'effetto lipolitico è limitato alla minore quantità di grasso.

Utilizzando anche latte caprino, esso va aggiunto al vaccino direttamente in caldaia in quantità non superiori al 10%.

Trattandosi di tecnica alpina, le fermentazioni sono preferibilmente affidate al lattoinnesto termofilo, la cui incubazione sia avvenuta alle temperature preferenziali degli streptococchi. Qualora il casaro intenda utilizzare fermenti selezionati, e vista la molteplice gamma di batteri lattici in commercio, è indispensabile che il ceppo sopra menzionato sia utilizzabile per le paste dure. Lo *Streptococcus thermophilus* è un blando acidificante e per questo la sua azione è idonea a uno spurgo lento ma capace di influire molto positivamente sullo spurgo del formaggio. Nel migliore dei casi è bene utilizzare lattoinnesto. Il caglio da utilizzare dev'essere a basso contenuto di pepsina, possibilmente in polvere, con titolo non superiore a 1:100.000.

La cagliata deve poter essere tagliata dopo circa 25 minuti dall'inserimento del caglio, quando la consistenza del coagulo risulta morbida. Il taglio della cagliata può essere effettuato in due momenti, il primo con la spada grossolanamente e il secondo con lo spino fino a raggiungere le dimensioni di chicco di riso. Qualora la consistenza della cagliata lo permetta, è fattibile anche un unico taglio con lo spino, anche in questo caso fino alle dimensioni di chicco si riso.

Il successivo innalzamento della temperatura dev'essere abbastanza rapido e la temperatura massima va stabilita dal casaro in funzione della capacità di spurgo della cagliata. Non è necessario superare la temperatura indicata nella scheda tecnologica, anzi, è preferibile effettuare agitazione fuori fuoco per raggiungere l'ideale idratazione dei grumi di cagliata.

L'idratazione dei chicchi di riso influenza il risultato finale: una pasta troppo asciutta non ha un'ottimale coesione durante la formatura mentre una pasta troppo morbida trattiene acqua, che può determinare un'accelerazione dei tempi di acidificazione con conseguente modifica dei tempi di maturazione del formaggio. In fase di estrazione il casaro deve prelevare la giusta quantità di cagliata per ogni forma evitando di aggiungere porzioni di cagliata alle forme già sul banco, per evitare la formazione di fessurazioni o segni che possano portare a infiltrazioni di muffe e acari.

PASTA DURA SEMIGRASSA	Categorie del formaggio	KG 3-7
Formaggio a pasta dura di lunga stagionatura, almeno 8 mesi fino a tre anni. Sapore dolce, aroma di lattico cotto, vegetale e floreale, fruttato e animale, abbastanza o molto intensi a seconda della durata della stagionatura. La pasta è dura con occhiatura rada di piccole o medie dimensioni distribuita in modo irregolare.	• Origine • Trattamento del latte • Coagulazione • Temperatura di lavorazione • Contenuto d'acqua • Contenuto di grasso • Tempo di stagionatura	latte di vacca o misto capra crudo presamica pasta cotta pasta dura semigrasso lunga stagionatura

Latte	Crudo **vaccino o misto con capra** max 10-15%	
Coadiuvanti	**Batteri:** lattoinnesto o inoculo diretto con fermenti selezionati *Streptococcus s. termophilus*	
	Caglio: in polvere di vitello 1:110.000	chimosina/pepsina 98/2

Tecnologia

- Latte della mungitura serale scremato miscelato con il latte della mungitura mattutina.
- Latte con acidità 3,5-3,75 °SH/50, in caldaia alla temperatura di 32-34 °C.
- Inoculo lattoinnesto 9-11 °SH/50 max 1%, o fermenti selezionati in sosta per circa 30'.
- Incremento acidità della miscela: nullo o 0,1 °SH/50.
- Aggiunta del caglio, 3 g/hl, a temperatura di 32-34 °C con successiva agitazione per 1'.
- Il coagulo dev'essere pronto al taglio in circa 25-30' dei quali 12-13 di presa.
- Taglio della cagliata con lo spino fino alle dimensioni di chicco di riso.
- Riscaldamento della massa fino a 46-47 °C in circa 15'.
- Agitazione fuori fuoco, se necessaria, fino a grumo ben asciutto.
- Riposo della massa per permettere alla pasta di depositarsi sul fondo della caldaia.
- Sosta per 20' dopo di che effettuare pressatura manuale o con l'utilizzo di cilindro di acciaio forato.
- Sosta di altri 10' prima dell'estrazione; siero, a termine sosta, 2,00 °SH/50.
- Estrazione della pasta a blocchi tagliati direttamente in caldaia, previa estrazione parziale del siero.
- Posizionamento dei blocchi di pasta in fascere fisse e copertura delle forme con telo di nylon.
- Primo rivoltamento dopo 30'.
- Secondo rivoltamento dopo 2 ore.
- Togliere il telo dopo 4-5 ore.
- Altri rivoltamenti, se necessari, fino a pH 5,30-5,20 della pasta e lasciare a temperatura ambiente per 12 ore.

Note: la salatura deve avvenire a forma raffreddata in soluzione di salamoia a 15-16 °Bé.

Caciotta caprina termofila

È uno dei caprini maggiormente apprezzati, che rientra nella tipologia delle paste molli/semidure, ovvero a contenuto di acqua variabile tra il 40 e il 45%. È un formaggio che può essere assimilato al caprino (Caprino PAT) pugliese, prodotto nel leccese. Il formaggio deve essere riconoscibile per alcune caratteristiche tipologiche. La pasta deve essere di colore bianco, senza alcuna sfumatura, in modo da identificare il latte di origine. Essa può subire modifiche di colore, tendenti all'avorio, solo nel caso che la maturazione venga prolungata.

Mentre il Caprino PAT è considerato a pasta morbida che indurisce con la stagionatura, il formaggio descritto nella scheda tecnologica che segue è a pasta molle e non deve subire lunga stagionatura, in quanto il suo contenuto di acqua non lo consente.

Il formaggio può essere prodotto a latte sia crudo sia pastorizzato, e in ambedue i casi inoculato con fermenti termofili selezionati.

Se si utilizza il latte crudo si otterrà una pasta morbida, compatta con presenza di occhiatura distribuita in modo irregolare, di piccole-medie dimensioni e di forma irregolare. Qualora invece si utilizzi latte pastorizzato la pasta sarà comunque morbida ma chiusa, senza occhiature oppure rade, di forma irregolare.

Dal punto di vista organolettico, i sentori del formaggio a latte crudo saranno ovviamente più interessanti con prevalenza di aromi lattici, vegetali, di frutta secca, tostati e naturalmente ircini.

Dal punto di vista tecnologico, mentre per il Caprino PAT la rottura della cagliata viene effettuata alle dimensioni di cece, per questo formaggio va effettuata a nocciola, in modo che, a seguito di una delicata agitazione, possa ridursi in modo quasi impercettibile. L'agitazione deve terminare quando il siero raggiunge la corretta acidità nominale.

La stufatura deve essere effettuata senza forzare la temperatura, quindi risulterà piuttosto lunga. Durante questa fase bisogna fare attenzione che lo spurgo della cagliata avvenga regolarmente e che termini al raggiungimento del pH progettato.

La salatura va effettuata preferibilmente a secco, e in due fasi, oppure in salamoia, ma sempre il mattino successivo alla trasformazione, quando le forme si sono raffreddate, e previo controllo del pH per verificare che non sia avvenuta post-acidificazione. Il pH delle forme ormai fredde deve risultare uguale a quello rilevato al termine stufatura o di pochissimo inferiore.

In caso di post-acidificazione è necessario fare un esame analitico delle diverse fasi della trasformazione, verificando i diversi passaggi con la curva di acidificazione.

Per grandi quantità è possibile salare il latte dopo circa 20 minuti dall'inoculo dei fermenti lattici, nella consapevolezza che tale tecnica può modificare i tempi di acidificazione in tutte le fasi della trasformazione. Per chi ipotizzi quindi la salatura nel latte è bene prevedere l'inoculo di lattofermento, in grado di incrementare l'acidità con maggiore rapidità.

La produzione di questo formaggio non è di particolare difficoltà, basta effettuare le operazioni di controllo acidimetrico durante le diverse fasi, anche successivamente alla stufatura.

Uno dei difetti che spesso è riscontrabile in questo formaggio è relativo all'unghia, o sottocrosta. L'unghia troppo spessa, grossa e di colore scuro, può essere causata da una salatura errata, magari in forme che non hanno raffreddato correttamente, oppure da una maturazione troppo rapida, o effettuata in cella ventilata. La crosta del formaggio deve essere elastica, morbida e asciutta, mai screpolata o fessurata, di colore paglierino, eventualmente con muffette bianche.

CACIOTTA CAPRINA TERMOFILA	**Categorie del formaggio**	KG 0,8-1,5
Formaggio a pasta molle/semidura di media pezzatura con crosta sottile. La pasta è compatta e morbida, con o senza occhiatura. Sentori lattici di latte bollito, vegetale fresco e anche cotto appena pronunciato e ircino di bassa intensità. Sapore dolce.	• Origine • Trattamento del latte • Coagulazione • Temperatura di lavorazione • Contenuto d'acqua • Contenuto di grasso • Tempo di stagionatura	latte di capra crudo/pastorizzato acido-presamica pasta cruda pasta semidura grasso fresco

Latte	**Caprino** crudo o pastorizzato	
Coadiuvanti	**Batteri:** *Streptococcus s. termophilus* e *Lactobacillus d. subsp. bulgaricus* in miscela. Inoculo diretto	
	Caglio: liquido di vitello 1:10.000 - IMCU 110	chimosina/pepsina 75/25 o 80/20

Tecnologia

- Latte con acidità 2,8-3,3 °SH/50, in caldaia alla temperatura di 40 °C.
- Inoculo fermenti selezionati e sosta, nel latte pastorizzato, fino a incremento di acidità pari a 0,05 pH. Nel latte crudo attendere incremento di acidità pari a 0,05-0,08 pH.
- Dopo 20' facoltativa salatura del latte, 600-700 gr/hl.
- Latte alla temperatura di 38-39 °C.
- Caglio 40-45 ml/hl.
- Agitazione lenta per almeno 2'.
- Coagulazione in 25-30'.
- Primo taglio con lira dedicata 5x5x5.
- Sosta per 5-10'.
- Secondo taglio fino a dimensione di nocciola.
- Agitazione delicata fino a 2,3-2,5 °SH/50.
- Termine agitazione ed estrazione rapida, manuale o meccanica, senza eliminazione anche parziale del siero.
- Stufatura non forzata fino a pH 5,20-5,10.
- In cella a 4-5 °C fino al mattino dopo.
- Salatura a secco in cella su una faccia per 12 ore e successivamente sulla seconda faccia per altre 12 ore oppure in salamoia a 16-18 °C.
- Mattino successivo controllo del pH (non deve scendere ulteriormente).

Note: la maturazione avviene in 45-60 giorni per i formaggi a latte crudo e in 60 per quelli a latte pastorizzato.

Pasta semidura a fermentazione mesofila

Questo è un formaggio che si contraddistingue per alcuni fattori legati alla tecnica di produzione. Infatti, nonostante vengano utilizzati fermenti selezionati mesofili, la lavorazione avviene a temperatura termofila.

La scelta dei batteri mesofili da utilizzare è molto importante. È preferibile utilizzare miscele di omofermentanti piuttosto che eterofermentanti, aromatizzanti, che non influiscono particolarmente sulle caratteristiche organolettiche del formaggio.

È comunque una scelta del casaro in funzione delle caratteristiche intrinseche del latte da utilizzare. La mancata fermentazione alla temperatura termofila comporta una coagulazione presamica e la temperatura di inserimento del caglio è piuttosto elevata. Per consentire un ottimale coagulo il latte deve poter essere di buona acidità, con un pH compreso tra 6,55 e 6,70 e un'acidità nominale non inferiore a 3,8 °SH/50. Per quanto riguarda l'ottenimento di una buona coagulazione è preferibile utilizzare un caglio il cui titolo è di 1:10.000-IMCU 110. La dose media da inserire nel latte è di 40 ml/hl. Una prova interessante che il casaro può programmare è l'utilizzo di un caglio a elevata percentuale di pepsina, magari 40% oppure 50%, prevedendo, però, per un'ottimale coagulazione, un aumento della quantità (ml/hl) da inserire nel latte. Se si opta per questa soluzione, per evitare residui di acqua nella pasta del formaggio che accelererebbero gli effetti proteolitici (già più rapidi per l'uso di questo tipo di caglio) è opportuno, in seguito alla rottura del coagulo e dopo il secondo taglio, asciugare bene la cagliata, magari prolungando l'agitazione.

La temperatura di coagulazione è di utilità per la formazione del coagulo, ma si evince che i batteri lattici mesofili inizieranno la loro attività nel momento che tale temperatura si sia abbassata, e ciò avverrà in modo naturale, anche in funzione della temperatura ambientale del caseificio. Il raggiungimento della temperatura mesofila avverrà nel momento in cui la pasta caseosa, dopo le operazioni di taglio e di agitazione, sarà lasciata depositare sul fondo della cagliata. A quel punto è bene attendere che il siero acidifichi fino a 2,3-2,5 °SH/50. A quel punto la cagliata può essere estratta. Successivamente all'estrazione, in fase di formatura non è necessario pressare il formaggio, nemmeno con le mani, ma è determinante mantenere la temperatura di stufatura tra 28 e 30 °C.

La fermentazione procederà inizialmente con lentezza, poi con sempre maggiore rapidità. È opportuno effettuare controlli continui per accertarsi che la velocità di acidificazione non sia troppo spinta e lo spurgo delle forme troppo rapido. La curva di acificazione, correttamente compilata, aiuta molto per le verifiche appena citate. Per rallentare la fermentazione è possibile abbassare la temperatura, evitando di mantenerla costante nel cassone di stufatura, lasciando quindi che si abbassi in modo naturale, ricordando che fino a 24-25 °C i batteri mesofili lavorano in modo ottimale.

Al termine della stufatura, al pH desiderato, le forme devono essere raffreddate il più rapidamente possibile, in cella statica alla temperatura di 4 °C.

Trattandosi di acidificazione mesofila, il blocco della fermentazione è molto importante, soprattutto per evitare che possa protrarsi in cella e asciugare troppo il formaggio.

Il mattino successivo alla trasformazione, e a formaggio freddo la cui pasta non deve essere a temperatura superiore ai 12-15 °C, è possibile effettuare la salatura. Per questo formaggio è preferibile la salatura in salamoia, la cui temperatura è di 15 °C. Qualora in caseificio non si utilizzi la salamoia, è possibile salare a secco in cella a temperatura variabile tra 8-10 °C.

PASTA SEMIDURA A FERMENTAZIONE MESOFILA	Categorie del formaggio	KG 2,0-5,0
Formaggio a pasta semidura di media pezzatura con crosta sottile di colore paglierino o paglierino carico. La pasta è morbida con occhiatura rada di piccole o medie dimensioni. Sentori lattici di latte cotto o di burro, vegetale fresco e di nocciola. Sentori animali di bassa intensità. Sapore dolce.	• Origine • Trattamento del latte • Coagulazione • Temperatura di lavorazione • Contenuto d'acqua • Contenuto di grasso • Tempo di stagionatura	latte di vacca pastorizzato/crudo presamica pasta cruda pasta semidura grasso breve/media stagionatura

Latte	Crudo **vaccino**	
Coadiuvanti	**Batteri:** Miscela di batteri mesofili omofermentanti	
	Caglio: liquido di vitello o di agnello 1:10.000-IMCU 110	chimosina/pepsina 80/20

Tecnologia

- Latte con acidità 3,6-4,0 °SH/50, in caldaia alla temperatura di 40 °C.
- Inoculo fermenti selezionati e sosta di 30-40' (a questa temperatura non avverrà incremento di acidità).
- Caglio 35-40 ml/hl o se in pasta di maggiore titolo verificare la possibilità di utilizzare 30-35 g
- Agitazione lenta per almeno 2'.
- Coagulazione in 35-40'.
- Primo taglio alle dimensioni di 10x10 ed eventuale rivoltamento della parte superficiale della cagliata con il piatto.
- Sosta di 20'.
- Secondo taglio fino a dimensione di nocciola.
- Agitazione della cagliata fino al raggiungimento di acidità del siero 2,3-2,5 °SH/50.
- Deposito della pasta sul fondo della caldaia o estrazione immediata.
- Estrazione di parte del siero qualora si intenda depositare la pasta sul fondo, fino al limite della pasta.
- Primo rivoltamento dopo 10-15'.
- Stufatura fino a pH 5,20-5,10.
- Almeno altri 3 rivoltamenti durante la stufatura.
- In cella a 4-5 °C fino al mattino successivo.
- Salatura in salamoia a 16-18 °Bé.

Note: il proseguo della maturazione può essere effettuato alla temperatura massima di 9-12 °C.

Capra a pasta semidura

Come ho già ampiamente scritto, il latte di capra dev'essere lavorato accuratamente, operando con delicatezza in ogni fase della trasformazione. Nel caso si intenda produrre formaggio a pasta semidura è meglio evitare la semicottura, così come l'estrazione rapida dalla caldaia. Una delle motivazioni che consente di evitare la semicottura è quella di utilizzare fermenti lattici, la cui azione acidificante sia di aiuto per un ottimale spurgo della cagliata sul banco spersore, e che possa terminare al raggiungimento del pH desiderato.

L'ottenimento della giusta consistenza della cagliata è molto importante. Essa non deve risultare particolarmente dura ma in grado di aprirsi facilmente senza presentare slabbrature.

Il primo taglio della cagliata può essere effettuato con la lira dedicata alle dimensioni di centimetri 6x6x6, oppure con la spada, solo in senso verticale, alle dimensioni di 8x8. Tale scelta è da valutare in funzione dell'attitudine allo spurgo della cagliata.

Al primo taglio segue una sosta, in attesa che il siero incominci a fuoriuscire dalla maglia caseinica. Qualora, in seguito al primo taglio, la cagliata spurghi troppo rapidamente, è bene anticipare il secondo taglio, tenendo sotto osservazione l'acidità nominale.

Il secondo taglio va effettuato, sempre con delicatezza, fino a ottenere grumi delle dimensioni di un chicco di mais. Segue l'agitazione lenta, delicata, in attesa che il chicco di mais sia protetto da una pellicina e raggiunga la corretta acidità nominale. L'agitazione della massa deve consente una minima riduzione delle dimensioni del grumo, in modo che non si asciughi eccessivamente.

Queste fasi della trasformazione sono importanti affinché la pasta del formaggio non si secchi e quindi rimanga morbida. Nei formaggi a latte crudo la pasta deve risultare compatta, mai rigida, dura o secca, con la presenza di occhiatura distribuita in modo regolare, di piccole dimensioni e di forma irregolare.

Nell'ottica che il formaggio di capra non dovrebbe mai avere un contenuto di acqua inferiore al 40%, il formaggio descritto nella scheda è idoneo a una breve/media stagionatura, ed è consigliato non tagliare la cagliata alle dimensioni inferiori a un chicco di mais. Qualora si intendesse produrre caprini a pasta dura si suggerisce la gessatura della pasta, che la rende friabile e solubile, condizioni ottimale per formaggi originati da questo latte. Gli aspetti organolettici, in particolare quelli derivanti da formaggi a latte caprino, sono spesso influenzati dal territorio nel quale i formaggi vengono prodotti.

A volte sono a pasta molle, a volte a pasta dura, spesso i preferiti dai consumatori, ma il produttore che desidera che il proprio formaggio sia l'espressione del latte originario può avvalersi di tecniche che non snaturino il latte stesso.

Nel caso dei piccoli caseifici o caseifici aziendali, il rapporto diretto con i consumatori permette di presentare i prodotti anche ai più esigenti, spiegando le motivazioni che hanno portato alla produzione del formaggio.

CAPRA A PASTA SEMIDURA	**Categorie del formaggio**	**KG** 1,0-2,0
Formaggio a pasta semidura di media pezzatura con crosta sottile di colore paglierino. La pasta è morbida, con occhiatura rada di piccole dimensioni. Sentori lattici di latte cotto o, raramente, di burro, vegetale fresco e di nocciola. Aroma ircino di bassa/media intensità in relazione alla razza caprina. Sapore dolce.	• Origine • Trattamento del latte • Coagulazione • Temperatura di lavorazione • Contenuto d'acqua • Contenuto di grasso • Tempo di stagionatura	latte di capra crudo presamica pasta cruda pasta semidura grasso breve/media stagionatura

Latte	Crudo **caprino**
Coadiuvanti	**Batteri**: (facoltativo ma consigliato) *Streptococcus s. termophilus* e *Lactobacillus d. subsp. bulgaricus* in miscela. Inoculo diretto con fermenti selezionati oppure yogurt aziendale
	Caglio: liquido di vitello o in pasta di agnello chimosina/pepsina 80/20

Tecnologia

- Latte con acidità 3,0-3,5 °SH/50, in caldaia alla temperatura di 38-40 °C.
- Inoculo fermenti selezionati e sosta di 30-40' (non necessita di incremento di acidità o di 0,01-0,02 pH) oppure yogurt in dosi non superiori all'1% (verificare incremento di acidità).
- Portare il latte alla temperatura di 34-35 °C.
- Caglio 30-40 ml/hl o se in pasta 25-35 g.
- Agitazione lenta per almeno 1'.
- Coagulazione in 25-35'.
- Primo taglio con lira dedicata 6x6x6 ed eventuale rivoltamento della parte superficiale della cagliata con il piatto.
- Sosta di 10-20' fino ad acidità del siero 2,2-2,3 °SH/50.
- Secondo taglio fino a dimensione di nocciola.
- Sosta fino al raggiungimento di acidità del siero 2,4-2,5 °SH/50.
- Agitazione delicata fino alla formazione di pellicina e al raggiungimento della dimensione di un chicco di mais.
- Deposito della pasta sul fondo della caldaia.
- Estrazione di parte del siero pari al 25% del totale.
- Estrazione manuale o meccanica in fuscelle possibilmente a spigolo arrotondato (smussato).
- Stufatura fino a pH 5,30-5,25.
- In cella a 5-8 °C fino al mattino dopo.
- Salatura a secco in cella su una faccia per 12 ore e successivamente sulla seconda faccia per altre 12 ore oppure in salamoia a 18 °Bé.

Note: il proseguo della maturazione può essere effettuato alla temperatura massima di 8-10 °C per non accelerare le fasi proteolitiche e lipolitiche della pasta.

Capra media stagionatura

La semidura di capra va intesa come una pasta che possa determinare una buona solubilità e sentori di natura organolettica capaci di ricordare il latte di provenienza. Una delle più importanti caratteristiche di questo formaggio è il colore della pasta, che deve essere bianco come il latte. La perdita di questa caratteristica indica che in fase di trasformazione si sono commessi errori, o troppo riscaldamento o spurgo insufficiente di siero. Anche una prolungata maturazione denatura la pasta, con il rischio di irrancidimento ossidativo che porta a evidenti conseguenze.

L'utilizzo di scottainnesto va a migliorare tutte le fasi della trasformazione e naturalmente il risultato finale nel formaggio, ma tale innesto va tenuto sotto controllo per il rischio di accelerare le fermentazioni a discapito della completa sineresi sul banco spersore. Il casaro può essere più tranquillo se utilizza fermenti selezionati, ma a discapito del gusto del formaggio.

La coagulazione con caglio di capretto deve portare a una cagliata piuttosto morbida, a volte con la presenza di un velo superficiale, ma già al primo taglio deve poter spurgare piuttosto rapidamente. Il secondo taglio va effettuato con delicatezza ma con decisione in modo che il coagulo venga portato alle dimensioni di chicco di mais abbastanza rapidamente, per poi iniziare l'agitazione meccanica o manuale con la rotella.

Segue il riscaldamento molto lento, che deve poter elevare la temperatura di 1 °C ogni 3 minuti. Questa fase è molto importante perché va a preservare la delicatezza del latte originario e la cagliata, ma soprattutto va a spurgare in modo continuo e regolare il coagulo.

Le fasi successive al riscaldamento, che dev'essere controllato continuamente tastando con le dita i grumi in agitazione, sono piuttosto elementari, come l'estrazione, meccanica o manuale, che dev'essere molto rapida alternando il riempimento delle fuscelle.

Una volta estratta, la pasta va delicatamente pressata sia su una faccia sia sull'altra dopo il primo rivoltamento. Si provvede poi alla stufatura che deve consentire, lentamente, alla pasta il raggiungimento del pH desiderato.

In seguito alla maturazione, la pasta di questo formaggio può concedere notevoli note organolettiche, anche se gessata, ovvero prolungando la fermentazione oltre la soglia di 4,7 pH.

La temperatura di maturazione è determinante, non deve essere inferiore a 10 °C, e l'umidità ambientale tra 80 e 85%. Qualora si decidesse di ottenere il formaggio a pasta gessata, è sconsigliato provvedere alla cappatura del formaggio, come previsto dalla sceda tecnica, con olio o olio e aceto.

CAPRA MEDIA STAGIONATURA	**Categorie del formaggio**	**KG** 1,5-3,0
Formaggio a pasta semidura a cagliata lievemente riscaldata. Formaggio termofilo con bassa sensazione di piccantezza. La pasta è bianca senza occhiature o di piccolissima dimensione, di forma irregolare con distribuzione uniforme. Sapore dolce e aromi di medio-bassa intensità.	• Origine • Trattamento del latte • Coagulazione • Temperatura di lavorazione • Contenuto d'acqua • Contenuto di grasso • Tempo di stagionatura	latte di capra pastorizzato/crudo presamico-acida pasta cruda pasta semidura grasso media stagionatura

Latte	Capra
Coadiuvanti	**Batteri/muffe:** *Streptococcus s.Termophilus in miscela* con *Lactobacillus d. subsp. Bulgaricus* o scottainnesto a pH 4,40
	Caglio: liquido in pasta di capretto 1:12.000-14.000 - IMCU 150 chimosina/pepsina 75/25

Tecnologia

- Latte di capra preferibilmente pastorizzato ma anche crudo.
- Inoculo fermenti selezionati (latte pastorizzato). Inoculo scottainnesto (latte crudo).
- 2' di agitazione.
- Sosta per 30-40' per i fermenti selezionati o incremento di acidità pari a 0,1-0,2 °SH/50 se inoculo di scottainnesto.
- Inserimento del caglio, 30-35 gr/hl a temperatura di 36-37 °C. Agitazione per 2'.
- Coagulo pronto al taglio in 25-30'.
- Taglio della cagliata con spada 8x8.
- Sosta fino a copioso spurgo del siero.
- Secondo taglio a chicco di mais.
- Agitazione per 3-5'.
- Inizio riscaldamento, 1 °C ogni 3' fino a 38-40 °C.
- Controllo della consistenza della cagliata con eventuale lenta agitazione fuori fuoco.
- Sosta per deposito sotto siero della cagliata, durata 10'.
- Estrazione meccanica o manuale nelle fuscelle.
- Delicata pressatura negli stampi e successivo primo rivoltamento.
- Delicata pressatura sulla seconda faccia.
- Stufatura per circa 2 ore al raggiungimento di 5,5 pH.
- Forme in sosta fino al raggiungimento di 5,25-5,20 pH.
- Forma in cella a 5-8 °C.
- Salatura a secco sulla prima faccia e dopo 18 ore sulla seconda.
- Maturazione in cella a 10-12 °C.
- Rivoltamento giornaliero delle forme per 10 giorni, poi ogni 3 giorni.
- Dopo 35-40 giorni, lieve trattamento superficiale delle forme con olio extravergine di oliva.

Note: il trattamento superficiale delle forme in maturazione può essere effettuato anche miscelando l'olio extravergine di oliva con pari quantità di aceto di vino, possibilmente bianco.

Pecorino semistagionato

A seconda del territorio in cui vengono fatti i formaggi la semistagionatura viene intesa come un tempo variabile tra i 2 e i 6 mesi. Ma i formaggi che maturano in 2 mesi non possono essere lasciati in stagionatura fino ai 6. È quindi indispensabile che il casaro progetti la tecnica di produzione con il preciso scopo di giungere alla commercializzazione del formaggio in coincidenza della sua giusta maturazione.

Questo formaggio spesso viene fatto senza alcun innesto.

Il casaro non può seguire una precisa regola di trasformazione, perché non è a conoscenza delle caratteristiche fisiche, chimiche e batteriologiche del latte che lavora. I risultati quindi sono fortemente condizionati dalla carica batterica sempre diversa.

È assodato che il latte ovino, ma anche il latte di altre specie, qualora non venga inoculato con fermenti lattici, porti a forti variabilità nel formaggio, in concomitanza dei cambi di alimentazione degli animali e della stagionalità.

L'utilizzo di batteri lattici è quindi utilissimo e, nel caso del presente formaggio, è auspicabile che vengano utilizzati fermenti naturali come il lattoinnesto.

In considerazione del fatto che con il latte ovino è piuttosto complicato ottenere un buon lattoinnesto, si suggerisce di produrlo con latte vaccino, la cui riuscita è più scontata.

Ciò non significa che non si possa utilizzare latte di pecora, si consideri però che la termizzazione, nel caso di elevata carica batterica, può portare a effetti fermentativi indesiderati. Inoltre, l'elevato contenuto di grasso nel latte va a inibire o rallentare le fermentazioni a discapito di una buona composizione batterica dell'innesto naturale che si intende ottenere e utilizzare. È quindi preferibile optare per una scrematura anche parziale del latte.

Il lattoinnesto, anche se prodotto da latte vaccino o tuttalpiù caprino, non influisce sulle caratteristiche organolettico del pecorino semistagionato. Tale coltura batterica porta esclusivamente un beneficio alle fermentazioni, indispensabili ai fini tecnologici e all'ottenimento degli effetti proteolitici.

È bene utilizzare caglio di vitello, che non concede aromi e sapori particolari, soprattutto se a basso contenuto di pepsina.

Se si intende ottenere aromi e sapori più marcati, è comunque possibile utilizzare caglio in pasta di agnello.

Per il pecorino semistagionato, la tecnica di produzione è piuttosto semplice e segue le azioni che tradizionalmente vengono effettuate dal pastore.

Tra le diverse fasi è da segnalare la semicottura a bassa temperatura, come previsto dalla scheda, che influisce sulla sineresi della pasta in caldaia, ma soprattutto va a condizionare l'azione fermentativa dei batteri lattici termofili, che continuerà in seguito all'estrazione della pasta, portando un corretto spurgo sul banco spersore.

Una volta estratta la pasta dalla caldaia, va valutata l'opportunità di effettuare la stufatura, che può essere evitata qualora la curva acidimetrica non sia eccessivamente lunga, ma che diventa importante in relazione alla temperatura ambientale del caseificio.

Al raggiungimento del pH desiderato il formaggio va lasciato raffreddare lentamente e se la temperatura del caseificio non supera i 15-18 °C è preferibile lasciare le forme sul tavolo spersore, anche per tutta la notte, magari coprendole con teli di cotone o lino inumiditi.

PECORINO SEMISTAGIONATO	**Categorie del formaggio**	**KG** 1,5-3,0
Formaggio che necessita di una stagionatura di almeno 90 giorni. La crosta è dura, di colore paglierino tendente al marrone con la stagionatura. La pasta è dura, tendente al friabile, di colore avorio o paglierino, con occhiatura molto fine e molto diffusa, regolarmente distribuita. Il sapore è dolce con note piccanti in funzione del tipo di caglio che si utilizza. L'aroma è di latte cotto, vegetale, floreale e animale.	• Origine • Trattamento del latte • Coagulazione • Temperatura di lavorazione • Contenuto d'acqua • Contenuto di grasso • Tempo di stagionatura	latte di pecora crudo presamica pasta cruda o semicotta pasta semidura grasso media o lunga stagionatura

Latte	Crudo di **pecora**	
Coadiuvanti	Batteri: lattoinnesto vaccino acidità 12-14 °SH/50 (incubazione 44 °C)	
	Caglio: liquido di vitello 1:10.000 in pasta di agnello	chimosina/pepsina 80/20

Tecnologia

- Latte di buona qualità 4,3-4,6 °SH/50 con carica batterica non > 300.000, riscaldato alla temperatura di 34-36 °C.
- Inoculo lattoinnesto 1-1,5% con incremento miscela di 0,1 °SH/50.
- Aggiunta del caglio liquido di vitello, 20 ml/hl o caglio in pasta 15-20 g/hl.
- Agitazione per 2'.
- Il coagulo dev'essere pronto al taglio in circa 20-25'.
- Primo taglio della cagliata con spada in modo grossolano 15×15.
- Sosta max 5' (controllare la consistenza della cagliata, se è il caso procedere subito al secondo taglio).
- Secondo taglio della cagliata con spino, o attrezzo tipico, alla dimensione di chicco di mais o cece.
- Riscaldamento della massa fino a 40-42 °C (1 °C ogni minuto).
- Se necessario effettuare agitazione fuori fuoco per alcuni minuti.
- Sosta della massa per permettere alla pasta di depositarsi sul fondo della caldaia.
- Rassodamento con leggera pressione anche manuale della pasta sotto il siero.
- Estrazione della pasta a blocchi in fuscelle (siero 2,6-2,8 °SH/50).
- Non operare alcuna pressione della pasta nelle fuscelle.
- Stufatura fino a pH della pasta 5,10.
- In sosta a temperatura ambiente per 3 ore.
- Raffreddamento naturale delle forme o meglio in cella statica a 6-8 °C.
- Salatura a secco, tempo in funzione delle dimensioni del formaggio.

Pecorino stagionato

Appurato che la produzione del pecorino avviene in luoghi ben diversi tra loro e con tecniche che spesso ricordano il passato, le caratteristiche organolettiche di questo formaggio sono sempre diverse. In effetti, in Italia non c'è un pecorino uguale all'altro, anche se prodotti in località dove vi è significativa presenza di greggi. Le variabili che portano a tale condizione sono davvero tante: la razza delle pecore, il metodo di stabulazione, i luoghi di pascolo, il sistema di mungitura e naturalmente la mano del casaro. Anche all'interno di un territorio dove è stata istituita un'associazione di produttori o un consorzio, pur seguendo le fasi dettate da un disciplinare di produzione, le caratteristiche organolettiche dei formaggi risulteranno sempre diversificate.

È proprio il caso di dire che la biodiversità presente nel Paese è degnamente rappresentata dal prodotto "formaggio".

Anche a causa della biodiversità, o meglio delle condizioni ambientali, del foraggio assunto dagli animali e delle strutture dove vengono posti i formaggi a maturare, spesso il latte ovino non consente di produrre formaggi da stagionare a lungo.

La scheda che segue, pur specificando che sarebbe meglio non prolungare troppo la maturazione di un formaggio a latte ovino, è comunque specifica di un pecorino di lunga stagionatura.

A causa di un'eccessiva maturazione, gli effetti proteolitici e soprattutto lipolitici specifici del latte ovino portano a difetti anche gravi, irreversibili, come l'irrancidimento ossidativo, il rammollimento e lo sbancamento della pasta. Il casaro deve quindi valutare bene le azioni dettate dalla scheda tecnica e soprattutto provare e valutare, durante la maturazione, le caratteristiche organolettiche del formaggio.

Seguendo la tradizione, soprattutto del Centro, il pecorino veniva fatto a ogni mungitura e alla temperatura del latte alla fuoriuscita della mammella dell'animale. Si trattava quindi di temperatura mesofila, così come lo definisce la scheda che suggerisce, infatti, l'uso di fermenti mesofili.

In considerazione del fatto che i batteri lattici eterofermentanti sono, per definizione, aromatizzanti, è bene scegliere batteri lattici omofermentanti, in modo da preservare le caratteristiche del latte originario e ottenere formaggi che identificano il latte originario.

È frequente infatti l'uso di batteri produttori di aromi anche per le produzioni con latte crudo. I batteri aromatizzanti sono spesso produttori di diacetile il quale, si sa, conduce all'odore e all'aroma di burro. Utilizzando latte crudo è quindi impensabile l'utilizzo di batteri eterofermentanti che possono banalizzare il prodotto finito, a discapito delle caratteristiche organolettiche che potrebbero rendere molto interessante il formaggio. La percezione di un elevato sentore di burro in un pecorino a latte crudo induce a pensare che il casaro non abbia personalizzato il suo prodotto e, al contrario, lo abbia viziato, togliendo le caratteristiche autoctone del formaggio.

Qualora il casaro non intenda utilizzare innesti naturali o selezionati, deve poter contare su un latte originario sano, di ottimali caratteristiche microbiologiche e, per questo, controllato frequentemente. Le cellule somatiche devono necessariamente risultare basse, meglio se inferiori a 500.000, e il casaro deve comunque controllare il pH e titolare il latte.

Inoltre, qualora non siano stati inoculati batteri lattici, è meglio evitare la stufatura in quanto non è possibile conoscere quali siano i batteri che possono innescare le fermentazioni. In questo caso si suggerisce di effettuare una pressatura manuale delle forme prima di lasciarle spurgare sul tavolo spersore.

È bene ricordare, in particolare relazione a questa tecnica, di non salare mai le forme ancora calde, ma attendere il loro raffreddamento, almeno non prima che la pasta abbia raggiunto i 15 °C.

PECORINO STAGIONATO	**Categorie del formaggio**	🪣 KG 1,5-3,0
Formaggio che necessita di una stagionatura di almeno 120 giorni. La crosta è dura, di colore paglierino scuro o marrone. La pasta è dura, friabile, di colore paglierino chiaro con occhiatura fine abbastanza diffusa, regolarmente distribuita. Il sapore è dolce con sensazione di piccantezza. L'aroma è di latte cotto, vegetale, fieno e animale.	• Origine • Trattamento del latte • Coagulazione • Temperatura di lavorazione • Contenuto d'acqua • Contenuto di grasso • Tempo di stagionatura	latte di pecora crudo presamica pasta cotta pasta dura grasso media o lunga stagionatura

Latte	Crudo di **pecora**	
Coadiuvanti	**Batteri:** solitamente non si usano innesti; qualora si intendesse utilizzare uno starter è consigliabile una miscela di batteri omofermentanti mesofili	
	Caglio: in polvere 1:80.000-100.000 in pasta di agnello o di capretto	chimosina/pepsina 98/2

Tecnologia

- Latte di buona qualità con carica batterica non >300.000 alla temperatura di 32-34 °C.
- Eventuale inoculo fermenti selezionati e dopo 2' di agitazione lasciare la miscela in sosta per circa 30'.
- Aggiunta del caglio in polvere di vitello, 2-4 gr/hl o caglio in pasta 20-25 g/hl.
- Agitazione per 2'.
- Il coagulo dev'essere pronto al taglio in circa 20-40'.
- Taglio della cagliata con spino, o attrezzo tipico, alla dimensione di chicco di riso.
- Riscaldamento lento della massa fino a 45-47 °C (1 °C ogni 1,5-20').
- Se necessario effettuare agitazione fuori fuoco per alcuni minuti.
- Sosta della massa per permettere alla pasta di depositarsi sul fondo della caldaia.
- Rassodamento con leggera pressione manuale della pasta sotto il siero.
- Estrazione della pasta a blocchi in fuscelle.
- Leggera pressione manuale della pasta nelle fuscelle (facoltativa).
- Stufatura prolungata 12-24 ore (se si sono utilizzati fermenti starter la stufatura è più breve, controllo pH 5,25-5,10).
- Raffreddamento naturale delle forme.
- Salatura a secco, tempo in funzione delle dimensioni del formaggio.

Note: è bene evitare la pressatura manuale nelle fuscelle, a meno che la normale stufatura non consenta uno spurgo regolare.

Pecorino stagionato termofilo

Per formaggi termofili si intendono i derivati delle fermentazioni di batteri che si duplicano alle temperature tra i 36 e, a volte, i 40 °C e anche oltre.

Nel caso specifico del pecorino termofilo, l'intendimento è quello di avviare le fermentazioni nel latte crudo, capaci di contrastare i microrganismi mesofili, spesso anticaseari, utilizzando una coltura batterica naturale, la scottainnesto.

La scotta è il residuo della produzione della ricotta, che risulta in seguito al forte riscaldamento del siero. Nonostante le temperature che il siero deve raggiungere per ottenere l'affioramento della ricotta, tra gli 80 e i 90 °C, nella scotta rimangono vitali alcuni microrganismi che si definiscono termoresistenti o termodurici. I termodurici, solitamente lattobacilli e streptococchi, sono in grado di sopravvivere e di duplicarsi in quanto nella scotta vi sono residui di lattosio o di monosaccaridi, sali minerali e altri componenti essenziali. La loro azione fermentativa è importante e a volte portano ad acidificazioni molto spinte.

La scelta di utilizzare la scottainnesto per acidificare il latte ovino è molto significativa. Innanzitutto la scottainnesto porta ad acidificare immediatamente il latte crudo, e concede un'ottimale fermentazione alla pasta in fase di spurgo sul tavolo spersore. I microrganismi presenti sono spesso proteolitici e quindi influiscono sulla maturazione del formaggio rendendolo davvero autoctono.

Come già specificato nel capitolo apposito, la scottainnesto è il risultato di incubazione a lento raffreddamento o a raffreddamento rapido. Il suo utilizzo è prevalentemente termofilo poiché i microrganismi mesofili non sopravvivono alle alte temperature.

La scottainnesto idonea per questo formaggio deve poter raggiungere acidità di 4,5-4,2 pH e la quantità da utilizzare va testata in modo che l'acidità della pasta del formaggio scenda al pH desiderato in 5 o 6 ore.

Per iniziare a ottenere la scottainnesto è necessario, la prima volta, trasformare il latte crudo senza alcun inoculo, dopo di che si provvede volta per volta alla sua replicazione.

Tenendo presente che la dose di scottainnesto non deve rendere troppo acido il latte, si provvede a coagulazione presamico-acida con l'immediato inserimento del caglio.

La cagliata deve risultare morbida, non deve indurire dopo il taglio ma lasciare al casaro la possibilità di essere lavorata in caldaia, sia durante la fase di riscaldamento della cagliata rotta, sia durante l'agitazione fuori fuoco.

Le seguenti fasi della trasformazione sono piuttosto semplici e seguono un'antica metodologia.

Durante i primi giorni dopo la trasformazione, è opportuno misurare il pH della pasta caseosa, in cella di maturazione per verificare che non avvenga post-acidificazione.

PECORINO STAGIONATO TERMOFILO	Categorie del formaggio	KG 2,0-5,0
Formaggio da stagionare in 150 giorni. La crosta è dura di colore paglierino scuro o marrone. La pasta è dura e può diventare friabile, di colore grigio-verdognolo, senza occhiature o rare. Il sapore è dolce. L'aroma è di latte cotto, vegetale, fieno, speziato e animale.	• Origine • Trattamento del latte • Coagulazione • Temperatura di lavorazione • Contenuto d'acqua • Contenuto di grasso • Tempo di stagionatura	latte di pecora crudo presamico-acida pasta semicotta pasta dura grasso media o lunga stagionatura

Latte	Crudo di **pecora**	
Coadiuvanti	Batteri: Scottainnesto a pH 4,5-4,2	
	Caglio: In polvere 1:80.000-100.000 In polvere di vitello chimosina/pepsina 98/2 o in pasta di agnello 80/20	

Tecnologia

- Latte alla temperatura di 34-36 °C.
- Inoculo con scottainnesto solitamente non oltre l'1% del latte in caldaia. Sviluppo acidimetrico 0,0-0,2 °SH/50.
- Aggiunta del caglio in polvere, 2-4 gr/hl o caglio in pasta 20-25 gr/hl.
- Agitazione per 1'.
- Il coagulo dev'essere pronto al taglio in circa 20-25'.
- Taglio della cagliata con spino, o attrezzo tipico, alla dimensione di chicco di riso.
- Riscaldamento lento della massa fino a 42-44 °C.
- Se necessario effettuare agitazione fuori fuoco per alcuni minuti.
- Sosta della massa per permettere alla pasta di depositarsi sul fondo della caldaia.
- Rassodamento con leggera pressione manuale della pasta sotto il siero.
- Estrazione della pasta a blocchi in canestri.
- Eventuale leggera pressione manuale della pasta nelle fuscelle.
- Fino a pH 5,30-5,20.
- Raffreddamento naturale delle forme.
- Salatura a secco, o in salamoia.

Note: cerificare l'andamento acidimetrico redigendo la curva di acidificazione, poiché la scottainnesto può rendere molto rapida questa fase.

Formaggi a crosta lavata, fiorita ed erborinati

Un tempo, quando i formaggi venivano posti a stagionare nelle cantine, nelle grotte o in altro tipo di ambiente naturale, la formazione di muffe era spontanea, avveniva cioè senza l'intervento dell'uomo. Il formaggio con la muffa era considerato, dal punto di vista qualitativo, un prodotto molto appetibile, e non si valutavano ancora le problematiche che invece le muffe possono provocare. Ma con l'avvento della microbiologia si sono scoperte le caratteristiche positive e negative delle muffe, soprattutto se sviluppate su prodotti alimentari come il formaggio. In verità, le muffe non sono mai del tutto sicure, bisogna conoscerle, e le forme poste in cantina, dove le ife possono contaminare sia l'ambiente che il formaggio, devono essere tenute pulite. È anche vero che le muffe aiutano la maturazione del formaggio, mantenendo umida la superficie esterna, la crosta e, nel caso di muffe adatte alla caseificazione, anche la pasta.

Se non si considera il fattore tradizionale, che vede in primis alcuni formaggi come il Roquefort francese, che ha dato il nome al famoso penicillium, viene da chiedersi perché il casaro decida di proporre alla propria clientela formaggi ammuffiti, erborinati. Innanzi tutto l'erborinatura naturale esiste ancora, oltre che per il famoso formaggio francese, per formaggi italiani come il Castelmagno DOP, lo Strachitunt DOP e per altri formaggi soprattutto del Nord italiano. La flora batterica autoctona e le muffe che appartengono alla famiglia degli eucarioti sono presenti in ogni territorio ma con diversità che sono causate dal clima, dalla vegetazione, dal tenore di umidità e da ogni altro fattore ambientale. Vi sono zone dove l'umidità aiuta molto la crescita e la diffusione delle muffe e altre, asciutte, dove la muffa difficilmente riesce a proliferare.

I migliori ambienti per la proliferazione e per il controllo delle muffe sono quelli naturali, come le grotte o le cantine, dove il casaro depone le forme di formaggio e lascia che la natura faccia il suo corso. Ma esistono anche ambienti artificiali dove l'umidità e la temperatura sono prestabilite, nei quali è facilmente controllabile ogni situazione che tende a far crescere batteri e penicillium. Se pensiamo al Gorgonzola DOP, il formaggio erborinato italiano per eccellenza, la sua maturazione e stagionatura avvengono in ambienti in cui l'uomo deve controllare rigorosamente l'andamento della crescita della muffa.

Questo importante formaggio italiano è classificabile nella categoria dei formaggi erborinati nei quali le muffe vengono inoculate affinché il loro sviluppo avvenga in modo indotto. Il casaro che intende proporre un formaggio erborinato deve quindi conoscere le muffe adatte da inoculare nel latte e disporre dell'ambiente idoneo per la maturazione. Di conseguenza, il casaro che inizia la produzione di formaggi per i quali è necessario inoculare muffe dev'essere consapevole che aggiungere alla propria produzione formaggi a pasta erborinata o a crosta fiorita è un rischio. I penicillium infatti potrebbero inquinare anche la produzione tradizionale, per la quale le muffe sono un grave difetto.

Ma allora perché produrre formaggi erborinati o a crosta fiorita? Perché la clientela li richiede o perché, semplicemente, sono buoni? Una domanda annulla l'altra perché la risposta è una sola, i formaggi con le muffe piacciono e il casaro impara volentieri questa tecnica perché dà tanta soddisfazione.

Quasi sempre in caseificio il primo approccio con le muffe avviene per la trasformazione del latte in formaggi a crosta fiorita, perché si pensa che la loro tecnologia sia di più facile attuazione. Ciò è vero, tecnicamente sono formaggi facili da fare e tutto sommato non richiedono l'utilizzo di particolari attrezzature, anche se è necessario stabilire una cella di maturazione apposita.

Ciò su cui invece non si riflette sufficientemente è che il *Penicillium candidum*, la bella muffetta bianca, prolifera con estrema facilità provocando un inquinamento spesso difficile da eliminare. Inoltre, è di estrema delicatezza, una volta cresciuto sulla crosta del formaggio, altre muffe possono prendere il sopravvento e macchiare il bel velluto bianco. Attenzione quindi, prima di iniziare la produzione di croste fiorite è bene fare tutte le considerazioni del caso. È anche vero che nel caseificio dove si produce solo pasta molle le problematiche legate al *Penicillium* sono decisamente inferiori. Una caciotta che assuma una crosta bianchiccia non è certo da gettare.

Per quanto riguarda l'utilizzo di *Penicillium roqueforti*, il discorso diventa molto più serio. I caseifici che producono erborinati, con l'inoculo di muffe, solitamente producono solo quelli e non si spingono a fare altri formaggi o latticini. Questa muffa è particolarmente attiva e molto inquinante ed è nettamente sconsigliato produrre formaggi di natura diversa da quella erborinata, soprattutto se si tratta di pasta molle. La tecnologia delle paste erborinate, che siano a pasta molle o a pasta dura, è piuttosto difficile e

A sinistra erborinato di capra. Utilizzo di lieviti.
A destra erborinato di capra. Utilizzo *Leuconstoc m.*

richiede un'attrezzatura particolare anche per tenere sotto stretta osservazione l'azione batterica molto spinta e di conseguenza l'incremento acidimetrico in tutte le fasi della trasformazione. Le schede che seguono sono molto tecniche e specifiche e devono essere seguite alla lettera, in particolare per quanto riguarda gli aspetti acidimetrici, le fermentazioni.

Una tecnica diversa, che può essere applicata senza che si determinino particolari problematiche, è quella delle croste lavate, definite anche croste attive, per la presenza di batteri e muffe estremamente vitali. Per la produzione di formaggi a crosta lavata non è necessario l'inoculo di particolari batteri e nemmeno di muffe, la formazione della morchia sulla superficie del formaggio avviene semplicemente con trattamenti naturali. È il caso del Taleggio DOP, che appartiene alla classe dei formaggi a pasta molle, ma anche del Puzzone di Moena o della Fontina DOP, che invece appartengono alla classe dei formaggi a pasta semicotta e semidura.

La crosta lavata è stata molto studiata a livello chimico e batteriologico, ma non si è ancora del tutto certi di ciò che viene causato dalla tecnica di lavatura. La crescita batterica e la colorazione, che varia dal rosso all'aranciato, sono determinate dal *Brevibacterium linens*, che è originario del latte crudo, attivo sia dal punto di vista proteolitico che lipolitico ma che non è considerato unico. Da studi recenti è emerso che l'aroma del formaggio a crosta lavata e la sua pigmentazione sono dovuti anche alla sinergia complessa di batteri che appartengono a vari gruppi come i corineformi e i microstafilococchi e che spesso il *Brevibacterium linens* non è dominante.

Il fatto è che la tecnologia per fare questi formaggi è abbastanza semplice ma è indispensabile un'elevata umidità in cella di maturazione. La crosta lavata è quindi il frutto del lavaggio della superficie esterna del formaggio, con soluzione di salamoia, all'apparire delle prime muffe, e di altri ripetuti trattamenti.

Aspetti tecnici

Negli ultimi anni sta prendendo sempre più campo l'utilizzo del latte di pecora per fare questa tipologia di formaggi. Mentre per il latte vaccino la tecnologia è piuttosto consolidata, anche se non scontata, per il latte ovino è difficoltosa e a volte porta a risultati di dubbio valore. Come già esposto in alcuni precedenti capitoli, il latte ovino è un latte difficile da lavorare; checché ne dicano molti pastori che lo ritengono, al contrario, facile, se poi si tratta di lavorarlo per ottenere formaggi erborinati si entra in un campo decisamente complicato.

Il latte ovino è carico di grasso e proteine e spesso la carica batterica è elevata. Ciò complica la tecnologia anche e soprattutto qualora vi sia un'elevata presenza di cellule somatiche.

Tutto ciò comporta che spesso la pastorizzazione non sia del tutto risolutiva e la capacità del latte a fermentare possa essere davvero scarsa.

Il maggiore dei problemi è rappresentato da una presenza elevata di cellule somatiche che andrà a mitigare le fermentazioni che, nel caso specifico di questi formaggi, devono acidificare la cagliata a pH bassi, sotto il 5. Fare erborinati da latte ovino quindi è ancora una sfida, soprattutto per un altro fattore che può essere importante dal punti di vista delle vendite: l'elevata percentuale di grasso nel latte può andare in conflitto con l'eventuale cremosità ottenuta dalla proteolisi determinata dalle muffe e rendere il formaggio di scarsa appetibilità. Attenzione quindi a questo aspetto molto frequente nei risultati dell'erborinatura da latte di pecora. Per questo motivo si suggerisce di non produrre formaggi cremosi, ma preferibilmente a pasta dura, nei limiti della possibile trasformazione in questa tipologia.

Si ricordi inoltre che una maturazione troppo rapida, effetto che con il latte di pecora capita spesso, può portare a crescita limitata delle muffe. Solitamente però una migliore appetibilità, anche in forza di un'ottenuta cremosità, la si ottiene utilizzando i due latti pecora-vacca. Infine, è da tenere presente che pur riuscendo a ottenere una pasta formata e variegata dalle muffe è bene valutare il formaggio con esperti, per evitare che la soddisfazione nasconda la reale qualità del prodotto. Peraltro questo ragionamento ha valore anche per qualsiasi tipologia di formaggio.

Per quanto riguarda l'erborinato di capra si valuti attentamente un fattore strettamente connesso alle caratteristiche delle caseine e alla capacità di acidificare che solitamente presenta questo latte. Fermo restando le prove che il casaro deve fare per ottenere buoni risultati, bisogna fare una disquisizione. I casari, anche nel caso di utilizzo di questo latte, tendono a cercare la cremosità del formaggio che si pensa sia gradevole per il consumatore, senza però considerare gli aspetti, come già detto per il latte ovino, legati all'appetibilità, e quindi alla quantità di formaggio che il consumatore può assumere, e alla sua piacevolezza.

Uno degli aspetti strettamente connessi con il latte di capra è la sua capacità di gessare, o meglio di acidificare ben oltre il pH 5. Quindi nel caso di formaggi caprini erborinati gessati, si possono rilevare alcuni vantaggi. Il primo è che i fori che casaro provvede a fare allo scopo di far entrare ossigeno nel formaggio non si chiudono e quindi le muffe si propagano correttamente, il secondo è che solo in prossimità del foro avverrà una lieve proteolizzazione. Ciò porterà la pasta a una condizione ottimale in quanto il connubio tra la lieve cremosità e la pasta gessata altamente solubile determinano una elevata appetibilità. È bene quindi che il casaro approfondisca questi fattori e progetti il formaggio erborinato di capra provando la tecnica che può portare a formaggi di alto livello qualitativo.

Per quanto riguarda il latte di bufala la tecnica e i ragionamenti sono simili a quelli che ho espresso per il latte ovino, ma ottenere ottimi risultati non è scontato. A proposito del metodo da adottare affinché la pasta possa aprirsi in modo ottimale il penicillium si diffonda uniformemente nella pasta del formaggio, è bene optare per diverse soluzioni in funzione della tipologia di erborinato che si intende produrre.

L'utilizzo dei lieviti o di alcuni batteri eterofermentanti sono formule che portano a risultati decisamente diversi. In alcuni casi i casari utilizzano i lieviti per erborinare la pasta del formaggi, e il risultato è una ramificazione a volte rada, a volte intensa, idonea soprattutto per le paste dure da latte vaccino. In altri casi possono essere utilizzati batteri eterofermentanti che hanno un deciso potere proteolitico, idoneo per paste molli. Quest'ultima ipotesi si adatta molto agli erborinati da latte misto, vaccino-ovino o solo ovino. Ciò non toglie che fermentazioni mesofile eterofermentanti possano essere utilizzate con ogni specie di latte.

Come per le paste erborinate, anche per le croste fiorite si parte da muffe di provenienza francese e in particolare il *Penicillium Camemberti* che si sviluppa nei formaggi capostipite di questa tipologia, il Brie e il Camembert, derivante appunto dal fungo omonimo. Il penicillium porta diversi effetti al formaggio, in quanto è capace di far sviluppare alcuni lieviti e già dopo 8-10 giorni si presenta sulla superficie del formaggio. La sua totale crescita, rilevabile nel momento in cui avviene l'intera ricopertura della superficie esterna della forma, può coincidere con il completo consumo dell'acido lattico e quindi con la disacidificazione della pasta e il conseguente sviluppo di diversi microrganismi, che contribuiscono pure loro alla disacidificazione in quanto proteolici. Ciò può portare a proeolisi a volte piuttosto spinta e rapida, che comporta alla cremificazione del sottocrosta, effetto molto ricercato dai casari italiani.

È certo una bella soddisfazione tagliare un formaggio e verificare l'effetto della cremosità, ma attenzione a non ottenere Vinavil. La cremosità dei formaggi a crosta fiorita deve necessariamente essere un effetto limitato perché non deve rammollire tutta la pasta del formaggio. Ricordo che un eccesso di proteolisi in quanto spinta, troppo rapida, porta solo a conseguenze negative, come un eccesso di pigmentazione che tende al giallo e sentori amari, che non devono essere presenti in questi formaggi se non di bassissima intensità. Quindi è opportuno non desiderare eccessiva cremosità, a volte ottenibile da un eccesso di maturazione del formaggio. Un ottimale formaggio a crosta fiorita deve quindi poter rilasciare sentori lattici di media intensità nella pasta e fungini (fungo fresco) nella crosta, che se non presenta particolari difetti o contaminazioni da altre muffe, può essere considerata edibile.

Una delle funzioni tecniche dei formaggi, sia erborinati sia a crosta fiorita, è l'acidificazione del latte che è suggeribile avvenga con fermenti selezionati starter rapidi, o con lattofermento o meglio ancora con lattoinnesto. L'inoculo dei fermenti è fondamentale per il proseguo di tutte le fasi della trasformazione. Il ragionamento vale soprattutto per le fasi che avvengono in caldaia, dalla giusta consistenza della cagliata alla eventuale agitazione una volta effettuato il taglio. Si ricorda che le operazioni in caldaia devono essere sviluppate in funzione del successivo spurgo, che avverrà una volta posta la pasta sul banco.

Il penicillium è alotollerante e quindi non soffre alla presenza del sale, ma una concentrazione piuttosto bassa, al 2%, favorice la sua crescita. Se è vero che i penicillium profileranno in presenza di umidità e soprattutto di aria, è pure vero che l'acidità influirà soprattutto nel risultato finale, ovvero nel formaggio.

Le schede che seguono sono predisposte affinché il casaro prenda atto della precisione con cui deve affrontare le tecniche, sia per le paste erborinate sia per quelle a crosta fiorita. I risultati non sono scontati ma devono essere il frutto di tanto lavoro e soprattutto di un'attenta valutazione delle caratteristiche del latte che si lavora.

Ogni formaggio deve poter contare sulla corretta forma, pezzatura e peso. Per questo, nelle schede che seguono, sono indicati i simboli delle fuscelle o delle fascere utili a dare forma e dimensione al formaggio.

Legenda

 Fuscella cilindrica (altezza = base)

 Fuscella cilindrica senza fondo con foratura rada

 Fuscella parallelepipeda senza fondo (altezza = base)

 Fascera regolabile

 0,25-2,0 Peso del formaggio al consumo

Crosta ammuffita

Una delle preoccupazioni che spesso affligge il casaro è mantenere pulita la crosta del formaggio. Per fare questo le celle di maturazione vengono predisposte affinché non si sviluppi elevata umidità, condizione indispensabile per la crescita appunto delle muffe. A volte questa estremizzazione, perché tale è, porta ad asciugare repentinamente il formaggio a danno della pasta e della crosta, che si secca. Uno dei difetti che si riscontrano in queste circostanze è quindi la formazione di un sottocrosta spesso, duro e di colore ben più scuro della pasta del formaggio. Il mantenimento delle celle a basso tenore di umidità è caratteristico di molti formaggi spesso a pasta filata da stagionare, caciocavalli, provoloni, ma anche di formaggi a pasta molle la cui crosta è preferita, dai casari, assolutamente priva di ogni segno, muffe, macchie e altri piccoli difetti visibili.

Il realtà la muffa aiuta molto la maturazione del formaggio, mantiene umida la crosta, evita un'unghia troppo evidente e lascia meglio traspirare il formaggio. È l'ambiente di maturazione quindi che fa il formaggio. Lo stesso formaggio posto in diverse celle di maturazione assume le caratteristiche che l'ambiente gli dona.

Il formaggio nella seguente scheda ottiene specifiche caratteristiche organolettiche in seguito allo sviluppo naturale delle muffe presenti nell'ambiente in cui viene posto a stagionare. È un formaggio a pasta molle che, in fase di maturazione, necessita di ambienti molto umidi, contestualmente a una temperatura non inferiore ai 6-7 °C. Una seconda fase di maturazione può avvenire, una volta sviluppate le muffe, in ambiente meno umido (75-80%) per implementare la fuoriuscita dell'acqua. Tutto ciò porta a un effetto di rammollimento della pasta del formaggio a causa di proteolisi spinta e alla rapida evaporazione dell'acqua libera del formaggio.

L'effetto causato dalla rapida evaporazione è la formazione di fossette sia sulle facce sia sullo scalzo, che comporta l'aumento della superficie esterna del formaggio. Tale effetto fa sì che le muffe apportino maggiore azione proteolitica. Le muffe, durante la loro crescita, vanno tenute sotto controllo: se eccessive devono essere eliminate seguendo un preciso schema.

In un primo tempo, le forme devono essere poste in un ambiente asciutto per almeno 12 ore e in seguito spazzolate a secco in modo da allontanare le ife esterne, solitamente le più lunghe. In un secondo tempo si provvederà a utilizzare un panno o una spugna inumiditi per togliere le ife rimaste sulla crosta. Naturalmente le muffe torneranno a comparire, ma saranno limitate e non più troppo invasive. È una scelta del casaro presentare al consumatore le forme ammuffite o pulite, ammesso che la pulizia sia fattibile, ma è doveroso dichiarare che la crosta non è edibile.

La cremificazione nel sottocrosta identifica questa tipologia di formaggio, che però non deve mai eccedere in quanto è possibile, anche in funzione di un elevato tempo di stagionatura, che appaiano note sensoriali negative come il sentore ammoniacale, spesso causato da un ambiente di maturazione eccessivamente umido.

CROSTA AMMUFFITA	Categorie del formaggio	KG 1,8-2,0
Formaggio a pasta molle vaccino con crosta ammuffita da consumarsi dopo 45 giorni di maturazione. Sapore dolce e aroma lattico di panna o burro fresco, sentori vegetali, fruttati di frutta secca e animale. Dopo 60 giorni può assumere leggera piccantezza. La pasta è morbida e può presentare occhiatura rada di piccole dimensioni con alcuni distacchi meccanici.	• Origine • Trattamento del latte • Coagulazione • Temperatura di lavorazione • Contenuto d'acqua • Contenuto di grasso • Tempo di stagionatura	latte di vacca crudo/pastorizzato presamica pasta cruda pasta molle grasso breve/media stagionatura

Latte	Crudo o pastorizzato **vaccino**	
Coadiuvanti	**Batteri/muffe:** Lattoinnesto 26-28 °SH/50. Inoculo diretto con fermenti selezionati, *Streptococcus s. termophilus* e *Lactobacillus d. subsp. bulgaricus* in miscela.	
	Caglio: In pasta di capretto	chimosina/pepsina 80/20

Tecnologia

- Latte con acidità 3,2-3,5 °SH/50, in caldaia alla temperatura di 36-38 °C.
- Inoculo lattoinnesto 1-1,5%. Oppure fermenti selezionati e dopo 2' di agitazione lasciare la miscela in sosta per circa 30'.
- Con inoculo di lattoinnesto, incremento acidità della miscela pari a 0,4-0,6 °SH/50.
- Aggiunta del caglio, 35 g/hl a temperatura di 36-38 °C con successiva agitazione per 2'.
- Il coagulo dev'essere pronto al taglio in circa 20-25'.
- Primo taglio della cagliata con lira o meglio con lira dedicata a dimensioni di cm 4x4x4.
- Sosta di circa 5' o fino a quando il siero assume acidità 2,5-2,7 °SH/50.
- Secondo taglio della cagliata con lira a dimensione di noce o nocciola.
- Sosta della massa per circa 10' fino ad acidità del siero 2,7-2,9 °SH/50.
- Se necessario agitazione lenta per alcuni minuti.
- Sosta della massa per permettere alla pasta di depositarsi sul fondo della caldaia.
- Svuotamento della caldaia dal siero fino al livello della pasta.
- Estrazione della pasta con il siero residuo dallo svuotamento in fascere forate senza fondo telate.
- Primo rivoltamento dopo 30'.
- Forme in stufatura. Effettuare almeno 4 rivoltamenti a distanza di 30' il secondo dal primo e 1 ora di intervallo fra gli altri. Termine stufatura una volta raggiunto pH 5,2-5,1 della pasta.
- In cella statica a temperatura di 5-7 °C fino al mattino dopo.
- Salatura a secco prima su una faccia per 12 ore e poi sull'altra (dopo rivoltamento) per altre 12 ore.
- Maturazione in cella a 6-9 °C per almeno 45 giorni. Durante questo periodo lasciare che le muffe crescano liberamente e che sulla superficie esterna del formaggio si creino piccole infossature.
- Lavaggio accurato delle forme prima del consumo.

Note: se si utilizza latte crudo è necessario prolungare la maturazione a 60 giorni.

Crosta fiorita

La tipologia nella quale rientra questo formaggio presenta diverse variabili, che vanno dalla comprensione dei batteri lattici da inoculare nel latte a quella delle muffe, i penicillium. In effetti sono diverse le interpretazioni della tecnica di produzione dei formaggi a crosta fiorita, in primis quella della scelta dei fermenti selezionati. Infatti, la scheda che segue è antitetica a quella che solitamente è suggerita per i formaggi in cui deve svilupparsi il penicillium, ovvero si basa sulla fermentazione di batteri termofili invece che mesofili. La preferenza di batteri termofili è dettata da alcune considerazioni. Essi e, nella fattispecie, lo *Streptococcus thermophilus* e il *Lactobacillus bulgaricus*, che suggerisco di utilizzare, sono omofermentanti, non producono gas e non sono aromatizzanti. Su quest'ultimo punto si potrebbe discutere molto, in quanto tali batteri lattici possono produrre comunque composti aromatici, ma non invadenti e, nel caso di questi formaggi, lasciano molto spazio alla formazione di odori e aromi determinati dagli enzimi e dalle muffe. Al contrario, se si utilizzano fermenti mesofili, anche se non espressamente definibili aromatizzanti, la rapida proteolisi determinata dai penicillium può portare alla trasformazione in composti che potrebbero coprire odori e aromi dati dalle muffe. È comunque una scelta tecnologica che il casaro deve studiare in modo consapevole.

Optare quindi per questa prima scelta è importante poiché va ad anticipare tutte le fasi di trasformazione. Anche per il caglio si seguono i ragionamenti appena espressi. Un caglio di vitello non modifica drasticamente il gusto del formaggio se la percentuale di pepsina, in rapporto con la chimosina, non supera il 20%. Nel caso però che si desideri utilizzare un caglio a maggior contenuto di pepsina, è bene optare per una pasta caseosa meno carica di acqua, asciugando maggiormente la pasta in caldaia. Un'ottimale cagliata si ottiene soprattutto con caglio di basso titolo, magari 1:10.000, cercando la dose opportuna per il latte che si utilizza. In ogni caso l'utilizzo del caglio porta, soprattutto per questa tipologia di formaggi, a un effetto proteolitico importante che determina non solo risultati reologici ma odorosi e aromatici.

Una volta estratta la pasta dalla caldaia, essa deve essere tenuta sotto controllo con frequenti rivoltamenti e misurazioni del pH. L'acidificazione deve poter portare il pH a 5,0-4,9 con necessario controllo dello spurgo della pasta in stufatura. La colatura del siero deve risultare sempre vivace fino al pH desiderato, momento in cui deve cessare.

L'estrazione della pasta dev'essere effettuata in presenza del siero per evitare un rapido raffreddamento. Prima del termine della stufatura, per accelerare la formazione delle muffe creando un ambiente molto umido, è possibile disporre le forme su carrelli da ricoprire con teli di nylon alimentare, o pellicola, posizionando il tutto in cella dedicata anche per 24 ore. Al termine della stufatura, o prima di inserire le forme nei carrelli ricoperti di pellicola, è possibile irrorare i formaggi con penicillium disciolto in acqua. La salatura di questi formaggi ha un'importanza decisiva per la buona riuscita, infatti è preferibile salare a secco piuttosto che in salamoia.

La fioritura superficiale inizierà dopo circa una settimana e proseguirà con sempre maggiore rapidità fino a ricoprire le forme di un velluto bianco che non deve macchiarsi di altre muffe, maggiore causa di difetti gravi. Infatti tale difetto renderebbe vano il lavoro del casaro e non edibile la crosta del formaggio.

CROSTA FIORITA	**Categorie del formaggio**	**KG** 0,3-0,8
Formaggio a pasta molle tipico vaccino ma anche ovino e caprino, con crosta fiorita, da consumarsi dopo 21 giorni di maturazione. Sapore dolce e aroma lattico di panna o burro fresco, sentori vegetali e di fungo fresco. La pasta è morbida, abbastanza cremosa soprattutto nel sottocrosta. Può sussistere occhiatura rada di piccole dimensioni.	• Origine • Trattamento del latte • Coagulazione • Temperatura di lavorazione • Contenuto d'acqua • Contenuto di grasso • Tempo di stagionatura	latte di vacca, capra, pecora pastorizzato presamica pasta cruda pasta molle grasso breve

Latte	Pastorizzato **vaccino, caprino, ovino**	
Coadiuvanti	**Batteri:** inoculo diretto con fermenti selezionati, *Streptococcus s. termophilus* e *Lactobacillus d. subsp. bulgaricus* in miscela; muffe: *Penicillium candidum* e *Penicillium geotrichum* in miscela al 50%-50%	
	Caglio: liquido di vitello 1:10.000	chimosina/pepsina 80/20

Tecnologia

- Latte con acidità 3,4-3,6 °SH/50, in caldaia alla temperatura di 35-37 °C.
- Inoculo fermenti selezionati e penicillium e dopo 2' di agitazione lasciare la miscela in sosta per circa 30'.
- Incremento acidità della miscela: 0,2-0,4 °SH/50.
- Aggiunta del caglio, 40 ml/hl a temperatura di 36 °C con successiva agitazione per 2', nel latte ovino la dose è di 20-25 ml/hl.
- Il coagulo dev'essere pronto al taglio in circa 20-25'.
- Primo taglio della cagliata con lira o meglio con lira dedicata a dimensioni di cm 5x5x5.
- Sosta di circa 5'.
- Secondo taglio della cagliata con lira a dimensione di noce.
- Sosta della massa per circa 10' o fino a quando il siero ha acidità 2,6-2,8 °SH/50.
- Se necessario agitazione lenta.
- Sosta della massa per permettere alla pasta di depositarsi sul fondo della caldaia.
- Svuotamento della caldaia dal siero fino al livello della pasta.
- Estrazione della pasta con il siero residuo dallo svuotamento in fuscelle.
- Primo rivoltamento dopo 5'.
- Forme in stufatura, effettuare 2-3 rivoltamenti a distanza di 1 ora fino a pH 5,0-4,9 della pasta.
- Irrorare le forme con soluzione di penicillium.
- In cella statica a temperatura di 4-6 °C fino al mattino dopo.
- Salatura a secco prima su una faccia per 12 ore e poi sull'altra (dopo rivoltamento) per altre 12 ore.
- Maturazione in cella dedicata a 6-8 °C per almeno 21 giorni.

Note: non è consigliabile utilizzare latte crudo, nel qual caso è comunque necessaria deroga dell'ASL.

Crosta fiorita da latte di bufala

Può sembrare un controsenso, ma viste le caratteristiche del latte bufalino, determinate da un'elevata percentuale sia di proteine sia di grassi, produrre formaggi a pasta molle, di buona qualità, non è scontato. Infatti, durante la trasformazione possono emergere alcune problematiche. Una di esse, che mette in discussione l'intera trasformazione, è la capacità di fermentare (in relazione ai ceppi batterici che vengono utilizzati) che a volte risulta lunghissima. Inoltre l'elevata attitudine a coagulare è il problema maggiore che il casaro deve prendere in seria considerazione.

Quest'ultimo aspetto è fondamentale per ottenere un buon formaggio sia a pasta molle come il presente sia di altra tipologia. Dal latte di bufala è possibile ottenere cagliate dure che continuano il rassodamento anche dopo il taglio. Proprio per questo aspetto il casaro deve scegliere sia la tipologia di caglio sia la quantità di utilizzo. In fase di post taglio la cagliata non deve quindi continuare a rassodare, in modo tale che il casaro possa continuare la lavorazione in modalità corretta, ovvero effettuare un ottimale secondo taglio e soprattutto agitare la cagliata, definitivamente rotta, senza spappolare i grumi ottenuti. La quantità di caglio da utilizzare, indicata nella successiva scheda tecnica, è indicativa, bisogna che ogni operatore, in caseificio, provveda a provare quale tipologia e dose possa condurre a quanto sopra descritto.

Per quanto riguarda le fermentazioni, ovvero l'inoculo di fermenti lattici selezionati, si utilizza una miscela di batteri omofermentanti termofili, *Streptococcus thermophilus* e *Lactobacillus bulgaricus*, capaci di innescare le fermentazioni in modo rapido, e consentire al casaro di iniziare le operazioni, inserendo il caglio, dopo un modesto ma rilevabile incremento di acidità.

Viste queste prime indicazioni, va anche detto che la tipologia di formaggio a crosta fiorita, soprattutto se è il derivato di latte crudo, è soggetta a variazioni giornaliere. I caseifici che provvedono sistematicamente a questa produzione solitamente standardizzano il latte con una opportuna quantità di grasso ma soprattutto con l'uso di coadiuvanti, come il cloruro di calcio. L'utilizzo di quest'ultimo, però, può compromettere le caratteristiche del latte originario qualora sia utilizzato senza opportune e sistematiche analisi. E talvolta il cloruro di calcio può portare anche al sapore amaro, magari implementato dell'effetto proteolitico delle muffe.

Quindi il casaro del piccolo caseificio valuti attentamente se utilizzare o meno tale coadiuvante, ricordando che a maggior ragione possono essere di buona qualità anche i formaggi per i quali non si utilizza la standardizzazione.

La tecnologia di trasformazione si basa sugli effetti che i batteri lattici procurano al latte, alla cagliata e alla successiva pasta in maturazione, per cui è indispensabile seguire gli incrementi acidimetrici, in primo luogo con la titolazione del latte e poi, nelle diverse fasi, con la misurazione del pH. Le variazioni acidimetriche, come si sa, dipendono sempre dal latte utilizzato, ma è bene comunque seguire le precise indicazioni che la scheda suggerisce. Solo in seguito a prove empiriche è possibile modificare una o più fasi. Una buona curva di acidificazione, rilevata durante tutte le fasi, si prolunga fino a 5,30-6 ore e lo spurgo termina appunto con il raggiungimento del pH desiderato.

Quando si producono formaggi presamici da latte di bufale è bene fare alcune considerazioni, per l'insorgere di alcune problematiche, in particolare per la tipologia a crosta fiorita. L'aggiunta del cloruro di calcio, come già scritto, può portare sapore amaro al formaggio, soprattutto se dosato non correttamente, così come può avvenire con l'innesto di *Penicillium Candidum*. A volte per evitare una spiccata proteolisi, causata dal penicillium, è meglio astenersi dall'inoculo nel latte di tale muffa, irrorandola solo sulla superficie esterna delle forme al termine della stufatura.

Anche la pratica di salare il latte può portare all'amaro, ne consegue quindi che è meglio optare per la salatura a secco. È da evitare la salatura con salamoia, già utilizzata per diverse tipologie di formaggio.

CROSTA FIORITA DA LATTE DI BUFALA	**Categorie del formaggio**	**KG** 0,8-2,0
Formaggio a pasta molle a crosta fiorita. La sua maturazione si protrae per almeno tre settimane. La fioritura in crosta assume odori di fungo fresco ma potrebbero insorgere anche odori di animale. La pasta è di colore avorio chiaro, con cremosità nel sottocrosta. Nella lavorazione a latte crudo la pasta può presentare piccole occhiature. L'odore e l'aroma sono prevalentemente lattici.	• Origine • Trattamento del latte • Coagulazione • Temperatura di lavorazione • Contenuto d'acqua • Contenuto di grasso • Tempo di stagionatura	latte di bufala pastorizzato/crudo acido-presamica pasta cruda pasta molle grasso breve

Latte	Crudo **bufalino**	
Coadiuvanti	**Batteri/muffe:** *Streptococcus s. Termophilus* anche in miscela con *Lactobacillus d. subsp. bulgaricus - Penicillium Candidum*	
	Caglio: liquido di vitello 1:20.000-IMCU 235	chimosina/pepsina 80/20

Tecnologia

- Latte con acidità 4,00/4,40 °SH/50, in caldaia alla temperatura di 38-40 °C.
- Inoculo fermenti selezionati e penicillium.
- 1′ di agitazione.
- Dopo 20′ dall'inoculo dei fermenti, salare il latte con 550/650 gr/hl.
- Sosta fino a sviluppo del pH 6,50-6,45.
- Inserimento del caglio, 15-18 ml/hl a temperatura di 38-39 °C. Agitare per 1′.
- Coagulo pronto al taglio in 25-30′.
- Taglio della cagliata con lira dedicata cm 5x5x5 o con spada 4x4.
- Sosta fino al raggiungimento di 2,4-2,5 °SH/50.
- Agitazione lenta-delicata fino a 2,6-2,8 °SH/50.
- Estrazione della pasta insieme al siero o estraendone all'incirca il 25%.
- Stufatura, su cassette avvolte con pellicola.
- Successivi 3-4 °C. rivoltamenti fino al raggiungimento di pH 5,2-5,10 della pasta, mantenendo le cassette avvolte con la pellicola.
- Al termine della stufatura togliere la pellicola e spostare le forme in cella ventilata a temperatura di 4-5 °C fino al mattino successivo.
- Spostare le forme in cella di asciugatura per 1 giorno a temperatura non superiore a 15 °C.
- Maturazione in cella statica dedicata alla temperatura di 4-5 °C fino a completa copertura dal penicillium.

Note: qualora, al termine della stufatura, sia possibile raffreddare rapidamente le forme è auspicabile che fino al mattino successivo venga lasciata la pellicola avvolgente.

Crosta lavata a pasta molle

Probabilmente la denominazione di questa tipologia di formaggi è moderna, perché in realtà essi nascono dall'usanza, davvero antica, di porre le forme in ambienti naturali a elevatissimo tasso di umidità. Ovviamente in queste condizioni ambientali non avviene formazione di crosta, come solitamente siamo abituati a considerarla, ma l'azione dell'umidità porta all'ottenimento di una superficie del formaggio molliccia, morchiata. Il trattamento della crosta dei formaggi era, ed è ancora, a scopo di pulizia e per eliminare le muffe.

Oggi in mancanza di ambienti naturali, presenti solo in alcune valli delle Alpi lombarde, i formaggi vengono posti in celle di maturazione nelle quali vengono emulate la temperatura e l'umidità delle grotte.

Ovviamente i differenti ambienti di maturazione portano a risultati diversi, ma l'esperto riconosce quando il formaggio è stato posto in luoghi naturali come le suddette grotte.

La tecnica di trasformazione è molto interessante anche per il fatto che la mutazione della superficie esterna del formaggio è decisamente evidente, e ciò aiuta molto il casaro o lo stagionatore, a comprendere il grado di maturazione del formaggio stesso.

È quindi dalla tecnica di produzione che nasce la classica denominazione di crosta lavata, tecnica relativamente semplice ma che richiede molta attenzione.

In seguito alle fasi di trasformazione le forme vengono poste nell'ambiente di maturazione, dove il casaro, o chi per lui, deve costantemente controllare l'evoluzione delle muffe.

E proprio all'apparire delle prime muffe è necessario intervenire con il primo lavaggio della superficie esterna dei formaggi, che va effettuato con una soluzione salina satura, o diversamente dosata in funzione delle prove effettuate in sala di maturazione, appositamente dedicata. Tale soluzione non dev'essere necessariamente preparata a ogni produzione, ma se la trasformazione di questi formaggi è giornaliera può essere utilizzata continuativamente, curandone la pulizia, asportando eventuali materie organiche depositate o affioranti, scremando la presenza di grasso e controllando il pH, azione molto importante per preservare a lungo la soluzione salina. La superficie esterna del formaggio deve essere trattata due o tre volte, fin quando appare una morchia di colore rossastro o arancione. Lo stagionatore sa che al primo lavaggio la superficie del formaggio deve apparire già lievemente morchiata, appicicosa.

I microrganismi che determinano la pigmentazione e la morchia superficiale sono alofili, cioè sopportano bene il sale, e aerobi, in quanto la loro azione è favorita dalla presenza di ossigeno. Naturalmente anche l'elevata umidità è complice delle trasformazioni chimiche e fisiche della crosta. Una buona crosta lavata proteolizzerà il sottocrosta cremificandolo. In alcuni luoghi della Lombardia la pasta del Taleggio DOP, tipica e ben conosciuta espressione di questa tecnica di trasformazione, viene gessata, diventando dura, friabile e altamente solubile. La pasta gessata, insieme a quella cremificata del sottocrosta, porta a note sensoriali di tutto rispetto.

La gessatura avviene solitamente quando la pasta caseosa giunge a pH inferiore a 4,7 sia se si utilizza il latte vaccino sia caprino, quest'ultimo davvero idoneo per questa tecnologia di trasformazione. Nel caso di pasta non gessata il formaggio può presentare alcune occhiature, rade e non uniformemente distribuite, di piccole dimensioni e di forma irregolare. Saranno diversi i colori della crosta lavata in funzione del fatto che si sia utilizzato latte crudo o latte pastorizzato.

Una delle tipicità organolettiche di questi formaggi, in primis il Taleggio DOP, era e rimane la crosta, che andrebbe consumata, salvo disposizioni sanitarie ed eventuali dichiarazioni di non edibilità.

CROSTA LAVATA A PASTA MOLLE	**Categorie del formaggio**	1,8-2,0
Formaggio a pasta molle tipico vaccino, con crosta lavata, da consumarsi dopo 45 giorni di maturazione. Sapore dolce e aroma lattico di panna o burro fresco, sentori vegetali, fruttati di frutta secca e humus. La pasta è morbida, abbastanza cremosa, soprattutto nel sottocrosta. Può presentare occhiatura rada di piccole dimensioni.	• Origine • Trattamento del latte • Coagulazione • Temperatura di lavorazione • Contenuto d'acqua • Contenuto di grasso • Tempo di stagionatura	latte di vacca o capra crudo/pastorizzato presamica pasta cruda pasta molle grasso breve

Latte	Crudo o pastorizzato **vaccino**	
Coadiuvanti	Batteri: lattoinnesto con acidità 24-26 °SH/50, inoculo diretto con fermenti selezionati *Streptococcus s. termophilus* e *Lactobacillus d. subsp. bulgaricus* in miscela	
	Caglio: liquido di vitello 1:10.000	chimosina/pepsina 75/25

Tecnologia

- Latte con acidità 3,3-3,6 °SH/50, in caldaia alla temperatura di 36-38 °C.
- Inoculo fermenti selezionati e dopo 2' di agitazione lasciare la miscela in sosta per circa 30' o lattoinnesto nelle dosi necessarie all'incremento acidimetrico della miscela.
- Incremento acidità della miscela: 0,4-0,8 °SH/50.
- Aggiunta del caglio, 30 ml/hl, a temperatura di 36 °C con successiva agitazione per 2'.
- Il coagulo dev'essere pronto al taglio in circa 25', dei quali 10-12 di presa.
- Primo taglio della cagliata con lira o meglio con lira dedicata a dimensioni di cm 4×4×4.
- Sosta di circa 5' o fino a quando il siero ha acidità 2,6-2,8 °SH/50.
- Secondo taglio della cagliata con lira a dimensione di noce o noce grossa.
- Sosta della massa per circa 10' fino ad acidità del siero 2,8-3,0 °SH/50.
- Se necessario agitazione lenta fino a quando si è formata, attorno al grumo, una pellicina piuttosto consistente e il siero raggiunge almeno 2,8 e max 3,0 °SH/50.
- Sosta della massa per permettere alla pasta di depositarsi sul fondo della caldaia.
- Svuotamento della caldaia dal siero fino al livello della pasta.
- Estrazione della pasta con il siero residuo dallo svuotamento in fascere forate senza fondo, anche telate.
- Primo rivoltamento dopo 10'.
- Forme in stufatura, effettuare 2-3 rivoltamenti a distanza di 1 ora fino a pH 5,0-4,9 della pasta.
- In cella statica a temperatura di 4-6 °C fino al mattino dopo.
- Salatura a secco prima su una faccia per 12 ore e poi sull'altra (dopo rivoltamento) per altre 12 ore.
- Maturazione in cella a 6-8 °C per almeno 45 giorni; all'apparire delle prime muffe iniziare con i lavaggi della crosta con salamoia satura (spugnatura); proseguire con altri due o tre lavaggi distanziati di circa 7 giorni.

Note: se si utilizza latte crudo è necessaria deroga dell'ASL.

Crosta lavata a pasta cotta semidura

A rappresentare questa tipologia di formaggi sono Fontina e Puzzone di Moena DOP, ma anche altri formaggi del Nord, trattati in superficie con sale o acqua e sale. Diversamente dai formaggi a pasta molle, la crosta dei formaggi a pasta semidura viene trattata anche solo con sale grosso, che, per osmosi, consente il rilascio di acqua dalla pasta del formaggio. L'operazione, che avviene con l'utilizzo di spugne oppure spazzolando tutta la superficie del formaggio, origina la formazione di morchia, sufficiente per concedere alla pasta del formaggio decise note sensoriali.

Dal punto di vista organolettico, i sentori lattici e vegetali saranno implementati di odori e aromi di frutta secca, speziati e animali.

Dal punto di vista tecnologico, ciò che la scheda seguente individua è una procedura che non prevede l'inoculo di fermenti lattici ma una coagulazione presamica del latte di una sola mungitura non refrigerata.

La durata della coagulazione sarà piuttosto lunga e la cagliata si presenterà umida ma capace, una volta tagliata con lo spino, di essere lavorata. In seguito al taglio della cagliata, la pasta viene cotta alla temperatura di 49-50 °C ma, qualora il casaro ne vedesse la necessità, può fermare il riscaldamento a qualche grado inferiore, magari continuando l'agitazione fuori fuoco.

La dimensione del grumo di cagliata deve poter diminuire, favorito dalla cottura e dall'eventuale agitazione fuori fuoco, fino a chicco di grano e la pasta dev'essere estratta, telata e posta in fascere per la successiva formatura e pressatura. I rivoltamenti in pressatura devono essere almeno tre ma, in funzione dello spurgo, il casaro deciderà se interrompere o prolungare tale azione meccanica.

Per quanto riguarda i lavaggi della crosta è bene seguire le indicazioni riportate sulla scheda. Questi formaggi appartengono alla categoria delle paste semidure, che detengono un contenuto di acqua tra il 35 e il 45%, per cui in fase di lavaggio della crosta bisogna fare attenzione a non eccedere nel caso le forme risultassero molto morbide. L'esito sarebbe un eccesso di morchia molto appiccicosa, fastidiosa e capace di incollare le forme ai supporti in ambiente di maturazione. Inoltre l'elevata umidità della superficie del formaggio potrebbe portare a una forte deformazione delle forme con il cedimento dello scalzo e abbassamento delle facce, che risulterebbero concave.

La tecnologia riportata sulla scheda che segue è molto interessante, ed è applicabile anche con l'utilizzo di latte caprino e ovino. È valida anche per formaggi a pasta dura per i quali le operazioni di lavaggio della crosta non determinano morchia ma rendono la superficie esterna piuttosto dura, con pigmentazione tendente al rosso/arancione.

Viste le peculiarità del latte crudo, trasformato subito dopo la mungitura, il formaggio che ne deriva è autoctono sotto tutti gli aspetti ed è personalizzabile in funzione della tipologia dell'ambiente in cui viene maturato e del metodo di lavaggio della crosta, su cui il casaro può decidere.

La maturazione delle paste semidure a crosta lavata può protrarsi per oltre 60 giorni ma non più di 100-120. Qualora il formaggio detenga un elevato tenore di acqua, è bene fare attenzione al tempo di stagionatura, in quanto l'acqua e gli enzimi originari, oltre a quelli introdotti con il caglio, possono portare alla formazione di sapore amaro. Se ciò avvenisse il difetto sarebbe irreversibile.

CROSTA LAVATA A PASTA COTTA SEMIDURA	Categorie del formaggio	KG 5-9
Formaggio a pasta cotta, pasta semidura, a crosta lavata. La stagionatura è di 90 giorni. Sapore abbastanza salato e dolce. L'aroma è tipico delle croste lavate, abbastanza intenso, con aroma lattico di burro fuso, vegetale di verdura cotta, di humus e animale. La pasta è abbastanza elastica, con occhiatura piccola e regolarmente diffusa anche se piuttosto rada.	• Origine • Trattamento del latte • Coagulazione • Temperatura di lavorazione • Contenuto d'acqua • Contenuto di grasso • Tempo di stagionatura	latte di vacca crudo presamica pasta cotta pasta semidura grasso media stagionatura

Latte	Crudo **vaccino** di una sola mungitura non refrigerata	
Coadiuvanti	Batteri: nessun inoculo	
	Caglio: liquido in polvere 1:110.000-1:125.000	chimosina/pepsina 98/2

Tecnologia

- Latte con acidità 3,4-3,6 °SH/50, in caldaia alla temperatura di 32-34 °C.
- Aggiunta del caglio, 3-4 g/hl a temperatura di 32-34 °C con successiva agitazione per 2'.
- Il coagulo dev'essere piuttosto umido e pronto al taglio in circa 30-40' dei quali 12-14 di presa.
- Unico taglio della cagliata con spino a dimensione di chicco di mais.
- Cottura della cagliata fino alla temperatura di 48-49 °C.
- Se necessario agitare fuori fuoco per alcuni minuti per asciugare la pasta.
- Sosta di 10' per permettere alla pasta (pH 6,50-6,45) di depositarsi sul fondo della caldaia.
- Estrazione della pasta con telo e posizionamento del fagotto in fascere regolabili.
- Prima pressatura a 3-4 kg/kg di formaggio per 30'.
- Ritelatura delle forme e rivoltamento.
- Seconda pressatura a 3-4 kg/kg di formaggio per 2 ore.
- Ritelatura delle forme e rivoltamento.
- Terza pressatura a 4-5 kg/kg di formaggio per 8-10 ore.
- Salatura a secco prima su una faccia (24-36 ore) e poi sull'altra (24-36 ore).
- Formaggi in cella con temperatura di 8-10 °C e UR 90%.
- Dopo 2 giorni iniziare a cospargere sale grosso sulla faccia del formaggio e il giorno successivo inumidire il formaggio con l'acqua residua dello scioglimento del sale; seguire lo schema:
  - giorno 1: cospargere il sale sulla faccia superiore;
  - giorno 2: inumidire con l'acqua residua rilasciata dal sale;
  - giorno 3: capovolgere la forma e iniziare di nuovo come giorno 1.

Note: utilizzare mezzo pugno di sale per trattamento che va ripetuto per 25-30 giorni.

Erborinato a pasta molle

Affermare che l'erborinato è il derivato di una difficile tecnica di trasformazione non è un detto di fantasia, ma una verità. Fare erborinati oggi è diventata quasi una sfida che il casaro rivolge a se stesso e spesso, purtroppo, con risultati non proprio edificanti.

Il formaggio erborinato segue una tecnica specifica, che il casaro va a ricercare allo scopo di ottenere la classica muffa verde-blu nella pasta del formaggio. Sono molti gli aspetti che si devono ottenere in questa tipologia di formaggio, non solo quindi l'aspetto, ma la consistenza della pasta e naturalmente i sentori aromatici. Il risultato non è però scontato se non vi sono i presupposti ottimali che impediscano l'insorgere, a volte, di gravi difetti di natura organolettica. Nell'erborinato a pasta molle, a causa del suo elevato contenuto di acqua, i composti che determinano i difetti percepibili nell'odore e nell'aroma possono provocare sentori ammoniacali a volte molto elevati, o eccessi di sapore di amaro. Uno dei difetti di maggiore rilevanza è appunto l'amaro, spesso causato dalla capacità proteolitica delle muffe. Negli erborinati è piuttosto normale che vi sia sapore amaro, ma in modo misurato, mai aggressivo. Un'ottimale tecnica di trasformazione inizia con la scelta dei fermenti lattici da inoculare nel latte. Essi devono possedere un elevato potere acidificante anche a temperature basse, mesofile per intenderci. Quindi è possibile scegliere miscele di fermenti termofili oppure miscele di fermenti termofili/mesofili, che devono poter acidificare la cagliata tanto da raggiungere, al termine della stufatura, pH inferiori a 4,90. È preferibile optare per l'innesto di colture congelate o lattofermenti, capaci di iniziare velocemente l'acidificazione del latte. Nel migliore dei casi è opportuno provvedere alla produzione di lattoinnesto, ma in ogni caso l'acidità della coltura batterica deve essere di 25-27 °SH/50. All'innesto dei batteri lattici va associato l'inoculo dello specifico penicillium per le paste molli, il cui colore, una volta sviluppato, deve essere blu-verde di bassa tonalità, e dei lieviti. In commercio esistono diverse tipologie di penicillium e per le paste molli devono avere ottimale potere proteolitico. Nel progettare il formaggio, il casaro deve tener conto anche della sua pezzatura. Iniziare la produzione di un erborinato con forme piccole, inferiori a 1 kg può creare molte difficoltà, soprattutto in relazione alla corretta consistenza della pasta. È preferibile quindi optare per forme da circa 2 kg di peso.

Una volta testata la tecnica di produzione, sarà più semplice, per il casaro, modificare le fasi idonee a produrre il formaggio di diverse pezzature. L'erborinato a pasta molle, prodotto nei piccoli caseifici, non è standardizzabile, ogni forma di formaggio avrà caratteristiche diverse soprattutto in relazione all'erborinatura. Ciò evidentemente non è da considerare un difetto.

Maggiore o minore consistenza della pasta la si può ottenere, una volta tagliata la cagliata, lasciando in sosta la massa oppure effettuando una delicata agitazione. Anche sul banco la cagliata può essere lavorata, tagliando in blocchi più piccoli qualora si intraveda un eccesso di umidità nella pasta. Le fasi successive all'insaccamento sono determinanti: dalla scheda è possibile osservarne i delicati procedimenti.

ERBORINATO A PASTA MOLLE	Categorie del formaggio	KG 6-8
Formaggio a pasta molle erborinato prevalentemente dolce, con muffe di colore verde brillante. Si consuma dopo almeno 75-80 giorni. Il sapore è dolce e l'aroma tipico di fungo, leggermente ammoniacale, con note lattiche di burro fresco. La pasta è morbida, a volte abbastanza cremosa vicino alle infiltrazioni di muffa, di colore bianco o avorio chiaro.	• Origine • Trattamento del latte • Coagulazione • Temperatura di lavorazione • Contenuto d'acqua • Contenuto di grasso • Tempo di stagionatura	latte di vacca crudo/pastorizzato acido-presamica pasta cruda pasta molle grasso media stagionatura

Latte	Crudo o pastorizzato **vaccino**	
Coadiuvanti	**Batteri**: inoculo con lattofermento preparato il giorno prima, composto da *Streptococcus s. termophilus* e *Lactobacillus d. subsp. bulgaricus* in miscela, acidità 26 °SH/50, pH 3,80; *Penicillium Roqueforti* e lieviti nelle dosi consigliate dall'azienda produttrice	
	Caglio: liquido di vitello 1:10.000	chimosina/pepsina 80/20

Tecnologia

- Latte con acidità 3,0-3,3 °SH/50, in caldaia alla temperatura di 31-33 °C.
- Inoculo lattofermento (1-1,5%), penicillium e lieviti, agitare per 2' e sosta per circa 15'.
- Incremento acidità della miscela: 0,3 °SH/50 – pH 6,5.
- Aggiunta del caglio, 35 ml/hl a temperatura di 36 °C con successiva agitazione per 2'.
- Il coagulo dev'essere pronto al taglio, piuttosto umido, in circa 25-30' dei quali 17-18 di presa.
- Primo taglio, molto delicato, della cagliata con lira dedicata a maglie di cm 4×4×4.
- Sosta di circa 10'.
- Agitazione lenta della massa per circa 5', estrazione molto delicata su banco telato.
- Sosta su banco fino a pH pasta 6,45.
- Riempimento delle fuscelle con piatto o spannarola alternando il riempimento e stratificando la pasta.
- Sosta sul banco per 10'.
- In cella statica 4-6 °C fino a pH pasta 4,80 (26 °SH/50 siero colante) circa 7 ore.
- Effettuare due rivoltamenti.
- Giorno n. 1 (successivo) forme in camera calda, ambiente a temperatura di 19-22 °C.
- Giorno n. 2 estrazione dalla fascera, salatura a secco sullo scalzo e sulla faccia superiore, avvolgimento con fascera traforata (le forme rimangono in camera calda fino al giorno dopo).
- Giorno n. 3 salatura a secco sulla seconda faccia (le forme rimangono in camera calda fino al giorno dopo).
- Giorno n. 4 se i formaggi hanno coppato (leggermente gonfiato) spostamento in cella ventilata 4 °C UR 94-96%.
- 11° giorno foratura forme (aghi Ø 5 mm).
- 16° giorno salinatura (lavaggio forme con soluzione satura).
- 23° giorno seconda foratura (aghi Ø 5 mm) sull'altra faccia.
- 28°-30° giorno seconda salinatura (lavaggio forme con soluzione satura).
- 30°-35° giorno verifica del pH che deve presentare risalita.
- 50°-55° giorno spostare le forme in cella statica a 4 °C.

Note: controllare regolarmente il pH della pasta che per 30-35 giorni deve rimanere 4,90-4,80.

Erborinato a pasta dura piccante

Il latte che si utilizza per fare erborinati deve poter possedere elevata capacità a coagulare e soprattutto a fermentare. Un latte le cui analisi evidenziano un elevato contenuto di cellule somatiche non è idoneo in quanto possiede scarse, o addirittura nulle, attitudini alla coagulazione e acidificazione. La tecnologia di produzione prevede infatti che sia il latte sia la cagliata acidifichino in modo regolare e continuo. Ma non solo, l'acidità, ovvero il pH, della pasta del formaggio deve poter rimanere tale anche per molti giorni, a volte fino a 30. Tutto ciò rende positivo il proseguo della maturazione della pasta e la necessaria formazione delle muffe. Come per l'erborinato a pasta molle, anche per il piccante la scelta dei fermenti lattici è di fondamentale importanza. È bene optare per un lattofermento selezionato, e va provato più volte modificando le temperature di inoculo e di coagulazione, soprattutto nel caso si utilizzino batteri mesofili, una variante che può essere provata, capaci di determinare un'ottimale coagulazione acido-presamica. Fare erborinati, come ho già scritto, anche da latte vaccino e caprino, non è cosa facile e il casaro deve affrontare una bella sfida.

Risulta evidente, da come ho esposto, che gli erborinati si fanno prestando molta attenzione all'acidità, che si sviluppa sin dall'inoculo dei fermenti e si conclude a formaggio maturo. La curva acidimetrica che ne consegue va controllata ed eventualmente modificata, finché il risultato non diventa soddisfacente. I cambi di stagione e di alimentazione delle lattifere possono obbligare il casaro a modificare alcune fasi della trasformazione, come per esempio la temperatura di coagulazione, la quantità di caglio e i tempi di acidificazione. La consistenza della cagliata è una delle fasi che devono essere comprese e scelte in funzione del latte che si utilizza. Anche se il latte è vaccino in ogni caseificio la consistenza del coagulo ottimale può essere diversa. Un ottimale taglio avviene quando la cagliata risulta umida, non troppo compatta ma al taglio non deve presentare sbavature. In seguito il casaro dovrà agitare delicatamente la massa allo scopo di consentire lo spurgo in modo piuttosto rapido. Il siero dev'essere limpido e giallo tendente al verde. In seguito all'estrazione sul banco, e in funzione dell'acidità è possibile rivoltare la pasta o effettuare tagli, anche in senso orizzontale, per consolidare la pasta stessa. L'insaccamento dev'essere lento, ponendo strati di pasta in ogni fascera o fuscella, fino al completo riempimento. Dopo aver insaccato la cagliata è bene attendere 10-20 minuti prima dello spostamento in cella.

La fase determinante per gli erborinati e soprattutto per le paste dure è la coppatura, che deve avvenire nei giorni successivi in camera calda. Capita a volte che il casaro decida di coprire le forme con pellicola o fogli di alluminio, ma ciò è sbagliato. Le condizioni ideali per l'erborinato a pasta dura sono determinate dall'elevato tenore di umidità, che dev'essere ambientale, e naturalmente dalla temperatura sempre molto bassa.

In seguito alla foratura delle forme, e al loro rivoltamento, bisogna fare attenzione che i fori non si occludano, impedendo all'aria di penetrare nella pasta del formaggio. L'erborinato a pasta dura e piccante deve poter stagionare a lungo ma sempre con attenzione, e le prove di carotatura vanno effettuate spesso, soprattutto nelle prime fasi, per controllare che le muffe si siano sviluppate correttamente. Ciò aiuta il casaro nel procedere ad altre trasformazioni, senza dover attendere la maturazione completa del formaggio.

ERBORINATO A PASTA DURA PICCANTE	Categorie del formaggio	KG 6-8
Formaggio a pasta molle erborinato prevalentemente dolce, con muffe di colore verde-azzurro brillante. Si consuma dopo almeno 75-80 giorni. Il sapore è dolce e l'aroma tipico di fungo, leggermente ammoniacale con note lattiche di burro fresco. La pasta è morbida, a volte abbastanza cremosa vicino alle infiltrazioni di muffa, di colore bianco o avorio chiaro.	• Origine • Trattamento del latte • Coagulazione • Temperatura di lavorazione • Contenuto d'acqua • Contenuto di grasso • Tempo di stagionatura	latte di vacca crudo/pastorizzato acido-presamica pasta cruda pasta semidura grasso lunga stagionatura

Latte	Crudo o pastorizzato **vaccino**	
Coadiuvanti	**Batteri**: inoculo con lattofermento base latte preparato il giorno prima, 22-24 °SH/50, pH 3,8-3,90, composto da *Streptococcus s. termophilus* e *Lactobacillus d. subsp. bulgaricus* in miscela; *Penicillium roqueforti* e lieviti nelle dosi consigliate dall'azienda produttrice	
	Caglio: liquido di vitello 1:10.000	chimosina/pepsina 80/20

Tecnologia

- Latte con acidità 3,1-3,3 °SH/50, in caldaia alla temperatura di 35 °C.
- Inoculo lattofermento (3,5-4%), penicillium e lieviti, agitare per 2' e sosta per circa 15'.
- Incremento acidità della miscela: 0,3 °SH/50 – pH 6,4.
- Aggiunta del caglio, 35 ml/hl a temperatura di 36-37 °C con successiva agitazione per 2'.
- Il coagulo dev'essere pronto al taglio, piuttosto umido, in circa 25-30'.
- Primo taglio, molto delicato, della cagliata con lira o con lira dedicata a maglie fino a dimensione di noce grossa.
- Sosta di circa 10'.
- Agitazione lenta della massa per circa 5'.
- Estrazione molto delicata su banco telato.
- Sosta su banco fino a che la pasta raggiunge pH 6,00.
- Riempimento delle fuscelle a strati con spannarola.
- Sosta per 10'.
- In cella statica a 4-6 °C fino a pH pasta 4,70-4,85, circa 7 ore.
- Giorno n. 1 (successivo) forme in camera calda, ambiente a temperatura di 19-22 °C.
- Giorno n. 2 estrazione dalla fuscelle, salatura a secco sullo scalzo e sulla faccia superiore, avvolgimento con fascera traforata (le forme rimangono in camera calda fino al giorno dopo).
- Giorno n. 3 salatura a secco sulla seconda faccia (le forme rimangono in camera calda fino al giorno dopo).
- Giorno n. 4 se i formaggi hanno coppato, gonfiato, pH 4,70-4,80, forme in cella ventilata 4 °C UR 94-96%.
- 11° giorno foratura forme sulla prima faccia (aghi Ø 5 mm).
- 16° giorno salinatura (lavaggio forme con soluzione satura).
- 23° giorno seconda foratura sulla seconda faccia (aghi Ø 5 mm).
- 28°-30° giorno seconda salinatura (lavaggio forme con soluzione satura).
- 30°-35° giorno verifica del pH che deve presentare risalita.
- 50°-55° giorno spostare le forme in cella statica a 4 °C.

Note: controllare regolarmente il pH della pasta che per 30-35 giorni deve rimanere 4,80.

Pecorino erborinato a pasta semidura

Le peculiarità dei componenti del latte ovino determinano le difficoltà a ottenere formaggi erborinati. In particolare la componente grassa può portare l'effetto di bassa appetibilità, tanto che un piccolo campione di questo formaggio ha il potere di saziare chi lo consuma. Tenendo in considerazione questo aspetto, il casaro deve ponderare bene quali caratteristiche deve possedere l'erborinato che vuole produrre. Una delle soluzioni che implica forte acidificazione della cagliata è quella di gessare la pasta (per l'erborinato di capra è una fase molto importante). È un'opzione tecnologica il cui risultato non è scontato in quanto il latte ovino non ha elevate attitudini ad acidificare. Proprio per queste ragioni è possibile optare per l'inoculo di lattofermento composto da batteri mesofili, capaci di mantenere azione acidimetrica anche dopo l'estrazione della pasta dalla caldaia e successivamente in cella di maturazione. Soprattutto per questa tipologia di formaggi la compilazione della curva acidimetrica è indispensabile, e i dati vanno raccolti frequentemente, anche oltre i passaggi da una fase all'altra.
Una osservazione va fatta sul latte. Come si sa le normative impongono, per il latte vaccino, controlli e analisi delle cellule somatiche. Per i latti delle specie ovina, caprina e bufalina, non vi sono limitazioni. Per questo molto spesso nei caseifici dove si trasforma il latte ovino, non ci si preoccupa dell'argomento cellule somatiche. È vero, però, che seppure non vi siano imposizioni di leggi, le cellule somatiche sono uno scoglio a cui il casaro va incontro qualora siano in concentrazioni elevate. Soprattutto nel latte ovino è frequente la presenza di cellule somatiche bel oltre 1.00.000 n/ml. Ciò va a determinare non solo la capacità del latte a coagulare ma soprattutto ad acidificare, e per l'erborinato di pecora è davvero un grosso problema. L'acidificazione in presenza di elevato n/ml di cellule somatiche porta a un lentissimo abbassamento del pH, che a volte non raggiunge il livello desiderato. Ne risulterebbe l'impossibilità di scendere a pH inferiori a 5 con la conseguenza che ne verrebbe impedita l'eventuale ricercata gessatura. Dovendo inoltre diventare una pasta semidura, l'eventuale anomala acidificazione impedirebbe la corretta sineresi della pasta. La scheda tecnica che segue prevede l'utilizzo di *Leuconostoc mesenteroides* la cui azione batterica è in grado di aprire la pasta determinando occhiatura, con conseguente ottimale sviluppo delle muffe. Non sempre le dosi suggerite dall'azienda produttrice di fermenti possono adattarsi al latte lavorato, quindi, sia per i fermenti mesofili sia, e a maggior ragione, per il *Leuconosctoc mesenteroides* vanno fatte prove tali da comprendere il giusto utilizzo. Un eccesso di occhiatura può portare a esagerata velocità proteolitica con conseguenze sulla reologia della pasta e sulle sensazioni aromatiche, che possono anche ricondurre al putrido.
Le fasi che seguono l'estrazione della pasta dalla caldaia sono simili a quelle indicate per l'erborinato vaccino a pasta dura. Si vuole ricordare che ottenere un erborinato da latte ovino a pasta molle, magari cremosa, non è difficilissimo, ma ritorna il discorso dell'appetibilità che ne inficia la vendita. Inoltre la forma del formaggio una volta aperta deperisce rapidamente, cambia il colore, rammollisce ulteriormente a discapito delle sensazioni organolettiche.

PECORINO ERBORINATO A PASTA SEMIDURA	Categorie del formaggio	6-8
Formaggio a pasta semidura erborinato prevalentemente dolce, con muffe di colore verde-azzurro brillante. Si consuma dopo almeno 90 giorni. Il sapore è dolce e l'aroma tipico di fungo, leggermente ammoniacale, con note lattiche di burro fresco e animale. La pasta è semidura con lieve morbidezza in corrispondenza delle muffe.	• Origine • Trattamento del latte • Coagulazione • Temperatura di lavorazione • Contenuto d'acqua • Contenuto di grasso • Tempo di stagionatura	latte di pecora crudo presamico-acida pasta cruda pasta semidura grasso lunga stagionatura

Latte	Crudo **ovino**	
Coadiuvanti	**Batteri**: inoculo con batteri mesofili eterofermentanti o meglio con *Leuconostoc. Penicillium roqueforti* nelle dosi consigliate dall'azienda produttrice	
	Caglio: in pasta di agnello	

Tecnologia

- Latte con acidità 4-4,4 °SH/50, in caldaia alla temperatura di 32-34 °C.
- Inoculo fermenti starter selezionati e penicillium. Agitare per 2' e sosta fino ad acidità di 6,40 pH.
- Aggiunta del caglio, 20-25 g/hl a temperatura di 32-34 °C con successiva agitazione per 2'.
- Il coagulo dev'essere pronto al taglio, piuttosto umido, in circa 25-30'.
- Primo taglio della cagliata con lira dedicata a maglie di cm 4×4×4.
- Sosta di circa 5'.
- Secondo taglio della cagliata a noce e nocciola (taglio di dimensioni variabili).
- Sosta di 5'.
- Agitazione lenta della massa per circa 5'.
- Estrazione molto delicata su banco telato e sosta fino a pH pasta 6,15.
- Riempimento delle fuscelle con piatto o spannarola alternando il riempimento e stratificando la pasta.
- Stufatura fino all'acidità della pasta ph 4,80-5,00.
- In cella statica a 7-8 °C per 1 giorno.
- Giorno n. 1 (successivo) salatura a secco per 24 ore su una faccia.
- Giorno n. 2 salatura a secco per 24 ore sulla seconda faccia.
- Giorno n. 8 cambio di cella, porre le forma in ambiente a T=12-14 °C con 90% UR.
- Giorno n. 15 prima foratura (prima faccia) ed eventuale pulizia delle forme.
- Giorno n. 22 seconda foratura (seconda faccia) ed eventuale pulizia delle forme.
- Giorno n. 30 cambio ambiente di stagionatura a T=7-8 °C con UR 90%.

Note: per la semplicità della tecnologia questo formaggio può essere fatto anche in piccoli caseifici.

Erborinato 2 latti

È un formaggio solitamente molto apprezzato dal consumatore per la sua alta appetibilità. Infatti, la minore percentuale di grasso, rispetto all'erborinato di solo latte ovino, fa sì che l'aspetto di sazietà sia migliorato e chi lo acquista tende a consumarne una buona quantità.

Rispetto all'erborinato di pecora ne viene migliorata l'esecutività delle fasi tecnologiche, la capacità del latte a fermentare e in fase di coagulazione il rassodamento della cagliata avviene più lentamente e, soprattutto, non prosegue in seguito al primo taglio. La tecnica di produzione rimane comunque complessa e il casaro dovrà ripeterla fino alla buona riuscita del prodotto.

Per le fermentazioni si utilizzano batteri lattici termofili, sia in modalità selezionata sia con lattofermento che aiuta, vista la relativamente bassa temperatura (38 °C) di coagulazione, a innescare immediatamente le fermentazioni.

Se si intende utilizzare una miscela di fermenti liofilizzata è possibile incubarla a 40-42 °C, avendo però l'avvertenza di abbassarla, successivamente all'incubazione, alla temperatura di coagulazione.

Prima dell'inserimento del caglio è necessario verificare se nel latte è avvenuta azione fermentativa, misurandone il pH.

Il principale attore di questo tecnologia è un microrganismo eterofermentante, il *Leuconostoc mesenteroides*, capace di portare un'importante occhiatura al formaggio e di conseguenza, in seguito alla foratura, consentire alle muffe di espandersi nella pasta. È un microrganismo capace di attività piuttosto intensa, invasiva, e di forte azione proteolitica, spesso portatore di difetti ai formaggi nei quali è presente. Per questi motivi il casaro potrà agire diversamente da quanto indicato nella scheda tecnica allegata ai fermenti, diminuendo la dose di *Leuconostoc mesenteroides*.

Rispetto ad altri formaggi erborinati, la tecnologia di produzione non si discosta molto; in ogni caso, visto anche l'utilizzo di un eterofermentante, è bene tenere sotto controllo la curva acidimetrica delle diverse prove effettuate ed eventualmente portare le modifiche necessarie.

Il caglio deve essere dosato affinché la cagliata non sia troppo asciutta e dura ma della consistenza che permetta al casaro di lavorarla. Una buona cagliata aiuterà lo spurgo in caldaia ma soprattutto sul banco telato, dove rimarrà fino all'acidità progettata. Qualora sul tavolo spersore la cagliata spurghi troppo lentamente, il casaro potrà provvedere a tagli verticali, ridimensionando il coagulo estratto.

La tecnica indicata dalla scheda che segue consente l'ottenimento di un formaggio a pasta molle, cremosa ma nello stesso tempo sostenuta, non certo "al cucchiaio". La pasta non deve essere deliquescente, o cadere in seguito al taglio della forma.

Un elevato contenuto di acqua nel formaggio può portare a difetti irreversibili come l'amaro, peraltro presente in bassa intensità in molte tipologie di erborinati.

Alle fasi di trasformazione seguono quelle di maturazione in cella fredda ventilata, dove le forme dovranno essere trattate in crosta con soluzione salina satura, per una volta, o al massimo due, se necessario. Le forme dovranno essere forate a distanza di 7 giorni, senza operare rivoltamenti.

Gli stessi rivoltamenti, successivamente alla foratura, non devono avvenire troppo frequentemente, per evitare di occludere i fori, nel qual caso il casaro opererà con la punta dell'ago per riaprirli.

L'aspetto della forma deve poter restare con le facce piane e lo scalzo dritto. Qualora ciò non avvenisse, vanno riconsiderate e riviste le diverse fasi della trasformazione.

ERBORINATO 2 LATTI	**Categorie del formaggio**		**KG** 2,0-3,0
Formaggio a pasta molle erborinata di latte vaccino e ovino in uguale percentuale. Crosta morbida e pasta cremosa con occhiatura piuttosto intensa di forma regolare e irregolare, erborinata. Sapore dolce e aroma di fungo, lievemente ammoniacale. Pasta morbida, con presenza di piccole parti dure.	• Origine • Trattamento del latte • Coagulazione • Temperatura di lavorazione • Contenuto d'acqua • Contenuto di grasso • Tempo di stagionatura		latte di vacca e pecora pastorizzato acido-presamica pasta cruda pasta molle grasso media stagionatura

Latte	vacca 50% - **pecora** 50%	
Coadiuvanti	**Batteri:** *Streptococcus s.Termophilus* in miscela con *Lactobacillus d. subsp. bulgaricus* e *Leuconostoc mesenteroides - Penicillium Roqueforti*	
	Caglio: liquido di vitello 1:10.000-IMCU 110	chimosina/pepsina 80/20

Tecnologia

- Latte misto vaccino/ovino al 50% alla temperatura di 38 °C.
- Inoculo fermenti selezionati e penicillium come da istruzioni dell'azienda fornitrice.
- 2' di agitazione.
- Sosta per 30-40'.
- Inserimento del caglio, 30-35 ml/hl a temperatura di 32-34°. Agitazione per 1'.
- Coagulo pronto al taglio in 30-35'.
- Taglio della cagliata a noce grossa.
- Sosta o lenta agitazione fino a pH.
- Estrazione della pasta su tavolo spersore fino a pH.
- Riempimento alternato delle fuscelle con pasta tagliata e posta a strati.
- Inizio stufatura a temperatura di 24-28 °C.
- Successivi 4 rivoltamenti fino al raggiungimento di pH 5,2 della pasta.
- Termine stufatura e attesa fino a pH 4,9-4,8.
- Spostare le forme in cella a 4 °C, il pH deve rimanere 4,8.
- Trasferire le forme in camera calda a 20 °C e 90-95% di umidità fino alla formazione di occhiatura (coppatura che può avvenire anche fino a 4 giorni).
- Controllo con tassellatura della reale situazione della pasta.
- Salatura a secco su tutta la superficie della forma.
- Foratura delle forme sulla prima faccia dopo 7 giorni (i fori non devono passare la seconda faccia).
- Foratura delle forme sulla seconda faccia dopo 7 giorni dalla prima foratura (i fori non devono passare la prima faccia).
- Nel momento in cui iniziano le prime muffe, effettuare lavaggio della crosta con salamoia satura.
- Stagionatura a 4 °C per circa 40 giorni con rivoltamenti ogni 7 giorni.

Note: per la prima produzione dosare *Leuconostboc mesenteroides* come da suggerimento di azienda fornitrice, poi regolare la quantità in base all'aspetto della pasta ottenuto.

Formaggi a pasta filata

Ho parlato molto dei formaggi a pasta filata, relativamente agli aspetti tecnici della coagulazione ma soprattutto a quelli strettamente legati alla filatura, fase che richiede una forte sinergia con tutte le altre, precedenti e successive. Ho già scritto che la filatura non è semplicemente una fase a sé e il casaro consapevole deve operare in considerazione dello specifico prodotto che intende ottenere. Questa tecnica è specialistica della trasformazione casearia italiana, che ha visto tutto il mondo copiarcela e anche modificarla. È il caso della mozzarella, che per motivi di tempistica è stata snaturata e resa banale dalla tecnologia dell'acidificazione chimica. Oggi anche in Italia viene utilizzato questo tipo di acidificazione ma nella maggior parte dei piccoli e medi caseifici, e anche in alcuni grandi, viene impiegata quella naturale con fermentazione batterica. È la natura a consentire le migliori fermentazioni che ci permettono di fare mozzarelle, provoloni e caciocavalli di eccellente qualità. Sono pur sempre le paste filate italiane le migliori al mondo.

Le paste filate possono essere classificate, anche per la loro durata di maturazione e per il contenuto d'acqua, in formaggi freschi, di breve, media e lunga stagionatura. Ciò è determinato dal fatto che questa tecnica è molto flessibile, si presta davvero all'ottenimento di formaggi a maggiore o minore contenuto d'acqua. Mentre per fare paste filate fresche come la mozzarella la tecnica è quella della pasta cruda, per i provoloni è necessario spingere la sineresi indotta magari riscaldando la cagliata o immergendo il formaggio appena formato nella scotta o nel siero portati ad alte temperature.

Ma le caratteristiche acidimetriche della pasta e la tecnica di filatura sono uguali per ogni tipo di formaggio che deve risultare dalla trasformazione. Ed è proprio qui la bellezza di questa tecnologia, che spazia dalla specifica filatura alla formatura che, molto frequentemente, avviene ancora in modo manuale e a volte anche artistico. Il casaro che intende produrre pasta filata deve concepire il progetto come se fosse davvero un lavoro manuale perché la qualità superiore avviene solo da lavorazioni di piccole quantità che consentono all'operatore di utilizzare strumenti semplici, e soprattutto le mani. Certo è che l'industria non può permettersi, viste le enormi quantità di latte in trasformazione, la manualità, ma in funzione delle forti capacità economiche può avvalersi delle migliori attrezzature, anche informatiche, per far sì che la produzione possa essere comunque di qualità.

La soluzione tecnologica più importante per produrre formaggi a pasta filata, sia essa fresca o stagionata, è quella dell'innesto dei batteri lattici. Per una produzione di alta qualità è indispensabile basarsi sugli innesti naturali come il lattoinnesto o il sieroinnesto, che si prestano sia per la produzione di mozzarella che di altre specialità che devono stagionare. Anche la scelta di fermenti selezionati porta a buone qualità organolettiche, l'importante è che si giunga a filare una pasta che ha fermentato, il cui aspetto acidimetrico sia davvero il frutto di una fermentazione batterica. Se è possibile, è quindi da evitare la produzione di formaggi ad acidificazione chimica, che prevede l'utilizzo di acido citrico o lattico.

Le schede tecniche che seguono sono state concepite in considerazione della manualità delle operazioni che si devono effettuare in caseificio, ma la filosofia della tecnologia della pasta filata è pur sempre quella, sia che si utilizzino le mani sia che si utilizzino le macchine. Tutte le fasi mirano all'ottenimento di una pasta che si lasci filare in modo ottimale. Ciò avviene solo dopo aver raggiunto il pH corretto e dopo aver verificato, con la prova manuale specifica, se la pasta è davvero pronta per essere filata.

Le schede non indicano le forme specifiche di questi formaggi perché sono tantissime: possono essere ovoidali, a pera, a treccia, a ciliegia, a salame e altre forme di fantasia.

Aspetti tecnici

Le paste filate italiane sono conosciute per la trasformazione di latte prevalentemente vaccino e bufalino. Ma, come per gli erborinati, anche per questa tipologia negli ultimi anni si è visto, nei piccoli e medi caseifici, un incremento produttivo di formaggi da latte ovino e caprino.

Cosa dire di questa nuova tendenza? Innanzitutto non è del tutto nuova, perché vi sono formaggi a pasta filata già prodotti, come la Vastedda della Valle del Belìce DOP, formaggio storico siciliano, che consiste in una pasta molle filata da latte ovino.

La tecnologia di produzione delle paste filate a latte ovino e caprino si differenzia da quella classica vaccina e bufalina in particolare per il pH di filatura della cagliata, ma necessariamente vanno fatti alcuni ragionamenti.

La cagliata per pasta filata subisce alcune modificazioni tra le quali la demineralizzazione, che avviene sia per fermentazione da batteri lattici sia per inoculo, nel latte, di acidi (lattico o citrico). In queste circostanze, il paracaseinato di calcio, ovvero il coagulo ottenuto per la destabilizzazione delle micelle di caseina che in presenza di ioni di calcio tendono a saldarsi fra loro, consente alla cagliata in filatura di assumere elasticità e fibrosità. In funzione quindi della specie di latte utilizzato la filatura deve avvenire a pH e ad alta temperatura adeguati.

Considerando che i latti di vacca e bufala sono decisamente idonei alla filatura, non si deve dimenticare che nei latti ovino e caprino vi è una grande presenza di caseine, capaci di essere destabilizzate dal caglio ma con diverse caratteristiche affidate al paracaseinato di calcio.

Infatti, la fibra che si ottiene filando questi latti è meno elastica, più corta di quella vaccina e bufalina, con la conseguente scarsa capacità di creare una lunga ed elastica corda. Ciò non toglie che con il latte di pecora e quello di capra, non si possano ottenere formaggi a pasta filata. Ne consegue una maggiore difficoltà, e i buoni risultati sono l'espressione di prove che devono essere effettuate sia a diversi pH della pasta sia a diverse temperature dell'acqua di filatura.

Per la cagliata da latte di vacca il pH da raggiungere, con acificazione naturale, si attesta attorno a 5,1 mentre per quello di bufala a 4,9. Per il latte ovino il pH della cagliata da filare rientra in un range compreso tra 5,10 e 4,90. Prove empiriche hanno dimostrato che il pH può anche essere superiore a 5,10. Ogni casaro deve quindi verificare il punto di filatura, sia con la misurazione del pH sia con la prova pratica.

Il corretto punto di filatura riguarda anche la lavorazione della cagliata predisposta per le paste filate a pasta dura, come il provolone in particolare o il caciocavallo.

In Itala i formaggi a pasta dura e filata vengono prodotti prevalentemente da latte crudo, con l'utilizzo di sieroinnesto o lattofermento, ma in alcune zone del Sud avviene ancora con fermentazione naturale lunga, ovvero ottenuta semplicemente lasciando il latte crudo in sosta affinché ne scenda il pH, così come in seguito avviene per la cagliata.

Ne deriva una lunghissima acidificazione della cagliata, tant'è che spesso occorre una giornata intera o più per raggiungere il punto di filatura. Ciò però può comportare evidenti rischi di natura batteriologica.

Da tutti questi ragionamenti si evince che il miglior metodo di fermentazione della cagliata sia quello derivante dall'utilizzo di sieroinnesto, capace di apportare acidità immediata al latte e quindi di contrastare l'eventuale azione dei batteri anticaseari.

Il sieroinnesto non è però una pozione magica e il casaro deve trovare il giusto equilibrio tra l'acidità dell'innesto e la quantità da inoculare nel latte, fattori che influiscono non solo sui tempi di acidificazione ma sulla ottimale riuscita del formaggio.

Utilizzando il sieroinnesto bisogna dover considerare che la pasta caseosa può subire difetti, come la perdita dell'elasticità che può causare sfoglie nella pasta del formaggio, prevalentemente a pasta semidura o dura. Ciò può avvenire per una elevata quantità di inoculo o per elevata rapidità di fermentazione della pasta.

Il sieroinnesto è composto da microrganismi in grado di resistere a temperature importanti, ben oltre i 50 °C, temperatura che può innescare problematiche che possono derivare anche dalla presenza di agenti biologici, come i residui di grasso o di pasta, per cui la preparazione di questa coltura dev'essere curata con la pulizia continua.

Il casaro dovrà provare diverse temperature di incubazione del siero fino al raggiungimento della giusta acidità e provvedere alla verifica misurando il pH, o meglio, l'acidità nominale.

La cagliata, in fase di fermentazione, deve essere mantenuta alle idonee temperature in funzione del tipo di consistenza della pasta del formaggio. È opportuno quindi optare per temperature mesofile dovendo produrre formaggi piccanti, o termofile per formaggi dolci.

Solitamente, per ottenere buoni risultati, la fase di acidificazione della cagliata non deve protrarsi oltre le 5-6 ore. Ma in Italia è innumerevole la casistica tecnologica dei formaggi a pasta filata, per cui dettare regole specifiche è davvero complicato.

Oggi, soprattutto al Sud, è sorta l'esigenza commerciale di produrre caciocavalli occhiati. Si tratta prevalentemente di provoloni e caciocavalli al cui latte, crudo o pastorizzato, vengono aggiunti batteri propionici. La lavorazione di questi formaggi si differenzia da quella classica, abitudinaria nei caseifici che lavorano pasta filata, per alcuni aspetti. Si parla in primo luogo del sieroinnesto, che deve poter consentire un'ottimale produzione di acido lattico affinché i batteri propionici possano trasformarlo in acido propionico.

La cagliata una volta rotta può subire semicottura e/o lavaggio, sostituendo il 30-35% del siero con acqua calda, come avviene per altri formaggi, caciocavalli o provoloni.

In fase di filatura la pasta non deve superare i 62 °C, in quanto temperature superiori non sono sopportate dai batteri propionici. La formatura delle forme dev'essere manuale oppure, se meccanica, la pasta non dev'essere asciugata troppo e deve poter rimanere più morbida della classica pasta filata semidura.

I batteri propionici sono molto sensibili al sale e quindi è necessario effettuare salature blande. La pasta del formaggio occhiato deve risultare dolce, sia per effetto della salagione, sia per il fatto che i batteri propionici utilizzano l'acido lattico, togliendo quindi l'acidità alla pasta stessa.

Per quanto riguarda i formaggi a pasta filata freschi, mozzarella e scamorze, si può provvedere alla salatura nel latte o in pasta, in funzione delle esigenze tecnologiche che ogni caseificio si impone. È preferibile comunque effettuare la salatura in soluzione salina immergendo i formaggi già formati, raffreddati e rassodati, e concludendo le fasi di trasformazione con l'immersione delle forme nel liquido di governo.

Per le paste filate da stagionare, la salatura deve avvenire, per forza di cose, in salamoia con concentrazione massima di 18 °Bé, cercando quindi di non utilizzare soluzioni sature che possano determinare la formazione di croste molto dure e sottocrosta di elevato spessore.

Dalla pagina successiva in poi sono presenti le schede tecnologiche della mozzarella, della scamorza, della mozzarella di bufala, del caciocavallo e del caciocavallo occhiato.

MOZZARELLA	Categorie del formaggio	Formatura manuale o meccanica **KG** 0,03-0,25
Formaggio a pasta filata vaccino, fresco ad alto contenuto d'acqua. Si presenta con forma ovoidale o a treccia o a ciliegia o in altre forme tipiche del luogo di produzione. La pelle è di colore bianco ed elastica. La pasta è piuttosto umida, colante e di sapore dolce-acido. Aroma lattico fresco e acido.	• Origine • Trattamento del latte • Coagulazione • Temperatura di lavorazione • Contenuto d'acqua • Contenuto di grasso • Tempo di stagionatura	latte di vacca pastorizzato presamica pasta cruda pasta molle grasso fresco

Latte	Crudo o pastorizzato **vaccino**, rapporto grasso/proteine 1,08/1,12
Coadiuvanti	Batteri: inoculo con lattoinnesto 16-22 °SH/50 (T. incubazione 43-44 °C), oppure starter diretto con fermenti selezionati *Streptococcus s. termophilus*
	Caglio: liquido di vitello 1:10.000 chimosina/pepsina 80/20 coagulante microbico

Tecnologia

- Latte con acidità 3,2-3,6 °SH/50, in caldaia alla temperatura di 35-38 °C.
- Se inoculo di lattoinnesto dosare 1-2% fino a incremento acidità della miscela: 0,1-0,3 °SH/50; se inoculo fermenti selezionati, agitazione per 2', miscela in sosta per circa 30'.
- Aggiunta del caglio, 20-30 ml/hl a temperatura di 35-38 °C con successiva agitazione per 2'.
- Il coagulo dev'essere pronto al taglio in circa 20-30'.
- Primo taglio della cagliata con spada o lira dedicata alle dimensioni di 5×5×5.
- Sosta di circa 5' o fino a quando il siero appare copioso.
- Secondo taglio della cagliata con lira a dimensione di nocciola grossa o noce.
- Sosta o lenta agitazione della massa per circa 10' fino ad acidità del siero 2,5-2,7 °SH/50.
- Sosta della massa per permettere alla pasta di depositarsi sul fondo della caldaia e iniziare l'acidificazione o estrazione su banco o in maturatore.
- Prova di filatura a pH 5,10 con successiva estrazione della pasta su tavolo spersore.
- Taglio della pasta a fette di 4-5 cm.
- Sosta di 5-10'.
- Secondo taglio della pasta in sfoglie sottili max 1,5 cm.
- Filatura con acqua a temp. variabile da 72 a 90 °C; la pasta in filatura deve avere una temperatura di 60-65 °C.
- Formatura manuale o meccanica a ovulo, a treccia o altre forme tipiche.
- Rassodamento e raffreddamento in acqua corrente a temperatura massima di 15 °C.
- Salatura in salamoia a 12-14 °Bé per 15-30' in funzione del peso.

Note: il tempo di acidificazione, a seconda se effettuata sul banco o sotto il siero, è piuttosto variabile e si configura fra le 3,30 e le 4,30 ore. Nel caso di fermenti selezionati il tempo può variare in funzione dei diversi ceppi utilizzati.

SCAMORZA	**Categorie del formaggio**	**Formatura manuale** KG 0,2-0,5
Formaggio che si frappone fra la fresca mozzarella e il caciocavallo per il suo contenuto d'acqua. La pasta della scamorza è infatti piuttosto morbida ma non presenta acquosità. Formaggi a pasta filata dal sapore dolce e aroma di medio-bassa intensità, piuttosto lattico. La pasta non presenta occhiatura ma possono verificarsi piccole aperture meccaniche.	• Origine • Trattamento del latte • Coagulazione • Temperatura di lavorazione • Contenuto d'acqua • Contenuto di grasso • Tempo di stagionatura	latte di vacca pastorizzato presamica pasta cruda o semicotta pasta molle o semidura grasso breve

Latte	Crudo o pastorizzato **vaccino**	
Coadiuvanti	**Batteri**: inoculo diretto con fermenti selezionati o sieroinnesto; *Streptococcus s. termophilus*	
	Caglio: liquido di vitello 1:10.000	chimosina/pepsina 80/20

Tecnologia

- Latte con acidità 3,2-3,6 °SH/50, in caldaia alla temperatura di 35-37 °C.
- Inoculo fermenti selezionati e dopo 2' di agitazione lasciare la miscela in sosta per circa 30'; se inoculo di sieroinnesto dosare 1-2% fino a incremento acidità della miscela: 0,1-0,2 °SH/50.
- Aggiunta del caglio, 20-30 ml/hl a temperatura di 35-36 °C con successiva agitazione per 2'.
- Il coagulo dev'essere pronto al taglio in circa 15-20'.
- Primo taglio della cagliata con spada o lira dedicata alle dimensioni di 4×4×4.
- Sosta di circa 5'.
- Secondo taglio della cagliata con lira a dimensione di nocciola o mais.
- Se necessario breve agitazione lenta.
- Sosta della massa per permettere alla pasta di depositarsi sul fondo della caldaia per circa 5'.
- Svuotamento parziale del siero circa ¼ del totale.
- Riscaldamento del siero estratto.
- Immissione del siero riscaldato in caldaia fino all'ottenimento, nella massa, della temperatura di 42 °C.
- Estrazione della pasta su tavoli e inizio acidificazione oppure acidificazione sotto siero.
- Prova di filatura a pH 5,10.
- Estrazione e deposito della pasta su tavoli.
- Taglio in sfoglie di spessore massimo 1,5 cm.
- Filatura con acqua a 80-90 °C e formatura manuale a ovulo con strozzatura per la formazione della testina.
- Rassodamento e raffreddamento in acqua a temperatura massima di 10 °C.
- Salatura in salamoia a densità 20/22% per 0,30-3 ore in funzione del peso.

Note: il tempo di acidificazione, a seconda se effettuata sul banco o sotto il siero, è piuttosto variabile e si configura fra le 3,30 e le 9 ore. Nel caso di fermenti selezionati il tempo può variare in funzione dei diversi ceppi utilizzati.

MOZZARELLA DI BUFALA	Categorie del formaggio	Formatura manuale o meccanica KG 0,3-4
Formaggio a pasta filata fresco ad alto contenuto d'acqua. Si presenta con forma ovoidale o a treccia o a ciliegia o in altre forme tipiche del luogo di produzione. La pelle è elastica di colore bianco porcellanato. La pasta è molto umida, con evidente colatura di latticello. Il sapore è dolce-acido. Aroma lattico fresco, acido e muschiato.	• Origine • Trattamento del latte • Coagulazione • Temperatura di lavorazione • Contenuto d'acqua • Contenuto di grasso • Tempo di stagionatura	latte di bufala crudo/pastorizzato presamica pasta cruda pasta molle grasso fresco

Latte	Crudo o pastorizzato **bufalino**
Coadiuvanti	**Batteri:** inoculo con sieroinnesto 16-18 °SH/50 o fermenti selezionati *Streptococcus s. termophilus, Lactobacillus d. subsp. bulgaricus, L. helveticus*, oppure starter diretto con fermenti selezionati (lattofermento) 16-20 °SH/50
	Caglio: liquido di vitello 1:10.000 chimosina/pepsina 80/20

Tecnologia

- Latte con acidità 4,3-5 °SH/50, in caldaia alla temperatura di 33-38 °C.
- Inoculo sieroinnesto fino ad acidità della miscela 5,5-5,7 °SH/50.
- Aggiunta del caglio, 10-20 ml/hl a temperatura di 36-38 °C con successiva agitazione per 2'.
- Il coagulo dev'essere pronto al taglio in circa 45-60'.
- Primo taglio della cagliata con spada o lira dedicata alle dimensioni di 10x10x10.
- Sosta di circa 5-10'.
- Secondo taglio della cagliata con lira a dimensione di noce.
- Sosta o lenta agitazione della massa per circa 10' fino ad acidità del siero 7-8 °SH/50.
- Estrazione del siero fino al livello della pasta.
- Eventuale reimmissione del siero riscaldato a non oltre 48-52 °C fino a ottenere una temperatura di 42-44 °C della massa.
- Sosta per acidificazione, a termine acidificazione la temperatura della massa dev'essere non inferiore a 36-37 °C.
- Prova di filatura a pH 4,90 con successiva estrazione e deposito su tavoli.
- Filatura e formatura manuale previa spezzatura della pasta a lamelle sottili 1,5-2 cm con acqua a 95 °C.
- Rassodamento e raffreddamento in acqua a temperatura massima di 10-12 °C max 1 ora.
- Salatura in salamoia (max 14-15 °C) a densità 10/16% per 8-10 ore in funzione del peso.

Note: liquido di governo composto da salsetta (acqua di filatura) al 3% di sale addizionata di acido citrico o sieroinnesto, pH 5,00.

CACIOCAVALLO	**Categorie del formaggio**	**Formatura manuale o meccanica** KG 1,5-2,5
Formaggio a pasta filata semidura o dura. La crosta è sottile, di consistenza dura o molto dura, di colore paglierino o tendente al bruno con la stagionatura. La pasta è semidura o dura di colore variabile, avorio o paglierino, con occhiatura di piccole o medie dimensioni anche rada distribuita uniformemente. Il sapore è dolce e può presentare sensazioni di piccantezza. L'aroma è lattico cotto, vegetale, e con l'invecchiamento anche animale.	• Origine • Trattamento del latte • Coagulazione • Temperatura di lavorazione • Contenuto d'acqua • Contenuto di grasso • Tempo di stagionatura	latte di vacca crudo/pastorizzato presamica pasta semicotta pasta semidura o dura grasso media/lunga stagionatura (max 6 mesi)

Latte	Crudo o pastorizzato **vaccino**	
Coadiuvanti	**Batteri:** inoculo con sieroinnesto o lattofermento da fermenti selezionati dedicati	
	Caglio: liquido di vitello 1:10.000 in pasta di agnello	chimosina/pepsina 80/20

Tecnologia

- Latte in caldaia alla temperatura di 37-38 °C.
- Inoculo sieroinnesto o fermenti selezionati in sosta per circa 30'.
- Incremento acidità della miscela: 0,1-0,4 °SH/50.
- Aggiunta del caglio, 35-40 ml/hl a temperatura di 38 °C con successiva agitazione per 2'.
- Il coagulo dev'essere pronto al taglio in circa 30'.
- Primo taglio della cagliata con lira o meglio con lira dedicata a dimensioni di cm 3x3x3.
- Sosta di circa 5'.
- Secondo taglio della cagliata con lira a dimensione di mais o riso.
- Sosta della massa per circa 5'.
- Riscaldamento, con agitazione della massa, fino a 45-48 °C oppure estrazione del siero fino al livello della pasta.
- Il siero estratto viene riscaldato a circa 90 °C e rimesso in caldaia fino a temperatura della massa di 42-46 °C.
- Acidificazione della pasta sotto siero, la temperatura non deve mai essere inferiore a 42 °C.
- Dopo la prova di filatura (pH 5,10) estrazione della pasta, taglio grossolano a blocchi di spessore di circa 6-8 cm e sosta su tavolo per 10'.
- Taglio della pasta in strisce non più spesse di 1 cm.
- Filatura con acqua a 90-95 °C e formatura manuale.
- Raffreddamento e rassodamento in acqua corrente max 12 °C.
- Salatura in salamoia al 25-26% a temperatura massima di 14 °C.

Note: la stagionatura dev'essere effettuata in ambienti con umidità 80% e temperatura massima di 10-12 °C.

CACIOCAVALLO OCCHIATO	Categorie del formaggio	Formatura manuale KG 2,0-4,0
Formaggio a pasta filata semidura. La crosta è sottile, di consistenza dura e di colore paglierino. La pasta è semidura di colore avorio o paglierino, con occhiatura tondeggiante, spesso lucida, di medie o grandi dimensioni, distribuita uniformemente. Il sapore è prevalentemente dolce. L'odore e l'aroma sono lattici, vegetali e proprionici.	• Origine • Trattamento del latte • Coagulazione • Temperatura di lavorazione • Contenuto d'acqua • Contenuto di grasso • Tempo di stagionatura	latte di vacca crudo/pastorizzato acido-presamica pasta semicotta pasta semidura grasso media/lunga stagionatura (max 6 mesi)

Latte	Crudo o pastorizzato **vaccino**	
Coadiuvanti	**Batteri:** inoculo con sieroinnesto 28-30 °SH/50. Inoculo di batteri propionici	
	Caglio: liquido di vitello 1:10.000	chimosina/pepsina 80/20

Tecnologia

- Latte in caldaia 3,4-3,6 °SH/50, alla temperatura di 37-38 °C.
- Inoculo sieroinnesto e batteri propionici alla temperatura di 30 °C.
- Acidità della miscela: 4,00-4,2 °SH/50. Incremento 0,5-0,7 °SH/50.
- Aggiunta del caglio, 20-30 ml/hl, a temperatura di 36 °C con successiva agitazione per 2'.
- Il coagulo dev'essere pronto al taglio in circa 20'.
- Taglio della cagliata con lira o meglio con lira dedicata a dimensioni di nocciola.
- Agitazione per circa 30'.
- Estrazione di ⅓ del siero.
- Immissione di acqua calda in quantità tale da portare la miscela a 45-47 °C.
- Sosta della pasta sotto siero fino a pH 5,60.
- Estrazione della pasta e sosta sul banco spersore.
- Prova di filatura a pH 5,20.
- Taglio della pasta in strisce non più spesse di 1 cm.
- Inizio filatura a pH 5,15-5,10.
- Controllo temperatura della pasta in filatura. Dev'essere 52-54 °C.
- Formatura manuale.
- Raffreddamento e rassodamento in acqua corrente max 12 °C.
- Salatura in salamoia a 18° Bé a temperatura massima di 14 °C.
- Mantenimento in cella a 20-24 °C per 48 ore.
- Stagionatura in cella a 15-20 °C.

Note: la stagionatura dev'essere effettuata in ambienti con umidità 80% e temperatura massima di 20 °C.

Rapporto casaro-consumatore

Il formaggio è un alimento che piace. Piace per la vasta gamma di tipologie e, per questo motivo, a quasi la totalità dei consumatori. Il fatto che sia molto apprezzato non significa però che sia conosciuto, anzi il contrario. La scarsa conoscenza della cultura casearia è un fattore legato anche all'incapacità del casaro di rendere edotto il consumatore su ciò che il caseificio produce, sia dal punto di vista tecnico che da quello organolettico. Purtroppo molti produttori che sono a contatto diretto con la clientela non riescono a presentare il loro formaggio in modo corretto, non solo per com'è stato fatto, ma anche per gli aspetti nutrizionali e sensoriali. Se si acquista il formaggio in un'azienda agricola che trasforma il latte in proprio, non è facile trovare al banco vendita un addetto preparato, ma un semplice componente della famiglia che gestisce il caseificio, o un dipendente, che del formaggio non conosce nulla. Queste situazioni sono molto frequenti ed è ovvio che il consumatore non possa appassionarsi più di tanto al formaggio che, per questo, rimane un prodotto alimentare da tutti i giorni, da tavola.

Dove invece esistono realtà produttive che riescono a qualificare il proprio formaggio, l'approccio del consumatore con questo alimento è diverso, più consapevole, tanto che avviene maggiormente la ricerca della qualità. Essere capaci di spiegare la natura di un prodotto significa coinvolgere il consumatore e renderlo edotto non solo delle caratteristiche intrinseche del formaggio ma anche di quelle estrinseche, solitamente le più sconosciute.

Se il formaggio che viene fatto in montagna è il frutto di un latte d'alpeggio, è bene che al consumatore venga spiegato perché questo formaggio è qualitativamente superiore a un suo simile ma fatto con latte di lattifere allevate in stalla. Sono pochi i consumatori che sanno che il formaggio è giallo perché le vacche hanno mangiato erba verde. Mi è capitato di ascoltare una conversazione il cui discorso portava a concepire il formaggio giallo a un prodotto addizionato con coloranti. Spero che ciò non accada mai.

La conoscenza del prodotto porterebbe anche a un consumo più apprezzabile. Il consumatore, dal canto suo, acquista il formaggio perché gli piace e non protesta affatto se il venditore o il produttore non gli enuncia le caratteristiche del formaggio acquistato. Quanto detto è per capire che la responsabilità della disinformazione non è legata solo alla capacità del produttore di "spiegare" il formaggio, ma anche al poco interesse che il consumatore dimostra. Se però vogliamo essere onesti, lo scarso interesse del consumatore può crescere molto se il casaro dimostra acume e preparazione da regalare al suo diretto cliente. A volte le parole del casaro portano non solo interesse ma anche passione. Il mestiere del casaro non è limitato al fare formaggio, egli ha una grande responsabilità, soprattutto nelle medie o piccole realtà, nei confronti dell'azienda e del suo cliente.

Ma il rapporto del casaro con il consumatore non sempre è fattibile, vuoi per gli orari di lavoro molto impegnativi, vuoi per la mentalità radicata di colui che opera in caseificio, insomma il casaro è una sorta di personaggio chiuso che deve applicare le proprie capacità con forte concentrazione, tanto che quasi sempre non ha il tempo materiale per colloquiare con le persone. È anche vero che non tutti i consumatori sono disponibili all'ascolto, spesso per la consapevole fretta che li porta a fare "la spesa".

La scheda del formaggio

Vi sono altri modi per raggiungere il consumatore e suscitare in lui la giusta curiosità. Uno di questi è la presentazione presso il punto vendita, sia esso aziendale o di catena alimentare, di una scheda che rappresenti il prodotto in tutte le sue caratteristiche e qualità. Questa scheda, descrittiva e qualitativa, non è da confondere con la scheda merceologica, ovvero quella che contempla le indicazioni dettate dalla normativa italiana, ma una vera presentazione del formaggio, dalla provenienza del latte di origine alle proprietà organolettiche del prodotto stagionato.

La scheda ha inoltre una sua logica, dimostrare al consumatore che il casaro o l'azienda per cui lavora hanno un'attenzione particolare nei confronti di chi acquista il formaggio, e che questa attenzione non è imputabile solo alla volontà di vendere ma anche a quella di ricercare sempre la produzione di alta qualità. Qualora il caseificio non fosse in grado di presentare correttamente un formaggio, o non ne avesse proprio l'intenzione, potrebbe significare scarsa volontà di migliorare la propria filiera e, conseguentemente, scarsa volontà di soddisfare le richieste, sempre più esigenti, del consumatore.

La scheda tecnica è quindi un documento di identità del formaggio, sia esso di Denominazione o semplicemente di fantasia. A maggior ragione la scheda è importante per quei formaggi che, non avendo un Disciplinare di produzione, non sono pubblicamente riconosciuti e conosciuti. Il contenuto della scheda che intendo proporre è il frutto del lavoro del casaro o di chi conosce a fondo non solo il formaggio ma anche la sua tecnica di trasformazione, e può essere redatta, oltre che dal casaro stesso, dal dirigente d'azienda, da un suo ben preparato dipendente o, meglio ancora, da un esperto esterno, che potrebbe descrivere il formaggio con professionalità. Non si deve pensare che presentare una scheda tecnica e descrittiva del formaggio prodotto sia un'azione banale. Certo non è il caso di spiegare al consumatore come avviene la caseificazione nello specifico, probabilmente la maggioranza non apprezzerebbe lo sforzo, ma le caratteristiche estrinseche e intrinseche sono certamente il segno inequivocabile che l'azienda che produce quel formaggio non solo ha rispetto per il consumatore ma anche per la materia prima, il latte, e i coadiuvanti tecnologici. Nella compilazione della scheda è bene sottolineare gli aspetti territoriali, comprese le indicazioni che riguardano eventuali pascoli. Il consumatore più attento può esprimere il desiderio di visitare i luoghi dove le lattifere si alimentano allo stato brado. Naturalmente è importante specificare la materia prima, il latte, la sua origine sia per famiglia che eventualmente per razza, e descrivere, pur brevemente, la classificazione del formaggio per temperatura di lavorazione, per contenuto d'acqua, di grasso e il tempo di stagionatura. Il consumatore inoltre è portato a mangiare il formaggio a tavola o anche in degustazione, che spesso viene effettuata come una sorta di aperitivo, e quindi può desiderare di conoscere l'abbinamento più adatto al formaggio. Per esempio al consumatore piace spesso abbinare il formaggio al miele o alla birra. Il casaro dev'essere in grado di rispondere correttamente anche su questo importante aspetto. La scheda che propongo è completa di tutte le informazioni che ritengo siano di estrema importanza ma che possono essere ulteriormente ampliate con altre, come per esempio i dati relativi al contenuto energetico e i valori nutrizionali. Come le grandi aziende della trasformazione provvedono a informare il consumatore su tutto ciò che le normative prevedono e anche oltre, anche il piccolo produttore deve cominciare a ragionare guardando al futuro. Un futuro sicuramente pieno di aspettative da parte del consumatore, che tende a crescere dal punto di vista alimentare, che s'incuriosisce a tal punto da diventare esigente. È giusto così. Se il consumatore diventa esigente, il produttore tende maggiormente ad accontentare la clientela e per questo a innalzare la soglia di qualità del formaggio prodotto. Non può esistere una regressione sulla qualità, anzi, nell'era della comunicazione è rischioso tralasciare qualsiasi dettaglio, dalla qualità del latte a quella dei coadiuvanti tecnologici che comprendono anche l'utilizzo di coagulanti di origine non animale.

Mi è capitato spesso di incontrare casari che non si preoccupano delle caratteristiche sensoriali del formaggio che producono, si accontentano del giudizio del consumatore. Questo atteggiamento non porta certo alla qualità del formaggio.

Al contrario, il casaro responsabile che è consapevole di ciò che avviene durante la trasformazione, non avrà nessuna difficoltà a presentare la sua produzione, lo farà con cognizione di causa, descrivendo le caratteristiche più importanti, che attireranno l'attenzione del consumatore.

Modello di scheda descrittiva

ZONA DI PRODUZIONE	NOME DEL FORMAGGIO
Caseificio	
Comune di	
Formaggio proveniente da latte di lattifere locali	

CLASSIFICAZIONE FORMAGGIO PER:	NOME DEL FORMAGGIO
Origine · latte di vacca	
Trattamento del latte · pastorizzato	
Temperatura di lavorazione · pasta cruda	
Contenuto di acqua · pasta molle	
Contenuto di grasso · grasso	
Tempo di stagionatura · breve	

INGREDIENTI	COME DEGUSTARE
Latte vaccino, fermenti lattici, caglio di capretto in pasta, sale	È un formaggio da tavola che si consuma con pane casereccio magari caldo. Si consiglia di abbinarlo a nocciole tostate e a un vino bianco secco di media gradazione alcolica oppure a un rosso giovane non troppo tannico

IL TAGLIO DEL FORMAGGIO	I COLTELLI DA UTILIZZARE
Coltello a lama ribassata h = 10 mm	
Coltello a lama in linea h = 12 mm	

COME TAGLIARE	PORZIONAMENTO
Tagliare la forma a metà poi 1/4 poi 1/8, infine porzionare in triangoli (1/32)	
A ogni commensale servire il formaggio con la crosta	
Crosta non edibile	

Le fasi di trasformazione del latte

Figura 1 Estrazione dalla caldaia di siero e immissione in tina di fermentazione. Dall'acidificazione del siero risulta il sieroinnesto, da inoculare nel latte il giorno successivo.

Figura 2 Innesto di lattofermento in caldaia per la produzione di erborinato. Segue innesto dei penicillium e dei lieviti.

Figura 3 Immissione di caglio liquido di vitello e latte bufalino per la produzione di mozzarella.

Figura 4 Rigonfiamento cagliata a causa di elevatissima carica batterica del latte.

Figura 5 Primo taglio grossolano della cagliata. Seguono sosta per inizio sineresi e secondo taglio.

Figura 6 Rottura della cagliata da latte caprino per la produzione di una pasta molle, segue agitazione lenta e sosta prima dell'estrazione.

Figura 7 Antica tecnica di rottura della cagliata, ancora attuata soprattutto nel Centro Italia, con spino (frasca) di legno, ricavato da un pollone di biancospino o pero selvatico. La rottura avviene per rotazione verticale dello spino.

Figura 8 Taglio della cagliata con spino in acciaio. Utile per dimensionare la cagliata a nocciola, chicco di mais o semi più piccoli. Il taglio avviene per immersione verticale, più o meno forzata.

Figura 9 Tecnica di agitazione manuale con il piatto. Segue una sosta prima dell'estrazione.

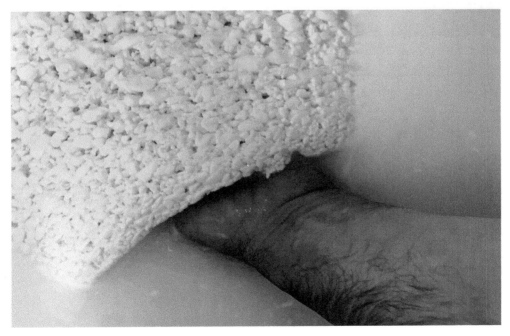

Figura 10 Il casaro verifica lo stato della cagliata prima dell'estrazione manuale con telo di lino.

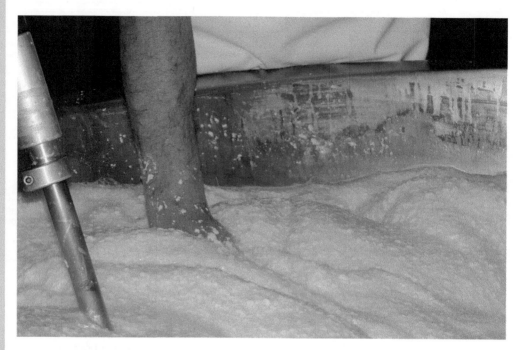

Figura 11 Il casaro verifica la consistenza della cagliata durante la cottura. La prova manuale è indispensabile per verificare il grado di asciugatura dei granuli, in questo caso a dimensione di chicco di riso.

Figura 12 Scarico meccanico della cagliata di formaggio a pasta molle ad alto contenuto di acqua, da vasca a culla sollevabile. In seguito la pasta rimane sul banco ad acidificare.

Figura 13 Taglio, sul banco spersore, di una cagliata predisposta per pasta filata. Segue la filatura e la formatura di caciocavallo.

Figura 14 Formatura di formaggio pecorino in fuscelle di plastica canestrate, segue la pressatura manuale.

Figura 15 Estrazione manuale della cagliata, per formaggio a pasta molle, su tavolo con piano formatore, segue un primo rivoltamento e la stufatura.

Figura 16 Cagliata acidificata in attesa della filatura.

Figura 17 Filatrice meccanica di pasta per mozzarella, segue la formatura degli ovuli.

Figura 18 Formatrice meccanica rotante per la formatura di mozzarelle, nel caso specifico da latte di bufala. Le forme cadono nella vasca di rassodamento.

Figura 19 Formatura manuale di un provolone da latte vaccino. Segue la fase di rassodamento in acqua fredda.

Figura 20 Vasca di salamoia per la salatura della mozzarella, segue il confezionamento con liquido di governo o la vendita diretta del prodotto sfuso.

Figura 21 Vasca di salamoia per formaggi di grande pezzatura a pasta di tipo grana. Durante la salatura vengono effettuati rivoltamenti giornalieri e il rinforzo del sale.

Figura 22 Tecnica alpina di fasciatura con telo per la successiva messa in forma tramite due diverse azioni di pressatura meccanica.

Figura 23 Coppatura di un formaggio erborinato. La pasta, a causa dei lieviti inoculati nel latte, ha gonfiato in camera calda. Segue la maturazione in cella fredda, previa salatura a secco delle forme.

Figura 25 Agatura (forinatura) di alcune forme di erborinato da latte di pecora, segue la maurazione del formaggio in cella ventilata fredda.

Figura 24 Carotatura di una forma di formaggio erborinato per verificare lo sviluppo delle muffe durante la maturazione.

Figura 26 Camera di stagionatura le cui condizioni di temperatura e umidità non sono controllate se non da ventilazione naturale tramite piccola finestra sul lato nord dello stabile.

Figura 27 Cantina di maturazione dei formaggi posta nel seminterrato di una malga.

Figura 28 Stagionatura di caciocavalli appesi alle pertiche di legno in cella di maturazione.

Figura 29 Grotta naturale, nel Centro Italia, di stagionatura di formaggi da latte ovino.

Figura 30 Risultato delle prove di trasformazione di un formaggio a pasta molle da latte di capra. Si noti la sostanziale differenza tra la pasta della prima e seconda forma, e la terza.

Figura 31 Antica formatura, ancora attuata nel Centro-Sud d'Italia, nei canestri di giunco. Le forme maturano in camere naturali.

Figura 32 Forme nelle fascere subito dopo la pressatura. Segue la salatura a secco prima su una faccia e poi sull'altra.

Figura 33 Tecnica di coagulazione lattica (acida) di formaggi da latte vaccino. Si noti la fuscella che raccoglie la cagliata che non ha subito alcuna rottura.

Figura 34 Coagulazione lattica derivante da un'antica tecnica di fermentazione di latte vaccino totalmente scremato per l'ottenimento del Graukase, formaggio grigio dell'Alto Adige.

Figura 35 Graukase o formaggio grigio. Formaggio a coagulazione lattica, magro, tipico dell'Alto Adige. È un formaggio vaccino la cui pasta viene cotta e il cui consumo avviene fresco o stagionato.

Figura 36 Erborinato di latte ovino. Appaiono le prime muffe, il casaro continua a verificare che l'acidità sia assestata.

Figura 37 Formatura di pasta filata fresca in treccia, tipica della regione Puglia.

Figura 38 Estrazione dalla salamoia di treccine di pasta filata che vengono poi immerse nel liquido di governo per la vendita locale diretta.

Figura 39 Panetto di burro posto sul tavolo spersore subito dopo il lavaggio. Segue la formatura in apposite formelle di legno.

Figura 40 Panetto di burro di malga alpina appena dopo l'estrazione da formella di legno.

Figura 41 Si noti la leggera cappatura naturale predisposta da polpa e succo di pomodoro. Tecnica utilizzata in particolare modo nella regione Toscana.

Figura 42 Formaggio a pasta molle prodotto con latte di pascolo sardo. Si noti la pigmentazione giallo paglierino della pasta e la naturale occhiatura propionica.

Figura 43 Formaggio pecorino erborinato. Si noti la vividità delle muffe e la loro distribuzione irregolare nella pasta. Caratteristiche di un formaggio artigianale.

Figura 44 Antica tecnica di mantenimento della ricotta. L'affumicatura avviene ancora con l'utilizzo di diverse essenze determinate dalla presenza dei boschi in diversi territori alpini, in particolare veneti.

Bibliografia
e sitografia

Bibliografia

Alais, C., *Science du lait*, Sep, Parigi, 1974.

Ariota B., *La Bufala Mediterranea Italiana: nuove prospettive di selezione ed attitudine alla coagulazione del latte*, Tesi di dottorato, Università degli studi di Napoli "Federico II", 2008.

Bessega S., *Valutazione di un sistema di caseificazione individuale e studio preliminare sulle principali fonti di variazione in vacche di razza Frisona e Pezzata Rossa*, Università degli studi di Padova, 2014.

Brasca M., *Parametri chimici e microbiologici del latte destinato alla caseificazione*, ISPA, Milano., 2007

Brown W.H. e Poon T., *Introduzione alla chimica organica*, Edises, Napoli, 2014.

Corradini C., *Chimica e tecnologia del latte*, Tecniche nuove, Milano, 1995.

D.P.R. 14 gennaio 1997, n. 54, *Regolamento recante attuazione delle direttive 92/46 e 92/47/ CEE in materia di produzione e immissione sul mercato di latte e di prodotti a base di latte*, in "Gazzetta ufficiale" n. 59, 12 marzo 1997.

Evangelisti F. e Restani P., *Prodotti dietetici, chimica tecnologie ed impiego*, 2ª ed., Piccin, Padova, 2011.

F.E.S.R., *Programma operativo di cooperazione transfrontaliera Italia-Svizzera*, 2007-2013.

Febrer Canals M.A., *Tavole di chimica* (Atlanti scientifici), Giunti-Marzocco, Firenze, 1968.

Fox P.F., McSweeney P.L.H., Cogan T.M. e Guinee T.P., *Cheese: Chemistry, Physics and Microbiology*, Elsevier, Londra, 2004.

Grassi M., *Aroma: un viaggio sensoriale alla scoperta dei formaggi D.O.P. italiani*, Tamellini, Albaredo d'Adige, 2012.

Lambiase G., *Studio quali-quantitativo della composizione lipidica del grasso lattico di bufala: effetto della stagionalità, dell'alimentazione e messa a punto di un metodo di valutazione delle genuinità*, Tesi di dottorato, Università degli Studi di Napoli "Federico II", 2006.

Lodi R., *Il latte*, CNR, Milano, 2008.

Marchini C., *Fattori genetici, caratteristiche strutturali della micella di caseine e attitudine alla coagulazione del latte*, Università degli studi di Parma, 2014.

Mucchetti G., *Microbiologia e tecnologia lattiero-casearia*, Tecniche nuove, Milano, 2006.

Nelson D.L. e Cox M.M., *I princìpi di biochimica di Lehninger*, 5ª ed., Zanichelli, Bologna, 2010.

Niro S., *Innovazione di processo e di prodotto in formaggi a pasta filata*, Università degli studi del Molise, 2010.

Pirovano L., *Caratterizzazione tecnologica, microbiologica e sensoriale nella formaggella del Luinese D.O.P.*, Università degli Studi di Milano, 2007.

Pizzichino M., *Tecnologie di processo per il recupero e la valorizzazione delle componenti del siero del latte ENEA*, Ente per le Nuove tecnologie, l'Energia e l'Ambiente, 2006.

R.D. 9 maggio 1929, n. 994, in "Gazzetta Ufficiale" n. 146, 24 giugno 1929.

Regolamento (UE) n. 1129/2011 della Commissione dell'11 novembre 2011 che modifica l'allegato II del regolamento (CE) n. 1333/2008 del Parlamento europeo e del Consiglio istituendo un elenco dell'Unione di additivi alimentari, in "Gazzetta ufficiale dell'Unione Europea", 12 novembre 2011.

Salvadori del Prato O., *Trattato di tecnologia casearia*, Edagricole, Bologna, 1998.

Sitografia

www.intervet.it (Guida alla prevenzione delle mastiti)

www.treccani.it

www.clal.it

http://microrganismi.altervista.org

NOTE